JN452549

경찰행정법 I

설계경 著

법률출판사

머리말

행정법은 행정에 관한 수많은 법령과 그에 관한 일반원리를 규정한 법이라 할 수 있는 바, 경찰행정은 물론 국가의 모든 행정에 관한 법의 총체적 내용을 포함하고 있다. 또한 오늘날 행정은 여러 분야에 걸쳐 다양한 행위형식에 의하여 전개되고 있으므로 행정법이론 또한 복잡다기하게 끊임없이 발전을 거듭하고 있다. 이와 같은 행정의 수많은 법의 내용과 복잡한 이론을 이해한다는 것은 쉬운 일이 아니다. 특히 법학의 기초가 부족한 초학자의 경우 행정법을 이해하는데 더욱 어려움을 겪게 될 것이라 사료된다. 따라서 행정법을 이해하기 위해서는 우선, 사법상의 법률행위와 연계하여 행정법의 총체적인 내용과 행정법의 일반원리를 잘 이해해야 할 것이다. 행정법의 내용을 간략히 요약한다면, 행정주체의 조직과 작용 및 권리구제에 관한 법이다. 본서는 이러한 내용을 입체화 시켜 간략하게 요약하여 일목요연하게 정리를 하고자 하였다.

본서는 경찰관련 행정법을 공부하는 수험생은 물론 행정법을 공부하고자 하는 초보자일지라도 본서를 통하여 행정법의 기본원리를 쉽게 접근할 수 있도록 편집하였다. 이는 본서의 변함없는 기본목표가 될 것이며, 부족한 부분은 추후 개정을 통하여 완벽을 기하고자 한다. 본서의 특징으로는 다음과 같은 취지를 담고 있다.

첫째, 본서는 행정법을 쉽게 이해할 수 있는 기본서가 되고자 하였다.

행정법의 방대한 이론을 쉽고 간략하게 전개하여, 행정법의 초학자도 쉽게 이해할 수 있게 정리하고자 하였다. 예컨대, 현실에서 다양하게 발생하는 사례와 판례들을 정리하여 행정법의 내용을 쉽게 이해할 수 있도록 정리하였다.

둘째, 본서는 내용면에서 간결하고 정치한 이론서가 되고자 하였다.

대다수의 교과서들은 행정법에 관한 기본이론 및 외국의 법리 등 너무나 많은 양을 담고 있어 행정법을 이해하기에 많은 시간을 할애해야 하는 단점이 있다. 그러나 본서는 가능한 한 불필요한 이론을 피하고, 우리 행정법이론의 정립에 필요한 내용만 간략하게 소개하여 쉽게 이해할 수 있도록 하였다.

셋째, 본서는 초학자는 물론 수험생 등 다양한 층에서도 행정법을 쉽게 이해할 수 있도록 정리를 하였으며, 동시에 학설 및 판례를 요약하여 간략히 정리하였다. 행정법의 장황한 설명을 쉽고 간략하게 정리하여 관련법과 판례를 유기적으로 결합시켜 독자들이 쉽게 이해할 수 있도록 하였다.

끝으로 본서를 편찬하게 도움을 주신 법률출판사 김용성 사장 이하 임직원 여러분께 심심한 감사를 드리는 바이다.

2017년 12월

저자

차 례

제1편 행정법 서론

제2편 행정작용

제3편 행정법상 의무이행확보수단

제1편 행정법 서론

제1장
행 정

제1절 행정의 정의

제2절 행정의 분류

제3절 통치행위

제1장
행 정

제1절 행정의 정의

Ⅰ. 행정개념의 성립

행정의 개념은 권력분립을 제도화하였던 근대 입헌국가에 와서 비로소 성립되었다. 요컨대, 1798년 프랑스 시민혁명을 전후로 출현한 근대 입헌국가는 군주의 자의적이고 전제적인 통치제도를 타파하고 엄격한 권력분립제도를 채택하였다. 이로써 국가권력을 입법권과 행정권 및 사법권으로 분리하여 그 권한의 행사는 각각 고유한 업무영역에서만 하게 하였다. 행정의 개념은 여기에서 도출된 것이다. 그러나 행정의 개념에 대해서는 ① 그 작용의 내용 또는 질적인 측면에서 개념을 찾으려는 실질적 의미의 행정과 ② 외형적 또는 제도적 측면에서 그 개념을 찾으려는 형식적 의미의 행정으로 나누어진다.

Ⅱ. 실질적 의미의 행정

오늘날 대부분 민주주의 국가에서는 권력분립의 원리에 따라 헌법에서 3권 분립을 채택하고 있다. 우리 헌법은 권력분립이라는 용어를 규정하지 않고 있지만 제40조에서 "입법권은 국회에 속한다.", 제66조 제4항에서 "행정권은 대통령을 수반으로 하는 정부에 속한다.", 제101조 제1항에서 "사법권은 법관으로 구성된 법원에 속한다." 등의 규정으로 보아, 권력분립의 원칙을 채택하고 있음을 알 수 있다. 그러나 이와 같은 규정에도 불구하고 행정의 실체를 한마디로 정의하는 것은 매우 어려운 일이다. 일찍이 포르스트호프(Forsthoff)는 "행정은 묘사할 수 있을 뿐 정의할 수 없다"라고 하여 행정의 정의가 어려움을 설파한 바 있다.[1)]

실질적 의미의 행정은 행정을 그 내재적 성질을 기준으로 하여 입법과 사법을 구별하여 행정의 독자적인 개념을 정의하려는 것을 말한다. 그러나 이와 같이 국가작용의 성질을 기준으

---

1) Forsthoff, Lehrbuch des Verwaltungsrechts, 10. Aufl, 1973, S.1.

로 행정개념을 정립할 수 있는지에 관하여는 긍정설과 부정설이 대립되어 있다.

1. 긍정설

(1) 소극설(공제설)

소극설은 모든 국가작용 중에서 입법과 사법의 개념을 먼저 정의한 후 이를 공제한 나머지 모든 국가작용을 행정이라고 정의한다. 옐리네크(Jellinek) 등에 의하여 주장된 학설로서, 입법은 국민의 권리·의무에 관한 일반적 규정을 정립하는 국가작용이고, 사법은 국민의 권리·의무에 관한 분쟁을 법에 의하여 판단하고 선언하는 국가작용이라 한다. 반면 행정은 이러한 입법과 사법의 작용을 제외한 나머지 국가작용을 말한다.

그러나 이 학설은 ① 입법과 사법을 공제하고 난 후의 집행권에는 행정뿐만 아니라 정부조직도 포함되어 있다는 것을 간과하고 있고, ② 입법과 사법의 정의가 명확하여야 하는데 그렇지 못하고, ③ 모든 국가작용은 반드시 권력분립의 도식으로 배열되는 것이 아니라 의회에 의한 통제를 받고 있으며, ④ 행정의 개념을 소극적·부정적으로 정의함으로써 행정의 정의라고 할 수 없다는 점에서 비판을 받고 있다.[2)]

(2) 적극설

1) 목적실현설

목적실현설을 주장하는 오토 마이어(Otto Mayer)는 행정을 "입법과 사법을 제외한 국가의 법질서 아래에서 국가목적을 실현하기 위하여 행하는 국가작용"이라 하였다.[3)] 또한 페터스(H. Peters)도 행정을 "개별적인 경우에 있어서의 국가목적의 실현"이라고 하였다.

목적실현설은 행정을 실질적 의미에서 적극적으로 개념화하는 데 기여한 점이 있다. 그러나 입법과 사법도 궁극적으로는 국가목적 또는 국민의 이익을 실현하기 위한 작용이다. 따라서 이것만으로 행정을 입법 및 사법과 구별할 수 있는 기준으로 삼을 수는 없다는 비판을 받는다.

---

2) Maurer, Allgemeines Verwaltungsrecht, 11, Aufl, 1997, S. 3.

3) 오토 마이어를 국가목적 실현의 측면에서 국가목적설의 주창자로 보지만 입법과 사법을 제외한 국가목적이라는 점에서는 소극설의 주창자로 분류하기도 한다(Maurer, S3; 김남진, 행정법 I, 법문사, 2000, 4면.).

2) 결과실현설(양태설)

포르스트호프(Forsthoff)는 행정을 "법률의 범위 안에서 법에 의거하여 행하여지는 장래에 대한 계속적인 형성활동"이라고 하였으며, 田中二郎은 행정을 "법 아래서 법의 규제를 받으면서 현실적·구체적으로 국가목적의 적극적 실현을 위하여 행하여지는 전체로서 통일성을 가지는 계속적인 형성적 국가활동"이라고 하였다. 결과실현설은 이와 같이 사법과 행정이 구체적으로 행사되는 양태의 차이를 기준으로 구분하고 있다고 해서 양태설이라고도 한다.

2. 부정설(기관양태설)

순수법학파인 켈젠·메르클 등은 입법과 행정 및 사법 간에는 본질적인 차이가 없으므로 작용의 성질에 따른 구별은 불가능하다. 다만 그 담당기관의 양태에 따라 구별할 수밖에 없다고 한다.

즉 모든 국가작용은 정도의 차이는 있지만 법정립(입법), 법집행(행정), 법선언(사법)의 성질을 함께 가지고 있으므로 작용의 성질에 따른 구분은 불가능하다. 다만, 입법은 합의체 국가기관에 의하고, 행정은 명령복종관계에 있는 기관에 의한 법집행 작용이고, 사법은 상호 병렬적·독립적인 국가기관에서 행하는 점에서만 구별된다고 한다.

3. 행정의 개념징표설

오늘날 행정은 너무나 방대하고 다양하기 때문에 행정의 개념을 정의하기가 쉽지 않다. 이는 포르스트호프(Forsthoff)가 "행정은 정의는 할 수 없고 다만 서술할 수 있을 뿐이다." 라고 한 말에서 잘 알 수 있다. 따라서 종래의 개념정의 방식에 의한 접근방법보다는 행정의 본질적 성격의 특징을 나타낼 수 있는 개념적 징표를 찾는 접근방법이 보다 유용하다는 견해가 있다.[4)]

행정의 개념적 징표로는 ① 행정은 공익의 실현을 목적으로 하는 작용인 점, ② 행정은 공동체의 사회형성에 주력한다는 점, ③ 행정은 적극적이고 미래지향적인 형성작용인 점, ④ 행정은 개별적 조치를 행하는 작용인 점, ⑤ 행정은 포괄적인 지도와 통제를 받는 작용인 점, ⑥ 행정은 다양한 행위형식을 통하여 그 임무를 수행하고 있다는 점 등이 있다.

---

4) 김남진, 행정법Ⅰ, 5면; Ingo V. Münch, Verwaltung und Verwaltungsrecht im demokrati schen und sozialen Rechtsstaat, in : Erischen/Martens(Hg.), Allgemeines Verwaltungs recht(1986), Berlin : de Grugter, S. 5.

4. 결어

오늘날 행정은 그 내용이나 형식이 방대하고 다양하기 때문에 종래의 여러 가지 개념정의 방식으로는 만족스러운 정의를 얻지 못하고 있다. 따라서 다수설이라 할 수 있는 결과실현설(양태설)에 입각하면서, 행정의 본질적 특성을 잘 나타내고 있는 개념징표설을 취한다면 행정의 의미와 모습을 이해하는데 도움이 될 수 있을 것이라고 생각한다.

Ⅲ. 형식적 의미의 행정

형식적 의미의 행정은 형식적으로 행정부에 속하는 국가기관에 의하여 이루어지는 모든 국가작용을 의미한다. 즉 입법부가 행하는 모든 작용은 입법이며, 행정부가 행하는 모든 작용은 행정이며, 사법부가 행하는 모든 작용은 사법이라는 것이다. 이와 같이 국가기관이 분장하고 있는 권한을 기준으로 하여 행정부에 의하여 행하여지는 국가작용을 행정이라고 정의할 때, 이를 형식적 의미의 행정이라 한다.

※ 형식적 의미의 행정과 실질적 의미의 행정의 비교

형식적 의미	실질적 의미	국가작용
입법	행정	국회사무총장의 직원임명, 국회사무총장의 예산집행
행정	입법	조약체결, 대통령의 긴급명령, 대통령령·총리령·부령의 제정, 중앙선거관리위원회 규칙제정
사법	행정	대법원장의 일반법관임명, 법원행정처장의 직원임명, 대법원장의 예산집행, 토지등기
행정	사법	이의신청에 대한 결정, 소청심사위원회의 재결, 행정심판의 재결, 토지수용재결, 징계의결, 통고처분, 대통령의 사면·감형·복권
행정	행정	각종 증명서 발급, 대집행의 계고, 대통령의 공무원임명(대법원장, 대법관임명 등), 영업허가, 조세체납처분, 토지수용
사법	입법	대법원규칙의 제정

※ 행정과 사법과의 구별

구분	행정	사법
신청	반드시 필요하지 않은	반드시 요함
적극성 여부	적극적·능동적 작용	소극적·수동적 작용
지배이념	합목적성	합법성
기관	계층적 기관	독립적 기관

절차	재량의 여지가 많음	행정에 비해 엄격한 법의 규제와 기속
시점	장래에 대한 계속적 형성활동	과거의 특정사건에 대한 개별적이고 일회적인 작용

제2절 행정의 분류

일반적으로 행정의 분류는 행정의 주체·목적·수단에 따라 다음과 같이 분류한다.[5)]

Ⅰ. 주체에 의한 분류

1. 국가행정

국가행정이란 국가가 행정의 주체가 되어 직접 행하는 행정을 말한다. 즉 국가행정이란 재정, 국방, 외교통상, 통일 등의 고유한 사무를 담당하는 행정 각부가 전국적으로 행하는 행정을 말한다.

2. 자치행정

자치행정은 지방자치단체(특별시·광역시·도·특별자치시·특별자치도·및 시·군·구 등) 또는 이러한 지방자치단체 이외의 공공단체가 자주적으로 행하는 행정을 말한다. 자치행정은 국가로부터 분리된 권한을 주민이 스스로 행하는 주민자치와 독립된 법인격을 가진 기관에 의한 행정을 수행하는 단체자치의 형태가 있다. 우리나라의 자치행정은 단체자치의 형태를 취하고 있으며, 일정한 범위 내에서 고유한 행정권이 지방자치단체에 부여되고 있다(헌법 제117조[6)]·제118조[7)]).

---

5) 행정을 주체·목적·수단으로 분류하는 방법 이외에도 법적 효과에 의한 분류(규제행정, 수익행정), 법적 기속에 의한 분류(기속적 행정·재량적 행정), 행정의 영역·대상에 의한 분류의 방법에 의하여 행정을 나누기도 한다(예컨대, 김남진, 행정법Ⅰ, 16면~21면 ; 김동희, 행정법Ⅰ, 15면~21면).

6) 제117조 ① 지방자치단체는 주민의 복리에 관한 사무를 처리하고 재산을 관리하며, 법령의 범위 안에서 자치에 관한 규정을 제정할 수 있다. ② 지방자치단체의 종류는 법률로 정한다.

7) 제118조 ① 지방자치단체에 의회를 둔다. ② 지방의회의 조직 · 권한 · 의원선거와 지방자치단체의 장의 선임방법 기타 지방자치단체의 조직과 운영에 관한 사항은 법률로 정한다.

3. 위임행정

위임행정이란 지방자치단체의 관할구역 내에서 행하는 국가행정사무를 당해 자치단체의 장에게 위임하여 그 사무를 처리하게 하거나, 기타 국가 또는 공공단체가 그의 사무를 다른 공공단체나 사인에게 위임하여 처리하는 것을 말한다. 이와 같은 위임행정은 법령에 근거하여 행하여진다. 이에 관한 법규로는 정부조직법(제6조[8])과 행정권한의 위임 및 위탁에 관한 규정(제17조 이하), 기타 각 개별법령이 있다.

Ⅱ. 목적에 의한 분류

행정의 목적에 의한 분류로는 행정주체의 내부적 규율을 위한 행정조직과 대외적 활동을 규율하기 위한 행정작용이 있다.

1. 행정조직

행정조직이란 행정주체인 국가 또는 공공단체 등이 행정작용을 하기 위하여 행정기관을 조직하고 그 권한을 확정하거나, 그 구성원인 공무원과 시설 등을 취득관리하는 행정을 말한다.

2. 행정작용

행정작용이란 행정주체가 행정객체인 사인에게 행하는 모든 행정작용을 말한다. 오늘날 행정작용은 ① 질서행정, ② 복리행정, ③ 재무행정, ④ 군사행정, ⑤ 외무행정, ⑥ 사법행정 등으로 분류된다.

Ⅲ. 수단에 의한 분류

행정의 수단에 의한 분류로는 수단의 강제성을 기준으로 권력작용과 관리작용 및 국고작용으로 분류된다.

---

8) 제6조(권한의 위임 또는 위탁) ① 행정기관은 법령으로 정하는 바에 따라 그 소관사무의 일부를 보조기관 또는 하급행정기관에 위임하거나 다른 행정기관·지방자치단체 또는 그 기관에 위탁 또는 위임할 수 있다. 이 경우 위임 또는 위탁을 받은 기관은 특히 필요한 경우에는 법령으로 정하는 바에 따라 위임 또는 위탁을 받은 사무의 일부를 보조기관 또는 하급행정기관에 재위임할 수 있다.

1. 권력작용

권력작용은 행정주체가 행정객체(사인)에 대한 우월적 지위에서 일방적으로 명령하고 강제하는 행정작용을 말한다. 예컨대 질서행정(경찰하명 등)·규제행정(환경규제 등)·재무행정(조세부과 등) 등이 있다.

2. 관리작용

관리작용은 행정주체가 경영·관리의 주체로서 행하는 행정작용을 말한다. 예컨대, 공기업(철도 등)·공물(도로·하천 등)의 관리 등이 있다. 관리작용은 원칙적으로 공물 등을 이용하는 국민과 대등한 지위에서 행하여지는 작용이므로 사법의 규율을 받는다. 그러나 행정목적 달성에 필요한 한도 내에서 예외적으로 공법적 규율을 받는다.

3. 국고작용(사경제적 작용)

국고작용은 행정주체가 사법상 재산권의 주체가 되어 행정에 필요한 물품구입계약이나, 국유재산의 매각·임대 등과 같이 대등한 지위에서 법률관계를 형성하는 작용을 말한다. 예컨대 조달청의 행정사무용품의 구입이나 정부청사건물의 건축을 위한 도급계약 등이다.

제3절 통치행위

Ⅰ. 개설

통치행위는 국가최고정치기관의 행위 중에서 특히 고도의 정치적 성격을 띤 행위로서 사법심사의 대상으로 하기에는 적절치 못할 뿐만 아니라, 그에 대한 판결이 있는 경우에도 그 집행이 곤란한 경우에 사법심사가 배제되는 국가작용을 말한다. 이러한 통치행위의 개념은 판례에 의하여 형성되었으며, 오늘날의 제도하에서는 극히 예외적으로 인정되고 있다.

Ⅱ. 각국의 통치행위

1. 프랑스

프랑스의 최고 행정재판소인 국참사원(Conseil d'Etat)은 통치행위를 정치적 동기에서 행하여진 일체의 조치라고 하여 행정재판소의 통제를 받지 아니한다고 판시 하였다. 이에 따라 정치적 동기에 의한 행정권의 행위는 대부분 통치행위로 인정되었다. 그러나 현재는 의회해산, 조약체결, 외교, 군사, 전쟁선포 등으로 한정하고 있다.

2. 독일

독일은 제2차 대전 이후 개괄주의를 채택하여, 행정소송의 대상을 법률에 명문으로 열거하지 아니하였다. 따라서 행정소송의 대상에서 제외되는 통치행위의 관념을 인정할 것인가에 관한 논쟁이 진행되었으나. 현재의 통설은 통치행위의 관념을 긍정하고 있다. 통치행위의 예로는 의회해산·연방수상선거·조약체결 등이 있다.

3. 영국

영국은 군주주권사상에 따라 국사행위 또는 국왕의 대권행위라 하여, 국가승인·선전포고와 강화·조약체결·의회해산·수상임명·사면 등을 판례에 의하여 사법심사에서 제외하였다. 또한 의원징계·의회소집 등도 판례를 통하여 사법심사에서 제외하여 왔다.

4. 미국

미국은 정치문제의 관념이 판례법상 형성되어, 법원은 정치문제에 관한 것이면 비록 법률문제가 포함되어 있더라도 그에 대한 심리·판단을 자제하고 정치기관의 결정을 받아들여야 한다는 원칙을 확립하였다. 정치문제가 처음으로 인정된 판례는 '루터 대 보덴'판결이다.[9)]

5. 일본

일본의 경우 판례와 학설의 대세는 통치행위를 긍정하는 입장에 있다. 통치행위에 관한 판례로는 미·일 안보조약의 체결에 관한 '스나가와(砂川) 사건'과 국회의 해산에 관한 '도마베지(苫米地)사건' 등이 있다.

---

9) 'Luther v. Boden 1849'사건은 Rhode Island주에서 반란으로 수립한 정부와 종래의 정부가 서로 합법정부임을 주장한데 대하여 연방대법원은 「어느 정부가 합법적인 정부인가의 판단은 정치적 문제이므로 법원이 판단할 사항이 아니라 연방의회와 연방정부가 결정할 문제」라고 하였다.

Ⅲ. 통치행위에 관한 학설

1. 긍정설

(1) 권력분립설(내재적 한계설)

이 견해는 통치행위가 사법심사의 대상에서 배제되는 이유는 법원의 사법심사권에는 권력분립의 견지에서 나오는 일정한 내재적 한계가 존재하므로, 통치행위에 대한 법원의 심사는 그 한계를 넘어선다는 것이다. 즉 정치적으로 중요한 문제는 사법부가 관여하여 심사하기에는 부적합하고, 정부나 국회의 전권에 속하게 하여 국민으로부터 심판받도록 함이 바람직하다고 한다. 권력분립설은 사법부자제설과 함께 미국의 통설·판례의 태도이다.

(2) 재량행위설

이 견해는 통치행위는 고도의 정치문제이고, 정치문제는 국가최고기관의 정치적 재량에 속하는 행위이므로 그 권한행사에 있어서는 행위의 타당성 또는 합목적성 여부의 문제만 발생하며 위법성의 문제는 발생하지 않는다. 따라서 통치행위는 사법심사의 대상에서 제외된다는 것이다.

그러나 재량행위라 하더라도 재량권의 일탈이나 남용이 있는 경우에는 위법한 행위로서 사법심사의 대상이 된다.[10] 따라서 통치행위가 재량행위에 속하기 때문에 사법심사에서 배제된다고 하는 것은 사법심사의 대상에 관한 문제와 사법심사의 범위에 관한 문제를 혼동하고 있는 비판을 받고 있다.

(3) 사법부자제설

이 견해는 통치행위가 사법심사의 대상에서 제외되는 이유는 더 큰 국가적 혼란을 방지하기 위하여 사법부 스스로가 심사를 자제하는 결과라고 보며, 그렇게 함으로써 정치의 소용돌이에 휩쓸리지 않고 사법부의 독립을 지킬 수 있다는 것이다.

그러나 이 견해는 법률상 심사가 가능한데도 법원이 스스로 자제·사양하는 것은 심사권의 포기를 의미하므로 이는 헌법정신에 위배되며, 또한 심사포기행위는 그 자체가 곧 어느 한 쪽의 정치적 입장을 지지하게 된다는 비판을 받고 있다.

10) 행정소송법 제27조(재량처분의 취소) 행정청의 재량에 속하는 처분이라도 재량권의 한계를 넘거나 그 남용이 있는 때에는 법원은 이를 취소할 수 있다.

(4) 대권행위설

이 견해는 영국 법상의 대권행위불심사사상에 근거를 둔 견해로서, 통치행위는 국가행위 대권에 근거한 행위라고 하여 사법심사에서 제외된다는 것이다. 즉 "왕은 제소되지 아니한다"라는 원칙하에 국가승인, 선전포고, 조약체결 등을 국사행위 또는 대권행위라 하여 사법심사에서 제외된다는 것이다.

2. 부정설

부정설은 법치주의가 확립되어 있고, 행정소송에서 개괄주의를 채택하고 있는 이상 모든 국가작용은 사법심사에서 배제될 수 없다고 한다.[11] 그러나 부정설은 법률문제가 내포되어 있다고 하여 모든 정치문제를 사법심사의 대상으로 할 경우에 야기될 수 있는 현실적인 문제점을 간과하고 있다는 비판을 받고 있다.

Ⅳ. 우리나라의 통치행위

1. 관련법규

헌법은 제64조 제4항에서 "국회의원의 자격심사·제명처분에 대해서는 법원에 제소할 수 없다."라고 규정하여 통치행위에 관한 근거규정을 두고 있다. 그러나 법원조직법 제2조 제1항은 "법원은 헌법에 특별한 규정이 있는 경우를 제외한 일체의 법률상의 쟁송을 심판하고, 이 법과 다른 법률에 의하여 법원에 속하는 권한을 가진다."라고 규정하여 대체로 통치행위라는 근거만으로 심판을 거부할 수 없게 하고 있다.

2. 학설

통치행위의 관념을 부정하는 견해에 의하면, 행정소송법은 소송의 대상을 국민의 권리구제의 범위를 넓게 인정하고 있는 개괄주의를 채택하고 있기 때문에 모든 국가작용은 사법심사의 대상이 된다. 따라서 사법심사의 대상에서 제외되는 통치행위의 관념은 인정될 수 없다고 본다. 그러나 판례와 다수의 학설은 통치행위의 관념을 긍정하고 있다.

---

11) 김철용, 우리헌법과 통치행위, 법정 1964.5, 54면.

3. 판례

대법원은 권력분립설과 사법부자제설에 근거하여 통치행위를 긍정하고 있다. 예컨대 ① 1964년 한·일 국교정상화를 반대하는 소위 6·3사태를 수습하기 위하여 행한 대통령의 비상계엄선포행위를 "고도의 정치적·군사적 성격을 지니고 있는 행위로서, 계엄선포의 당·부당을 판단할 권한 같은 것은 오로지 정치기관인 국회에만 있다"(대판 1964. 7. 21, 64초6)고 하여 권력분립설을 취하고 있으며, ② 1979년 10·26사태를 수습하기 위하여 선포한 비상계엄에 대하여, "사법기관인 법원이 계엄선포의 요건의 구비 여부나 선포의 당·부당을 심사하는 것은 사법권의 내재적인 본질적 한계를 넘어서는 것이 되어 적절한 바가 못 된다"(대판 1979. 12. 7, 79초70)고 판시하여 사법부자제설을 취하고 있기도 하다.

한편, 헌법재판소는 대통령의 긴급재정경제명령에 대한 위헌확인을 구하는 헌법소원의 심판에서 "대통령의 긴급재정경제명령은 국가긴급권의 일종으로서 고도의 정치적 결단에 의하여 발동되는 행위이고 그 결단을 존중하여야 할 필요성이 있는 행위라는 의미에서 이른바 통치행위에 속한다고 할 수 있으나, 통치행위를 포함하여 모든 국가작용은 국민의 기본권적 가치를 실현하기 위한 수단이라는 한계를 반드시 지켜야 하는 것이고, 헌법의 수호와 국민의 기본권 보장을 사명으로 하는 국가기관이므로 비록 고도의 정치적 결단에 의하여 행해지는 국가작용이라고 할지라도 그것이 국민의 기본권 침해와 직접 관련되는 경우에는 당연히 헌법재판소의 심판대상이 된다"(헌재결 1996. 2. 29, 96헌마186)라고 판시하여 대통령의 긴급재정·경제명령은 통치행위에 속하는 것이라 하더라도 헌법재판소의 심판대상에 포함된다고 보고 있다.[12)]

기타 통치행위를 긍정한 판례로는 ① 군사시설보호구역의 설정변경, ② 대통령의 사면(명시적인 것은 아님), ③ 대통령의 지방자치단체선거연기, ④ 국군의 해외파견 결정, ④ 수도이전문제를 국민투표에 부칠지 여부에 대한 대통령의 의사결정, ⑤ 남북정상회담의 개최 등이 있다. 한편, 통치행위를 부정한 사례로는 ① 대북송금행위, ② 지방의회의원의 징계·제명, ③ 사훈취소, ④ 2007년 전시증원연습을 하기로 한 결정 등이 있다.

【헌재결】: ① 이라크파병결정은 고도의 정치적 결단의 문제이므로 사법심사의 자제.

이 사건 파견결정은 그 성격상 국방 및 외교에 관련된 고도의 정치적 결단을 요하는 문제로서, 헌법과 법률이 정한 절차를 지켜 이루어질 것임이 명백한 이 사건에 있어서는 대통령

12) 따라서 이 결정은 통치행위에 관한 부정설로 보기도 한다(김철용, 행정법Ⅰ, 10면).

과 국회의 판단은 존중되어야 하고 우리 재판소가 사법적 기준만으로 이를 심판하는 것은 자제되어야 한다. 오랜 민주주의 전통을 가진 외국에서도 외교 및 국방에 관련된 것으로서 고도의 정치적 결단을 요하는 사안에 대하여는 줄곧 사법심사를 자제하고 있는 것도 바로 이러한 취지에서 나온 것이라 할 것이다.(헌재 2003.18.18, 2003헌마255·256(병합)).

② 신행정수도건설이나 수도이전의 사법심사 대상여부

신행정수도건설이나 수도이전의 문제가 정치적 성격을 가지고 있는 것은 인정할 수 있지만, 그 자체로 고도의 정치적 결단을 요하여 사법심사의 대상으로 하기에는 부적절한 문제라고까지는 할 수 없다. 더구나 이 사건 심판의 대상은 이 사건 법률의 위헌여부이고 대통령의 행위의 위헌여부가 아닌바, 법률의 위헌여부가 헌법재판의 대상으로 된 경우 당해법률이 정치적인 문제를 포함한다는 이유만으로 사법심사의 대상에서 제외된다고 할 수는 없다(헌재 2004. 10. 21, 2004헌마554).

【판례】: ① 고도의 정치성을 띤 '통치행위'의 사법심사 대상여부

… 다만 고도의 정치성을 띤 국가행위에 대하여는 이른바 통치행위라 하여 법원 스스로 사법심사권의 행사를 억제하여 그 심사대상에서 제외하는 영역이 있을 수 있으나, 이와 같이 통치행위의 개념을 인정하더라도 과도한 사법심사의 자제가 기본권을 보장하고 법치주의 이념을 구현하여야 할 법원의 책무를 태만히 하거나 포기하는 것이 되지 않도록 그 인정을 지극히 신중하게 하여야 한다(대판 2010.12.16, 2010도5986).

② 남북정상회담과 관련하여 이루어진 대북송금이 통치행위에 해당하는지?

남북정상회담의 개최는 고도의 정치적 성격을 지니고 있는 행위라 할 것이므로 특별한 사정이 없는 한 그 당부를 심판하는 것은 사법권의 내재적 · 본질적 한계를 넘어서는 것이 되어 적절하지 못하지만, 남북정상회담의 개최과정에서 재정경제부장관에게 신고하지 아니하거나 통일부장관의 협력사업 승인을 얻지 아니한 채 북한측에 사업권의 대가 명목으로 송금한 행위 자체는 헌법상 법치국가의 원리와 법 앞에 평등원칙 등에 비추어 볼 때 사법심사의 대상이 된다(대판 2004. 3. 26, 2003도7878).

③ 국회의 자율권과 저촉되는 범위 내에서 법원의 법률 위헌 여부

국회가 적법하게 통과하였다 하여 정부에 이송하고 국방회의가 의결하고 대통령이 승인 공포했으면 실질상 입법의 전과정에 걸쳐 적법히 통과하였다고 인정되므로 삼권분립의 원칙으로 보아 법원이 헌법상 동 위인 입법부의 자율권에 개입해서는 안된다. 즉 구 헌법(62.12. 26. 개정헌법) 제102조가 정한 법원의 법령조사권으로써는 입법부 스스로가 국회를 통과하였다고 결정한 여정부에 이송, 국무회의의 의결, 대통령의 공포가 있으면 국회통과의 과정에 흠이 있더라도 법원이 이를 뒤엎을 수 없다(대판 1972.01.18., 71도1845).

제2장

행 정 법

제2장
행 정 법

제1절 행정법의 의의

행정법은 행정주체의 조직과 작용 및 국민의 행정구제에 관한 국내공법이다. 즉 행정주체의 조직과 권한 및 기관 상호간의 관계에 관한 행정조직법과 행정주체와 사인간의 공법상 법률관계에 관한 행정작용법 및 행정작용으로 인한 개인의 권리침해에 대한 행정구제법으로서 행정에 고유한 법을 말한다.

Ⅰ. 행정주체의 조직과 작용 및 구제에 관한 법

행정법은 행정권을 중심관념으로 하여 행정주체의 조직과 작용 및 행정구제에 관한 법이다. 이러한 점에서 국가의 통치권 전반을 중심관념으로 하는 국가의 조직과 작용에 관한 근본법인 헌법과 구분된다. 또한 입법권의 조직과 작용에 관한 법인 입법법(국회법, 국회사무처법 등)과 구별되고, 사법권의 조직과 작용에 관한 법인 사법법(법원조직법, 민사소송법, 형사소송법 등)과도 구별된다.

그러나 헌법과 민법 등은 그 법을 직접 지칭하고 있지만 행정법은 아직 행정법이라고 지칭되는 단일 법전이 마련되어 있지 않다. 그러나 비교적 행정법의 일반적 성격을 띠고 있는 법률로는 정부조직법, 지방자치법, 국가공무원법, 국세징수법, 경찰관직무집행법, 행정대집행법, 토지보상법, 국가배상법, 행정심판법, 행정소송법 등이 있다.

Ⅱ. 행정에 관한 공법

공법이란 공권력의 주체와 그 상대방에 대하여 명령·강제에 관한 법을 말한다. 행정법도 국가와 국민의 관계에서 명령·강제라는 강행법으로 존재하기 때문에 공법으로 본다. 그러나 행정에는 권력작용과 관리작용 및 국고작용이 있으며, 국고작용에는 사법이 적용되고, 관리작용에도 원칙적으로는 사법이 적용된다. 따라서 행정법은 행정에 적용되는 모든 법을 의미하는 것이 아니고 그 중에서도 사법을 제외한 공법만을 의미한다.

Ⅲ. 행정에 관한 국내공법

행정을 규율하는 법에는 국내법뿐만 아니라 외국간에 체결된 국제조약이나 일반적으로 승인된 국제법규 등의 국제법도 있다. 국제법은 행정법의 분야에는 적용되지 않는다. 다만, 헌법은 "헌법에 의하여 체결·공포된 조약과 일반적으로 승인된 국제법규는 국내법과 같은 효력을 가진다(제6조 제1항)"라고 규정하고 있으므로 범죄인인도조약·2중과세방지협정·우호통상항해조약·국제노동조약·지적소유권에 관한 조약 등과 같이 국내행정과 관계가 있는 국제조약은 행정법의 일부를 구성하며, 그 한도 내에서 행정법학의 연구대상으로 된다고 할 것이다.

제2절 행정법의 성립과 유형

Ⅰ. 행정법의 성립

행정법은 각국의 특수한 정치·경제·사회적 기반과 독특한 연혁에서 성립·발전하였다. 즉, 프랑스 등 대륙법계의 국가에서는 법치국가사상과 행정제도의 발달로 성립하게 되었고, 영·미법계의 국가에서는 단체주의사상의 발생과 법의 지배 원리가 각각 행정법의 성립과 발달의 전제조건이 되었다.

Ⅱ. 대륙법계 국가

1. 행정법 성립의 전제조건

(1) 법치국가의 성립

근대 법치국가사상은 국민주권주의 및 자유주의사상을 정치적 이념으로 하여 국민대표제도 내지 입헌국가와 권력분립주의를 제도화하고 있다. 이러한 법치국가사상의 발전으로 권력분립제도가 확립되어 행정은 입법에 의하여 구속을 받는 '법률에 의한 행정'의 원리가 성립됨으로써 행정을 규율하는 법률이 정립되어 행정법의 체계화가 이루어졌다.

(2) 행정제도의 발달

근대적 행정법이 성립하기 위해서는 법치국가사상의 발전에 더하여 행정제도라는 특수한 제도적 기반을 필요로 하였다. 여기서 행정제도란 행정권에 대하여 사법권에 의한 제약으로부터 독립된 지위를 보장하는 제도로서, 행정에 특수고유한 법의 형성과 행정재판소라는 일반사법재판소로부터 독립한 특별재판소의 존재를 그 관념요소로 한다.

2. 프랑스 행정법

프랑스는 행정권과 사법권과의 항쟁에서 비롯하여 행정법이 가장 일찍이 성립·발전하였다. 즉 혁명 전 사법재판소가 그 개괄적 관할권을 주장하여 왕의 행정에 간섭하였다. 이에 왕은 행정권 내부에 왕실고문을 설치하여 그로 하여금 행정사건을 재판하게 하였다. 이것이 행정재판제도의 효시가 되어 혁명 후에는 이에 갈음하여 자문기관으로서 국사원과 도참사원이 설치되어 행정에 특수 고유한 법체계로서 판례를 통하여 행정법이 정립·발전되었다. 1873년의 Blanco판결[13] 이래 국가와 국민과의 관계는 공공역무의 요청과 공익·사익 사이의 조화의 필요에 따라 특별한 규율을 받는다는 원칙이 확립되어 공역무중심으로 발전하였다.

3. 독일 행정법

독일은 원칙적으로 국가권력과 국민과의 지배복종관계를 중심으로 하여 행정법이 성립·발전되었다. 즉, 행정권의 우월적 지위를 인정하여 국가권력의 행사에 강력한 공법적 특수성을 인정하였다. 반면에 국가가 재산권의 주체로서 행하는 국고작용은 사법의 지배를 받고 사법재판소의 재판을 받게 하는 체제를 취하고 있었다. 따라서 행정권을 규율할 고유한 법이 제정되게 되었으며, 또한 이러한 법적용에 관한 재판을 담당하기 위하여 각 란트(Land)에서 행정재판소제도가 채택되었다.

---

13) '블랑꼬'(Blanco)판결 : '블랑꼬'라는 어린이가 보르드 담배공장의 노무원이 끄는 담배운반차에 치어 부상을 입게 되자 그의 아버지는 보르드 민사법원에 민법 제1382조 이하에 의하여 그 노무원 및 국가에 대한 손해배상청구소송을 제기하였다. 이 소송에 대하여 그 현의 지사는 관할이 틀리다는 요지로 소장의 각하신청을 제출하였으나 민사법원은 그 신청을 각하하고 말았기 때문에, 권한쟁의가 일어나게 되었으며, 이 쟁의에 대하여 권한법원은 1873년 2월 8일 판결을 통하여 「담배의 역무는 사기업과 흡사한 성질을 갖고 있으나, 그것은 재정조직을 구성하는 다른 역무와 마찬가지로 공공역무이다. 그의 관리에 있어서는 국가는 항상 공권력을 가지고 그의 이름으로써 행동한다」고 판시함으로써 그 사건이 행정법원의 관할에 속한다고 결정하였다(Recueil Dalloz, 1873, Ⅲ 17 ; Recuil Sirey, 1873, Ⅱ 1953).

Ⅲ. 영·미법계 국가

1. 영국의 행정법

영국은 '법의 지배'(Rule of Law)의 원리가 확립되어 개인 상호간의 관계와 같이 국가와 개인 간의 관계도 보통법(Common Law)의 지배를 받았다. 또한 그에 대한 쟁송도 통상재판소의 관할에 속하므로 특수한 법체계인 행정법은 성립되지 않았다. 그러나 20세기에 들어오면서 공공복리향상을 도모하기 위하여 행정기능을 확대·강화하였고, 강화된 행정권으로부터 개인의 권익을 보호하기 위하여 '행정위원회'를 설치하여 이에 의하여 행정법이 성립·발전하게 되었다.

2. 미국의 행정법

미국은 사법국가주의를 고수함으로써 행정법은 성립되지 않았다. 그러나 20세기에 들어와 자본주의의 고도화에 따라 발생하는 여러 가지 사회·경제적 문제를 정부가 적극적으로 개입하여 해결하여야 할 필요성이 생겼다. 이에 따라 권력통합적인 기능을 갖는 규제적 '행정위원회'가 설치되어 행정법이 성립·발전하게 되었다.

제3절 법치주의

Ⅰ. 개설

법치주의는 모든 행정작용은 '법의 지배'하에 이루어져야 한다는 원리이다. 법치주의의 본질은 근대입헌국가의 권력분립사상에 입각하여 국민의 자유와 권리가 자의적으로 침해되는 것을 방지하고자 하는 데 있었다. 그러나 제2차 대전 전의 독일과 일본에서처럼 전체주의 사상이 지배되었던 시기에는 형식적인 법치주의로 전락하기도 하였다.

Ⅱ. 형식적 법치주의

형식적 법치주의란 행정권의 발동은 의회가 제정한 법률에 의거하여 발동하면 족하고, 그 법률의 목적이나 내용의 정당성 여부는 더 이상 묻지 아니하는 것을 말한다. 이러한 형식적 법치주의는 법률의 이름으로 자유와 권리의 본질적 침해가 자행되었으며, 나치 시대의 독일과 군국주의 시대의 일본에서 풍미했던 사상이다.

또한 소위 특별권력관계론을 내세워 법치주의를 배제하고 '법률로부터 자유로운 행정영역'을 구축하기도 하였다. 행정소송의 경우에도 사법부가 아닌 행정부 내에 설치된 행정재판소에서 행하도록 하였으며, 행정소송의 대상은 법에 열거된 것으로 한정하는 열기주의를 채택하여 국민의 권익구제의 기회가 축소되기도 하였다.

Ⅲ. 실질적 법치주의

실질적 법치주의란 행정권의 발동은 형식적인 법률에 의하여 행해지는 동시에 법률의 내용도 국민의 자유와 권리를 부당하게 침해해서는 아니 된다는 것이다. 이와 같이 형식적 법치주의에 기본권보장이라는 이념을 결합시킨 형태를 실질적 법치주의라 한다. 오늘날 법치주의는 실질적 법치주의를 뜻한다.

실질적 법치주의는 오늘날 전 세계 민주국가의 공통원리로서 작용하고 있으며, 구체적 내용으로서는 ① 법률의 법규창조력원칙의 관철, ② 합헌적 법률의 우위, ③ 법률유보원칙의 적용범위 확대, ④ 행정구제제도의 강화, ⑤ 법에 의한 기속의 완화 등이 있다.

Ⅳ. 행정의 법률적합성

행정작용은 법률에 근거하여 법률의 기속을 받는바, 이를 행정의 법률적합성의 원칙이라 한다. 오토 마이어(O. Mayer)는 행정의 법률적합성 원칙의 내용을 ① 법률의 법규창조력, ② 법률우위의 원칙, ③ 법률유보의 원칙으로 나누었다.

1. 법률의 법규창조력

법률의 법규창조력이란 제정된 법률만이 국민을 구속하는 힘, 즉 법규로서의 구속력이 있다는 것을 뜻한다. 요컨대 국민의 권리와 의무관계에 구속력이 있는 법규범은 국민주권주의 하에서는 국민의 대표기관인 의회만이 가진다는 것이다. 헌법도 입법권은 원칙적으로 국회에 있으며(제40조), 행정부는 법률의 구체적 수권이 있는 경우에만 법규명령을 제정할 수 있다(제75조, 제95조). 단, 예외적으로 대통령은 법률적 효력을 가지는 긴급명령(제76조)을 제정할 수 있다고 규정하여 이러한 원칙을 선언하고 있다.

2. 법률우위의 원칙

법률우위의 원칙이란 국회에서 제정한 형식적 의미의 법률은 그 효력에 있어서 모든 행정작용의 우위에 있다. 따라서 모든 행정작용은 헌법과 법률에 위반하여 행사되어서는 아니 된다는 것을 의미한다. 형식적 법치주의 하에서는 법률의 실질적 내용은 묻지 아니하고 오직 국법형식의 우위를 인정하였다. 그러나 오늘날 실질적 법치주의 국가에서는 법률의 내용 그 자체가 기본권 보장 등을 이념으로 하는 헌법에 적합한 법률(합헌적 법률)의 우위가 강조되고 있다.

3. 법률유보의 원칙

법률유보의 원칙이란 행정권의 발동은 법률에 근거하여 행해져야 한다는 것을 말한다. 법률유보의 적용범위에 관해서는 국민의 자유와 재산을 침해하는 것만이 법률의 수권이 필요하다는 침해유보설이 과거 전통적 견해였다. 그러나 각국의 헌법구조가 입헌군주제에서 의회주의에 바탕을 둔 민주제로 변천됨에 따라 법률유보의 범위가 점차 확대되어 왔다. 이에 따라 권력행정유보설, 전부유보설, 사회유보설, 중요사항유보설 등 많은 견해가 대두하게 되었다.

(1) 침해유보설

침해유보설은 19세기 후반 독일에서 확립된 견해로서, 행정이 개인의 자유나 권리를 침해·제한하거나 새로운 의무를 부과하는 경우에는 반드시 법률의 근거가 있어야 한다는 견해이다. 따라서 개인의 자유나 권리를 침해·제한하는 이외의 행정작용은 법률유보에 따르지 않고 독자적으로 활동할 수 있다고 본다.

(2) 전부유보설

전부유보설은 모든 행정작용은 예외 없이 법률의 근거가 필요하다는 견해이다. 즉, 법으로부터 자유로운 행정영역의 관념을 원칙적으로 부정하여, 모든 공행정은 자율에 맡길 것이 아니라 의회의 민주적 통제의 대상이 되어야 한다는 견해이다. 그러나 오늘날의 민주국가에서는 국가의 모든 기능은 민주적 헌법에 근거를 두고 있고 행정부에도 고유한 민주적 정당성과 책임영역이 있다는 점을 간과하고 있다는 비판을 받고 있다.

(3) 사회유보설(급부행정유보설)

사회유보설은 침해행정 뿐만 아니라 급부행정의 영역에서도 법률유보의 원칙이 적용되어야 한다는 견해이다. 즉, 오늘날의 국가는 급부행정의 영역이 중요시 되므로 국가의 공정한 급부와 배려의 확보가 중요한 의미를 갖기 때문에 급부행정에서도 법률유보의 원칙이 적용되어야 한다는 것이다. 그러나 이 견해에 따르게 되면 법적 근거 없는 급부는 위헌이 된다. 또한 급부행정의 범위가 애매하므로 현실적으로 입법의 미비가 생길여지가 있으므로 모든 급부행정에 법률유보를 주장하는 것은 무리가 있다는 비판을 받고 있다.

(4) 중요사항(본질사항)유보설

중요사항유보설은 행정작용 중에서 국민과의 관계에 있어서 본질적인 사항에 대한 규율은 입법자가 스스로 결정해야 한다는 것이다. 이 견해는 독일의 연방헌법재판소의 판례를 통하여 확립되었다. 독일 연방헌법재판소는 1972년 3월 14일 행형관계에 대한 판결을 내렸으며, 이후 다른 영역, 특히 학교법과 원자력법 등에 확대되었으며, 행정재판소판결 및 학설이 이에 뒤따랐다.[14] 그리고 우리 헌법재판소도 "토초세법(토지초과이득세법)상의 기준시가는 국민의 납세의무의 성부 및 범위와 직접적인 관계를 가지고 있는 중요한 사항이므로 이를 하위법규에 백지위임하지 아니하고 토초세법 자체에서 직접 규정해야 한다."(헌재 1994. 7. 29, 92헌바49)라고 판시하여 중요사항유보설의 입장을 취한 것으로 보인다.

이 견해와 관련하여 주로 논의되는 견해로서 입법자 자신에 의한 규율(이른바 의회유보[15])이 있다. 의회유보설(론)에서는 법률유보를 전제로 하여 법률로 유보된 사항은 반드시 법률로 정하여야 하고 위임입법에 위임할 수 없다고 한다. 법률유보사항도 구체적으로 범위를 정하여 위임입법에 위임하는 것은 허용된다 할 것이므로 찬성하기 어렵다는 비판을 받는다.[16]

---

14) Mayer/Kopp, a. a. O., S. 137.

15) 의회유보(Parlamentsvorbehalt)는 법률유보 가운데 위임이 금지된 사항을 의회에 유보하는 것을 의미한다. 그러나 이에 의하여 의회의 과잉부담, 입법의 질적 저하가 또한 문제점으로 대두되고 있다고 할 수 있다.

16) 박윤흔, 행정법강의(상), 45면.

【헌재결】: ① 오늘날 법률유보원칙은 단순히 행정작용이 법률에 근거를 두기만 하면 충분한 것이 아니라, 국가공동체와 그 구성원에게 기본적이고도 중요한 의미를 갖는 영역, 특히 국민의 기본권 실현과 관련된 영역에 있어서는 국민의 대표자인 입법자가 그 본질적 사항에 대해서 스스로 결정하여야 한다는 요구까지 내포하고 있다(의회유보설). 그런데 텔레비전방송수신료는 대다수 국민의 재산권 보장의 측면이나 한국방송공사에게 보장된 방송자유의 측면에서 국민의 기본권 실현에 관련된 영역에 속하고, 수신료금액의 결정은 납부의무자의 범위 등과 함께 수신료에 관한 본질적인 중요한 사항이므로 국회가 스스로 행하여야 하는 사항에 속하는 것임에도 불구하고 한국방송공사법 제36조 제1항에서 국회의 결정이나 관여를 배제한 채 한국방송공사로 하여금 수신료금액을 결정해서 문화관광부장관의 승인을 얻도록 한 것은 법률유보원칙에 위반된다(헌재 1999. 5. 27, 98헌바70).

② 토지등소유자가 도시환경정비사업을 시행하는 경우 사업시행인가 신청시 필요한 토지등소유자의 동의는 개발사업의 주체 및 정비구역 내 토지등소유자를 상대로 수용권을 행사하고 각종 행정처분을 발할 수 있는 행정주체로서의 지위를 가지는 사업시행자를 지정하는 문제로서 그 동의요건을 정하는 것은 국민의 권리와 의무의 형성에 관한 기본적이고 본질적인 사항이므로 국회가 스스로 행하여야 하는 사항에 속하는 것임에도 불구하고 사업시행인가 신청에 필요한 동의정족수를 토지등소유자가 자치적으로 정하여 운영하는 규약에 정하도록 한 것은 법률유보원칙에 위반된다(헌재 2001. 2. 30, 2009헌바128).

③ 민원사무 처리에 관한 법률(2010. 2. 4. 법률 제10012호로 개정되고, 2012. 10. 22. 법률 제11492호로 개정되기 전의 것) 제20조 제1항은 행정안전부장관에게 민원사무처리기준표의 내용을 명확하게 위임하고 있는바, 민원사무 처리에 따른 수수료는 위 민원사무처리기준표에 위임한 내용 중 처리절차와 신청방법에 포함된 것으로 해석되고, 동법 제16조에서 무인민원발급창구를 이용한 민원서류 발급절차와 발급방법을 규정하면서 수수료 감면규정을 두고 있는 점을 보더라도 민원사무의 처리절차와 처리방법 등에 관한 사항을 행정안전부장관으로 하여금 고시하도록 위임함에 있어 민원사무 처리에 따른 실비 상당의 수수료를 예정하여 위임하고 있는 것으로 볼 수 있으므로, 이 사건 수수료 규정은 민원사무 처리에 관한 법률의 위임에 따른 것으로서 법률유보원칙에 위배되지 아니한다(헌재 2013. 7. 25, 2012헌마167).

【판례】: ① 지방재정법 제36조 제1항은 "지방자치단체는 법령 및 조례로 정하는 범위에서 합리적인 기준에 따라 그 경비를 산정하여 예산에 계상하여야 한다."고 규정하고 있다. 여기서 '법령 및 조례로 정하는 범위에서'란 예산안이 예산편성 기준 등에 관하여 직접 규율하는 법령이나 조례에 반해서는 안 될 뿐만 아니라 당해 세출예산의 집행목적이 법령이나 조례에

반해서도 안 된다는 것을 의미한다고 보는 것이 타당하므로, 지방의회가 의결한 예산의 집행 목적이 법령이나 조례에 반하는 경우 당해 예산안 의결은 효력이 없다(대판 2013. 1. 16, 2012추84).

② 병의 복무기간은 국방의무의 본질적 내용에 관한 것이어서 이는 반드시 법률로 정하여야 할 입법사항에 속한다고 풀이할 것인바 육군본부 방위병소집복무해제규정(육군규정 104-1) 제23조가 질병휴가, 청원휴가, 각종사고(군무이탈, 구속, 영창, 징역, 유계결근), 1일 24시간 이상 지각, 조퇴한 날, 전속 및 보직변경에 따른 출발일자부터 일보변경 전일까지의 기간 등을 복무에서 제외한다고 규정하여 병역법 제25조 제3항이 규정하지 아니한 구속 등의 사유를 복무기간에 산입하지 않도록 규정한 것은 병역법에 위반하여 무효라고 할 것이다(대판 1985. 2. 28, 85초13).

(5) 권력행정유보설

권력행정유보설은 침해적 행정이든 수익적 행정이든 불문하고 모든 권력행정은 반드시 법률의 근거가 있어야 한다는 견해이다. 이 견해는 복효적 행정행위를 설명하기 용이하며, 헌법상의 민주적 통제원리에도 일치한다. 그러나 유보의 범위를 다소 확대하기는 하였으나 기본적으로는 침해유보설의 틀을 벗어나지 못하고 있다는 비판을 받는다.

(6) 결어

과거 입헌군주제하에서 군주와 시민간의 타협의 소산이었던 침해유보설은 급부행정의 특성에 부응하지 못하는 것으로서 현대 자유민주주의 국가에서는 더 이상 고수될 수 없게 되었다. 오늘날 우리나라 학자들은 대체로 개별적인 행정유형에 따라 이 원칙의 적용여부를 결정하려는 견해를 취하고 있다. 따라서 법률유보원칙의 적용범위는 우선적으로 실정헌법규정을 중시하고 동시에, 개개 기본권의 성질, 행정의 구체적인 사안 등에 비추어 개별적·구체적으로 검토하여 당사자 내지 국민일반에 대하여 본질적인 것으로 판단되는 사항에 한해 법적 규율을 요한다는 본질사항유보설이 비교적 설득력이 있어 보인다.

제4절 행정법의 기본원리

행정법은 다양한 개별 법률들의 집합으로 구성되어 있다. 따라서 법규범을 전체적으로 지배하는 지도원리 또는 기본원리를 정하여 통일성과 체계성을 유지할 필요가 있다. 행정법은 헌법의 원리들을 구체화하는 집행법이므로, 행정법의 기본원리는 헌법의 지도이념인 자유민주주의와 헌법의 최고가치인 국민의 기본권보장을 실현하기 위한 실천원리에 근거하는 것이다. 따라서 행정법도 ① 민주행정주의, ② 실질적 법치국가주의, ③ 복리국가주의, ④ 지방분권주의, ⑤ 사법국가주의 등의 기본원리를 취한다고 할 수 있다.

Ⅰ. 민주행정주의

1. 의의

헌법은 전문에서 자유민주적 기본질서를 규정하고 있다. 또한 제1조[17]에서는 민주공화국의 국가형태와 국민주권원리를 규정함으로써 민주주의가 국가행정의 기본원리이며 과제임을 분명히 하고 있으며, 행정의 영역에서 민주주의원리를 구현하기 위해 여러 규정을 두고 있다.

2. 행정을 통한 구현

(1) 행정기관과 공무원

행정기관은 국민의 기관이므로 그 설치와 직무범위는 법률로 정하도록 하는 행정조직법정주의를 취하고 있다(헌법 제96조). 행정기관은 국민을 위한 것이며 국민의 비용부담으로 유지되므로 국회가 제정한 법률에 의하여 행정기관이 설치되는 것은 당연하다. 또한 행정기관의 법정화와 아울러 그 기관을 구성하고 있는 공무원과 관련하여서도 민주적 공무원제와 직업공무원제를 채택하고 있다. 헌법 제7조 제1항도 "공무원은 국민전체에 대한 봉사자이며, 국민에 대하여 책임을 진다"고 하여 민주적 공무원제를 선언하고 있다.

---

17) 제1조 ① 대한민국은 민주공화국이다. ② 대한민국의 주권은 국민에게 있고, 모든 권력은 국민으로부터 나온다.

(2) 지방자치의 실시

지방자치는 민주주의와 불가분의 관계를 가지고 있으며, 민주주의의 기초로서 민주주의의 학교, 민주주의의 훈련장으로 일컬어지고 있다. 헌법은 제117조 제1항에서 "지방자치단체는 주민의 복리에 관한 사무를 처리하고 재산을 관리하며, 법령의 범위 안에서 자치에 관한 규정을 제정할 수 있다"고 규정함으로써 지방의 행정을 주민자치의 형태로 행하도록 하고 있다.

(3) 국민의 행정에의 참가

진정한 민주주의를 실현하기 위해서는 행정에 국민의 참가가 요청된다. 즉, 행정결정과정에 주민참여의 여부에서 개인의 참여문제는 비교적 법치주의와 관련된 것이지만, 일반인의 참여문제는 비교적 민주주의와 관련된 문제이다. 따라서 오늘날 주민참여와 관련하여 청문회와 공청회의 중요성이 특별히 강조되고 있다. 식품위생법, 공무원법 등 개별법상의 제도 이외에 일반법으로서의 행정절차법은 매우 중요한 의미를 갖는다.

(4) 행정의 공개·투명화

국민이 행정에 참여하고 행정에 책임을 물을 수 있기 위해서는 행정의 운용은 투명해야 하고 공개적이어야 한다. 또한 행정은 국민에게 각종의 정보를 적절한 시기에 제공해야 하며, 국민에게는 상당한 범위에 걸쳐 정보공개청구권이 인정되어야 한다.[18] '공공기관의 정보공개에 관한 법률'은 이러한 요청을 내용으로 하고 있다.

한편, 행정절차법 제5조(투명성)도 "행정청이 행하는 행정작용은 그 내용이 구체적이고 명확하여야 하며, 행정작용의 근거가 되는 법령 등의 내용이 명확하지 아니한 경우 상대방은 해당 행정청에 그 해석을 요청할 수 있다. 이 경우 해당 행정청은 특별한 사유가 없으면 그 요청에 따라야 한다."고 규정하고 있다.

Ⅱ. 실질적 법치국가주의

1. 기본권의 보장

헌법은 헌법상에 규정된 모든 국민의 자유권적 기본권과 생활권적 기본권을 빠짐없이 보장하고, 기본권은 예외적으로 국가안전보장·질서유지 또는 공공복리를 위하여 법률로써만

18) 홍정선, 행정법원론(상), 72면.

제한할 수 있으며, 제한하는 경우에도 기본권의 본질적 내용은 침해할 수 없도록 하고 있다(제37조 제2항). 행정의 집행이 이러한 헌법상의 제약을 넘어서 기본권을 침해하는 경우에는 다양한 방법에 의한 권리구제의 길이 열려 있다.

2. 법률에 의한 행정의 보장

헌법은 ① 법률의 법규창조력을 관철하고 있고(긴급명령, 긴급재정·경제명령 및 처분은 예외), ② 합헌적 법률우위의 원칙과 ③ 법률유보의 원칙을 인정하고 있으며, ④ 위임입법의 한계를 규정함으로써 법률에 의한 행정을 보장하고 있다.

3. 행정구제

기본권보장과 법률에 의한 행정의 원리에 따라 국가의 행정작용이 행하여지는 것이지만, 행정의 집행에 의한 국민의 권리침해가 발생되는 경우에 그 권리구제의 법적 방안이 마련되어 있지 않으면 실질적 법치주의가 실현되지 않는다. 예컨대, 군인에 의한 민간인 체포·구금의 경우처럼 국가의 위법한 행정작용에 의하여 발생한 국민의 손해를 보전하여 주는 국가배상제도와 국가가 도로·공원·항만 등의 건설을 위한 토지수용처럼 적법한 절차에 의하여 야기되는 손실에 대한 보전으로써 손실보상제도를 두고 있고, 행정심판법에 의한 행정심판기관에서의 국민의 권리구제제도인 행정심판제도 및 행정소송법에 의한 일반법원에서의 권리구제제도인 행정소송제도를 완비하여 행정작용으로 인한 국민의 권익침해를 구제함으로써 실질적 법치주의를 보장하고 있다.

Ⅲ. 복리국가의 원리

복리국가라 함은 자유주의 내지 시장경제원리로 인해 파생된 모순과 폐단을 시정하며, 나아가 모든 사람이 인간다운 생활을 할 수 있도록 사회적·경제적 정의실현을 적극적으로 지향하는 국가체제를 의미한다.

헌법은 경제적 약자의 복리실현을 도모함과 동시에 사회정의에 입각한 복리국가주의를 실현시키기 위하여 전문에서 사회정의의 실현, 정치·경제·사회·문화의 모든 영역에서 기회균등, 국민생활의 균등한 향상을 선언하고 있다. 또한 제10조에서는 인간의 존엄과 가치 및 행복추구권을 규정하고 있으며, 제34조에서는 국민의 인간다운 생활의 보장(제1항), 국가의 사회보장·사회복지증진을 위한 의무(제2항), 여자의 복지와 권익 향상을 위한 노력의무

(제3항), 노인·청소년의 복지향상을 위한 정책실시의무(제4항), 신체장애자 및 질병·노령 기타의 사유로 생활능력이 없는 국민에 대한 법률이 정하는 바에 의한 국가의 보호(제5항) 등을 규정하고 있다. 그리고 제119조 제2항[19]의 규정 및 경제헌법조항(제9장) 등을 규정하여 복리국가의 원리를 분명히 밝히고 있다.

Ⅳ. 지방분권주의

헌법은 제117조 제1항에서 "지방자치단체는 주민의 복리에 관한 사무를 처리하고 재산을 관리하며, 법령의 범위 안에서 자치에 관한 규정을 제정할 수 있다."고 하여 지방분권주의를 채택하고 있다.

Ⅴ. 사법국가주의

헌법은 대법원이 명령·규칙·처분의 위헌 또는 위법 여부에 대한 최종심사권을 갖는다고 규정하고 있다(제107조 제2항). 이는 사법부 아닌 행정권 내부에 행정재판소를 설치하여 행정소송사건을 관할하는 것을 금지하고 있으므로 대륙식 행정국가주의가 아닌 영·미식 사법국가주의를 취하고 있다. 즉, 과거의 프랑스에서처럼 행정사건을 행정권 내부의 행정재판소에서 관할하고 있는 행정국가주의가 아니라 행정사건도 일반법원에서 관할하고 있는 사법국가주의를 채택하고 있다.

---

19) 제119조 ② 국가는 균형있는 국민경제의 성장 및 안정과 적정한 소득의 분배를 유지하고, 시장의 지배와 경제력의 남용을 방지하며, 경제주체간의 조화를 통한 경제의 민주화를 위하여 경제에 관한 규제와 조정을 할 수 있다.

제5절 행정법의 법원

Ⅰ. 개설

법원이란 일반적으로 법의 인식수단, 즉 법의 존재형식을 의미한다. 행정법의 법원은 행정에 관하여 실제 적용되고 있는 법의 인식근거 또는 존재형식이 되고 있는 실정법으로서의 성문법원과 성문법으로 규정되어 있지 않는 범위에서 적용되는 불문법원으로 구분할 수 있다.

일반적으로 대륙법계 국가에서는 성문법주의를 원칙으로 하고 있으나, 영미법계 국가에서는 불문법주의를 원칙으로 하고 있다. 그러나 행정법에 있어서는 거의 모든 국가가 성문법주의를 원칙으로 하고 있다. 그 이유로는 ① 국민의 자유와 재산을 침해하는 침해행정에 있어서는 특히 행정권 발동의 요건과 한계를 법으로 미리 명확히 해 두어야 행정에 대한 예측가능성과 법적 안정성이 보장되며, ② 급부행정에 있어서는 급부의 계속성을 보장할 필요가 있고, ③ 어떤 형태의 행정작용이건 간에 행정의 공정성을 확보하여야 하며, ④ 행정조직법에 있어서는 담당기관의 권한과 책임의 소재를 분명히 해 두어야 할 필요가 있고, ⑤ 행정구제법에 있어서는 구제의 절차를 명백히 함으로써 권리구제에 만전을 기할 필요가 있기 때문이다.[20]

Ⅱ. 성문법원

1. 헌법

헌법은 국가의 최고규범이므로 헌법에 직접 규정하고 있는 행정조직에 관한 규정과 행정작용에 관한 규정 그리고 행정구제에 관한 규정은 행정법의 법원 중 최고의 법원이 된다. 따라서 오늘날의 행정법은 마이어[21]와 달리 베르너가 피력한 바와 같이 '구체화된 헌법으로서의 행정법'의 역할에 충실할 수 있도록 우리 헌법의 기본원리를 잘 구현하는 것이어야 한다.

---

20) 유상현 · 설계경, 행정법총론, 41면 참조.

21) 마이어(O.Mayer)는 헌법과 행정법과의 관계에 관하여 "헌법은 변하나, 행정법은 변치 않는다." 라고 하여 행정법의 기술성을 강조하였다.

2. 법률

법률이란 형식적 의미의 법률, 즉 국회가 헌법상의 절차에 따라 제정한 법률만을 의미한다.[22] 국회가 제정한 법률은 본래적 법원이기 때문에 이에 근거한 법규명령과 자치법규보다 우위의 효력을 가지므로, 법률에 저촉되는 법규명령 또는 자치법규는 무효가 된다. 그러나 최근 법률의 법원성에 대한 문제점으로, ① 국회입법의 원칙에 대한 예외로서 긴급명령, 긴급 재정·경제명령(제76조)의 인정, ② 법률제정 과정에서의 행정부의 역할 증대, ③ 위임입법의 증가현상 등이 있다.

3. 조약 및 국제법규

조약이란 협정·협약·약정 등 명칭 여하를 불문하고 국가와 국가 사이 또는 국가와 국제기구 사이의 법적 효력이 있는 문서에 의한 합의를 말한다. 국제법규란 우리나라가 당사국은 아니지만 국제사회에서 일반적으로 그 규범성이 승인된 조약과 국제관습법을 말한다. 이들의 국내적 효력에 관하여 헌법은 "헌법에 의하여 체결·공포된 조약과 일반적으로 승인된 국제법규는 국내법과 같은 효력을 가진다"(헌법 제6조)고 규정하고 있다. 따라서 별도로 국내법으로 이를 제정·수용하지 않더라도 당연히 행정법의 법원이 된다는 국제법과 국내법 일원론이 통설 및 판례의 입장이다. 그러나 조약 및 국제법규와 국내법의 효력에 관하여는 국제법과 국내법을 전혀 별개의 법체계로 보아 각각 별도의 효력을 갖는다는 이원론도 있다. 생각건대, 국제법과 국내법과의 효력관계는 국제법이 국내법에 수용되어 국내법의 일부로 된 것이므로, 법단계구조의 원리, 신법우선의 원리, 특별법우선의 원리에 의하여 개별적으로 판단하여 해결하는 것이 타당할 것이다.

【판례】: ① 조약은 특별법으로서 일반법인 국내법에 우선

국제항공운송에 관한 법률관계에 대하여는 일반법인 민법에 대한 특별법으로서 바르사바협약이 우선 적용된다(대판 1986. 7. 22, 82다카1372).

② '남북 사이의 화해와 불가침 및 교류협력에 관한 합의서'의 효력

22) 국회가 직접 제정한 법률에는 그 지칭하는 명칭이 행정소송법, 국가배상법, 토지수용법, 정부조직법처럼 '법'으로 지칭되고 있는 경우와 '개인정보 보호법', '잡지 등 정기간행물의 진흥에 관한 법률'처럼 법률로 지칭되는 경우가 있다. 법과 법률의 구별실익은 없지만, 개념적으로 구별하자면 법으로 지칭되는 것은 그 규범내용이 특정되어 있는 것을 말하며, 법률로 지칭되는 것은 그 규범내용이 좀더 포괄적인 것을 말한다.

합의서는 남북관계가 나라와 나라 사이의 관계가 아닌 통일을 지향하는 과정에서 잠정적으로 형성되는 특수관계임을 전제로, 조국의 평화적 통일을 이룩해야 할 공동의 정치적 책무를 지는 남북한 당국이 특수관계인 남북관계에 관하여 채택한 합의문서로서, 남북한 당국이 각기 정치적인 책임을 지고 상호간에 그 성의 있는 이행을 약속한 것이기는 하나 법적 구속력이 있는 것은 아니어서 이를 국가간의 조약 또는 이에 준하는 것으로 볼 수 없고, 따라서 국내법과 동일한 효력이 인정되는 것도 아니다(대판 1999. 7. 23, 98두14525).

③ 우리나라가 … 위 협정에 따른 회원국 정부의 반덤핑부과처분이 WTO 협정위반이라는 이유만으로 사인이 직접 국내 법원에 회원국 정부를 상대로 그 처분의 취소를 구하는 소를 제기하거나 위 협정위반을 처분의 독립된 취소사유로 주장할 수는 없다(대판 2009. 1. 30, 2008두17936).

4. 명령

명령이라 함은 국가행정권에 의하여 정립되는 법규를 총칭한 것으로 법률에 대응하는 말이다. 명령은 국가와 국민을 다 같이 구속하는 법규명령과 행정조직 내부에 관한 규율인 행정규칙으로 구분된다.

(1) 법규명령

법규명령이란 법률에 근거하고 법률의 범위 내에서 발령청을 포함하여 모든 자를 구속하는 즉, 법규성을 가지는 명령을 말한다. 법규명령은 법률의 위임 여부에 따라 상위법령에서 위임받은 사항을 정하는 위임명령과 상위법령을 집행하기 위한 집행명령으로 나누어지고, 그 제정주체에 따라 대통령령·총리령·부령 등으로 구분된다. 이 외에 중앙선거관리위원회규칙·대법원규칙·헌법재판소규칙·감사원규칙 등이 있다. 다만, 감사원규칙이 법규명령인가 하는 점에 대하여는 다툼이 있으나, 헌법에서 정하고 있는 법형식은 예를 들어서 규정하는 예시적인 것이므로 보아야 하므로 법규명령으로 보아야 할 것이다.

(2) 행정규칙

행정규칙이란 행정조직 내부관계에서 발하여 지는 법규가 아닌 명령이다. 행정규칙은 행정명령이라고도 한다. 특히 특별신분관계 내부에서 효력을 가지는 것만을 특별규칙이라고 하며, 특별규칙을 제외한 것을 협의의 행정규칙이라고 한다.[23]

---

23) 김남진, 행정법Ⅰ, 63면.

행정규칙을 법규명령과 같이 행정법의 법원으로 인정할 것인가에 관하는 학설의 대립이 있다. 그러나 행정규칙의 내용에 해당하는 고시가 법령의 수권에 따라 법령을 보충하는 사항을 정하는 경우에는 법적 구속력을 가진다. 또한 행정규칙은 일반적으로 대내적 구속력만 가지지만 평등의 원칙과 관련되는 경우 재량준칙의 대외적 구속력이 인정되기도 한다.

5. 자치법규

자치법규란 지방자치단체 또는 그 기관이 법령의 범위 안에서 제정하는 자치에 관한 규정(헌법 제117조 제1항[24])을 말한다. 이에는 지방의회가 제정하는 조례와 지방자치단체의 집행기관인 장이 제정하는 규칙이 있다. 지방지차단체의 집행기관에는 행정에 관한 일반사무의 집행기관과 교육·체육·과학에 관한 사무의 집행기관이 있다. 따라서 규칙에는 일반사무에 관한 일반규칙과 교육 등에 관한 교육규칙이 있다.

Ⅲ. 불문법원

1. 관습법

(1) 의의

행정법상 관습법은 행정의 영역에서 국민의 전부 또는 일부 사이에 다년간 계속하여 같은 사실이 관행으로 반복되고, 이에 대하여 일반국민의 법적 확신을 얻어 법규범으로 인식·승인된 것을 말한다. 관습법은 아직 국민의 법적 확신에 의해 법규범으로 승인될 정도에 이르지 않은 사실인 관습법[25]과 구별된다.

(2) 성립요건

관습법의 성립에는 관행과 법적 확신 이외에 또 다른 요건이 필요한가에 관하여 법적 확신설과 국가승인설의 대립이 있다. ① 법적 확신설(법력내재설)은 국민 일반의 법적 확신까지 얻은 관행은 그 자체로서 법력이 내재하며, 그 외에 국가에 의한 승인까지는 필요 없다는 견해이며, ② 국가승인설은 법의 본질을 국가의 명령으로 보는 법명령설에 기초한 제정

24) 제117조 ① 지방자치단체는 주민의 복리에 관한 사무를 처리하고 재산을 관리하며, 법령의 범위 안에서 자치에 관한 규정을 제정할 수 있다.

25) 민법 제106조(사실인 관습) 법령 중의 선량한 풍속 기타 사회질서에 관계없는 규정과 다른 관습이 있는 경우에 당사자의 의사가 명확하지 아니한 때에는 그 관습에 의한다.

법 우위의 사상에 입각하여, 관습법이 법으로서의 효력을 갖기 위해서는 국가에 의한 명시적 또는 묵시적 승인이 있어야 한다는 견해이다. 법적 확신설이 다수설과 판례의 견해이다.

(3) 인정여부

행정관습법의 인정여부에 관하여는 민사상의 관습법을 인정한 민법 제1조와 같은 규정이 없으므로 소극설과 적극설이 대립한다. 그러나 법치주의와 관련하여 보면 관습법은 행정법의 법원성이 부정되는 것도 무리는 아니지만, 모든 영역에 성문법규가 완비될 수는 없으므로, 행정법에 있어서는 사법과 달리 성문법상 흠결이 많은 것이 사실이다. 따라서 오랫동안 계속되는 관행이 국민 일반의 법적 확신을 얻게 되었을 경우에 그의 법원성을 인정하는 것이 보다 현실적이라 할 것이다. 또한 오늘날 적극행정의 요청에도 부응하는 것이라 할 수 있다.[26)]

> **【판례】**: 관습법이란 사회의 거듭된 관행으로 생성한 사회생활규범이 사회의 법적확신과 인식에 의하여 법적 규범으로 승인 강행되기에 이르는 것을 말하고, 사실인 관습은 사회의 관행에 의하여 발생한 사회생활규범인 점에서는 관습법과 같으나 다만 사실인 관습은 사회의 법적 확신이나 인식에 의하여 법적 규범으로서 승인될 정도에 이르지 않은 것을 말한다(대판 1983. 6. 14, 80다3231).

(4) 효력

관습법의 법원성을 인정하는 경우에도 그 효력에 관하여는 ① 행정에 있어서는 성문법주의의 원칙이 적용되기 때문에 관습법은 성문법이 존재하지 않는 경우에만 보충적으로 효력을 갖는다는 견해(보충적 효력설)[27)]와 ② 성문법이 존재하는 분야에서도 관습법이 성립될 수 있으며, 이 경우 관습법은 성문법을 변경 또는 개폐하는 효력을 가진다는 견해(변경적 효력설)[28)]가 대립하고 있다. 그러나 성문법주의를 원칙으로 하는 우리나라에서는 행정관습법은 특별한 규정이 없는 한 성문법의 보충적 효력을 갖는다고 보는 것이 통설적 견해이며 타당하다 할 것이다.

---

26) 이상규, 신일반행정법론(상, 141~142면.

27) 김남진, 행정법 I, 67면; 김도창, 일반행정법론(상), 155면; 이상규(상), 143면.

28) 강문용, 행정법신론, 123면; 한태연, 헌법학, 105면.

(5) 종류

1) 행정선례법

행정선례법이란 행정조직이나 운용에 있어서 행정청의 선례가 오랫동안 반복되어 시행됨으로써 국민들 간에 법적 확신이 생긴 경우를 말한다.[29] 특히 상급행정청의 훈령 또는 예규 등이 발하여 지고 그에 기하여 사무처리의 관행이 반복되는 경우에 행정선례법으로서의 의의를 갖는다.

국세기본법은 "세법의 해석 또는 국세행정의 관행이 일반적으로 납세자에게 받아들여진 후에는 그 해석 또는 관행에 의한 행위 또는 계산은 정당한 것으로 보며, 새로운 해석 또는 관행에 의하여 소급하여 과세되지 아니한다"(제18조 제3항)고 규정하여 세무행정에 있어서의 행정선례법의 존재를 명시적으로 인정하고 있다. 또한 행정절차법도 "행정청은 법령 등의 해석 또는 행정청의 관행이 일반적으로 국민들에게 받아들여진 때에는 공익 또는 제3자의 정당한 이익을 현저히 해할 우려가 있는 경우를 제외하고는 새로운 해석 또는 관행에 의하여 소급하여 불리하게 처리하여서는 아니된다"(제4조 제2항)고 규정하여 이를 인정하고 있으며, 판례도 인정하고 있다.

【판례】: ① 비과세의 사실상태가 장기간에 걸쳐 계속된 경우에, 그것이 그 사항에 대하여 과세의 대상으로 삼지 아니한다는 뜻의 과세관청의 묵시적인 의사표시로 볼 수 있는 경우에는 이를 국세행정의 관행이라고 인정할 수 있다(대판 1987. 2. 24, 87누771).

② 보세운송면허세의 부과근거규정이던 지방세법시행령이 1973.10.1에 제정되어 폐지될 때까지 근 4년간 위 면허세가 단 한건도 부과된 적이 없고, 그 주무관청인 관세청장도 수출확대라는 공익상의 필요 등에서 관계법조문의 삭제를 건의하였었다면 그로써 위 면허세의 비과세의 관행이 이루어졌다고 보아야 하고, 과세근거법규가 폐지된지 1년 3개월이나 지난 뒤에 행한 4년간의 위 면허세의 부과처분은 신의성실의 원칙과 위의 관행을 무시한 위법한 처분이다(대판 1982. 6. 8, 81누38).

2) 민중적 관습법

민중적 관습법이란 공법관계에 있어서 민중 사이에 다년간 계속됨으로써 그 관행이 일반적으로 인식·존중되었을 때를 말한다. 주로 공물·공수의 사용 관계에 관하여 존재한다. 예컨

29) 행정선례라 함은 행정기관에 있어서 실제로 처리한 사건이 선례로서 존중되어 법규로서의 효력을 가지게 된 것으로서, 재판례의 경우와 동일하게 처리되는 것이다(대판 1954. 6. 19, 4285행상20).

대, 입어권과 관습상의 유수사용권(관개용·수리권·유목권·음용·용수권 등) 등이 있다.

수산업법 제40조[30]는 입어권에 관하여 명문규정을 둠으로써 민중적 관습법의 존재를 명시적으로 인정하고 있다. 대법원도 하천용수권에 관한 관습 등을 민중적 관습법으로 인정한 바 있다.

【판례】: ① 관행에 의한 입어권 인정

관행에 의한 입어는 구 수산업법(90.8.1. 법률 제4252호로 개정 전)에 의하여 보호되는 이익으로서 이 이익은 공동어업권자에게 대하여 주장하고 행사할 수 있을 뿐만 아니라 이를 침해하는 제3자에게 대하여는 그 배제를 청구할 수 있는 권리로 해석함이 적절하며 같은 법 제40조 소정 관행에 의한 입어가 타도입어나 조합지구 이외의 어민에게만 인정되는 것이라고 해석하여야 할 법적 근거가 있음을 발견할 수 없고 종전부터 관행에 의한 입어권 행사가 인정되는 어장에서의 공동어업이 어업조합에 면허되고 관행에 의한 입어자가 그 조합원이 되었다 하여 동인의 입어권 행사권이 소멸된다고 볼 수 없다(대판 1963. 2. 28, 62다882).

② 하천용수의 관습상 수리권 인정

토지개한조합이 행정관청의 인가를 얻어 하천의 하상을 5, 6척이나깊이 파고 시멘트 콩크리트로 새로운 보를 설치하여 조합원 소유의 농지로 인수하므로 인하여 타인이 종전에 인수사용하던 보가 폐쇄당하고 경작기에는 보의 물구멍을 열어두어 하천의 물이 위 조합 호리구역으로만 흘러들어가게 함으로써 지방 및 모래 사이를 통하여 새어 나오던 물도 종전보다 격감하여 타인들이 권개할 하상이 고갈되게 한 경우에는 특별한 사정이없는 한 불법행위가 된다(대판 1967. 7. 6, 65다425).

2. 판례법

(1) 의의

행정소송사건에 관한 법원의 판결은 직접적으로는 당해 사건의 분쟁을 해결할 목적으로 하는 것이지만, 그 속에 내포되어 있는 합리성은 장래의 같은 종류의 사건에 대해서도 하나의 지침이 될 수 있다. 행정소송에 관한 판결은 특정 사건에 대하여 행정법규를 해석·적용하여 당해 사건의 적법성 여부를 판단하는 것만을 목적으로 한다. 그러나 판단 과정에서 일반적이고 추상적인 행정법규의 내용을 명확히 하고 그 해석의 기준을 제시한다. 따라서 국민과 관계행정청은 이를 법으로 인식하게 되는데, 이를 판례법이라 한다.

30) 제40조(입어 등의 제한) ① 마을어업의 어업권자는 입어자에게 제38조에 따른 어장관리규약으로 정하는 바에 따라 해당 어장에 입어하는 것을 허용하여야 한다

(2) 판례법의 법원성

1) 영미법계

영미법계의 국가에서는 '선례구속성의 원칙'이 확립되어 상급법원의 판결은 장래에 발생되는 같은 성질의 사건에 대하여 하급법원을 구속하는 법적 효력을 가진다. 따라서 행정법의 법원으로서 매우 중요한 위치를 차지한다. 그러나 최근 환경·사회복지·경제규제 등 각 분야에서 성문법이 제정되어 행해지고 있기 때문에 상대적으로 판례법의 비중은 감소되고 있다.

2) 대륙법계

대륙법계는 영미법계의 국가와는 달리 성문법주의를 원칙으로 하고, 최고법원도 자기 판례를 변경할 수 있음은 물론, 그 판례는 하급법원을 법적으로 구속하는 힘은 없고 사실상의 구속력을 가질 뿐이다. 따라서 하급법원이 최고법원의 보수성에 도전함으로써 판례가 변경될 수 있는 소지가 있어 판례법의 법원으로서의 지위는 약하다고 하겠다.

3) 우리나라

우리나라는 다른 대륙법계의 국가와 마찬가지로 판례구속성의 원칙은 인정되지 않는다. 법원조직법은 "상급법원의 재판에 있어서의 판단은 '당해 사건에 관하여' 하급심을 기속한다"(제8조)라고 규정하고 있다. 민사소송법도 상고사건에서 "환송 또는 이송을 받은 법원은 … 상고법원의 파기이유로 한 사실상과 법률상의 판단에 기속을 받는다"(제436조 제2항[31]) 고 규정하고 있다. 이는 상소제도의 특수성에서 연유하는 것으로서, 대법원판결에서 판시된 법령해석과 법률적 판단은 당해 사건, 즉 '같은 사건에서만 하급심을 기속한다'는 것이고 '동종의 다른 사건'에서까지 기속한다는 의미는 아니다. 따라서 이를 근거로 곧 판례의 법원성을 인정할 수는 없다.

그럼에도 불구하고 대법원의 판례가 가지는 현실적 구속력은 무시할 수 없다. 즉 대법원의 법령해석에 관한 판례의 변경은 엄격하게 절차적으로 제한되어 있다. 따라서 대법원의 판례는 안정성이 보장되어 있어 판례법은 현실적으로 행정법의 법원으로서의 성격을 가지고 있다고 보아야 할 것이다.

---

31) 제436조(파기환송, 이송) ② 사건을 환송받거나 이송받은 법원은 다시 변론을 거쳐 재판하여야 한다. 이 경우에는 상고법원이 파기의 이유로 삼은 사실상 및 법률상 판단에 기속된다.

【판례】: 대법원의 판례가 법률해석의 일반적인 기준을 제시한 경우에 유사한 사건을 재판하는 하급심법원의 법관은 판례의 견해를 존중하여 재판해야 하는 것이나, 판례가 사안이 서로 다른 사건을 재판하는 하급심법원을 직접 기속하는 효력이 있는 것은 아니다(대판 1996. 10. 25, 96다31307).

3. 조리(행정법의 일반법원칙)

(1) 의의

조리란 '사물의 본질적 법칙' 또는 '일반 사회의 정의감에 비추어 반드시 그렇게 되어야만 할 것이라고 인정되는 것'을 말한다. 조리는 법해석의 기본원리로서, 그리고 성문법·관습법·판례법 등이 모두 없는 경우에 최후의 보충적 법원으로서의 중요한 의의를 가진다. 따라서 조리는 행정법관계의 영역 전반에 걸쳐 광범위하게 적용되는 행정법의 일반법원칙으로 기능하게 된다.

(2) 성질

조리는 성문법·관습법·판례법이 모두 존재하지 아니하는 경우에 최후의 보충적 법원으로서의 의의를 가진다. 그러나 조리는 여러 가지 것에서 유래하므로 그 법적 성질 내지 효력도 일률적으로 말할 수 없다. 즉 어떤 것은 헌법이나 여러 실정법으로부터 유래하고, 어떤 것은 판례법이나 관습법으로부터 유래하고 있다. 예컨대, 평등의 원칙 및 비례의 원칙은 헌법상 원칙(제11조 및 제37조 제2항)으로 볼 수 있고, 신의성실의 원칙은 민법(제2조 제1항) 내지는 일반원칙이며, 또한 행정행위의 취소권의 제한 등에 관련된 원칙 등의 조리는 판례법적 특질을 가진다. 따라서 조리라는 관념에 갈음하여 '행정법의 일반원리'라는 관념을 사용하고 좁은 의미의 조리에 속하는 법원리도 행정법의 일반원리의 일부를 이루고 있다고 할 수 있다.[32]

조리의 내용으로는 ① 비례의 원칙, ② 신뢰보호의 원칙, ③ 평등의 원칙, ④ 자기구속의 법리, ⑤ 부당결부금지의 원칙 등이 있다.

---

32) 김동희, 행정법의 일반원리, 한국공법학회, 제5회 월례발표회, 16면 ; 김남진, 행정법Ⅰ, 67면 참조.

(3) 비례의 원칙

1) 의의

비례의 원칙은 행정주체가 행정작용을 행함에 있어 행정목적과 그 목적을 실현하기 위한 수단 사이에서 합리적인 비례관계가 이루어져야 한다는 원칙이며, 과잉금지의 원칙이라고도 한다. 이 원칙은 원래 독일의 프로이센 고등행정법원의 판례에 의하여 경찰법상으로 발전된 것이다. 오늘날에는 특히 독일헌법상의 법치국가원리·기본권의 본질적 내용 침해금지조항(제19조 제2항) 및 제(諸)기본권규정에서 도출되는 원칙으로 간주되고 있다.[33]

비례의 원칙의 내용으로는 목적적합성의 원칙, 최소침해의 원칙 및 협의의 비례원칙이 포함된다. 우리 헌법재판소는 비례의 원칙의 내용적 요소로서 목적의 정당성, 수단의 상당성 내지 방법의 적절성, 침해의 최소성, 법익의 균형성을 들고 있다.[34]

2) 내용

(가) 목적적합성의 원칙

목적적합성의 원칙은 행정기관이 의도하는 목표를 달성함에 있어 그가 취하는 조치 또는 수단이 법적으로나 사실상으로나 목적에 적합하게 행사되어야 한다는 것이다. 수단의 적합성 여부에 관한 판단은 행정기관이 행위시에 합리적으로 판단하여야 하며, 그 판단은 법적 문제로서 사법심사의 대상이 된다.

(나) 필요성의 원칙

필요성의 원칙이란 행정목적을 달성할 수 있는 여러 적합한 수단 중에서 관계자에게 가장 적은 부담을 주는 수단을 선택해야 한다는 것이다. 최소침해의 원칙이라고도 한다. 이는 행정상 경찰권의 발동에 있어서 최단 시간에 최소의 침해만으로 최적의 행정을 실현하여야 한다는 것으로서 행정법에서 등장한 이론이다. 예를 들면, 위험한 건물에 대하여 개수명령으로써 목적을 달성할 수 있음에도 불구하고 철거명령을 발하는 것은 이 원칙에 위배된다.

(다) 상당성의 원칙

협의의 비례원칙이라고도 하는 상당성의 원칙은 행정기관이 목적실현을 위하여 필요한 조치를 취할 경우에, 그 조치로 인하여 사익의 침해가 공익보다는 큰 경우에는 당해 행정조

---

33) Mayer/Kopp, Allgemeines Verwaltungsrecht, 5. Aufl., 1985, S. 297.

34) 헌재결 1998. 2. 27, 97헌바79.

치를 취해서는 아니 된다는 것이다. 상당성의 원칙을 잘 나타내 주는 예문으로 "대포로 참새를 쏘아서는 아니 된다. 그것이 버찌나무에 앉아 있는 참새를 쫓기 위한 유일한 수단일지라도"라고 하는 독일의 문헌이 있다.

경찰관직무집행법도 "경찰관은 범인의 체포, 범인의 도주 방지, 자신이나 다른 사람의 생명ㆍ신체의 방어 및 보호, 공무집행에 대한 항거의 제지를 위하여 필요하다고 인정되는 상당한 이유가 있을 때에는 그 사태를 합리적으로 판단하여 필요한 한도에서 무기를 사용할 수 있다."(제10조의4 제1항)라고 규정하여 상당성의 원칙을 명문화하고 있다.

3) 근거

이론적 근거로는 본래 정의 내지는 형평이라는 조리에서 찾을 수 있다. 그러나 헌법에서 "국민의 모든 자유와 권리는 국가안전보장·질서유지 또는 공공복리를 위하여 법률로써 제한할 수 있으며, 제한하는 경우에도 자유와 권리의 본질적인 내용을 침해할 수 없다"(제37조 제2항)라고 규정하여 명문으로 비례의 원칙을 천명하고 있으므로 이를 헌법상의 원칙으로 보아야 할 것이다.

【헌재결】: ① 변호사법 제10조 제2항(판검사 재직기간 15년 미만인 자는 개업직전 2년 이내의 근무지에서는 퇴직 후 3년 동안 개업할 수 없도록 한 규정)은 직업선택의 자유를 제한함에 있어서 비례의 원칙에 벗어난 것이고, 합리적인 이유없이 변호사로 개업하고자 하는 공무원을 차별하고 있으며, 병역의무의 이행을 위하여 군법무관으로 복무한 후 개업하는 경우에는 병역의무의 이행으로 불이익한 처우를 받게 되어 헌법 제11조 제1항, 제15조, 제37조 제2항, 제39조 제2항에 각 위반된다(헌재결 1989. 11.20, 89헌가102).

② 여객운송사업자가 지입제 경영을 한 경우 구체적 사안의 개별성과 특수성을 전혀 고려하지 않고 그 사업면허를 필요적으로 취소하도록 한 여객자동차운송사업법 제76조 제1항 단서 중 제8호 부분이 피해최소성의 원칙에 반한다(헌재결 2000. 6. 1, 99헌가11·12 병합).

【대판】: 청소년유해매체물로 결정 · 고시된 만화인 사실을 모르고 있던 도서대여업자가 그 고시일로부터 8일 후에 청소년에게 그 만화를 대여한 것을 사유로 그 도서대여업자에게 금 700만 원의 과징금이 부과된 경우, 그 도서대여업자에게 청소년유해매체물인 만화를 청소년에게 대여하여서는 아니된다는 금지의무의 해태를 탓하기는 가혹하다는 이유로 그 과징금부과처분은 재량권을 일탈 · 남용한 것으로서 위법하다(대판 2001. 7. 27, 99두9490).

4) 적용범위

비례의 원칙은 원래 전형적인 침해행정인 경찰권 발동의 한계론에서 출발하였으나, 오늘날은 모든 행정분야에 확대·적용되고 있다. 예컨대, 비례의 원칙은 재량권행사의 한계, 부관의 한계, 행정행위의 취소·철회의 제한, 사정재결·사정판결, 행정강제, 행정계획, 급부행정 등 여러 영역에서 적용되고 있다.

5) 위반과 권리구제

비례의 원칙을 위반한 행정작용은 위헌·위법이 되므로 이를 위반한 행정행위는 항고소송의 대상이 된다. 물론, 경우에 따라 행정상의 손해배상(국가배상)을 통하여 권리구제를 도모할 수 있다.

(4) 평등의 원칙과 자기구속의 법리

1) 평등의 원칙

(가) 의의

평등의 원칙은 근대입헌주의 헌법의 가장 기본적인 원칙으로서, 행정청의 행정작용을 함에 있어서도 특별한 합리적인 사유가 없는 한 적용되어야 한다. 평등의 원칙에서의 평등은 단순히 기회의 균등이라는 의미의 형식적 평등을 의미하는 것이 아니라, "본질적으로 평등한 것은 평등하게, 본질적으로 불평등한 것은 불평등하게 다루어야 한다."는 자의금지를 의미하는 실질적 의미의 평등을 의미한다고 하겠다. 또한 평등의 원칙은 헌법적 차원의 원칙이므로 이에 위반하는 행정작용은 위헌·위법이 됨은 당연하다.

【판례】: ① 조례안이 지방의회의 감사 또는 조사를 위하여 출석요구를 받은 증인이 5급 이상 공무원인지 여부, 기관(법인)의 대표나 임원인지 여부 등 증인의 사회적 신분에 따라 미리부터 과태료의 액수에 차등을 두고 있는 경우, 그와 같은 차별은 증인의 불출석이나 증언거부에 대하여 과태료를 부과하는 목적에 비추어 볼 때 그 합리성을 인정할 수 없고 지위의 높고 낮음만을 기준으로 한 부당한 차별대우라고 할 것이어서 헌법에 규정된 평등의 원칙에 위배되어 무효이다(대판 1997. 2. 25, 96추213).

② 행정자치부의 지방조직 개편지침의 일환으로 청원경찰의 인원감축을 위한 면직처분대상자를 선정함에 있어서 초등학교 졸업 이하 학력소지자 집단과 중학교 중퇴 이상 학력소지자 집단으로 나누어 각 집단별로 같은 감원비율 상당의 인원을 선정한 것은 합리성과 공정성

을 결여하고, 평등의 원칙에 위배하여 그 하자가 중대하다 할 것이나, 그렇게 한 이유가 시험 문제 출제 수준이 중학교 학력 수준이어서 초등학교 졸업 이하 학력소지자에게 상대적으로 불리할 것이라는 판단 아래 이를 보완하기 위한 것이었으므로 그 하자가 객관적으로 명백하다고 보기는 어렵다(대판 2002. 2. 8, 2000두4057).

③ 공무원인 피징계자에게 징계사유가 있어서 징계처분을 하는 경우 어떠한 처분을 할 것인가는 징계권자의 재량에 맡겨진 것이지만, 그 징계권의 행사가 일반적으로 징계사유로 삼은 비행의 정도에 비하여 균형을 잃은 과중한 징계처분을 선택함으로써 비례의 원칙에 위반하거나 또는 합리적인 사유 없이 같은 정도의 비행에 대하여 일반적으로 적용하여 온 기준과 어긋나게 공평을 잃은 징계처분을 선택함으로써 평등의 원칙에 위반한 경우에 이러한 징계처분은 재량권의 한계를 벗어난 처분으로서 위법하다 할 것이다(대판 2012. 5. 24, 2011두19727).

【헌재결】: … 학교용지확보 필요성에 있어서 주택건설촉진법(현행 주택법)상의 수분양자들의 구체적 사정을 거의 고려하지 않은 채 수분양자 모두를 일괄적으로 동일한 의무자집단에 포함시켜 동일한 학교용지부담금을 부과하는 것은 합리적 근거가 없는 차별에 해당하고, 의무자집단 전체의 입장에서 보더라도 일반 국민, 특히 다른 개발사업에 의한 수분양자집단과 사회적으로 구별되는 집단적 동질성을 갖추고 있다고 할 수 없다. 나아가 학교용지확보의 필요성은 신규 주택의 건설·공급의 경우에 생겨나는 것이고, 그 정도는 개발사업의 목적이나 절차에 관계없이 개발사업의 결과로 공급되는 신규 주택의 수에 비례하여 결정된다고 보아야 할 것인데, 이 사건 법률조항은 학교용지부담금 부과대상 개발사업을 신규 주택의 공급 여부가 아닌 단순히 주택 공급의 근거 법률이 무엇이냐에 따라 정하고 있는바, 이는 합리성이 없는 기준에 의하여 자의적으로 제청신청인들을 불리하게 대우하고 있다고 할 것이다(헌재 2005. 3. 31, 2003헌가20전원재판부).

(나) 법적 근거 및 성질

평등의 원칙의 근거 및 성질에 관하여는 헌법 제11조에 직접 규정된 법원칙[35]을 말하는지 아니면 헌법 제11조의 기본이념으로부터 도출되는 불문법원리인지에 관하여 견해의 대립이 있다. 이에 대한 통설은[36] 헌법 제11조는 '법 앞의 평등'만을 규정하고 있을 뿐 행정작용에 대하여 직접적으로 적용되는 것이 아니라 헌법 제11조의 기본이념으로부터 해석상 도출되는 불문법원리로 보아야 한다고 한다.

35) 홍정선, 행정법원론(상), 75면.

36) 김동희, 행정법Ⅰ, 56면; 박윤흔, 행정법강의(상), 85면.

3) 행정의 자기구속의 법리

(가) 의의

행정의 자기구속이라 함은 행정관청이 어떤 결정을 내림에 있어 같은 종류의 대상에 대하여는 이미 다른 사람에게 행한 것과 동일한 결정을 상대방에게도 하도록 스스로 구속 받는 것을 말한다. 이는 재량권・판단여지가 인정되는 행정작용에 있어서 행정청의 자의를 방지하여 적정한 행사가 이루어지도록 하는데 그 기능이 있다. 예를 들면, 급부행정의 경우 독거노인에게 생계비를 지급할 경우 동일한 조건의 경우라면 특정인에게 지급할 경우 다른 특정인에게도 지급해야 한다는 것이다.

행정의 자기구속의 이론적 근거로서는 신뢰보호의 원칙에서 구하는 견해도 있으나 평등의 원칙에서 구하는 것이 직접적이라 하겠다.

(나) 행정규칙과 자기구속의 관계

행정의 자기구속은 특히 행정규칙으로 정하는 경우에 그 사례가 많이 있다. 예컨대, 행정관청이 인·허가업무를 할 때에 그 재량권행사의 준칙을 훈령·예규 등의 행정규칙으로 정하는 경우이다. 이 경우 전통적인 견해에 의하면, 행정규칙은 행정조직 내부에서만 적용되는 법적 구속력이 없으므로 행정처분이 이에 위반되더라도 위법은 아니라고 한다.

그러나 평등원칙을 매개로 하여 그 효력이 외부화 할 경우 행정규칙은 법규로 되어 이를 위반하게 되면 위헌이 되는 경우가 있을 수 있다. 이러한 의미에서 평등원칙에 근거한 행정의 자기구속의 원리는 행정조직의 내부규범에 불과한 행정규칙(재량준칙)을 국가와 국민간에도 적용되는 법규로 전환시키는 전환규범으로서의 역할을 하게 된다.

> **【헌재결】:** 행정규칙이 법령의 규정에 의하여 행정관청에 법령의 구체적 내용을 보충할 권한을 부여한 경우, 또는 재량권행사의 준칙인 규칙이 그 정한 바에 따라 되풀이 시행되어 행정관행이 이룩되게 되면, 평등의 원칙이나 신뢰보호의 원칙에 따라 행정기관은 그 상대방에 대한 관계에서 그 규칙에 따라야할 자기구속을 당하게 되고, 그러한 경우에는 대외적인 구속력을 가지게 된다 할 것이다(헌재결 1990. 9. 3, 90헌마13).

> **【판례】:** 일반적으로 행정상의 법률관계 있어서 행정청의 행위에 대하여 신뢰보호의 원칙이 적용되기 위하여는 행정청이 개인에 대하여 신뢰의 대상이 되는 공적인 견해표명을 하였다는 점이 전제되어야 한다(대판 1998. 5. 8, 98두4061). 그리고 평등의 원칙은 본질적으로 같은 것을 자의적으로 다르게 취급함을 금지하는 것이고, 위법한 행정처분이 수차례에 걸쳐 반복적으로 행하여졌다 하더라도 그러한 처분이 위법한 것인 때에는 행정청에 대하여 자기구속력을 갖게 된다고 할 수 없다(대판 2009. 6. 25, 2008두13132).

(5) 신뢰보호의 원칙

1) 의의

신뢰보호의 원칙이란 행정기관의 어떤 명시적·묵시적 언동이 있고, 그 언동의 정당성 또는 존속성에 대하여 국민이 신뢰한 경우, 그 신뢰가 보호가치 있는 경우에는 그 신뢰를 보호해 주어야 한다는 것이다. 오늘날 행정부의 기능이 다방면에 걸쳐있고, 또한 행정목적을 달성하기 위한 행정수단이 다양하므로 신뢰보호의 문제는 행정행위의 취소、철회 등 행정의 전 영역에 걸쳐 문제되고 있다.

2) 발전유래

신뢰보호의 관념은 20세기 초 이래 학설과 판례를 통하여 발전되어 제2차 대전 후 급속히 발전하여 독일의 행정절차법에서 정식으로 제도화되었다. 즉 1976년의 행정절차법상 위법한 수익적 행정행위의 취소권의 제한(제48조), 철회의 제한(제49조), 행정법상의 확약(제38조) 등의 이론적 근거로 작용하고 있다.

한편, 영·미법상의 금반언(estoppel)의 법리도 신뢰보호의 원칙과 유사한 이념을 가진다. 금반언의 원칙은 원래 사법분야에서 널리 적용되었던 원칙이지만 공법의 영역에서도 인정되고 있다.[37] 예컨대, 甲이 종전에 한 주장을 乙이 신뢰한 경우, 甲은 종전의 그의 주장과 모순되는 주장을 함으로써 乙에게 손해를 끼쳐서는 아니 된다는 원칙을 말한다.

---

37) Garner's Administrative Law 6th ed, 1985, pp.119~123; K.C.Davis, Administrative Law Text, 3rd ed, 1972, pp.343~358.

3) 근거

(가) 이론적 근거

(a) 신의칙설

신의칙설은 신의성실의 원칙은 사법에서 발달한 것이지만 행정법관계에도 그대로 적용되므로 신뢰보호의 근거가 된다고 한다. 따라서 사후에 당해 행정작용의 위법을 이유로 그 존재와 효력을 부인하는 행정기관의 언동은 상대방의 신의성실을 저버린 것이 되므로 이 원칙에 위반된다는 것이다. 독일의 행정법원은 미망인사건[38)]에서 신의성실의 원칙을 근거로 피고의 신뢰를 보호하는 판결을 내린바 있다.

그러나 이 견해는 사법상의 신의칙은 당사자간에 계약 등 구체적 관계가 있을 때에만 적용되므로 행정처분·공법상 계약 등과 같이 당사자간에 구체적 관계가 존재하는 행정작용이 아닌 일반적 행정작용에는 신의칙을 적용하기 어렵다는 비판을 받는다.

(b) 법적 안정성설

이 견해는 신뢰보호의 원칙은 법치국가원리 내지 법적안정성에서 도출되는 원칙이라고 한다. 우리 헌법재판소도 같은 견해[39)]를 취하고 있으며, 독일의 통설적 견해이기도 하다. 그러나 이 견해는 법적안정성은 적법행위에서 안정을 의미하는 것이지 위법행위까지 안정을 의미하는 것은 아니라는 비판을 받고 있다.

(c) 기타 학설

이상의 견해 외에도 ① 개인은 국가의 급부에 의존하지 않고는 인간다운 삶을 영위하기가 곤란함을 전제로 하여 개인의 신뢰를 보호해야 한다는 견해인 사회국가원리설, ② 기본

---

38) BverWGE 9, 251ff. 이 사건은 동베를린에 거주하는 원고가 서베를린에 이주하면 미망인 부조금을 받을 수 있다는 관계행정기관(Berlin-Senator)의 교시를 믿고 서베를린에 이주하여 문제의 부조금을 받아오던 중, 1년 후 피고행정청이 원고의 청구권은 기일의 요건을 충족하지 않았으므로 인하여 이미 실권된 것이라 하여 원고에 대하여 부조금의 반환을 청구함으로써 발단된 사건이다. 이 사건에서 행정법원은 신의성실의 원칙을 채용하여 다음과 같이 원고의 청구를 인용하였다. 즉 "위법한 행정행위를 취소할 수 있음은 법치국가사상 및 법률에 의한 행정의 구속원칙에 비추어 당연시된다. 그러나 공법까지도 지배하고 있는 신의성실의 원칙에 반하는 처분(취소)은 위법이다. 신의성실의 원칙은 수익자가 결정의 적법성을 신뢰할 만한 합리적인 이유가 있을 때에는 신뢰보호의 관점에서 원칙적으로 일단 확정되어 지급된 부양금의 반환청구에는 반대하는 것이다. 더욱이 본 건의 경우에는 신의칙은 장래에 향한 지불정지에 대해서도 반대한다"고 판시하였다.

39) "헌법상 법치국가의 원리로부터 신뢰보호의 원리가 도출된다."(헌재 1995.10.26. 94헌바12).

권을 신뢰보호의 근거로 하는 기본권설, ③ 신뢰보호는 그 자체가 독자적인 비헌법적·보충적 원칙으로 보는 것이 타당하므로 독자적 법원칙으로 보아야 한다는 독자성설 등의 견해가 있다.

(나) 실정법적 근거

신뢰보호에 관한 실정법적 근거로는 행정절차법과 국세기본법이 있다. 즉 ① 행정절차법은 "행정청은 법령등의 해석 또는 행정청의 관행이 일반적으로 국민들에게 받아들여졌을 때에는 공익 또는 제3자의 정당한 이익을 현저히 해칠 우려가 있는 경우를 제외하고는 새로운 해석 또는 관행에 따라 소급하여 불리하게 처리하여서는 아니 된다."(제4조 제2항)라고 규정하고 있으며, ② 국세기본법도 "세법의 해석이나 국세행정의 관행이 일반적으로 납세자에게 받아들여진 후에는 그 해석이나 관행에 의한 행위 또는 계산은 정당한 것으로 보며, 새로운 해석이나 관행에 의하여 소급하여 과세되지 아니한다."(제18조 제3항)고 규정함으로써 신뢰보호의 법리를 명문화하고 있다.

(다) 판례법적 근거

신뢰보호의 원칙과 관련된 판례로는 조세행정분야에서 그 적용례가 많이 있다. 이와 관련된 대표적인 대법원의 판례로는 "운송면허세의 부과근거이던 지방세법시행령이 1973년 10월 1일 제정되어 1977년 9월 20일에 폐지될 때까지 4년 동안 그 면허세를 부과할 수 있는 정을 알면서도 피고가 수출확대라는 공익상 필요에서 한 건도 이를 부과한 일이 없었다면 납세자인 원고는 그 건을 믿을 수밖에 없고, 그로써 비과세의 관행이 이루어졌다고 보아도 무방하다"(대판 1980. 6. 10. 80누6)라는 판례가 있다. 이후에도 신뢰보호원칙 내지 신의칙에 대하여 엄격한 요건의 충족을 요구하는 내용의 판례들도 있다.[40)]

한편, 대법원은 "행정상의 법률관계에 있어서 행정청의 행위에 대해 신뢰보호의 원칙이 적용되기 위하여서는, 첫째 행정청이 개인에 대해 신뢰의 대상이 되는 공적인 견해표명을 해야 하고, 둘째 행정청의 견해표명이 정당하다고 신뢰한 데 대해 그 귀책사유가 없어야 하며, 셋째 그 개인이 그 견해 표명을 신뢰하고 이에 따라 어떠한 행위를 하여야 하며, 넷째 행정청이 위 견해에 반하는 처분을 함으로써 그 견해표명을 신뢰한 개인의 이익이 침해되는 결과가 초래되어야 하며, 행정처분이 이러한 요건을 충족할 때에는 공익 또는 제3자의

---

40) 대판 1985.4.23. 84누593; 대판 1990.10.10. 89누3816; 대판 1996.1.23. 95누13746; 대판 1996.1.23. 95누13746.

정당한 이익을 현저히 해할 우려가 있는 경우가 아닌 한, 신뢰보호의 원칙에 반하는 행위로 위법하게 된다"(대판 1998. 6. 25, 98두6494)라고 판시하여 신뢰보호의 원칙에 대하여 분명한 견해를 제시하고 있다.

4) 요건

(가) 선행조치

상대방의 신뢰가 보호되기 위해서는 우선, 행정기관의 선행조치가 있어야 하며, 이는 법령·행정규칙의 제정, 행정행위, 행정법상의 확약, 행정지도, 질의에 대한 법령해석, 기타 소극적 언동을 포함한다.

> **【판례】**: 일반적으로 조세법률관계에서 과세관청의 행위에 대하여 신의성실의 원칙이 적용되기 위하여는 과세관청이 납세자에게 신뢰의 대상이 되는 공적인 견해표명을 하여야 하고 또한 국세기본법 제18조 제3항에서 말하는 비과세관행이 성립하려면 상당한 기간에 걸쳐 과세를 하지 아니한 객관적 사실이 존재할 뿐만 아니라 과세관청 자신이 그 사항에 관하여 과세할 수 있음을 알면서도 어떤 특별한 사정 때문에 과세하지 않는다는 의사가 있어야 하며 위와 같은 공식적인 견해나 의사는 명시적 또는 묵시적으로 표시되어야 하지만 묵시적 표시가 있다고 하기 위하여는 단순한 과세누락과는 달리 과세관청이 상당기간의 불과세 상태에 대하여 과세하지 않겠다는 의사표시를 한 것으로 볼 수 있는 사정이 있어야 한다(대판 1995.2.3, 94누11750).

(나) 보호가치 있는 사인의 신뢰

행정기관의 선행조치는 개인에 대한 신뢰가 있고, 그 신뢰는 보호할 만한 가치가 있어야 한다. 여기서 신뢰는 선행조치의 존속이나 정당성에 대한 사실상의 신뢰를 말하며, 그 신뢰의 보호가치성은 법률적합성원칙의 실현에 대한 공익과 당해 선행조치의 존속에 대한 관계자의 사익을 비교형량하여 판단하여야 한다.

만일, 행정행위 등의 하자가 수익자의 책임에 기인할 때에는 보호받을 가치가 없다. 예컨대, 수익자가 사기·강박·증뢰 등의 부정한 방법으로 수익적 행위가 발하여졌을 때에는 보호받지 못한다.

【판례】: ① 충전소설치예정지로부터 100m 내에 있는 건물주의 동의를 모두 얻지 아니하였음에도 불구하고 이를 갖춘 양 허가신청을 하여 그 허가를 받아낸 것으로서, 처분의 하자가 당사자의 사실은폐 내지 사위의 방법에 의한 신청행위에 기인한 것이라 할 것이다(대판 1992.5.8., 91누13274).

② 허위의 고등학교 졸업증명서를 제출하는 사위의 방법에 의한 하사관 지원의 하자를 이유로 하사관 임용일로부터 33년이 경과한 후에 행정청이 행한 하사관 및 준사관 임용취소처분은 적법하다(대판 2002. 2. 5, 2001두5286).

③ 병무청 담당부서의 담당공무원에게 공적 견해의 표명을 구하는 정식의 서면질의 등을 하지 아니한 채 총무과 민원팀장에 불과한 공무원이 민원봉사차원에서 상담에 응하여 안내한 것을 신뢰한 경우, 신뢰보호 원칙이 적용되지 아니한다(대판 2003. 12. 26, 2003두1875).

④ 수익적 행정처분의 하자가 당사자의 사실은폐나 기타 사위의 방법에 의한 신청행위에 기인한 것이라면, 당사자는 처분에 의한 이익을 위법하게 취득하였음을 알아 취소가능성도 예상하고 있었을 것이므로, 그 자신이 처분에 관한 신뢰이익을 원용할 수 없음은 물론, 행정청이 이를 고려하지 않았다 하여도 재량권의 남용이 되지 않고, 이 경우 당사자의 사실은폐나 기타 사위의 방법에 의한 신청행위가 제3자를 통하여 소극적으로 이루어졌다고 하여도 신뢰보호를 주장할 수 없다(대판 2008. 11. 13, 2008두8628).

(다) 상대방의 조치(처리보호)

사인이 행정기관의 선행조치를 신뢰하여 그에 의하여 일정한 행위를 하여야 신뢰보호를 받을 수 있다. 예컨대, 수령한 금전을 소비하거나 하자있는 건축허가에 따른 건축에 착수하거나 또는 자본을 투하한 경우 등이다.

(라) 인과관계

신뢰보호는 행정기관의 선행조치에 대한 신뢰와 상대방의 조치 사이에 인과관계가 있어야 성립한다. 즉 선행조치의 정당성과 존속성을 믿었기 때문에 일정한 조치를 한 경우이어야 한다.

5) 한계

신뢰보호의 원칙이 행정의 법률적합성의 원칙과 충돌하는 경우에 양원칙 중 어느 것이 우선할 것인가에 관하여는 견해 대립이 있다.

(가) 법률적합성 우위설

이 견해는 행정의 법률적합성의 원칙은 행정의 가장 기본적인 위치이므로 행정작용이 객관적으로 위법함에도 불구하고 상대방의 신뢰보호를 위하여 그 존속을 인정함은 법치주의에 반한다고 한다. 대법원 판결에서 소수의견으로[41] 제시된 바 있다.

(나) 양자동위설

이 견해는 법률적합성의 원칙도 법치주의원리이고 신뢰보호의 원칙도 법치주의의 원리의 한 내용인 법적안정성을 위한 것이므로, 양자는 동위의 것이라고 한다.

(다) 이익형량설

이 견해는 양자동위설에 입각하여 구체적인 경우에 양자의 충돌이 일어날 경우에는 공익과 사익의 정당한 비교형량을 하여 결정하여야 한다는 견해이다. 오늘날 독일의 통설 및 판례의 입장이다. 대법원은 취득세 부과행위, 운전면허 취소행위 등에 있어서는 상대방의 신뢰보호를 우선시킨 반면(대판 1988. 9. 13, 86누101; 대판 1987. 9. 8, 87누373), 국가공무원법 제33조에 규정된 공무원 임용결격사유에 해당하는 자를 공무원으로 임명한 행위는 당연무효라고 함으로써 법률적합성을 우선시키고 있는 것(대판 1987. 4. 14, 86누459)은 이익형량설에 입각한 것으로 볼 수 있다.

6) 적용범위

(가) 위법한 수익적 행정행위의 취소의 제한

수익적 행정행위에 있어서도 신뢰보호의 원칙상 그 취소가 제한되는 바, 신뢰보호의 원칙이 적용된다는 것은 위법적 사실의 경우에도 취소가 제한된다는 것이다.

---

41) 대판 1980.6.10, 80누6.

【판례】: 수익적 행정처분을 취소하거나 중지시키는 경우에는 이미 부여된 국민의 기득권을 침해하는 것이므로, 비록 취소 등의 사유가 있다 하더라도 그 취소권 등의 행사는 기득권의 침해를 정당화할 만한 중대한 공익상의 필요 또는 제3자의 이익보호의 필요가 있을 때에 한하여 상대방이 받는 불이익과 비교형량하여 결정하여야 하고, 그 처분으로 인하여 공익상의 필요보다 상대방이 받게 되는 불이익 등이 막대한 경우에는 재량권의 한계를 일탈하는 것으로서 그 자체가 위법임을 면치 못한다(대판 1990.10.10., 89누6433).

(나) 적법한 수익적 행정행위의 철회의 제한

적법한 수익적 행정행위에 있어서도 신뢰보호의 원칙상 그 철회가 불가능하다 할 것이다. 다만, 이익형량의 결과, 보다 중대한 공익의 달성, 상대방의 부담의무의 불이행 등의 예외적인 사정이 있는 경우에는 철회가 허용된다. 그러나 이 경우에도 상대방에게 귀책사유가 없는 한 철회로 인한 재산상의 손실을 보상하도록 하고 있다.

(다) 확약

확약이란 행정기관이 장차 상대방에 대하여 일정한 작위 또는 부작위(위법 건축물의 불철거)를 할 것을 약속한 경우에 신뢰보호의 원칙에 따라 행정기관은 이에 구속된다는 법리이다. 독일은 행정절차법 제38조에서 서면에 의한 확약에 한하여 이를 인정하고 있으나 우리 행정절차법은 이에 관한 규정을 두지 아니하고 있다.

(라) 행정계획

사인이 행정계획(도시계획·국토계획 등)을 신뢰하고 자본 등을 투자하였으나 사후에 행정청이 그 계획을 변경·폐지하는 경우에 상대방의 신뢰보호의 문제로서 계획보장청구권을 인정할 것인가가 문제된다. 지배적인 견해는 이를 부정하고 있다.

(마) 실권

실권의 법리도 신뢰보호의 원칙에 근거를 두고 있다. 실권의 법리란 행정기관이 행정행위의 위법상태를 장기간 묵인·방치함으로써 상대방이 당해 행위의 존속을 신뢰하게 된 경우에는 행정기관도 더 이상 그 위법성을 이유로 취소할 수 없다는 법리이다.

【판례】: 실권 또는 실효의 법리는 법의 일반원리인 신의성실의 원칙에 바탕을 둔 파생원칙인 것이므로 공법관계 가운데 관리관계는 물론이고 권력관계에도 적용되어야 함을 배제할 수는 없다 하겠으나 그것은 본래 권리행사의 기회가 있음에도 불구하고 권리자가 장기간에 걸쳐 그의 권리를 행사하지 아니하였기 때문에 의무자인 상대방은 이미 그의 권리를 행사하지 아니할 것으로 믿을 만한 정당한 사유가 있게 되거나 행사하지 아니할 것으로 추인케 할 경우에 새삼스럽게 그 권리를 행사하는 것이 신의성실의 원칙에 반하는 결과가 될 때 그 권리행사를 허용하지 않는 것을 의미한다(대판 1988.4.27., 87누915).

(바) 법령의 소급적용의 금지

법령의 소급적용은 신뢰보호의 원칙에 위배되므로 금지된다. 하지만 예외적으로 국민에게 유리한 규정은 소급적용을 인정할 수 있다.

(사) 사실상의 공무원 이론

공무원의 신분이 상실된 자의 행위를 신뢰한 상대방을 보호하기 위하여 당해 행위를 유효한 것으로 인정하여야 할 경우가 있다.

(6) 부당결부금지의 원칙

1) 의의

부당결부금지의 원칙이란 행정기관이 행정작용을 함에 있어서는 그것과 실질적 관련이 없는 상대방의 반대급부를 행정작용의 조건으로 하여서는 아니 된다는 원칙이다. 예컨대, 건축허가를 함에 있어 자동차세를 완납할 것을 조건으로 부과하는 것 등이 이에 해당한다.

【판례】: ① 한 사람이 여러 종류의 자동차운전면허를 취득하는 경우뿐 아니라 이를 취소 또는 정지함에 있어서도 서로 별개의 것으로 취급하는 것이 원칙이라 할 것이고 그 취소나 정지의 사유가 특정의 면허에 관한 것이 아니고 다른 면허와 공통된 것이거나 운전면허를 받은 사람에 관한 경우에는 여러 운전면허 전부를 취소 또는 정지할 수도 있다고 보는 것이 상당할 것이지만, 이륜자동차로서 제2종 소형면허를 가진 사람만이 운전할 수 있는 오토바이는 제1종 대형면허나 보통면허를 가지고서도 이를 운전할 수 없는 것이어서 이와 같은 이륜자동차의 운전은 제1종 대형면허나 보통면허와는 아무런 관련이 없는 것이므로 이륜자동차를 음주운전한 사유만 가지고서는 제1종 대형면허나 보통면허의 취소나 정지를 할 수 없다(대판 1

992.9.22., 91누8289).

② 시장이 주택사업계획승인을 하게 됨을 기화로 그 주택사업과는 아무런 관련이 없는 이 사건 토지를 기부채납하도록 하는 부관(附款)을 주택사업계획승인에 붙인 사실은 부당결부금지의 원칙에 위반되어 위법하다 하겠으나 그 부관의 하자가 중대하고 명백하여 당연무효라고는 볼 수 없다(대판 1997.3.11, 96다49650).

2) 근거

(가) 이론적 근거

부당결부금지의 이론적 근거로는 법치행정의 원칙, 과잉금지의 원칙, 법적 안정성 등을 들 수 있다.

(나) 실정법적 근거

부당결부금지에 관한 실정법적 근거로는 과잉금지 원칙의 근거에 준해서 헌법 제37조[42]와 경찰관직무집행법 제1조 제2항[43]을 들 수 있다.

3) 요건

부당결부금지의 원칙의 실질적 내용에 대해서는 아직 명확한 검토가 되지 않은 상태이다. 그러나 이 원칙의 개별적 내용으로서, 인과관계적 관련성과 목적적 관련성을 요구한다고 볼 수 있다. ① 인과관계적 관련성과 관련하여, 수익적 행정행위와 불이익한 의무를 부과하는 부관사이에 직접적인 인과관계가 있을 것을 요한다. 이에 따르면 양자의 관계는 수익적 행정행위를 발령하기 때문에 특정부관의 부과가 필요하게 되는 단계일 것을 요한다. ② 목적적 관련성과 관련하여, 행정기관이 특정의무를 부과함에 있어서 근거법률 및 당해 행정분야의 과업내용에 따라 허용되어지는 특정목적만을 수행하여야 한다는 것을 의미한다.

4) 위반의 효과

부당결부금지의 원칙은 법치주의와 자의금지의 원칙에서 나온 헌법적 차원의 법원칙이

---

42) 제37조 ① 국민의 자유와 권리는 헌법에 열거되지 아니한 이유로 경시되지 아니한다. ② 국민의 모든 자유와 권리는 국가안전보장·질서유지 또는 공공복리를 위하여 필요한 경우에 한하여 법률로써 제한할 수 있으며, 제한하는 경우에도 자유와 권리의 본질적인 내용을 침해할 수 없다

43) 제1조(목적) ② 이 법에 규정된 경찰관의 직권은 그 직무 수행에 필요한 최소한도에서 행사되어야 하며 남용되어서는 아니 된다.

므로 이에 반하는 행정작용은 위헌ㆍ위법하게 된다. 따라서 부당결부금지의 원칙에 반하는 행정작용에 대하여 행정상 쟁송이나 행정상 손해배상을 청구할 수 있다.

【판례】: ① 65세대의 주택건설사업에 대한 사업계획승인시 '진입도로 설치 후 기부채납, 인근 주민의 기존 통행로 폐쇄에 따른 대체 통행로 설치 후 그 부지 일부 기부채납'을 조건으로 붙인 것이 위법한 부관에 해당하지 않는다(대판 1997. 3. 14, 96누16698).

② 고속국도 관리청이 고속도로 부지와 접도구역에 송유관 매설을 허가하면서 상대방과 체결한 협약에 따라 송유관 시설을 이전하게 될 경우 그 비용을 상대방에게 부담하도록 하였고, 그 후 도로법 시행규칙이 개정되어 접도구역에는 관리청의 허가 없이도 송유관을 매설할 수 있게 된 사안에서, 위 협약이 효력을 상실하지 않을 뿐만 아니라 위 협약에 포함된 부관이 부당결부금지의 원칙에도 반하지 않는다(대판 2009. 2. 12, 2005다65500).

제6절 행정법의 효력

일반적으로 행정법의 효력이란 행정법이 어떠한 범위에서 관계자를 구속하는 힘을 말한다. 즉 행정법의 효력은 행정에 관한 개별 법률의 구체적 실현의 문제로서 시간적·지역적·대인적 효력의 3가지 관점에서 논하여지고 있다.

Ⅰ. 시간적 효력

1. 발효시기

(1) 공포에 관한 원칙

행정법령은 그 강행성으로 인하여 일반 국민에게 주지시킬 필요가 있으므로, 공포의 시점과 시행의 시점에 일정한 유예기간을 두는 것이 원칙이다. 법령과 조례 및 규칙은 그 시행일에 관하여 특별한 규정(공포일에 시행한다는 등)이 없는 한, 공포한 날로부터 20일을 경과함으로써 효력을 발생한다(법령 등 공포에 관한 법률 제13조[44]). 다만, 국민의 권리제한 또는 의무부과와 직접 관련되는 법률, 대통령령, 총리령 및 부령은 긴급히 시행하여야

44) 제13조(시행일) 대통령령, 총리령 및 부령은 특별한 규정이 없으면 공포한 날부터 20일이 경과함으로써 효력을 발생한다.

할 특별한 사유가 있는 경우를 제외하고는 공포일부터 적어도 30일이 경과한 날부터 시행되도록 하여야 한다.[45)]

여기서 '공포'라 함은 국가의 법령과 조약에 있어서는 관보 또는 신문에 게재하는 행위를 말하고(법령 등 공포에 관한 법률 제11조 제1항[46)]), 조례·규칙에 있어서는 당해 지방자치단체의 공포나 신문에 게재하거나 게시하는 행위를 말한다(지방자치법 시행령 제30조 제1항[47)]). 대통령의 법률안거부권행사로 인하여 재의결된 법률을 국회의장이 공포하는 경우에는(헌법 제53조 제6항[48)]) 서울특별시에서 발행되는 일간신문 2개 이상에 게재한다(법령 등 공포에 관한 법률 제11조 제2항[49)]).

(2) 시행일

시행일은 효력을 발생하는 시점을 말하는 바, 공포일이 시행일 또는 시행일을 정하는 기준일이 된다. 효력발생일 산정의 기준일이 되는 공포일은 언제로 볼 것인가에 관하여 '법령 등 공포에 관한 법률' 제12조는 당해 법령이 게재된 정부의 관보나 신문이 발행된 날로 규정하고 있는바,[50)] '발행된 날'을 구체적으로 언제로 보는가에 관하여는 여러 견해가 대립된다. 즉 ① 법령이 게재된 관보의 일부일의 오전 0시로 보는 견해(관보일부일자설), ② 발신주의의 입장에서 정부에서 외부로 향하여 관보의 발송절차를 완료한 때로 보는 견해(발송절차완료시설), ③ 도달주의의 입장을 취하여 관보가 서울의 중앙보급소(정부간행물판매센터)에 도달하여 일반 국민들이 이를 구매할 수 있는 최초의 시점으로 보는 견해(최초구독가능시설 또는 중앙보급소도달시설) 등이 있다. 통설과 판례는 최초구독가능시설을 취하고 있다.

---

45) 법령 등 공포에 관한 법률 제13조의2.

46) 제11조(공포 및 공고의 절차) ① 헌법개정 · 법률 · 조약 · 대통령령 · 총리령 및 부령의 공포와 헌법개정안 · 예산 및 예산 외 국고부담계약의 공고는 관보에 게재함으로써 한다.

47) 제30조(조례와 규칙의 공포 방법 등) ① 법 제26조에 따른 조례와 규칙의 공포는 해당 지방자치단체의 공보에 게재하는 방법으로 한다. 다만, 법 제26조제6항에 따라 지방의회의 의장이 공포하는 경우에는 공보나 일간신문에 게재하거나 게시판에 게시한다.

48) 제53조 ⑥ 대통령은 제4항과 제5항의 규정에 의하여 확정된 법률을 지체없이 공포하여야 한다. 제5항에 의하여 법률이 확정된 후 또는 제4항에 의한 확정법률이 정부에 이송된 후 5일 이내에 대통령이 공포하지 아니할 때에는 국회의장이 이를 공포한다.

49) 제11조(공포 및 공고의 절차) ②「국회법」 제98조제3항 전단에 따라 하는 국회의장의 법률 공포는 서울특별시에서 발행되는 둘 이상의 일간신문에 게재함으로써 한다.

50) 제12조(공포일 · 공고일) 제11조의 법령 등의 공포일 또는 공고일은 해당 법령 등을 게재한 관보 또는 신문이 발행된 날로 한다.

2. 소급적용금지의 원칙

(1) 의의

소급적용이란 새로운 법령이 그 공포시행 전에 종결된 사실에 대하여 시행기일 전으로 소급하여 적용하는 것을 말한다. 그러나 법령은 일반적으로 소급효를 갖지 않는 것이 원칙이다. 만일 법령이 공포·시행되기 전에 이미 종결된 사실에 대해서까지 그 법령이 소급 적용된다면,[51] 법률생활에 있어서의 안정성이 크게 훼손되어 법치주의의 원리에 어긋나게 된다. 헌법 제13조[52]도 소급입법에 의한 처벌, 참정권 제한 또는 재산권의 박탈을 금지하고 있다.

(2) 예외

소급입법에는 진정소급입법과 부진정소급입법이 있다. 진정소급입법은 예컨대, '도로교통법'이 제정되기 이전에는 좌측통행금지규정을 위반하였으나 법이 시행된 이후에는 위반을 하지 않았는데, 이미 과거에 완성된 일회성의 사실·법률관계를 규율의 대상으로 삼는 것을 말한다. 부진정소급입법은 '택지소유상한에관한법률'(1998. 9. 19 폐지됨)이 시행되기 이전부터 상한을 넘는 토지를 소유하고 있었으며, 그 법률이 시행된 이후에도 계속 상한을 넘는 토지를 소유하고 있는 경우에 이미 과거에 시작하였으나 아직 끝나지 않고 현재도 진행과정에 있는 사실·법률관계를 규율대상으로 삼는 것을 말한다. 우리 헌법이 금지하고 있는 소급금지의 원칙은 국민의 기득권의 보호에 그 취지가 있으므로 법치국가원리라 할지라도 법령의 소급적용을 모두 부정하는 것은 아니며, 소급하는 것이 유리한 경우에는 소급적용을 할 수 있다. 또한 법규시행 당시에 진행 중인 사실에 대하여 신법을 적용하는 부진정소급효는 원칙적으로 허용된다.

---

51) 예컨대, 운전면허시험과목이 바뀌었을 때 이미 면허를 받은 사람에게 바뀐 과목에 대해서 다시 시험을 치게 하는 행위이다.

52) 제13조 ① 모든 국민은 행위시의 법률에 의하여 범죄를 구성하지 아니하는 행위로 소추되지 아니하며, 동일한 범죄에 대하여 거듭 처벌받지 아니한다. ② 모든 국민은 소급입법에 의하여 참정권의 제한을 받거나 재산권을 박탈당하지 아니한다.

【판례】: 부진정소급입법 인정

① 소급과세금지의 원칙은 조세법령의 제정 또는 개정이나 과세관청의 법령에 대한 해석 또는 처리지침 등의 변경이 있을 경우 그 효력발생 전에 종결한 과세요건 사실에 대하여 당해 법령 등을 적용할 수 없다는 것이지, 그 이전부터 계속되어 오던 사실이나 그 이후에 발생한 과세요건사실에 대하여 새로운 법령 등을 적용하는 것을 제한하는 것은 아니다(대판 1998. 12. 23, 97누6476).

② 사업을 개시할 당시에 원인자부담금에 관한 구 하수도법 제32조 제2항이 시행되고 있었고 그 사업의 완공 이전에 원인자부담금에 관하여 필요한 사항의 규정을 위임받은 지방자치단체의 조례가 제정된 경우, 당해 사업에 그 조례를 적용하는 것이 소급입법금지의 원칙에 위배되지 않는다(대판 2007. 7. 26, 2005두2612).

③ 1980. 1. 4. 개정되기 전의 구 유료도로법에 따라 통행료를 징수할 수 없게 된 고속국도가 2001. 1. 29. 전부 개정되기 전의 구 유료도로법 또는 2012. 12. 18. 개정되기 전의 구 유료도로법에 따른 유료도로의 요건을 갖춘 경우, 시행 이후 도로를 통행하는 차량에 대하여 통행료를 부과할 수 있는지 여부(적극) 및 이러한 해석이 헌법상 소급입법에 의한 재산권 침해 금지 원칙에 반하지 않는다(대판 2015. 10. 15, 2013두2013).

(3) 경과조치

부진정소급이 허용된다고 할지라도 법령의 시행당시에 '진행중인 사실'에 대하여는 기득권 존중주의의 원칙 또는 법적 안정성의 견지에서 가능한 소급적용을 자제하여야 할 것이다. 또한 이 경우 의문의 소지가 있으므로 일반적으로 부칙에 '경과조치'를 두어 입법적으로 해결하고 있다.

3. 효력의 소멸

(1) 한시법의 경우

한시법이란 명문으로 법령의 유효기간을 한정한 경우를 말한다.[53] 이러한 한시법은 그 유효기간이 경과하면 별도의 법령폐지행위가 없더라도 자동으로 효력이 소멸된다.

(2) 기타의 경우

한시법 이외의 법령은 ① 당해 법령을 폐지한다는 법령을 별도로 제정하거나, 그와 동위

53) 예컨대 제주도개발특별법 부칙에서처럼 "이 법은 공포한 날부터 시행하여 2011년 12월 31일까지 효력을 가진다"라고 규정하고 있는 경우이다.

또는 상위의 다른 법령의 부칙 등에서 폐지한다는 규정을 둔 경우, ② 근거법령인 상위법령이 폐지되는 경우, ③ 당해 법령과 모순저촉되는 동위 또는 상위의 신법 또는 특별법을 제정한 경우, ④ 법령의 제정목적이 완전히 달성되어 그 임무를 마친 경우에는 특별법우선의 원칙·후법우선의 원칙 등에 따라 그 효력이 소멸된다.

Ⅱ. 지역적 효력

1. 원칙

행정법령은 일반적으로 그것을 제정한 기관의 권한이 미치는 모든 지역에 대하여 효력을 가짐이 원칙이며, 그 이외의 지역에 대하여는 효력을 갖지 않는다. 예컨대, 국회나 중앙행정관청이 제정한 법령은 전국에 효력을 미치고, 지방자치단체가 제정하는 조례나 규칙은 당해 지방자치단체의 관할구역 내에만 그 효력을 갖는다.

2. 예외

지역적 효력은 정치·경제·사회·문화적 차이에 따라 제약되는 경우가 많아 예외가 인정되는 경우가 있다. 예컨대, ① 국제법상 치외법권을 가지는 외교공관 또는 외국 군대가 사용하는 시설·구역 등에는 국제관례 또는 국제조약이나 협정에 의해 국내법의 효력이 미치지 못하는 경우가 있다. ② 법령 자체가 특정지역에만 적용할 것을 선언하고 있는 경우에는 일부지역에 대해서만 그 효력을 미치나(예, 수도권정비계획법·제주도개발특별법), ③ 본래의 관할지역을 넘어서 다른 지역에도 적용되는 경우도[54] 있다.

Ⅲ. 대인적 효력

1. 원칙

행정법령은 속지주의 원칙에 따라 그 영토 또는 관할구역 내에 있는 모든 내국인과 외국인에 대하여 효력이 미치는 것이 원칙이다. 자연인은 물론 법인에게도 효력이 미친다.

---

54) 예컨대 A지방자치단체의 상·하수도, 폐기물처리장 등 공공시설을 B지방자치단체의 동의를 얻어 그 구역에 설치한 경우, A자치단체의 상·하수도 등의 시설 설치·운영조례가 B자치단체의 구역에서도 그 효력이 미친다.

2. 예외

대인적 효력에 관하여 예외가 인정된다. 즉 ① 국제법상 치외법권을 가지는 외국 원수·외국 사절·외국 군대구성원에 대하여는 적용되지 않는다.[55] ② 일반 외국인에게는 행정법규가 적용됨이 당연하지만, 외국인토지법(제4조 제2항) 등과 같이 권리취득에 허가를 받도록 하는 등 특별하게 제한되는 경우도 있다. 한편, 국외에 있는 내국인에 대하여도 여권법·병역법 등이 적용되듯이 당해 행정법규의 취지·목적으로 보아 국외에 있는 내국인의 행위도 규제할 것이 요구되는 경우에는 이들에 대하여도 효력이 미친다고 볼 것이다.

55) 그러나 외국 군대구성원에 대하여는 한미 행정협정과 같은 특별한 조약으로 국내법의 적용을 일부만 배제하는 예도 있다.

제3장

행정상 법률관계

제3장
행정상 법률관계

제1절 공법관계와 사법관계

Ⅰ. 개설

행정상 법률관계란 행정에 관한 권리·의무관계로서 두 가지 측면에서 볼 수 있다. 그 하나는 국가와 공공단체사이 또는 공공단체 상호간의 법률관계이고, 다음으로 국가 또는 공공단체 등 행정주체와 그 상대방인 행정객체와의 법률관계이다. 일반적으로 행정상의 법률관계는 후자 즉 행정주체와 행정객체간의 법률관계를 말한다. 이러한 행정상 법률관계는 사법의 지배를 받는 경우와 공법의 지배를 받는 경우가 있다. 전자를 사법상의 법률관계(국고관계)라 부르고, 후자를 행정법관계(공법관계)라 부른다. 결국 이것은 공법과 사법의 구별을 전제로 한 것이므로 우선 공법과 사법의 구별에 관하여 고찰할 필요가 있다.

Ⅱ. 공법과 사법의 구별

1. 구별 긍정설

(1) 주체설(구주체설)

이 견해는 법률관계의 주체를 기준으로 하여, 그 일방당사자가 국가 등 행정주체인 경우에는 공법관계이고, 당사자가 모두 사인인 경우에는 사법관계라 한다.

그러나 행정주체의 행위라도 물품구입 등 국고행위나 사법적 형식에 의한 공행정작용의 경우에는 사법의 적용을 받는다. 반면 법률관계의 당사자가 모두 사인인 경우에도 공법관계로 파악되는 경우가 있다는 점을 간과하고 있다. 예컨대, 공무수탁사인처럼 사인도 공권을 부여받으면[56] 공법의 적용을 받기 때문에 행정주체라는 기준만으로 공법관계를 정하는 것은 그 타당성이 없다는 비판을 받는다.

---

56) 선박의 선장이나 항공기의 기장 등에 의한 선박 또는 항공기 내에서의 경찰권의 행사는 공법관계로 파악된다.

(2) 신주체설(귀속설)

이 견해는 권리·의무의 귀속주체를 기준으로 구별하는 견해이다. 즉 국가 등 행정주체에게만 권리·의무를 귀속시키는 법을 공법이라 하며, 국가를 포함한 모든 권리주체에게 공통적으로 권리·의무를 귀속시키는 법을 사법이라고 한다.

이 견해에 의하면 ① 행정주체가 사인과 동일한 지위에서 행하는 국고행위는 사법관계이며, 반면에 ② 공권이 부여된 사인의 행위는 공법관계로 파악할 수 있는 장점이 있다. 그러나 급부행정처럼 하나의 법률관계 속에 공법관계와 사법관계가 존재하는 경우 또는 적용법규가 결여된 경우에는 그 성질의 결정이 불분명하다는 비판을 받는다. 독일의 볼프(Wolff)[57]에 의하여 주장된 학설이다.

(3) 권력설(종속설, 복종설)

이 견해는 법률관계의 성질에 따라 당해 법률관계가 권력적 지배복종관계이면 공법관계이고, 대등관계이면 사법관계로 본다. 19세기 공행정의 내용이 기본적으로 경찰·조세 등의 권력적 작용에 한정되었던 시대에는 통설적 지위를 차지하였다. 그러나 오늘날 공행정 속에는 급부행정 등 비권력작용도 포함되므로 이러한 구별기준은 문제점이 있다. 또한 공법의 세계에서도 공법상계약과 같은 대등관계가 존재할 수 있으며, 반면에 사법의 세계에서도 친자관계와 같은 종속관계가 있다는 사실을 설명하지 못하는 단점이 있다.

(4) 이익설

이 견해는 법이 추구하는 목적(이익)에 기준을 두어 공익실현에 봉사하는 법이 공법이고, 사익실현에 봉사하는 법이 사법이라 한다. 행정이 공익의 실현작용이라는 점에서 타당성이 있다. 그러나 공익과 사익의 구별이 명확한 것은 아니며, 또한 많은 법령이 공익과 사익을 동시에 추구하고 있다는 점에서도 비판을 받는다.

(5) 복수기준설

이상의 학설은 모두 공·사법 구별에 관한 부분적인 타당성만 제시되고 있으므로 어느 한 학설을 기준으로 공사법을 구별하기에는 난점이 있다. 따라서 위의 여러 견해를 참작하여 복수의 기준을 통해서 양자를 구별해야 한다는 견해이다.

이 견해에 의하면 국가적·지배적·윤리적·공익적 규율의 성질은 공법이고, 개인적·평등적·경

---

57) H. J. Wolff, AÖR 76(1950/1951), S.205ff.

제적·사익적 규율의 성질은 사법이라고 한다. 현재 우리나라의 통설적 견해이다.

2. 구별 부정설

켈젠(Kelsen), 메르클(Merkl) 등 순수법학자들이 주장한 견해로서, 공법과 사법은 모두 양당사자간의 권리·의무의 관계를 규율하는 점에서 본질적인 차이가 없다는 것이다. 그러나 부정설은 공법과 사법은 상대적 구별이 될 수 있다는 점을 간과하고 있다는 비판을 받는다.

Ⅲ. 우리 실정법상 공법과 사법의 구별

1. 구별의 필요성

(1) 재판관할과 재판절차의 결정기준(절차법상의 필요성)

공법상의 법률관계에 관한 소송은 행정사건의 특수성을 감안하여 행정소송법이 제정되어 있으며, 이 법은 엄격한 절차를 택하고 있는 민사소송과는 달리 여러 가지 특례를 인정하고 있다. 즉 관할법원·제소기간·제소절차 등에 있어서 민사소송과 다른 여러 가지의 특례를 인정하고 있다. 따라서 소송절차와 관련하여 공법관계와 사법관계의 구별은 절차법적으로는 분쟁해결을 위한 쟁송수단의 결정을 위하여 필요하다.

(2) 적용법규 및 법원리의 결정기준(실체법상의 필요성)

공법과 사법의 구별은 구체적 법률관계에 적용할 법규나 법원칙을 결정하기 위하여 필요하다. 즉 공법관계에 적용되는 법규와 법원리는 사법관계의 그것과는 다른 특징[58]이 있으므로 당해 법률관계가 공법관계인지 사법관계인지 구별할 필요가 있다.

2. 구별의 방법

(1) 명문의 규정이 있는 경우

행정상 강제집행, 행정벌, 행정상 손해배상·손실보상, 행정심판·행정소송, 형법상 공무원에 관한 죄(예, 수뢰죄 등)의 성립 등을 인정하는 실정법에 명문규정을 두고 있는 경우에는 공법관계로 보아야 할 것이다.

---

58) 예컨대 사법상의 일반적인 채권의 소멸시효는 10년인데 비하여, 공법상의 금전채권의 소멸시효는 5년이다. 또한 공법상의 의무불이행에 대하여는 행정상의 대집행·강제징수 등 민사소송절차에 의하지 아니한 특별한 강제집행수단이 인정되며, 공법상의 법률관계에서 발생한 공권은 포기, 양도, 압류할 수 없다는 특징 등이 있다.

(2) 명문의 규정이 없는 경우

실정법에 명문의 규정이 없는 경우에는 공법과 사법의 구별을 인정하는 이유와 구별의 필요성에 비추어 법해석상의 기준이 있어야 한다. 이에 관하여는 개괄적 구별설과 개별적 구별설이 있다. ① 개괄적 구별설은 국가작용 중 권력관계와 관리관계는 공법관계로 보고, 국고관계를 사법관계로 보는 견해이며, ② 개별적 구별설은 비권력관계 전반에 걸쳐 개별적·구체적인 법해석을 통하여 결정해야 한다는 견해이다. 개별적 구별설이 현재의 다수견해이다.

Ⅳ. 공법과 사법의 교착과 융합

하나의 법률관계에 있어서도 공법과 사법이 함께 규율하는 경우도 있으며, 또한 서로 밀접하게 영향을 주는 경우도 있다.

1) 공법과 사법이 함께 규율하는 경우

국영철도의 법률관계 중 그 직원의 복무관계는 공법관계로, 운송계약상의 법률관계는 사법관계로 보아야 한다.

2) 공법행위가 사법상 법률행위의 요소인 경우

주무부처장관의 비영리법인 설립인가, 토지거래허가, 각종 영업 양도·양수의 인가 등은 행정청의 인가가 있음으로써 사법상의 법률행위가 완전한 효력을 가지게 된다.

3) 공법행위가 사법적 효과를 발생하는 경우

토지수용의 경우에서처럼 토지의 수용관계는 공법행위이지만, 수용의 결과 토지소유권이 사인에게서 국가로 이전되는 효과(사법적 효과)가 발생한다.

4) 공법에 의해 사법상 행위에 일정한 제한이 가해지는 경우

각종 영업·건축 등은 식품위생법·건축법 등에 의해 일정한 제한과 단속을 받는다.

제2절 행정상 법률관계의 종류

Ⅰ. 개설

일반적으로 행정상의 법률관계는 행정권의 주체인 국가 또는 공공단체와 그 상대방간의 법률관계를 말한다. 여기서 좁은 의미로는 행정작용법적 관계를 의미하지만, 넓은 의미로는 행정작용법적 관계 외에 행정조직법적 관계도 포함한다. 행정작용법적 관계는 공법관계와 사법관계로 나누어지며, 공법관계는 다시 권력관계와 관리관계로 나누어진다.

Ⅱ. 행정조직법적 관계

1. 행정조직 내부관계

행정조직의 내부관계는 행정기관 상호간의 관계로서 상급청과 하급청과의 관계, 대등행정청간의 관계, 기관위임사무에 관한 주무장관과 지방자치단체의 장과의 관계를 말한다. 상급청과 하급청과의 관계는 감독관계가 중심이 되고, 대등행정청간의 관계에서는 협력과 존중의 법관계가 중심이 된다. 행정기관 상호간의 관계는 권리·의무의 관계가 아니고 직무의 행사관계 또는 권한의 행사관계이다. 따라서 이 관계에서의 분쟁은 법률에 특별한 규정이 없는 한 사법적 통제의 대상이 될 수 없고 행정조직 내부에서 해결하게 된다.

2. 행정주체 상호간의 관계

국가와 지방자치단체간의 관계 또는 지방자치단체상호간의 관계이다. 전자의 경우에는 허가·인가 등 감독관계, 보조금·교부금교부 등 급부관계 등이 중심이 된다. 후자의 경우는 협의·사무위탁·조합의 설립 등 상호협력관계와 상급자치단체와 하급자치단체간의 감독관계가 중심이 된다.

Ⅲ. 행정작용법적 관계

1. 공법관계(행정법관계)

(1) 권력관계(본래적 공법관계)

권력관계는 행정주체가 우월한 지위에서 개인에 대하여 일방적으로 명령하고 강제하거나,[59] 일방적으로 법률관계를 발생 · 변경 · 소멸시키는 법률관계를 말한다. 권력관계는 원칙적으로 사법의 적용을 받지 않으며, 또한 행정주체의 행위에 공정력·확정력·강제력 등 법률상 우월한 효력이 인정되므로 본래적 공법관계라고도 한다. 그리고 권력관계는 전통적인 질서행정 분야인 경찰·조세·보건행정, 공용부담 등에서 많이 발견되는데, 이에 대한 전형적인 예로는 허가·인가, 그 취소·철회, 과세처분, 토지수용 등이 있다. 이러한 권력관계에 대하여 다투고자 할 경우, ① 권력행위 그 자체의 효력을 다투고자 할 때는 항고소송을 제기하여야 하고, ② 그 권력행위에 따라 형성된 법률관계를 다투고자 할 때는 당사자소송을 제기하여야 한다.

(2) 관리관계(전래적 공법관계)

관리관계란 공물의 관리·공기업의 경영 등의 경우와 같이 공적재산이나 사업의 관리주체로서의 행정주체와 개인간에 성립하는 법률관계를 말한다. 관리관계는 본질적으로는 사법관계와 같다고 하겠으나, 당해 사업의 공공성·급부의 계속성·윤리성 등으로 인하여 공공복리를 위하여 필요한 한도 내에서 특별한 공법적 규율을 받는다. 따라서 이를 전래적 공법관계라고도 한다. 또한 관리관계는 그 작용의 공공성으로 인하여 사법관계를 수정하는 특별규정을 두고 있거나 순수한 사경제적관계와는 다른 공익성 또는 윤리성이 실증되어 법률해석상 특별한 취급을 해야 할 필요성이 인정되는 경우에만 특별한 공법적 규율을 받는다. 만일 그러하지 않는 경우에는 당해관계는 사법의 적용을 받게 되며 그 법률분쟁은 민사소송에 의하게 된다.

2. 사법관계(국고관계)

행정주체가 사인과 대등한 지위에서 경제적 활동을 하는 경우가 있는바, 이를 행정상의 사법관계 또는 국고관계라 한다. 예컨대 국가나 지방자치단체와 사인간의 물품매매계약,

---

59) 예컨대, 허가받은 영업자에 대한 각종 의무를 부과하건, 불법건축물을 강제철거 하는 것 등이다.

도로·공원·항만·교량의 건설도급계약의 체결, 국유재산의 대부 또는 매각, 국채·지방채의 모집, 수표의 발행, 주식회사의 주주관계 등이 사법관계이다. 이러한 사법관계는 사인 상호간의 관계와 같이 사법의 적용을 받고, 그에 관한 소송은 민사소송에 의한다.

반면, 이러한 국고관계에 있어서도 국가 등 행정주체가 사법상 재산권의 주체로서 활동하는 것은 어디까지나 공익을 위하여 행하는 것이다. 따라서 그 행위의 공공성을 확보하기 위하여 일정한 제한과 규제가 따르게 된다. 예컨대, 국가재정법·국유재산법·물품관리법·국가채권관리법 등에 의하여 계약의 방법과 내용 및 상대방 등에 대한 특별한 제한을 가하는 경우이다.

【판례】: <u>사법관계</u>

① 지방자치단체가 구 지방재정법시행령(1988.5.7. 대통령령 제12445호로 전면 개정되기 전의 것) 제71조(현행 지방재정법시행령 제83조)의 규정에 따라 기부채납받은 공유재산을 무상으로 기부자에게 사용을 허용하는 행위는 사경제주체로서 상대방과 대등한 입장에서 하는 사법상 행위이지 행정청이 공권력의 주체로서 행하는 공법상 행위라고 할 수 없으므로, 기부자가 기부채납한 부동산을 일정기간 무상사용한 후에 한 사용허가기간 연장신청을 거부한 행정청의 행위도 단순한 사법상의 행위일 뿐 행정처분 기타 공법상 법률관계에 있어서의 행위는 아니다(대판 1994. 1. 25, 93누7365).

② 국유재산법의 규정에 의하여 총괄청 또는 그 권한을 위임받은 기관이 국유재산을 매각하는 행위는 사경제 주체로서 행하는 사법상의 법률행위에 지나지 아니하며 행정청이 공권력의 주체라는 지위에서 행하는 공법상의 행정처분은 아니라 할 것이므로 국유재산매각 신청을 반려한 거부행위도 단순한 사법상의 행위이다(대판 1986. 6. 24, 86누171).

③ 구 한국공항공단법 제17조에 의하여 한국공항공단이 정부로부터 무상사용허가를 받은 행정재산을 전대하는 행위가 사법상의 임대차에 해당한다(대판 2004. 1. 15, 2001다12638).

【판례】: <u>공법관계</u>

① 행정관청이 국유재산을 매각하는 것은 사법상의 매매계약일 수도 있으나 귀속재산처리법에 의하여 귀속재산을 매각하는 것은 행정처분이지 사법상의 매매가 아니다(대판 1991. 6. 25, 91다10435).

② 공유재산의 관리청이 하는 행정재산의 사용 · 수익에 대한 허가는 순전히 사경제주체로서 행하는 사법상의 행위가 아니라 관리청이 공권력을 가진 우월적 지위에서 행하는 행정처

분이다(대판 2001. 6. 15, 99두509).

③ 국유재산 등의 관리청이 하는 행정재산의 사용 · 수익에 대한 허가는 순전히 사경제주체로서 행하는 사법상의 행위가 아니라 관리청이 공권력을 가진 우월적 지위에서 행하는 행정처분으로서 특정인에게 행정재산을 사용할 수 있는 권리를 설정하여 주는 강학상 특허에 해당한다(대판 2006. 3. 9, 2004다31074).

④ 국유재산법 제42조 제1항, 제73조 제2항 제2호에 따르면, 국유 일반재산의 관리 · 처분에 관한 사무를 위탁받은 자는 국유 일반재산의 대부료 등이 납부기한까지 납부되지 아니한 경우에는 국세징수법 제23조와 같은 법의 체납처분에 관한 규정을 준용하여 대부료 등을 징수할 수 있다. 이와 같이 국유 일반재산의 대부료 등의 징수에 관하여는 국세징수법 규정을 준용한 간이하고 경제적인 특별구제절차가 마련되어 있으므로, 특별한 사정이 없는 한 민사소송의 방법으로 대부료 등의 지급을 구하는 것은 허용되지 아니한다(대판 2014. 9. 4, 2014다203588).

제3절 행정법관계의 당사자

Ⅰ. 개설

행정법관계는 행정주체와 행정객체의 관계이므로 행정법관계의 당사자는 행정주체와 행정객체가 된다. 행정주체는 행정권의 담당자로서 행정권을 행사하고 그 법적 효력이 궁극적으로 귀속되는 자를 말한다. 반면, 행정객체는 행정주체의 상대방으로서 행정권 발동의 대상이 되는 사인을 의미한다. 그러나 공공단체도 행정객체가 되는 경우가 있다. 예컨대, 국가와 공공단체와의 관계에서는 공공단체는 행정객체가 된다.

Ⅱ. 행정주체

1. 의의

행정법 관계에서 행정주체는 국가 또는 공공단체 및 공무수탁사인이다. 공법상 당사자소송에서 행정주체는 당사자가 되며, 행정객체에 대하여 행정상 손해배상이나 손실보상에 대한 책임을 지는 상대방이 된다. 행정주체는 행정기관과 구별되는바, 행정주체는 원칙적으로 법인이므로 권리·의무의 주체가 되지만 행정기관은 법인격이 인정되지 않으므로 권한만 가진다. 따라서 실제 행정권을 행사하는 것은 행정기관(공무원)이지만 이들이 한 행정행위의 법적 효과는 행정주체에 귀속되므로 국가 또는 공공단체가 책임을 지게 된다.

2. 종류

(1) 국가

근대국가에 있어서 행정권은 국가통치권의 한 요소로 생각되어 왔기 때문에 국가는 시원적 행정주체이다. 국가의 행정권은 대통령을 정점으로 하는 국가행정조직을 통하여 행사한다. 국가의 행정권 행사는 국가행정조직을 통하여 직접 행사하는 직접행정과 국가로부터 독립된 행정주체를 설립하여 그로 하여금 일정범위의 행정을 자주적으로 수행케 하는 간접행정이 있다. 또한 국가의 감독하에 일정한 범위 내의 행정권을 이들에게 위임하여 행사하게 하는 위임행정도 있다.

(2) 공공단체

공공단체란 국가로부터 그 존립목적을 부여받은 공법상의 법인으로서, 자기의 고유한 사무를 행사하는 기관을 말한다. 공공단체에는 지방자치단체, 공공조합, 영조물법인, 공법상의 재단 등이 있다.

1) 지방자치단체

지방자치단체는 국가의 영토 내의 일정한 지역과 그 주민에 대하여 국법이 인정하는 한도에서 일정한 지배권(자치권)을 행사하는 단체이다. 지방자치단체의 지배권은 국가로부터 부여된 전래권이며(전래설) 고유한 것이 아니므로 국가로부터 감독을 받는다. 지방자치단체는 당해지역의 자치사무(고유사무)를 처리함을 목적으로 하며, 이에 관한 기본법으로 지방자치법이 있다. 또한 지방자치단체에는 보통지방자치단체와 특별지방자치단체가 있다. 보통지방자치단체는 광역지방자치단체(서울특별시·광역시·특별자치시·도·제주특별자치도)와 기초지방자치단체(시·군·자치구)가 있다. 특별지방자치단체로는 지방자치단체조합이 있는데, 이는 현행법상 2개 이상의 지방자치단체가 하나 또는 둘 이상의 사무를 공동으로 처리하기 위하여 필요한 규약을 정하여 행정안전부장관 또는 시장·도지사의 승인을 얻어 설치하도록 되어 있다.

한편, 지방자치단체는 집행기관인 지방자치단체의 장과 의결기관인 지방의회와 그 소속기관으로 구성되어 있다. 지방자치단체는 공공단체의 일종이지만 일정한 지역에 대한 지배권을 가지는 지역단체인 점에서 다른 공공단체(공법인)와 구별된다.

> **【판례】**: 구 도시 및 주거환경정비법(2007. 12. 21. 법률 제8785호로 개정되기 전의 것)에 따른 주택재건축정비사업조합은 관할 행정청의 감독 아래 위 법상 주택재건축사업을 시행하는 공법인으로서, 그 목적 범위 내에서 법령이 정하는 바에 따라 일정한 행정작용을 행하는 행정주체의 지위를 가진다(대판 2009. 11. 2, 자 2009마596).

2) 공공조합

공공조합이란 공행정임무에 속하는 특정의 사업을 수행하기 위하여 일정한 자격을 갖춘 사람(조합원)의 결합으로 성립된 공법상의 사단법인을 말한다. 그러나 반드시 일정한 지역을 그 존립기반으로 하는 것이 아니라는 점에서 지방자치단체와 구별된다. 공공조합으로는 농업협동조합, 한국농어촌공사, 건강보험조합, 상공회의소, 변호사회 등을 들 수 있다. 공공조합은 특정의 한정된 사업 즉 지역적인 토목사업·사회보험사업 등의 수행을 목적으로 한다. 이러한 사업은 공익과 밀접한 관계가 있으므로 공행정의 일부로 인정하고 조합에 대하여 국가가 각종의 감독·통제를 가함과 아울러 환지처분권·토지수용권·경비의 강제징수 등 약간의 국가적 공권을 부여하고 있다.

3) 영조물법인

영조물이란 일정한 행정목적을 달성하기 위한 인적·물적 수단의 종합체를 말하며, 영조물에 법인격이 부여되어 독립의 법인으로 된 것을 영조물법인이라 한다. 통상적으로 영조물은 행정주체의 기관에 의하여 운영되며, 국립대학·국립도서관 등이 있다. 영조물에 법인격이 부여된 것만이 행정주체가 되며 영조물 그 자체는 행정주체가 아니다. 현행법상 영조물법인에 해당하는 것으로는 한국방송공사, 한국토지개발공사, 지하철공사, 한국은행, 한국산업은행, 서울대학교병원, 서울대학교 등이 있다.

4) 공법상의 재단

공법상의 재단(공재단)이란 국가 또는 지방자치단체가 출연한 재산을 관리하기 위하여 공법상의 근거에 의하여 설립된 재단법인으로서 국가의 감독하에 있는 공공단체이다. 공법상의 재단의 중심적 요소는 일정한 행정목적을 위하여 출연한 재산의 결합체이기 때문에 그 인적 구성과 행정은 부수적인 것으로서 그 수혜자를 위한 것에 지나지 않는다. 따라서 공법상의 재단에는 공공조합에서와 같은 인적 구성원이나 영조물법인에서와 같은 일반적 이용자도 없다. 다만 그 지원을 받는 수혜자만 존재한다.[60] 현행법상 공법상의 재단에 해당하는 것으로는 학술진흥법에 의하여 설립된 한국연구재단, 한국사학진흥재단법에 의하여 설립된 한국사학진흥재단 등이 있다.

(3) 공권이 부여된 사인(공무수탁사인)

일반적으로 사인은 행정법관계에 있어서 행정객체의 지위에 선다. 하지만, 법률이나 이에 근거한 행위에 의하여 특정한 공적 임무를 자기 자신의 이름으로 수행할 수 있는 권한이 부여되는 사인(자연인 또는 법인)이 있는 바, 이 경우 사인을 공권이 부여된 사인 또는 공무수탁사인이라고 칭한다. 예컨대, ① 사인이 별정우체국[61]의 지정을 받아 체신업무를 수행하는 경우, ② 사인이 일정한 공공사업의 주체로서 국가로부터 토지수용권을 부여받아 토지수용을 하는 경우, ③ 사선의 선장·해원 또는 항공기의 기장·승무원이 선박이나 항공기 내에서 발생한 범죄에 관하여 사법경찰관리의 직무를 수행하는 경우, ④ 사립대학의 총·학장이 교육법에 의하여 학위를 수여하는 경우, ⑤ 기타 관세감면대상의약품 여부의 확인권·석탄품질검사권·변리사등록업무·건축사자격시험관리업무 등을 관련 협회의 장에게 위탁한 경우 등과 같이 국가적 공권을 부여받은 사인 등이 있다. 이러한 공권이 부여된 사인의 처분 등에 대해서는 행정심판을 제기하거나 법원에 행정소송을 제기할 수 있다.

다만, 사인이 공무를 수행하는 경우에도 행정기관의 보조인인 경우와 행정을 대행하는 경우에는 공무수탁사인이 아니다. 즉 행정보조인과 행정대행자가 행한 공무수행의 법적 효과는 공무를 위탁한 행정주체에게 귀속되고 그 행정주체가 책임을 진다는 점에서 동일하다.

---

60) Maurer, p.581.

61) "별정우체국"이란 과학기술정보통신부장관의 지정을 받아 자기의 부담으로 청사와 그 밖의 시설을 갖추고 국가로부터 위임받은 체신 업무를 수행하는 우체국을 말한다.

> **【판례】**: 원천징수하는 소득세에 있어서는 납세의무자의 신고나 과세관청의 부과결정이 없이 법령이 정하는 바에 따라 그 세액이 자동적으로 확정되고, 원천징수의무자는 소득세법 제142조 및 제143조의 규정에 의하여 이와 같이 자동적으로 확정되는 세액을 수급자로부터 징수하여 과세관청에 납부하여야 할 의무를 부담하고 있으므로, 원천징수의무자가 비록 과세관청과 같은 행정청이더라도 그의 원천징수행위는 법령에서 규정된 징수 및 납부의무를 이행하기 위한 것에 불과한 것이지, 공권력의 행사로서의 행정처분을 한 경우에 해당되지 아니한다(대판 1990.3.23., 89누4789).

Ⅲ. 행정객체

행정객체란 행정주체의 상대방을 말하는바, 보통 사인이 행정객체가 된다. 행정주체인 공공단체도 행정객체가 되는 경우가 있다. 즉 공공단체는 사인과의 관계에서는 행정주체가 되지만, 국가 또는 다른 행정주체와의 관계에서는 행정객체의 지위에 서게 된다.

제4절 행정법관계의 특질

Ⅰ. 개설

행정법관계도 법률관계(권리·의무관계)라는 점에서는 사법관계와 다를 바 없다. 그러나 공익실현작용이라는 점에서 사법관계와 다른 특질이 인정된다. 즉 행정법은 공익목적의 달성을 위하여 행정주체가 우월한 의사의 주체로서 국민에게 일방적으로 명령·강제하는 관계이기 때문에 행정주체에게 일정한 특권 또는 우월적 지위가 인정되는 반면, 사법관계보다도 더 엄격한 법의 기속을 가하고 있다. 이와 같은 특질은 당연히 인정되는 것이 아니라 행정목적의 효율적 달성을 위하여 실정법에 의해 특별히 부여된 것으로서 권력관계에서만 인정된다.

행정법관계는 적법성, 공정력, 존속력(확정력), 강제력 등의 특질을 갖는다.

Ⅱ. 적법성

사법관계에서는 당사자의 의사를 최대한으로 존중하는 사적 자치의 원칙이 적용되지만,

행정법관계는 주로 행정청이 국민에게 일방적으로 명령·강제하는 권력적 관계이다. 따라서 행정의사의 발동요건·절차·형식 등에 있어 엄격한 법률에의 적합성이 요구된다. 여기서 법은 원칙적으로 입법부가 제정한 법률을 의미하므로 법률적합성이라고도 한다.

Ⅲ. 공정력과 구성요건적 효력

공정력이란 행정행위가 법적 요건을 갖추지 못하여 흠(하자)이 있는 경우에도 그 흠이 중대하고도 명백하여 무효로 되지 않는 한 유효한 행위로서 잠정적인 통용력이 인정되어, 취소권한 있는 기관이 이를 취소하기 전까지는 누구도 그 효력을 부인할 수 없는 힘을 말한다. 예컨대, 운전면허의 정지처분에 하자가 있더라도 일단은 면허증을 반납하고 운전을 하지 말아야 하며, 조세부과처분에 하자가 있더라도 당연무효가 아닌 한 권한있는 기관에 의하여 취소되기 전까지는 상대방은 조세를 납부할 의무를 지게 된다.

한편, 전통적 견해에 의하면 공정력은 행위의 상대방은 물론 다른 행정청·법원 그리고 제3자에게도 효력이 미친다. 그러나 일부의 견해에 의하면 공정력은 행위의 상대방과 이해관계인에게만 미치는 효력이고, 다른 행정청이나 법원에 대한 효력은 구성요건적 효력이라고 한다.[62] 요컨대, 구성요건적 효력이란 유효한 행정행위가 존재하는 이상, 그 행위에 하자가 있다 하더라도 그것이 당연 무효가 아닌 한 모든 국가기관은 그의 존재(유효성 또는 내용)를 존중하며, 스스로 판단의 기초 내지는 구성요건으로 삼아야 하는 구속력을 말한다.[63] 예컨대, 법무부장관이 甲에게 귀화허가를 하였다면 산업통상자원부장관은 그 귀화허가가 당연 무효가 아닌 한 하자가 있다는 이유만으로 甲에게 광업권허가 신청권자로서의 자격이 없다고 할 수는 없다. 또한 산업통상자원부장관이 甲의 허가신청을 거부하여, 甲이 이에 대해 거부처분의 취소를 구하는 행정소송을 제기하면 법원은 기존의 귀화허가행위의 하자를 이유로 그 청구를 기각할 수 없다.

Ⅳ. 확정력(존속력)

1. 불가쟁력(형식적 확정력)

불가쟁력이란 행정행위의 상대방에 대하여 발생하는 효력으로서, 하자있는 행정행위라도 일정한 기간 내에 행정쟁송을 제기하여야 하며, 그 기간이 경과하거나 쟁송절차가 끝난

62) 김남진, 행정법Ⅰ, 300~301면 ; 홍정선, 행정법원론(상), 329~330면.

63) 김남진, 행정법Ⅰ, 305면.

때에는 행정행위의 상대방은 더 이상 그 효력을 다툴 수 없게 하는 힘을 말한다. 불가쟁력은 소송법상 확정판결에 대하여 발생하는 기판력과는 그 내용이 전혀 다른 것이다. 이는 행정행위와 확정판결의 차이에서 기인하는 바, 행정행위는 판결과 같이 독립된 제3의 기관이 내리는 판단이 아니며, 행정행위는 판결처럼 확고한 존속성을 가지는 것은 아니기 때문이다. 따라서 일반적으로 행정처분이나 행정심판재결이 불복기간의 경과로 인하여 확정될 경우, 그 확정력은 그 처분으로 인하여 법률상 이익을 침해받은 자가 당해 처분이나 재결의 효력을 더이상 다툴 수 없다는 의미일 뿐, 판결에 있어서와 같은 기판력이 인정되는 것은 아니다. 따라서 그 처분의 기초가 된 사실관계나 법률적 판단이 확정되고 당사자들이나 법원이 이에 기속되어 모순되는 주장이나 판단을 할 수 없게 되는 것은 아니다.[64)]

2. 불가변력(실질적 확정력)

행정행위에 하자가 있거나 행정행위를 더 이상 존속시킬 수 없는 새로운 사정이 발생하는 경우, 이를 이유로 취소·변경 또는 철회할 수 있음이 원칙이다. 이는 행정행위의 하자 또는 부적합성을 시정함으로써 법치주의를 확보하고 행정의 공익적합성을 유지하기 위한 수단으로 간주된다.

그러나 예외적으로 어떤 행정행위는 성질상 행정청도 하자를 이유로 스스로 취소·철회가 제약받는 경우가 있다. 이를 불가변력 또는 실질적 확정력이라 한다.

> **【판례】:** 국민의 권리와 이익을 옹호하고 법적안정을 도모하기 위해서 특정한 행위에 대하여는 행정청이라 하더라도 이것을 자유로이 취소·변경·철회할 수 없다는 행정행위의 불가변력은 당해 행정행위에 대해서만 인정되는 것이다(대판 1974. 12. 10, 73누129).

Ⅴ. 강제력

강제력이란 행정의사의 실효성확보를 위하여 행정의사의 내용을 강제로 실현시키는 힘을 말한다. 강제력은 의무위반에 대하여 일정한 제재를 가하는 제재력과 의무이행을 강제하여 사실상 의무가 이행되는 상태를 실현하는 자력집행력이 있다.

---

64) 대판 1994.11.8, 93누21927.

1. 제재력(행정벌)

제재력이란 행정행위에 의하여 부과된 의무를 상대방이 위반하는 경우에 그에 대한 제재로 행정벌(행정형벌·행정질서벌)이 과해지는 경우를 의미한다. 예컨대, 무면허운전에 대해 형벌을 부과하거나 주민등록법상 전입신고의무 위반에 대해 과태료를 부과하는 등의 경우이다.

2. 자력집행력

행정법관계는 사법관계와 달리 행정행위에 의해 부과된 의무를 이행하지 않는 경우에는 법원의 도움 없이 행정청이 스스로 강제력에 의해 직접 의무의 내용을 실현할 수 있다. 이를 자력집행력이라고 한다. 예컨대, ① 납세의무자가 납부의무를 이행하지 않는 경우에 세무공무원이 압류·공매 등의 절차를 통하여 강제징수 하는 경우, ② 위법한 무허가 건축물에 대하여 인부를 고용하거나 공권력을 동원하여 강제 철거하는 경우, ③ 전염병환자를 강제로 격리 수용하는 것처럼 국가 또는 공공단체가 그의 의사를 스스로의 힘에 의하여 강제하고 실현하는 것을 말한다.

Ⅵ. 권리·의무의 특수성

사법관계에서의 권리·의무는 서로 상반되는 이해관계의 조절을 그 내용으로 하는바, 사익성이 그 특성이다. 하지만 행정법관계에서는 국가가 개인에 대하여 또는 개인이 국가에 대하여 가지는 권리의무는 순전히 사익을 위하여서만 인정되는 것이 아니고 국가적·공익적 견지에서 필요하기 때문에 인정되는 것이다. 따라서 권리가 동시에 의무의 성격을 띤다. 그 결과 사법관계에서와는 달리 공권·공의무는 이전성·포기성이 제한되는 등의 특수성이 인정된다.

Ⅶ. 권리구제의 특수성

사법상의 권리(사권)가 침해된 경우에는 민법상 손해배상 및 민사소송에 의하여 구제를 받게 된다. 하지만, 공법상의 권리(공권)가 침해된 경우에는 이와 다른 특별한 구제수단이 마련되어 있다. 그 주된 이유는 권리침해가 우월한 지위에 있는 공권력 주체에 의하여 행하여졌다는 점과 국민의 권리구제와 공익의 보장도 함께 고려하여야 한다는 데 있다.[65]

1. 행정상 손해전보

행정상 손해전보란 행정작용에 의하여 야기된 행정객체의 손해를 전보하여 주는 것을 말한다. 이는 다시 위법한 행정작용으로 인한 손해배상과 적법한 행정작용으로 인한 손실보상으로 나누어진다. 위법한 행정작용으로 인한 손해배상에 대하여는 민법상의 불법행위로 인한 손해배상제도와 다른 특별한 절차·요건 등을 규정하고 있는 국가배상법이 있다. 반면, 적법한 행정작용으로 특별한 재산상의 희생에 대하여는 '공익사업을 위한 토지 등의 취득 및 보상에 관한 법률' 및 각 개별법이 있다.

2. 행정상 쟁송

우리나라는 영·미식의 사법국가주의를 채택하여 행정사건도 민·형사사건을 다루는 일반법원의 관할로 하고 있으나, 사법관계에 적용되는 민사소송과는 다른 여러 가지 특성을 인정하고 있고 있다. 즉 사정판결(재결), 직권심리주의, 제소기간의 제한, 집행부정지원칙 등이 인정된다. 또한 행정소송에 앞서 행정권에 대하여 먼저 시정을 요구하는 행정심판제도를 채택하고 있다.

제5절 행정법관계의 내용(공권과 공의무)

Ⅰ. 개설

행정법관계도 사법상 법률관계와 본질적인 차이는 없다. 다만 행정법관계는 사적자치가 지배하는 사법상의 법률관계에 비하여 권리의무의 발생·변경·소멸의 자유가 매우 미약하다. 그러나 행정법관계도 법률관계인 이상 그 내용은 공권과 공의무로 구성된다.

공권은 권리주체에 따라 국가적 공권과 개인적 공권으로 나눌 수 있다. 개인적 공권은 사법상의 권리에 비하여 동질적인 것도 있지만, 아주 이질적인 것도 많이 있다. 특히 권리가 침해되었을 경우 그 구제에 있어 실제상 그 차이가 크다. 즉 사법상의 권리는 원칙적으로 궁극적으로는 권리주체가 소송에 의하여 직접 자기를 위하여 일정한 이익을 주장하여, 급부·형성·확인의 판결을 얻을 수 있다. 그러나 개인적 공권은 모두가 그와 같은 성질을 갖는

65) 박균성, 행정법론(상), 129면.

것은 아니다.

Ⅱ. 공권

1. 공권의 의의

공권이란 공법관계에서 직접 자기를 위하여 일정한 법적 이익을 주장할 수 있는 법률상의 힘을 말한다. 공권은 반사적 이익과 구별되는바, 즉 반사적 이익이란 법이 단순히 국가 또는 개인의 작위·부작위를 규정하고 있는 결과 그 반사적 효과로서 개인이 이익을 얻게 되는 경우를 말한다. 공권은 그 귀속주체에 따라 국가적 공권과 개인적 공권으로 구분된다.

2. 공권의 종류

(1) 국가적 공권

1) 의의

국가적 공권이란 국가·공공단체 또는 국가로부터 공권력을 부여받은 사인이 우월한 의사의 주체로서 상대방인 개인에 대하여 가지는 권리이다. 국가적 공권은 개인에 대하여 우월한 지위에서 갖는 권리인 점에서 사권 또는 개인적 공권과 상이하다. 그러나 사인과 대등한 지위에서 국가 등이 갖는 공권도 있다.

2) 종류

국가적 공권은 그 기준에 따라 다음과 같이 분류할 수 있다. 즉 ① 권리의 목적 면에서 경찰권·규제권·공용부담특권·과세권 등이 있으며, ② 권리의 내용에 따라 하명권(명령권)·강제권(의무불이행에 대한 강제집행권)·형성권 등이 있으며, ③ 권리의 재산적 성질에 따라 공법상의 물권적 지배권(공소유권·공법상의 담보물권 등) 등으로 나눌 수 있다. 한편, 국가적 공권은 행정주체가 사인에 대하여 가지는 권리라기보다는 그 사무의 범위를 정하는 권한의 성질을 가진다고 보아야 할 것이다.[66]

(2) 개인적 공권

1) 의의

개인적 공권이란 개인이 공법상 자기의 고유한 이익을 추구하기 위해 국가·공공단체 등

---

66) 김철용, 행정법 I, 88면; 박균성, 행정법론(상), 131면.

행정주체에 대하여 일정한 행위(작위·부작위·급부 등)를 요구할 수 있는 법적인 힘을 말한다. 전통적으로 인정되고 있는 공권으로는 자유권·수익권·참정권이 있다. 그러나 현대 복지국가에 있어서 사인은 개인적 공권에 근거하여 종래 행정의 단순한 객체의 지위에서 벗어나 행정권에 대하여 여러 가지 형태의 작위·부작위를 청구할 수 있는 권리주체로서의 지위로 격상되고 있다. 독일의 뷜러는 공권성립의 3요소로서 강행법규의 존재, 사적 이익의 보호, 청구권 등의 존재를 들고 있다.[67]

2) 성립요건

(가) 강행법규의 존재

개인적 공권을 주장하기 위해서는 국가 등 행정주체에게 일정한 의무를 부과하는 강행법규가 존재하여야 한다. 여기서 강행법규는 형식적 의미의 법률뿐만 아니라 법규명령은 물론이고 행정청이 행하여야 하는 작위·부작위·급부·수인의무도 포함된다.

(나) 사익보호성

강행법규가 존재하는 경우에도 당해 법규가 공익과 동시에 관계인의 사익도 보호하고자 하는 경우에 비로소 권리성이 인정된다. 따라서 당해 법규가 오로지 공익의 실현에만 있는 경우에는 권리가 아닌 단순한 반사적 이익에 불과하다. 여기서 당해 법규의 사익보호성 여부에 대한 판단은 그 법규 전체의 목적·취지 등을 종합하여 판단할 수밖에 없으나, 최근의 판례는 보다 넓게 '법규'의 사익보호성을 인정하고 있다.

> **【판례】:** ① 행정처분의 직접 상대방이 아닌 제3자라도 당해 행정처분의 취소를 구할 법률상의 이익이 있는 경우에는 원고적격이 인정되나 여기서 말하는 법률상의 이익은 당해 처분의 근거 법률에 의하여 보호되는 직접적이고 구체적인 이익이 있는 경우를 말하는 것이고 다만 간접적이거나 사실적 · 경제적 이해관계를 가지는 데 불과한 경우는 여기에 포함되지 않는다(대판 1995. 8. 22, 94누8129).
>
> ② 상수원보호구역 설정의 근거가 되는 수도법 제5조 제1항 및 동 시행령 제7조 제1항이 보호하고자 하는 것은 상수원의 확보와 수질보전일 뿐이고, 그 상수원에서 급수를 받고 있는 지역주민들이 가지는 상수원의 오염을 막아 양질의 급수를 받을 이익은 직접적이고 구체적으로는 보호하고 있지 않음이 명백하여 위 지역주민들이 가지는 이익은 상수원의 확보와 수질

67) Bühler, Die subjektiven öffentlichen Rechte und ihr Schutz in der deutschen Verwaltungsrechtsprechung, 1914, S.9ff, 21.

보호라는 공공의 이익이 달성됨에 따라 반사적으로 얻게 되는 이익에 불과하므로 지역주민들에 불과한 원고들에게는 위 상수원보호구역변경처분의 취소를 구할 법률상의 이익이 없다(대판 1995. 9. 26, 94누14544).

③ 행정처분의 직접 상대방이 아닌 제3자라 하더라도 당해 행정처분으로 인하여 법률상 보호되는 이익을 침해당한 경우에는 취소소송을 제기하여 그 당부의 판단을 받을 자격이 있다 할 것이고, 여기에서 말하는 법률상 보호되는 이익에는 당해 처분의 근거 법규에 의하여 보호되지는 아니하지만 당해 처분의 조건을 성취하거나 당해 처분의 행정목적을 달성하기 위한 일련의 관련 처분들의 근거 법규에 의하여 명시적으로 보호받는 법률상 이익도 포함된다(대판 2004. 8. 16, 2003두2175).

④ 국방부 민 · 군 복합형 관광미항(제주해군기지) 사업시행을 위한 해군본부의 요청에 따라 제주특별자치도지사가 절대보존지역이던 서귀포시 강정동 해안변지역에 관하여 절대보존지역을 변경(축소)하고 고시한 사안에서, 절대보존지역의 유지로 지역주민회와 주민들이 가지는 주거 및 생활환경상 이익은 지역의 경관 등이 보호됨으로써 반사적으로 누리는 것일 뿐 근거 법규 또는 관련 법규에 의하여 보호되는 개별적 · 직접적 · 구체적 이익이라고 할 수 없다는 이유로, 지역주민회 등은 위 처분을 다툴 원고적격이 없다(대판 2012. 7. 5, 2011두13187,13194.

⑤ 환경부장관이 생태·자연도 1등급으로 지정되었던 지역을 2등급 또는 3등급으로 변경하는 내용의 생태 · 자연도 수정·보완을 고시하자, 인근 주민 갑이 생태 · 자연도 등급변경처분의 무효 확인을 청구한 사안에서, 갑은 무효 확인을 구할 원고적격이 없다(대판 2014. 2. 21, 2011두29052).

(다) 청구가능성

전통적 이론에 의하면 개인적 공권이 성립하기 위해서는 위의 강행법규의 존재, 사익보호성 및 개인의 이익을 행정주체에 대해 소송을 통하여 관철시킬 수 있는 법상의 힘이 부여되어야 한다고 한다. 요컨대, 개인이 받고 있는 이익이 침해된 경우에 소송을 통해 법적으로 구제받을 수 있는 길이 열려져 있지 않다면 그것은 권리라고 볼 수 없기 때문이다. 이와 같은 요건은 과거 행정소송에 있어서 열기주의를 취하고 있던 국가에 있어서 의미를 갖는다.

그러나 2차 대전 후 독일 기본법 제19조 제4항은 "누구든지 공권력에 의하여 자기의 권리를 침해받은 자에게는 제소의 길이 열려 있다"라고 규정하였다. 이와 같이 공권력에 대한 제소의 길이 열려있으므로 공권성립의 요소 중 청구가능성의 존재는 불필요하다는 견해가 지배적이다.

우리 헌법 제27조도 국민의 재판청구권을 기본권의 하나로 보장하고 있으며, 행정소송법도 행정소송의 대상을 특별히 제한하지 아니하는 개괄주의를 택하고 있으므로 청구가능성을 공권의 성립요소로 별도로 인정할 필요는 없다는 견해[68]가 다수설이다.

3) 종류

(가) 자유권

자유권이란 헌법상의 자유권적 기본권으로서 국민에 대하여 소극적 권리를 말한다. 즉 국가·공공단체 등 행정주체가 위법한 공권력을 행사하여 개인의 권리가 침해될 경우 이를 저지할 수 있는 소극적 권리로서 헌법상 자유권적 기본권이 이에 해당한다. 자유권 침해에 대한 구제수단으로는 취소소송 형태의 행정소송, 국가배상청구 등이 있다.

(나) 수익권

수익권이란 행정주체에 대하여 적극적으로 일정한 작위 또는 급부 등을 청구할 수 있는 권리를 말한다. 헌법상 생활권적 기본권과 청구권적 기본권이 이에 해당한다. 법률에 의하여 구체화된 수익권은 ① 사회보장급부청구권(생활보호, 의료보호, 장애인·아동·노인 등), ② 공기업이용권(국립병원 이용권 등), ③ 공물사용권(도로·하천·공원 사용권 등), ④ 공법상 금전청구권(공무원의 봉급·연금청구권 등), ⑤ 행정쟁송 제기권(행정심판·행정소송) 등이 있다.

수익권이 침해된 경우에 이에 대한 구제수단은 의무이행소송이 있으나, 현행 소송법은 아직 채택하지 않고 있다. 따라서 현행 소송법상 구제수단으로는 먼저 행정주체에 대하여 작위나 급부를 청구한 후 거부처분이 있으면 그에 대한 취소소송을 제기할 수 있다. 또한 만일 거부처분조차 없이 이를 방치하고 있는 경우에는 부작위위법확인소송의 형태로 제기할 수 있다.

(다) 참정권(행정절차참가권)

전통적인 참정권으로서 선거권·국민투표권·피선거권(공무담임권)이 있다. 최근에는 행정과정에 있어서 개인이 행정청의 의사결정에 참여함으로써 행정의 민주적 원리가 강조되고 있다. 이러한 결과로 행정입법·행정계획 결정에의 참가와 함께, 행정청이 개인에게 불이익처분을 행함에 앞서 상대방의 절차참가(의견진술의 기회 부여 등)가 행정절차참가권의 이름 아래 인정되고 있다.

3. 공권의 특수성

(1) 국가적 공권의 특수성

국가적 공권은 지배권으로서의 성질을 가진다. 따라서 행정주체가 법률이나 또는 이에

68) 김남진, 행정법Ⅰ, 141면; 김동희, 행정법Ⅰ, 88면 등.

의거하여 일방적으로 명령강제를 할 수 있고, 그 권리내용도 일방적으로 발생·변경·소멸시킬 수 있다(권리자율성). 또한 의무자가 의무를 이행하지 아니할 경우 법령이 정한 바에 따라 자력집행을 할 수 있으며, 의무자가 의무를 위반할 시 제재(행정벌)를 가할 수 있다.

(2) 개인적 공권의 특수성

개인적 공권은 공익성·상대성을 가지므로 사권과는 달리 다음과 같은 특수성이 인정된다.

1) 이전성의 제한

공권은 사권과 달리 공익적 견지에서 인정되기 때문에 일신전속적인 성격을 가지는 것이 많다. 따라서 양도·상속 등 이전성이 부정되고 그 결과 압류나 담보로 제공하는 것까지 금지되는 경우도 많다. 예컨대, 공무원 연금청구권, 국가배상금청구권, 생활보호청구권 등은 양도가 제한 또는 금지된다. 그러나 공권 중에 순수한 경제적 가치만을 내용으로 하는 것은 인가 또는 신고를 조건으로 하여 이전을 허용하는 경우도 많이 있다. 예컨대, 하천토석채취권, 도로·공원 점용권, 자동차운수사업면허권 등이 있다.

2) 포기의 제한

공권은 공익의 실현을 위하여 인정되는 것이므로 이를 임의로 포기할 수 없는 경우가 많다. 예컨대, 선거권·연금청구권·소권 등이다. 이러한 경우 포기하겠다는 계약을 체결하더라도 무효이다. 다만, 포기할 수 없다는 것은 현실적으로 그것을 행사할 법적 의무가 있다는 것을 의미하는 것은 아니므로 포기와 불행사는 구별하여야 한다. 즉 공권을 행사하지 않고 방치함으로써 소멸시효의 완성 또는 제소기간의 경과로 행사할 수 없게 되는 것은 포기와는 별개의 문제이다.

> **【판례】**: ① 행정소송에 있어서 소권은 개인의 국가에 대한 공권이므로 당사자의 합의로써 이를 포기할 수 없다(대법원 1995. 9. 15, 94누4455).
>
> ② 지방자치단체장이 도매시장법인의 대표이사에 대하여 위 지방자치단체장이 개설한 농수산물도매시장의 도매시장법인으로 다시 지정함에 있어서 그 지정조건으로 '지정기간 중이라도 개설자가 농수산물 유통정책의 방침에 따라 도매시장법인 이전 및 지정취소 또는 폐쇄 지시에도 일체 소송이나 손실보상을 청구할 수 없다.'라는 부관을 붙였으나, 그 중 부제소특약에 관한 부분은 당사자가 임의로 처분할 수 없는 공법상의 권리관계를 대상으로 하여 사인의 국가에 대한 공권인 소권을 당사자의 합의로 포기하는 것으로서 허용될 수 없다(대판 1998. 8. 21, 98두8919).

3) 비대체성

공권의 일신전속성으로 인하여 타인에게 위임하거나 대리 행사하게 하는 것을 금지하는 경우가 많다(예, 선거권의 행사 등).

4) 구제수단의 특수성

공권이 침해된 경우에는 사권과 같이 법원에 출소하여 그 구제를 받을 수 있다. 다만, 사권과 같이 민사소송에 의하지 않고 행정소송법의 적용을 받는 등 절차에 있어 특례가 인정되어 있다.

5) 금전채권의 소멸시효

공법상 금전채권은 사법상의 금전채권과는 달리 민법의 소멸시효에 관한 규정이 적용되는 것이 아니라[69] 국가재정법(제96조[70])이나 지방재정법(제82조[71])이 적용되어 소멸시효 기간은 5년이다. 국가재정법·지방재정법상의 이 규정은 다른 개별법에 특별한 규정이 없는 한 적용되는 것이므로 일반법규정이다.

---

69) 제162조(채권, 재산권의 소멸시효)① 채권은 10년간 행사하지 아니하면 소멸시효가 완성한다. ② 채권 및 소유권 이외의 재산권은 20년간 행사하지 아니하면 소멸시효가 완성한다.

70) 제96조(금전채권 · 채무의 소멸시효)① 금전의 급부를 목적으로 하는 국가의 권리로서 시효에 관하여 다른 법률에 규정이 없는 것은 5년 동안 행사하지 아니하면 시효로 인하여 소멸한다.

71) 제82조(금전채권과 채무의 소멸시효)① 금전의 지급을 목적으로 하는 지방자치단체의 권리는 시효에 관하여 다른 법률에 특별한 규정이 있는 경우를 제외하고는 5년간 행사하지 아니하면 소멸시효가 완성한다.

Ⅲ. 공권·반사적 이익·보호이익

1. 반사적 이익

행정법관계에서 개인이 받는 이익에는 권리로서의 이익과 사실상으로서의 받는 이익(반사적 이익)이 있다. 반사적 이익이란 행정법규가 공익적 견지에서 행정주체나 제3자에 대하여 일정한 의무를 규정하고 있는 결과, 반사적 효과로서 특정 또는 불특정 다수의 사인에게 발생하는 이익을 말한다. 예컨대, 행정청이 일방적으로 그린벨트지정을 해제할 경우 자기자신에 의한 아무런 행위도 존재하지 않음에도 불구하고 그 지정 해제에 의하여 지가상승의 이익을 누리게 되는 것을 말한다. 이와 같은 반사적 이익은 법의 보호를 받지 못하는 이익이다. 따라서 반사적 이익이 침해된 경우에도 소송에 의해 구제받을 수 없다. 이러한 점은 법에 의해 보호되는 공권과 구별된다.

공권과 반사적 이익의 구별은 행정법관계에서 행정쟁송수단을 통하여 구제받을 수 있는 이익인지 구제받을 수 없는 이익인지를 구분하기 위한 도구개념이다. 행정소송법 제12조는 "취소소송은 처분 등의 취소를 구할 법률상 이익이 있는 자가 제기할 수 있다"고 규정하여 권리 내지 법적으로 보호되는 이익이 침해된 자에 대해서만 원고적격을 인정하고 있다.

한편, 행정법규가 단순히 개인에게 이익을 줄 뿐 그 이익을 보호하려는 의도가 없는 경우라면 반사적 이익이고, 법규가 특정 개인의 이익을 보호하려는 의도가 있는 경우이면 권리(법률상 이익)가 된다고 볼 수 있는바, 그 기준이 바로 권리(공권)의 성립요소에 관한 문제이다. 반사적 이익에 해당하는 예를 들면, ① 경찰상 허가로 인하여 개인이 일정한 영업상 이익을 얻는 경우, ② 공원의 산책이나 도로의 통행 등 공물의 일반사용으로 인하여 받게 되는 이익, ③ 의료법에서 의사의 진료거부금지의무[72]와 같이 제3자에 대한 법적규제로부터 개인이 얻는 이익 등이 있다. 그러나 최근에는 행정법관계에서의 사법적 보호의 필요성이 증대하여 과거 반사적 이익으로 보아온 것들 중에서 일부는 법률상 이익으로 확대되고 있는 경향이다.

2. 보호이익과 공권

공권의 범위가 확대되어 감에 따라 반사적 이익도 아니고 공권도 아닌 영역 즉 보호이익이란 개념을 사용하는 견해가 있다. 보호이익을 공권과 반사적 이익의 중간영역에 위치시

72) 제15조(진료거부 금지 등) ① 의료인 또는 의료기관 개설자는 진료나 조산 요청을 받으면 정당한 사유 없이 거부하지 못한다.

킴으로써 행정심판법 제13조[73]와 행정소송법 제12조[74]의 심판청구인적격 및 원고적격 규정에서의 '법률상 이익'의 문언이 공권과 법률상 보호이익을 내포하는 개념(법률상 이익 = 권리 + 법률상 보호이익)으로 이해하여 공권과 법률상 보호이익을 구별하는 구별 긍정론이 우리의 전통적 견해이다.[75]

이와 같이 양자를 구별하는 견해에 의하면 보호이익은 권리는 아니지만 그렇다고 반사적 이익도 아닌 이익으로서 행정쟁송을 통하여 구제되어야 할 이익이라 한다. 따라서 개인이 쟁송을 통하여 자기의 이익을 주장하기 위해서는 법에 의해 보호되는 이익이면 족하지 반드시 공권의 존재를 필요로 하지 않는다. 이에 대해 권리는 본래 법의 보호를 받는 이익을 의미하므로, 법의 보호 밖에 있는 반사적 이익과 구별되므로 '법률상 보호이익', '법에 의해 보호되는 이익' 등은 권리의 다른 표현에 불과하다고 보아야 한다는 견해도 있다.

3. 반사적 이익의 공권화

오늘날 사회적 법치국가에 있어서는 국민의 권리구제의 범위를 확대시키려는 경향이 있으며, 이에 따라 과거에 단순한 반사적 이익으로 보았던 것을 공권으로 인정하여 공권을 확대하는 경향이 있다. 대법원도 관계법규를 해석할 시 가급적이면 공익보호와 동시에 사익보호도 포함되어 있는 것으로 해석하는 경향이 나타나고 있다. 즉 과거에는 반사적 이익으로 보았던 것을 관계법규가 공익과 동시에 사익도 보호하는 것으로 해석하여 그러한 이익이 법적으로 보호되는 이익 또는 공권으로서의 성격을 인정함으로써 공권의 범위는 점차 증대되고 있다. 이것이 곧 반사적 이익의 공권화이다. 판례와 학설이 단순한 반사적 이익이 아닌 법적 이익으로 인정한 사항들을 구체적으로 살펴보면 다음과 같다.

1) 경찰허가에 의한 이익

과거 통설은 허가는 자연적 자유에 속하는 사항을 일반적으로 금지했다가, 특정 자격을 갖춘 자에게 해제하여 원래 갖고 있던 자유를 회복시켜 주는 것에 불과하므로 허가받은 자

---

73) 제13조(청구인 적격) ① 취소심판은 처분의 취소 또는 변경을 구할 법률상 이익이 있는 자가 청구할 수 있다. 처분의 효과가 기간의 경과, 처분의 집행, 그 밖의 사유로 소멸된 뒤에도 그 처분의 취소로 회복되는 법률상 이익이 있는 자의 경우에도 또한 같다.

74) 제12조(원고적격) 취소소송은 처분등의 취소를 구할 법률상 이익이 있는 자가 제기할 수 있다. 처분등의 효과가 기간의 경과, 처분등의 집행 그 밖의 사유로 인하여 소멸된 뒤에도 그 처분등의 취소로 인하여 회복되는 법률상 이익이 있는 자의 경우에는 또한 같다.

75) 김도창, 일반행정법론(상, 240면; 이상규, 신일반행정법론(상, 195면.

가 누리게 되는 이익은 권리가 아닌 단순한 반사적 이익에 불과하다고 보았다. 판례도 과거 공중목욕장 영업허가로 얻게 되는 이익은 반사적 이익에 불과하다고 보았다(대판 1963. 8. 22, 63누97). 그러나 그 후 약종상 영업허가에 있어서는 기존 허가 영업자에 대하여 신규 약종상 영업허가의 취소를 청구할 권리를 인정함으로써 법적 이익으로 보았다(대판 1988. 6. 14., 87누873).

2) 공물사용자의 이익

도로의 통행이나 공원의 산책 등 공물의 일반사용은 사용자가 권리로서 받는 이익이 아니라 단순한 반사적 이익에 불과하다는 것이 종래의 학설·판례의 입장이었다. 그러나 오늘날은 언제나 반사적 이익이라고는 보지 않는다. 즉 도로·공원 등 공물은 원래 일반 공중의 이익을 위하여 설치된 것이므로 공물의 허가사용과 특허사용은 물론 자유사용(단순한 도로의 통행, 공원의 산책 등)까지도 행정주체 또는 다른 개인이 위법하게 침해한 경우에는 그에 대한 구제를 청구할 수 있다. 따라서 그 이익을 법적 이익이라고 한다.[76]

3) 타인에 대한 규제로 얻는 제3자의 이익

도시계획법과 건축법에 의한 건축규제로 인하여 인근 주민이 받는 이익 즉 타인에 대한 규제로 얻는 제3자의 이익은 과거에는 반사적 이익으로 보았으나, 최근에는 공권으로 인정되는 경우가 있다. 예컨대, 주거지역 내에 연탄공장의 설립이 금지되고 건축물의 높이·건폐율 등이 규제됨으로써 인근 주민이 받는 이익은 단순한 반사적 이익이 아니라 법적으로 보호되는 이익이다. 대법원은 위법한 연탄공장 설립허가에 대한 인근 주민의 취소소송을 인용하였으며(대판 1975. 5. 13, 73누96·97), 동일한 취지로 주거지역 내에서의 위법한 자동차 LPG 가스충전소 허가에 대한 인근 주민의 취소소송도 인용하였다(대판 1983. 7. 12, 83누59).

4) 공적 부조에 의한 이익

공적 부조에 의하여 받는 이익은 과거에는 반사적 이익으로 보았다. 즉 법규가 행정주체에 대하여 부조의무를 규정하고 있더라도 요부조자는 반사적 이익을 받을 뿐이고 부조청구권은 갖지 못하는 것으로 보았다. 그러나 오늘날은 이러한 이익도 개인의 이익을 위하여 강행법규에 따라 인정된 이상 법률에 의하여 보호되는 이익으로 보아야 한다(생활보호청구권 등).[77]

---

76) 김남진, 행정법Ⅱ, 378면; 김도창, 행정법론(하), 461면; 박윤흔, 행정법강의(하), 484면; 이상규(하), 460면.

Ⅳ. 행정개입청구권(행정행위발급청구권)

1. 개설

과거 소극국가에 있어서는 국가가 국민에 대하여 작위의무를 진다는 것은 상상할 수 없는 일이었다. 그러나 오늘날의 복지국가에 있어서는 국가는 국민에 대한 물자와 시설의 급부·운영자로서 그리고 국민의 생활관계에 대한 규제와 조정자로서 적극적 기능을 발휘하게 되었으며, 국민은 국가의 이러한 봉사기능에 의존하지 않고서는 사회생활이 불가능하게 되었다. 그리하여 사인이 자기의 이익을 위해서 자기에 대하여 적법한 행정행위(인·허가, 특허 등)를 해 줄 것을 적극적으로 청구할 수 있는 권리, 즉 행정행위발급청구권까지를 인정받게 되었다.[78]

즉 종래의 전통적인 입장에 의하면 행정청의 행정권 발동 여부는 재량행위이므로 개인의 행정권발동청구에 대하여 발동의무를 지지 아니하였다. 그러나 오늘날은 개인의 생명, 신체 등에 중대한 위협을 받는 경우에는 그 재량권이 0으로 수축되어 행정청은 행정권을 발동할 의무를 진다 할 것이다. 행정개입청구권은 국가의무의 이행을 더욱 실효성 있게 보장하기 위하여 등장한 권리이다.

2. 의의

행정개입청구권은 ① 국민이 행정청의 부작위로 인하여 권익을 침해당하였을 때에 자기에게 직접 행정권을 발동하거나 또는 제3자에게 규제권을 발동하여, 그 권익을 실현시켜 줄 것을 청구할 수 있는 공권을 의미하는 경우(광의의 행정개입청구권)와 ② 직접 자기를 위하여 타인에 대해 행정권의 발동을 요구할 수 있는 공권을 의미하는 경우(협의의 행정개입청구권)가 있다. 전자를 특히 행정행위발급청구권이라 한다. 행정행위발급청구권은 자기에 대한 행정작용을 청구하는 것임에 비하여, 행정개입청구권은 제3자에 대한 행정작용을 청구한다는 차이가 있다.

우리나라는 후자인 협의의 행정개입청구권만 일반적으로 통용되고 있는 것으로 보인다.[79] 즉 행정청의 부작위로 인하여 자기의 권익을 침해당한 자가 당해 행정청의 규제감독권 기타 행정권의 위법한 불행사에 대하여 제3자에 대한 적정한 권력발동을 청구하는 권리

77) 박윤흔, 행정법강의(상), 160면.

78) 김도창, 일반행정법론(상, 236면; 박윤흔, 행정법강의(상), 161면; 이상규(상), 201면.

79) 김남진, 행정법Ⅰ, 115면.

이다. 예컨대, 공해기업에 대해 개선조치명령의 발동을 청구하는 인근주민의 권리, 위법한 사업(영업)을 하고 있는 자에 대해 자기의 이익을 위하여 타인에 대한 행정권의 발동을 청구하는 권리 등이 있다. 이러한 예는 복효적 행정행위에서 많이 찾아 볼 수 있다.

【판례】: ① 정신질환자에 의한 집주인 살인범행에 앞서 그 구체적 위험이 객관적으로 존재하고 있었다고 보기 어려운 경우, 경찰관이 그때그때의 상황에 따라 그 정신질환자를 훈방하거나 일시 정신병원에 입원시키는 등 경찰관직무집행법의 규정에 의한 긴급구호조치를 취하였고, 정신질환자가 퇴원하자 정신병원에서의 장기 입원치료를 받는 데 도움이 되도록 생활보호대상자 지정의뢰를 하는 등 그 나름대로의 조치를 취한 이상, 더 나아가 경찰관들이 정신질환자의 살인범행 가능성을 막을 수 있을 만한 다른 조치를 취하지 아니하였거나 입건 · 수사하지 아니하였다고 하여 이를 법령에 위반하는 행위에 해당한다고 볼 수 없다(대판 1996. 10. 25, 95다45927).

② 지방자치단체장이 공장시설을 신축하는 회사에 대하여 사업승인 내지 건축허가 당시 부가하였던 조건을 이행할 때까지 신축공사를 중지하라는 명령을 한 경우, 위 회사에게 중지명령의 원인사유가 해소되었음을 이유로 당해 공사중지명령의 해제를 요구할 수 있는 권리가 인정된다(대판 2007. 5. 11, 2007두1811).

3. 성립요건

행정개입청구권도 개인적 공권의 일종이므로 공권의 성립요건이 충족될 때 비로소 성립한다. 따라서 ① 강행법규가 행정청에게 일정한 작위의무를 지우고 있고, ② 당해 법규가 오로지 공익실현만을 목적으로 하는 것이 아니고 사익보호도 목적으로 하고 있는 경우에 성립한다. 따라서 이러한 공권이 성립되기 위해서는 행정행위가 기속행위이어야 하며, 강행법규에 의거한 행정주체의 행위의무가 공익을 추구하기 위한 것일 뿐만 아니라 특정인의 사익도 보호하기 위한 규정으로 해석되어야 한다.

(1) 개입의무의 발생

사인에게 행정권발동의 청구권이 발생하기 위해서는 행정권에게 개입의무가 발생하여야 한다. 따라서 개인의 생명·신체 등에 중대한 위협을 받고 있는 경우에 행정권의 개입의무는 거의 예외 없이 발생한다고 볼 수 있다.[80]

80) 무장공비에 의해 생명을 위협받고 있는 청년의 가족이 인근 파출소에 구원을 요청했음에도 불구하고 경찰이 출동하지 않음으로 인해 그 청년이 희생된 사건에서 대법원은 국가의 배상책임을

(2) 사익보호성

행정권의 행정개입의무는 개인의 사적 이익의 보호없이 단지 공익목적만을 위하여서만 발생할 수 없다. 따라서 개인에게 행정개입청구권이 발생하기 위해서는 관계법규가 사익에 대한 보호규범으로서의 성질을 가지고 있어야 한다. 과거에는 경찰법규나 건축법규와 같은 질서행정 분야의 법규는 오로지 공익만을 보호하고 사익보호성은 없다고 인식하였다. 그러나 근래에는 반사적 이익의 공권화가 이루어지고 있는 추세에 따라 행정개입청구권의 인정 가능성도 확대되고 있다.

4. 행사방법

에릭센이 지적한 바와 같이 오늘날의 사회국가에 있어서는 행정개입청구권(경찰개입청구권)의 인정은 필연적 현상[81]이다. 하지만 구체적으로 그러한 청구권을 재판상 주장할 수 있는 것인지는 그 나라의 행정소송제도와 밀접한 관련을 가지고 있다.

행정개입청구권의 행사는 의무이행소송이 인정되어야 실효성 있게 보장된다. 우리 행정소송법상으로는 행정개입청구에 대한 거부처분이 있는 경우에 거부처분에 대한 취소판결과 이에 따른 재처분의무 및 간접강제제도에 의하거나, 행정개입청구에 대하여 아무런 처분 없이 방치하고 있는 경우에 부작위위법확인소송의 방법에 의하는 수밖에 없다. 그러나 실제적 적용에 있어서는 경찰개입청구권에서처럼 경찰기관이 그 개입의무가 있음에도 불구하고 이를 해태하여 위해가 발생한 경우에는 행정소송은 소의 이익이 없으므로 실효성이 없고, 행정상 손해배상을 청구하여야 할 것이다.

V. 하자 없는 재량행사청구권(무하자재량행사청구권)

1. 의의

하자 없는 재량행사청구권은 독일에서 뷜러가 제창하여 바호프(Bachof)에 의해 발전된 이론이다.[82] 즉 재량행사에 있어서의 하자만을 이유로 자기의 어떤 실체법적 권리의 침해

인정한 바 있다(대판 1971. 4. 6, 71 다 124).

81) Hans-Uwe Erichsen, Der Schutz der Allgemeinheit und der individuellen Rechte durch die polizei-und ordnungsrechtlichen Handlungsvollmachten der Exekutive, VVDSt RL, Heft35, Berlin : De Grugta, 1977, S. 219.

82) Bachof, Die Verwaltungsrechtliche klage auf Vornahme einer Amtshandlung, 1951, S.67f.

가 없더라도 '하자 없는 재량행사청구권'이라는 형식적인 권리가 침해된 것으로 보아 행정소송을 제기할 수 있다는 이론이다.

하자 없는 재량행사청구권의 인정실익은 재량행위의 영역에서 사인이 행정청에 한 신청에 대하여 행정청이 거부하거나 부작위를 한 경우에 행정쟁송을 제기할 때 대상적격이나 원고적격을 명백히 확정할 수 있다. 종래 재량행위론은 반사적 이익론과 함께 개인적 공권의 인정범위를 가능한 한 축소하는 데 기여해 왔다. 그러나 오늘날에는 재량권도 일정한 한계가 있다는 것을 전제로 하여, 재량의 적정한 행사를 청구할 수 있는 권리도 인정해야 한다는 견해가 우세하다.

2. 성립요건

1) 처분의무

재량행위라도 행정청의 자기의사에 의하여 선택적이고 자의적인 처분이 허용되는 행위가 아니며 재량권의 한계를 준수해야 할 법적 의무가 있다. 다만, 재량행위라 할지라도 행정청의 임의적이고 자의적 처분은 허용되지 아니하고, 재량행위에 있어서 재량권이 법적으로 한계지어진다. 따라서 재량처분에 있어서도 이러한 재량권의 한계를 준수할 법적 의무는 있는 것이다.

2) 사익보호성

하자 없는 재량행사청구권은 당해 재량처분을 규정하고 있는 관계법규의 목적과 취지가 적어도 개인의 이익도 보호하고 있는 경우에만 인정된다. 따라서 관계법규가 전적으로 공익만을 목적으로 하는 경우에는 이 청구권은 인정될 수 없다. 특정인의 사익침해와 관계없이 행정청의 모든 재량권행사에 대해 적용되는 일반적인 무하자재량행사청구권은 존재하지 아니한다.

3. 행사방법

하자 없는 재량행사청구권은 종국처분의 형성과정에서 재량권의 법적 한계를 준수하면서 어떠한 처분을 해줄 것을 요구할 수 있을 따름이라는 점에서 실체적 청구권과 구별되는 형식적 청구권이다. 무하자재량행사청구권을 관철하기 위한 쟁송수단으로는 취소쟁송, 의무이행심판, 부작위위법확인소송이 있다. 광의의 무하자재량행사청구권[83]에 입각한 적절

83) 광의의 무하자재량행사청구권은 개인이 행정청에 대하여 재량권의 하자 없는 행사를 청구할 수

한 수단으로서는 취소심판과 취소소송을 생각할 수 있고, 협의의 무하자재량행사청구권[84)]을 관철하기 위한 수단으로서는 의무이행심판과 부작위위법확인소송이 있다. 독일의 경우에는 의무화소송의 일종으로서의 지령소송이 효과적인 소송형태로 이해되고 있다.

> **【판례】: 검사임용거부처분취소소송에서 하자 없는 재량행사청구권 인정**
>
> 검사의 임용에 있어서 임용권자가 임용여부에 관하여 어떠한 내용의 응답을 할 것인지는 임용권자의 자유재량에 속하므로 일단 임용거부라는 응답을 한 이상 설사 그 응답내용이 부당하다고 하여도 사법심사의 대상으로 삼을 수 없는 것이 원칙이나, 적어도 재량권의 한계 일탈이나 남용이 없는 위법하지 않은 응답을 할 의무가 임용권자에게 있고 이에 대응하여 임용신청자로서도 재량권의 한계 일탈이나 남용이 없는 적법한 응답을 요구할 권리가 있다고 할 것이며, 이러한 응답신청권에 기하여 재량권 남용의 위법한 거부처분에 대하여는 항고소송으로서 그 취소를 구할 수 있다고 보아야 하므로 임용신청자가 임용거부처분이 재량권을 남용한 위법한 처분이라고 주장하면서 그 취소를 구하는 경우에는 법원은 재량권남용 여부를 심리하여 본안에 관한 판단으로서 청구의 인용 여부를 가려야 한다(대판 1991. 2. 12, 90누5825).

Ⅵ. 재량권의 영(0)으로의 수축이론

행정권의 발동에 있어서 외견상으로는 재량권이 부여된 것 같은 경우라도 주민의 생명과 신체의 안전을 위하여 행정처분을 행하는 것만이 적법한 재량권 행사라고 인정할 수 있는 경우가 있다. 예컨대, 주택가의 암벽이 붕괴위험에 있을 경우 그 제거 여부에 관하여는 행정관청의 재량권을 행사할 처지가 아니라 제거하는 것만이 적법한 재량권 행사로 보아야 한다. 이러한 경우에 행정권의 발동을 의무화하기 위한 이론적 근거로서 '재량권의 영으로의 수축이론'이다. 즉 재량행위에 있어서 형식적 청구권으로 인식되고 있는 하자 없는 재량행사청구권이 기속행위에 있어서와 같이 실체적 청구권으로 전환되게 하는 것이 바로 재량권의 영으로의 수축이론이다. 판례는 이 이론에 근거하여 상기 붕괴 위험이 있는 암벽의 예에서 위법한 행정작용으로 인한 국가배상책임의 성립을 인정한 바 있다.

있는 공법상의 형식적 권리를 말한다.

84) 협의의 무하자재량행사청구권은 행정청이 결정재량권을 가지지 못하고 선택재량권만을 가지고 있는 경우에 있어서의 하자 없는 재량행사청구권을 말한다.

> **【판례】: 행정불개입이 위법임을 이유로 손해배상책임 인정**
> 지방자치단체 소유의 임야에 많은 주민들이 무허가로 주택을 짓고 살고 있어도 그에 대하여 관리행정을 실시해 온 지방자치단체는 이들 주택가 내에 돌출하여 위험이 예견되는 자연암벽이 있으면 복지행정의 집행자로서 이를 사전에 제거하여야 할 의무가 있으며, 그 의무를 해태한 부작위로 인하여 붕괴사고가 일어나서 주민들이 손해를 입으면 이를 배상할 책임이 있다(대판 1980. 2. 26, 79다2341).

Ⅶ. 공의무

1. 의의

공의무란 공권에 대응하여, 공권의 내용에 따라 타자의 이익을 위하여 의무자의 의사에 가하여지는 공법상의 구속을 말한다. 이러한 공의무는 공권에 대응하는 상대적인 것으로 행정법관계에 있어서 표리관계를 이루고 있다.

2. 종류

공의무는 그 주체에 따라 국가적 공의무와 개인적 공의무로 나눌 수 있으며, 의무의 내용에 따라 작위·부작위·급부·수인의무 등으로 나누어진다.

(1) 국가적 공의무

개인적 공권에 대응하여 그 내용을 실현시켜 줄 행정주체의 의무를 말한다. 예컨대, 개인의 자유권에 대응하여 자유를 침해하여서는 아니 될 의무, 공무원의 봉급청구권에 대한 봉급지급의무 등이 있다.

(2) 개인적 공의무

국가적 공권에 대응하여 그 내용을 실현하기 위한 개인의 의사에 가하여진 구속이다. 예컨대, 경찰권에 대응한 경찰상 의무, 재정권에 대응한 재정상 의무, 국가의 하명권에 대응한 작위·부작위·급부·수인의무 등이 있다.

3. 특성

공의무는 공권의 특수성에 대응한 특색이 인정된다. 개인적 공의무의 경우는 일신전속적인 것이 많아서 이전이나 포기가 제한되는 경우가 많다. 다만 순수한 경제적 성질의 것(납세의무 등)은 이전·상속 등이 인정된다 할 것이다. 국가적 공의무의 이행을 강제하는 방법은 그 의무의 성질에 따라 다르다. 국가의 부작위의무를 위반한 경우는 항고쟁송에 의하며, 국가의 작위·급부의무를 불이행할 경우는 의무이행심판과 부작위위법확인소송에 의하여 실현될 수 있다.

제6절 행정법관계에 대한 사법규정의 적용

Ⅰ. 개설

영미법계 국가에 있어서는 행정법관계도 일반법(보통법 및 형평법)에 의하여 규율되고, 특별한 제정법이 있는 경우에만 이에 의한 예외적인 법적 규율이 행해지는 경우에는 사법규정의 공법관계에의 적용문제는 발생하지 않는다. 그러나 공법관계(행정법관계)와 사법관계를 구별하는 대륙법계국가에 있어서 사법관계에 적용되는 사법규정이 공법관계에도 적용될 수 있느냐가 문제된다. 왜냐하면, 공법관계에 있어서는 적용할 통칙적 규정이 없으며, 또한 적용될 공법법규 또는 법원칙이 흠결된 경우가 적지 않기 때문이다. 반면, 사법관계에 있어서는 거기에 적용되는 민법 기타 사법규정이 오랜 전통을 가지고 거의 빈틈없이 발전하여 왔으며, 법의 흠결을 보충할 사법이론도 현저하게 발달되어 왔다.

공법관계는 사법관계와 본질적인 차이가 없으므로 공법관계에 적용할 적용법규가 없는 경우에 사법규정 또는 사법원리가 적용될 수 있는가가 문제된다. 물론 행정법통칙을 제정하여 입법적으로 해결할 수도 있으나, 행정법의 법전화는 쉬운 일이 아니므로 아직은 이론적으로 해결할 수밖에 없는 문제이다. 다만, "민법 이외의 법률에 다른 규정이 있을 때에는 그 규정에 의한다."라는 명시규정이 있을 때에는 사법규정이 준용되므로 사법규정의 보충문제는 명료하게 해결된다. 그러나 법의 흠결에 대하여 명시적인 규정이 없는 경우나 공법규정 가운데 유사한 규정이 발견되지 않는 경우에는 그 적용에 대한 다툼이 있다.

Ⅱ. 학설

1. 부정설

공법은 국가와 사인간의 공익실현을 목적으로 하고 사법은 사인간의 이해조절을 목적으로 하는 것이므로 양자는 별개의 법체계이며 본질적인 차이가 있다는 전제하에 공법에 사법규정의 적용을 부정하는 견해이다. 이 견해는 국가의사의 우월성을 확립하는데 이바지했던 오토 마이어[85]를 대표로 하는 과거 독일의 관료법학자들의 주장이었다. 그러나 오늘날이 견해를 지지하는 학자는 발견하기 어렵다.

2. 긍정설

공법과 사법관계는 본질적으로 차이가 없음을 전제로 하여, 공법의 흠결이 있는 경우에 사법원리를 보충할 수 있다는 견해이다. 긍정설이 통설 및 판례의 견해이다. 이 설은 적용의 방법 및 범위에 따라 직접 적용된다는 견해와 유추적용만 인정하는 견해로 나누어진다.

(1) 직접적용설

공법과 사법관계는 본질적으로 같은 것이고, 또한 대부분의 사법규정이 법 일반원리에 관련된 것이므로 사법규정(신의성실, 권리남용금지 등)은 공법관계에도 직접 적용되어야 한다는 이론이다.

그러나 공법과 사법을 구분하고 있는 우리 실정법체계하에서는 사법에 대한 공법의 특수성이 인정되기 때문에 사법관계를 공법관계에 직접적용하기에는 무리가 있다는 비판이 가해진다.

(2) 유추적용설

사법관계와 공법관계의 유사성을 인정하면서 공법관계의 특수성을 고려하여 사법규정을 공법관계에 직접적용하지 않고 유추적용 하여야 한다는 견해이다. 즉 사법규정 자체를 적용하는 것이 아니고 그 규정안에 내포된 원리(또는 기본사상에 적합한 법규범)를 적용한다는 것이다.

---

85) O. Mayer, Deutsches Verwaltungsrecht, Bd. Ⅰ, Berlini(Dunker & Humblot 1924), S. 115ff.

1) 일반적 유추적용설

이 견해는 공법은 공익을 사법은 사익을 목적으로 하는 양자의 차이는 있지만 본질적으로는 정의와 공평이라는 같은 지도원리에 의하여 지배되고 있다는 점에서, 특별한 금지규정이 없는 한 사법규정이 일반적으로 공법관계에 유추적용 되어야 한다는 것이다.

2) 한정적 유추적용설

이 견해는 공법의 특수성을 어느 정도 강조하여 행정법규정이 직접으로 사법에 의할 것을 특별히 규정하고 있거나, 간접적으로 사법적 개념을 사용하고 있는 경우 또는 유사한 내용의 경우에는 사법이 유추적용 되어야 한다는 입장이다. 이 견해가 통설적 견해이다.

3. 법일원설(특별사법설)

공법과 사법의 구별을 부인하고, 공법을 사법의 특별법으로 보는 견해에서는 행정법의 흠결시 당연히 일반법인 사법이 적용된다고 주장한다. 그러나 이 견해는 실정법상 공법과 사법의 이원적 체계를 취하며 양자를 달리 취급하는 우리의 법체계상 맞지 아니하다고 하겠다. 이 견해는 직접적용설의 일종이다.

4. 결어

부정설과 법일원설은 오늘날의 행정현실 및 실정법 체계에 비추어 볼 때 수긍하기가 어렵고 긍정설이 타당하다고 하겠다. 그러나 긍정설 중에서 어느 학설을 취할지는 일률적으로 판단하기는 쉽지 않다고 생각된다. 따라서 공법관계에 사법규정의 적용여부에 관한 문제는 여러 학설을 모두 종합하여 결정할 수밖에 없다. 이 경우 고려할 사항은 우선, 법규정에 흠결된 분야가 권력관계·관리관계·국고관계 중 어느 분야인지를 판단하여야 하며, 다음으로 적용하고자 하는 사법규정이 일반법원리적 성격의 것인지 아닌지의 여부에 따라 구체적·개별적으로 판단하여야 할 것이다.

Ⅲ. 구체적 적용

1. 일반법원리적 규정

사법규정 중 일반법원리적 규정과 법기술적 약속에 관한 규정은 그것이 순수한 일반법의 색채를 띠고 있는 경우에는 직접 적용되고, 사법적 색채로 분장된 경우에는 사법적 색채만을 제거하고 본래의 일반법원리로 환원시켜 유추적용 된다고 할 것이다. 일반법원리적 규정에 해당하는 것으로는 민법 중 신의성실·권리남용금지의 원칙(제2조), 반사회질서의 법률행위(제103조) 등이다. 또한 자연인·법인·물건·의사표시·대리·부관 등이 있다. 한편, 법기술적 약속규정이란 법률관계에서 당사자간의 혼란을 예방하기 위하여 객관적 기준을 말한다. 예컨대, 주소·기간의 계산시효·사무관리·부당이득·불법행위 등에 관한 규정을 들 수 있다.[86)]

2. 기타의 사법규정

(1) 권력관계

행정주체의 의사에 우월한 지위가 인정되는 권력관계는 대등한 당사자 간의 의사의 합치에 의하여 형성되는 사법관계와는 성질이 다르다. 따라서 권력관계에는 일반법원리적 규정을 제외하고는 원칙적으로 사법규정이 적용되지 않는다. 그러나 그 성질과 기능에 반하지 아니하는 한도 내에서는 사법규정이 유추적용 될 수 있다고 할 것이다.[87)]

(2) 관리관계

공물 또는 공기업의 관리나 경영주체의 지위에서 국민에게 대하는 관리관계는 본질적으로 사법관계와 다름이 없다. 따라서 명문의 규정이 있거나 또는 당해 법규 전체의 취지에 비추어 공익목적 달성에 필요한 범위 내에서만 공법적 규율을 받을 뿐이다. 그 외에는 일반적으로 사법규정이 적용되고 이에 관한 소송도 민사소송으로 다루어진다.

(3) 국고관계

국고관계는 사법관계이므로 사법규정이 적용됨은 당연한 이치이다. 그러나 국가재정법·국유재산법·물품관리법 등에 의하여 계약의 내용·방법·상대방 등에 대한 제한을 가하는 경우가 있다. 하지만 이러한 특별한 제한규정은 이를 사법의 일종인 특별사법으로 보기 때문에 사법상의 법률행위로서의 본질에 변경을 가하는 것은 아니다(대판 1960. 1. 27, 60행상139).

86) 김남진, 행정법Ⅰ, 132면; 김도창, 일반행정법론(상, 252면; 박윤흔, 행정법강의(상), 176면.

87) 김도창, 일반행정법론(상, 255면; 박윤흔, 행정법강의(상), 201면; 석종현·송동수, 일반행정법(상), 75면.

【판례】: 전화가입계약의 해지가 항고소송의 대상이 되는 행정처분인지 여부

전화가입계약은 전화가입희망자의 가입청약과 이에 대한 전화관서의 승락에 의하여 성립하는 영조물 이용의 계약관계로서 비록 그것이 공중통신역무의 제공이라는 이용관계의 특수성 때문에 그 이용조건 및 방법, 이용의 제한, 이용관계의 종료원인 등에 관하여 여러가지 법적 규제가 있기는 하나 그 성질은 사법상의 계약관계에 불과하다고 할 것이므로, 피고(서울용산전화국장)가 전기통신법시행령 제59조에 의하여 전화가입계약을 해지하였다 하여도 이는 사법상의 계약의 해지와 성질상 다른 바가 없다 할 것이고 이를 항고소송의 대상이 되는 행정처분으로 볼 수 없다(대판 1982. 12. 28, 82누441).

제7절 특별권력관계

Ⅰ. 전통적 특별권력관계

1. 의의

행정법관계는 그 수단에 따라 권력관계와 비권력관계로 구분되고, 권력관계는 다시 일반행정목적을 달성하기 위하여 성립된 일반권력관계와 특정 행정목적을 달성하기 위하여 성립된 특별권력관계로 구분된다. 일반권력관계는 국가 또는 공공단체와 일반국민 사이의 관계로서, 국가 또는 지방자치단체의 일반통치권에 복종하는 지위에서의 법률관계를 말한다. 이에 반하여 특별권력관계는 특별한 법률상의 원인에 의하여 성립된다. 즉 특별한 공행정의 실현을 위하여 권력주체가 구체적인 법률의 근거 없이도 특정한 신분을 가진 자를 포괄적으로 지배하고 상대방은 이에 복종함을 내용으로 하는 관계이다. 예컨대, 공무원·군인 등과 같이 특별한 신분관계에 있는 경우에는 일반권력관계에서 통용되는 법치주의 또는 행정의 법률적합성의 원칙이 배제되면서 어느 일방이 그 상대방을 포괄적으로 지배하고 그 상대방은 이에 복종하는 관계가 된다. 이와 같은 특별권력관계의 특징은 법치주의의 적용이 배제된다는 점이다.

특별권력관계는 국가와 공무원·군인 등과의 관계와 같이 ① 공무원 임명행위 등 특별한 공법상 원인에 의하여 성립되고(성립원인), ② 특별한 행정목적 수행을 위하여 필요한 한도내에서(목적), ③ 포괄적 지배권(권력적 기초)에 의하여 일방이 타방을 지배하고 타방이 이에 복종함을 내용으로 하는 법률관계이다.

2. 이론적 기초

특별권력관계론은 19세기 후반 독일의 외견적 입헌군주정을 배경으로 생성·발전한 것으로서 오토 마이어에 의하여 개념화되었다.[88] 이 이론은 국가기관에 불과한 공무원은 국가의 일반 공권력이 아닌 특별한 권력(특별권력)에 기초한 포괄적 지배를 받는 관계로서, 일반시민으로서 누릴 수 있는 기본권과 법치주의 및 재판청구권을 배제함으로써 '법률로부터 자유로운 포괄적 지배권'인 특별권력을 인정하기에 이르렀다.

이러한 특별권력관계론은 행정규칙론과 재량행위론이 결합하여 군주로 대표되는 행정부에 대하여 엄격한 법치주의의 제약을 떠나 '법률로부터 자유로운 행정영역'을 확보해 주기 위한 이론적 도구로서 기능하였다.

Ⅱ. 특별권력관계의 성립과 소멸

1. 성립

특별권력관계가 성립하기 위해서는 두 가지 공법상 특별한 법률원인이 필요하다.

(1) 직접 법률의 규정에 의한 경우

예컨대, 수형자의 교도소 수감, 현역입영대상자의 군입대, 법정전염병환자의 강제입원, 공공조합에의 강제가입(토지구획정리조합 등) 등과 같이 특정 사실이 발생되면 본인의 동의 없이 법률의 규정에 의하여 당연히 성립되는 관계이다.

(2) 상대방의 동의에 의한 경우

이러한 예로는 ① 국공립학교 입학, 국공립도서관 이용관계의 설정, 공무원 임명 등과 같이 상대방의 임의적 동의에 의한 경우와 ② 학령아동의 초등학교 취학 등과 같이 동의가 법률에 의하여 의무화되어 있는 강제적 동의에 의한 경우가 있다.

2. 소멸

특별권력관계의 일반적인 소멸사유로는 목적의 달성(전역, 대학졸업 등), 탈퇴(공무원의 사임 등), 특별권력주체에 의한 일방적인 배제(공무원의 파면처분, 학생의 퇴학처분 등)가 있다.

---

88) Mayer, Deutsches Verwaltungsrecht, Bd. 2. 1924, S.284.

Ⅲ. 종류

종래 통설은 특별권력관계의 종류를 다음의 네 가지로 분류한다.

1. 공법상의 근무관계

국가와 국가공무원 또는 지방자치단체와 지방공무원의 근무관계와 같이 공무원으로 임명된 자는 국가 또는 지방자치단체에 대하여 포괄적인 근무의무를 부담한다. 이와 같이 공법상의 근무관계는 포괄적인 근무의무를 내용으로 하는 윤리적 관계이므로 민법상의 고용관계와는 구별된다.

2. 공법상의 영조물이용관계

예컨대, 전염병환자의 국공립병원재원관계, 학생의 국공립학교재학관계 등인데 이러한 이용관계는 단순한 경제적 급부를 내용으로 하는 사법관계가 아니라 윤리적 성격을 가진다. 그러나 국영철도 또는 시영버스 등과 같이 순수한 경제적 급부를 내용으로 하는 것은 일반 사법상의 관계에 불과하다.

3. 공법상의 특별감독관계

공법상의 특별감독관계는 ① 국가적 목적을 위하여 설립된 공공단체(공공조합·영조물법인 등)와 ② 국가사무를 위임받은 사인(별정우체국장 등)이 국가로부터 특별한 감독을 받는 관계를 말한다. 예컨대, 주무부장관의 시정명령권, 감사권, 경영실적평가권, 인사권 등이 있다. 종래에는 국가로부터 특허나 보호를 받는 특허기업(자동차운수·해상운송·전기·가스·수도 사업회사 등) 또는 보호회사와 국가와의 관계도 공법상 특별감독관계에 있다고 보았으나, 오늘날은 이를 일반권력관계로 보고 있다.

4. 공법상의 사단관계

한국농어촌공사, 산림조합, 변호사회 등 공공조합과 그 소속원과의 관계로서, 공공조합은 그 소속원에 대하여 비용부담의 강제 등 특별한 권력을 가진다.

【판례】: ① 농지개량조합과 그 직원과의 관계는 사법상의 근로계약관계가 아닌 공법상의 특별권력관계이고, 그 조합의 직원에 대한 징계처분의 취소를 구하는 소송은 행정소송사항에 속한다(대판 1995. 6. 9, 94누10870).

② 서울특별시지하철공사의 임원과 직원의 근무관계의 성질은 지방공기업법의 모든 규정을 살펴보아도 공법상의 특별권력관계라고는 볼 수 없고 사법관계에 속할 뿐만 아니라, 위 지하철공사의 사장이 그 이사회의 결의를 거쳐 제정된 인사규정에 의거하여 소속직원에 대한 징계처분을 한 경우 위 사장은 행정소송법 제13조 제1항 본문과 제2조 제2항 소정의 행정청에 해당되지 않으므로 공권력발동주체로서 위 징계처분을 행한 것으로 볼 수 없고, 따라서 이에 대한 불복절차는 민사소송에 의할 것이지 행정소송에 의할 수는 없다(대판 1989. 9. 12, 89누2103).

Ⅳ. 특별권력의 내용

특별권력관계의 내용은 특별권력이고 이것은 특별권력관계의 종류에 따라 직무상 권력, 영조물권력, 감독권력, 사단권력으로 구분된다. 이를 내용적으로 보면 명령권과 징계권이 있다.

(1) 명령권

특별권력의 주체는 개별적인 법률의 근거 없이도 특별권력관계 내부의 상대방에게 필요한 조치를 취할 수 있는 포괄적인 명령권을 가진다. 명령권의 발동형식은 개별적·구체적 처분에 의하거나,[89] 일반적·추상적 규정인 행정규칙에 의할 수 있다.[90] 어느 것이든 당해 특별권력관계의 상대방에게만 효력이 미치며, 일반 국민에게는 미치지 않는다는 점에서 일반권력관계에 기초한 행정행위나 법규명령과 구별된다.

(2) 징계권

징계권이란 특별권력관계가 성립됨으로 인하여 개별적인 법률의 근거 없이도 질서유지나 의무이행을 위하여 일정한 제재나 강제를 할 수 있는 권한을 의미한다. 예컨대, 공무원의 징계, 도서관 이용중지 및 퇴거조치, 학생의 정학처분 등을 말한다. 전통적 견해에 의하

89) 직무명령, 특별감독관계에 있는 자에 대한 시정명령 등이 그 예이다.

90) 공법상 근무관계에서의 훈령, 영조물이용관계에서의 영조물이용규칙, 특별감독관계에서의 특허명령서, 공사단관계에서의 공공조합규약 등이 있다.

면 징계는 법령의 근거 없이도 특별권력 내부의 규율을 정한 행정규칙에 의하여 할 수 있다고 보았다. 그러나 최근에는 상대방의 기본적인 지위와 관계되는 경우에는 법령의 근거가 있어야 한다는 주장이 유력시 되고 있다.

Ⅴ. 특별권력관계론의 재검토

1. 특별권력관계 수정론

(1) 제한적 특별권력관계론

특별권력관계에서의 구성원의 기본권보장과 관련하여 전제된 견해로서, 각 특별권력관계의 행정목적을 달성하기 위하여 일정한 범위 내에서만 법치주의의 완화를 인정한다. 즉 기본권의 제한은 법률에 의하여야 하고, 법률유보의 원칙도 지켜져야 한다. 그러나 본질적인 사항을 제외하고는 특별권력주체에게 상당한 자유영역을 부여할 수 있으며, 사법심사도 허용하되 공직 등 특별한 기능수행을 보장한다는 의미에서 일정한 범위 안에서만 허용되어야 한다는 견해이다.

(2) 내부·외부관계 수정론

법치주의가 배제되는 특별권력관계와 법치주의가 적용되는 외부관계의 기본적인 틀은 유지하되, 내부관계에서도 외부적 작용을 인정하여 법치주의가 적용되어야 한다는 주장이다. 즉 특별권력관계에 있어서도 외부작용을 인정하여 내부관계의 범위를 축소시켜 사법심사의 허용범위를 확대하자는 이론이다.

울레(C. H. Ule) 교수는 특별권력관계를 기본관계와 경영관계로 구분하여, 기본관계에서의 행위는 행정행위이며 사법심사가 가능하다고 하여 법치주의의 적용이 배제되는 범위를 축소하여 구성원의 권리보호문제를 다루었다. 기본관계는 구성원의 법적인 지위에 본질적인 사항으로서, ① 공무원의 임명·파견·전직, ② 군인의 입대·전역, ③ 국공립학생의 입학허가·제적·정학, ④ 수형자의 형의 집행 등이 있다. 반면, 특별권력관계의 설정목표를 달성하는데 필요한 관계, 즉 경영수행관계로는 ① 공무원에 대한 직무명령·교육훈련, ② 군인의 훈련·관리, ③ 학생에 대한 수업행위·교과과정 편성, ④ 수형자에 대한 행형(수형관리) 등이 있다.[91]

---

91) Ule, Das besondere Gewaltverhältnis, VVDStRL 15, 1957, S. 153ff, 161f.

2. 부정론

(1) 일반적·형식적 부정론

오늘날 실질적 법치국가에서는 공권력의 발동은 모두 법률에 근거하여야 한다. 따라서 특별권력관계에서의 특별권력도 일반 공권력과 마찬가지로 법치주의가 일반적·형식적으로 적용되며 법률에 근거하지 않는 특별권력의 발동을 인정할 수 없다는 주장이다.

(2) 개별적·실질적 부정론

이 견해는 특별권력관계 존재 자체는 부정하지 않는다. 그러나 종래 특별권력관계로 보았던 관계를 구체적·개별적으로 재검토하여 특별권력관계의 범주에서 축출하고 이를 일반권력관계[92]와 계약관계[93]로 환원시키려는 견해이다.

3. 결어

오늘날의 기본권존중주의·법치주의·의회중심주의 헌법이론 하에서는 법률에 의하지 아니하고 기본권의 제한을 허용하는 특별권력관계론은 문제가 있다. 따라서 특별권력관계의 부정설의 견해가 타당하다고 볼 수 있다. 그러나 공동체의 존립에 불가결한 특수한 생활관계의 존재를 부정할 수 없으므로 어느 정도 특수한 제한이 가해질 수 있어야 할 것이다. 따라서 비교적 명확한 기준을 제시하는 내부·외부관계 구분론의 견해가 타당하다고 본다.

Ⅵ. 특별권력관계와 법치주의

1. 법률의 유보

전통적 특별권력관계론에 의하면 특별권력관계에는 법률의 근거 없이도 그 구성원에 대하여 포괄적인 명령권과 강제권을 가진다. 그러나 오늘날은 특별권력관계에 있어서도 원칙적으로 법률에 근거가 있어야 한다. 다만 특별권력관계는 그 목적과 기능이 특수하므로 수행에 필요한 한도 내에서 법치주의가 상대적으로 완화될 수 있다고 할 것이다. 또한 개괄조항의 해석에 있어서도 당해 관계의 기능이 위축되지 않는 범위 안에서 구체화 할 수 있어야 할 것이다.[94]

---

92) 권력적 색채가 짙은 공무원·군인·수형자·강제입원환자 등.

93) 권력적 색채가 비교적 적은 학생의 재학관계 등.

94) 박윤흔, 행정법강의(상), 188면.

그러므로 기본관계에 관한 사항을 제외하고는 특별권력관계에 대하여 일반적·포괄적 수권이 허용된다고 본다. 또한 국가공무원법이 공무원의 임명·해임·징계 등 기본적인 사항은 직접 법률로 규정하고, 구체적인 근무내용 등은 행정 내부의 행정규칙으로 정하도록 한 것은 이와 같은 입장이라고 볼 수 있다.

【헌재결】: 군인의 복무 및 군인훈련은 일반사회생활과는 현저하게 다른 특수하고 전문적인 영역이어서 군사전문가인 지휘관에게 포괄적으로 일임할 필요가 있으며, 군대에 대한 통수와 지휘는 예측할 수 없는 다양한 상황에 대하여 신속하고 전문적 · 효과적으로 이루어져야 하므로, 군인사법 제47조의2가 군인의 복무에 관한 사항에 관한 규율권한을 대통령령에 위임하면서 다소 개괄적으로 위임하였다고 하여 헌법 제75조의 포괄위임금지원칙에 어긋난다고 보기 어렵다(헌재결 2010. 10. 28, 헌마890).

2. 기본권 제한

전통적 특별권력관계론은 법률에 근거가 없는 경우에도 당해 특별권력관계의 목적 달성에 필요한 범위 내에서 기본권 제한이 가능하다고 하였다. 그러나 오늘날은 특별권력에 의하여 헌법상의 기본권을 제한함에 있어서도 법률에 근거를 두어야 할 것이다. 실정법상 이러한 예로는 헌법상의 공무원의 정치적 중립[95]규정과 노동3권의 제한규정,[96] 법률에 의한 것으로서 수형자의 서신검열,[97] 사병의 병영 내 거주의무[98] 등이 있다.

【판례】: ① 구속된 피고인 또는 피의자의 타인과의 접견권이 헌법상의 기본권이라 하더라도 국가안전보장, 질서유지 또는 공공복리를 위하여 필요한 경우에는 법률로 제한할 수 있음은 헌법 제37조 제2항의 규정에 의하여 명백하다. 구체적으로 접견을 허용함으로써 도주나 증거인멸의 우려방지라는 구속의 목적에 위배되거나 또는 구금시설의 질서유지를 해칠 현저한 위험성이 있을 때와 같은 경우에는 구속된 피고인 또는 피의자의 접견권을 제한할 수 있

95) 제7조 ② 공무원의 신분과 정치적 중립성은 법률이 정하는 바에 의하여 보장된다.

96) 제33조 ③ 법률이 정하는 주요방위산업체에 종사하는 근로자의 단체행동권은 법률이 정하는 바에 의하여 이를 제한하거나 인정하지 아니할 수 있다.

97) 형의 집행 및 수용자의 처우에 관한 법률 제43조 참조.

98) 병역법 제69조 참조.

을 것이다. 그러나 이와 같은 제한의 필요가 없는데도 접견권을 제한하거나 또는 제한의 필요가 있더라도 필요한 정도를 지나친 과도한 제한을 하는 것은 헌법상 보장된 기본권의 침해로서 위헌이라고 하지 않을 수 없다(대판 1992. 5. 8, 91부8).

② 현행법령과 제도하에서 수형자가 수발하는 서신에 대한 검열로 인하여 수형자의 통신의 비밀이 일부 제한되는 것은 국가안전보장 · 질서유지 또는 공공복리라는 정당한 목적을 위하여 부득이할 뿐만 아니라 유효적절한 방법에 의한 최소한의 제한이며 통신의 자유의 본질적 내용을 침해하는 것이 아니다(헌재결 1998. 8.27, 96헌마398).

③ 금치 처분을 받은 수형자에 대한 절대적인 운동의 금지는 징벌의 목적을 고려하더라도 그 수단과 방법에 있어서 필요한 최소한도의 범위를 벗어난 것으로서, 수형자의 헌법 제10조의 인간의 존엄과 가치 및 신체의 안전성이 훼손당하지 아니할 자유를 포함하는 제12조의 신체의 자유를 침해하는 정도에 이르렀다고 판단된다(헌재결 2004. 12. 16, 2002헌마478).

3. 사법심사

특별권력관계에서의 특별권력에 의하여 불이익을 받은 자가 사법적 보호를 받을 수 있는지에 대하여 다수설은 특별권력관계에서 행정주체의 행위로 인하여 권익이 침해된 경우, 소익이 인정되는 한 사법심사를 통하여 구제받을 수 있다고 한다. 그러나 특별권력관계를 외부관계와 내부관계로 구분하여 내부관계에서의 행위는 사법심사의 대상이 되지 않지만, 외부관계에서의 행위는 사법심사의 대상이 된다는 견해도 있다.[99] 판례는 특별권력관계에서의 행위는 전면적으로 행정소송의 대상이 된다고 한다.

【판례】: ① 이 사건 퇴학처분은 국가가 설립·경영하는 교육기관의 하나인 서울교육대학의 교무를 통할하고 학생을 지도하는 지위에 있는 동 대학의 학장(피고)의 동 대학의 교육목적 실현과 학교의 내부질서유지를 위해 학칙위반자인 동 대학의 재학생인 원고에 대한 구체적 법집행으로서 국가공권력의 하나인 징계권을 발동하여 원고의 학생으로서의 신분을 일방적으로 박탈하는 국가의 교육행정에 관한 의사를 외부에 표시한 것이므로 이는 위에서 말하는 행정처분임이 명백하다(대판 1991. 11. 22, 91누2144).

② 농지개량조합과 그 직원과의 관계는 사법상의 근로계약관계가 아닌 공법상의 특별권력관계이고, 그 조합의 직원에 대한 징계처분의 취소를 구하는 소송은 행정소송사항에 속한다(대판 1995. 6. 9, 94누10870).

99) 박윤흔, 행정법강의(상), 190면.

제4장
행정상 법률관계의 원인
(법률요건과 법률사실)

제4장
행정법상 법률관계의 원인
(법률요건과 법률사실)

제1절 개설

Ⅰ. 의의

행정법상의 법률요건이란 행정법관계를 발생·변경 또는 소멸시키는 효과를 발생시키는 원인이 되는 사실을 말하며, 행정법상의 법률요건을 구성하는 개개의 사실을 행정법상의 법률사실이라 한다.

행정법상의 법률요건은 ① 상계, 기권 등과 같이 1개의 법률사실로 이루어지는 경우가 있고, ② 공법상 계약에서의 청약과 승낙행위, 음식점 영업허가에서의 신청과 허가행위 등과 같이 여러 개의 법률사실로 이루어지는 경우도 있다 행정법상의 법률요건과 법률사실은 민법상의 법률요건과 법률사실에서 도입된 개념이다.

Ⅱ. 종류

행정법상의 법률사실은 민법에 있어서와 같이 사람의 정신작용을 요소로 하는 용태와 자연적 사실을 요소로 하는 행정법상의 사건으로 나누어진다.

1. 행정법상의 용태

행정법상의 용태는 사람의 정신작용을 요소로 하는 공법상의 법률요건과 법률사실을 말한다. 이에는 다시 외부적 용태와 내부적 용태로 나누어진다.

(1) 외부적 용태

외부적 용태는 외부에 표시된 정신작용에 의하여 일정한 행정법상의 법률효과를 발생시키는 것으로서, 공법행위가 그 중심을 이루고 있다. 공법행위에는 사인의 공법행위도 있지만, 대부분 행정주체의 공법행위로서 행정입법, 행정행위, 행정계획, 행정지도, 공법상 행정계약 등이 있다.

(2) 내부적 용태

내부적 용태는 외부에 표시되지 아니한 내부적 정신상태로서 행정법상의 법률효과를 발생시키는 것을 말한다. 예컨대, 선의·악의, 고의·과실 등이 있다.

2. 행정법상의 사건

행정법상의 사건이란 사람의 정신작용을 요소로 하지 아니하는 법률사실을 말한다. 이에는 ① 사람의 생사,[100] 시간의 경과,[101] 일정한 연령에의 도달[102] 등과 같은 순수한 자연적 사건과 ② 물건의 점유·소유,[103] 일정지역에의 거주[104] 등의 사실행위가 있다.

제2절 행정법상의 사건

Ⅰ. 시간의 경과

행정법상 법률관계는 시간의 경과에 의하여 발생·변경 또는 소멸되는 경우가 있으며, 이는 사법상의 법률사실로서의 시간의 경과와 비슷하다. 공법적 효과가 부여되는 시간의 경과와 관련되는 문제는 주로 기간, 시효, 제척기간, 실효 등이다.

1. 기간

(1) 개설

기간이란 한 시점에서 다른 시점까지의 시간적 길이(간격)를 말한다. 기간의 계산방법은

---

100) 사망함으로써 운전면허가 실효되거나, 의사면허가 실효되는 것 등.

101) 허가의 유효기간이 만료하여 허가의 효력이 소멸되는 것 등.

102) 20세가 됨으로 선거권을 취득하는 것 등.

103) 토지를 소유함으로써 재산세의 납부의무를 지는 것 등.

104) 주민등록의무와 주민세 납부의무를 지는 것 등.

매우 중요한 문제이지만 행정법에는 이에 관한 일반규정은 없고, 민법총칙의 기간계산 방법에 관한 규정이 일반적으로 적용된다. 민법의 기간계산에 관한 규정은 일반법원리적 성격을 가진 것이라 할 수 있다. 따라서 공법상의 기간계산은 공법상 특별한 규정이 없는 경우에 민법의 규정이 적용된다 할 것이다. 국세기본법 제4조[105]는 이 취지를 밝히고 있다.

(2) 기간의 기산점

기간을 시·분·초로 정한 경우에는 즉시로부터 기산하며, 일·주·월·년으로 정한 경우에는 특별한 규정이 없으면 초일을 산입하지 않는다(민법 제156조,[106] 제157조[107]). 다만, 연령계산과 같이 기간이 오전 0시부터 시작되는 때에는 초일도 산입한다(민법 제157조 단서, 제158조[108]).

초일불산입의 원칙은 특별한 규정이 없으면 공법상의 기간계산에도 적용된다. 그런데 행정법령 중에는 초일도 산입하도록 특별규정을 둔 경우가 있다. 예컨대, 국회법 제168조는 "이 법에 의한 기간의 계산에는 초일을 산입한다"고 규정하고 있다.

【판례】: 기간계산에 초일불산입의 원칙 적용

기간의 계산에 관하여는 경찰공무원징계령에 특별한 규정이 없으므로 보충적으로 그 계산방법을 규정하고 있는 민법 제155조, 157조의 규정에 따라 징계사유가 발생한 초일은 기간계산에 산입하지 않아야 한다(대판 1972. 12. 12, 72누149).

(3) 기간의 만료점

민법에 의하면 기간의 만료점에 관하여 기간을 일·주·월 또는 년으로 정한 경우에는 그 기간의 말일이 종료됨으로써 기간이 만료되는 것이 원칙이나, 말일이 공휴일인 때에는 그 다음날에 만료된다(제159조[109]·제161조[110]). 한편, 기간을 주·월 또는 년으로 정한 때에는 역

105) 제4조(기간의 계산) 이 법 또는 세법에서 규정하는 기간의 계산은 이 법 또는 그 세법에 특별한 규정이 있는 것을 제외하고는 「민법」에 따른다.

106) 제156조(기간의 기산점) 기간을 시, 분, 초로 정한 때에는 즉시로부터 기산한다.

107) 제157조(기간의 기산점) 기간을 일, 주, 월 또는 연으로 정한 때에는 기간의 초일은 산입하지 아니한다. 그러나 그 기간이 오전 영시로부터 시작하는 때에는 그러하지 아니하다.

108) 제158조(연령의 기산점) 연령계산에는 출생일을 산입한다.

109) 제159조(기간의 만료점) 기간을 일, 주, 월 또는 연으로 정한 때에는 기간말일의 종료로 기간

에 의하여 계산하되, 주·월·년의 처음부터 기산하지 아니하는 때에는 최후의 주·월 또는 년에서 그 기산일에 해당하는 날의 전일에 만료하고, 월 또는 년으로 정한 경우에 최종의 월에 해당일이 없는 때에는 그 월의 말일로 만료한다(제160조[111]).

(4) 기간의 역산

행정법령에는 '며칠 전에' 또는 '전 며칠에'라고 규정하여 기간의 역산을 규정하고 있는 경우가 있는바, 이때에도 역시 초일불산입의 원칙이 적용된다. 따라서 '선거일 7일전에'라고 규정된 경우, 초일인 선거일은 빼고 선거일 전일부터 계산하여 7일 되는 날의 이전을 말하며, '선거일 전 7일에'의 경우도 역시 선거일 전일부터 계산하되, '전 7일에'라 하였으므로 7일이 되는 날을 말한다.

2. 시효

(1) 개설

시효란 일정한 사실상태가 오랫동안 지속되어 온 경우에 그것이 진실한 권리관계에 부합하느냐의 여부에 관계없이 그 사실상태 그대로 존중하여 이를 권리관계로 인정하는 제도를 말한다. 시효에는 취득시효와 소멸시효가 있다.

원래 시효제도는 영속된 사실상태를 존중하여 법적 생활의 안정을 도모하기 위하여 사법에서 발달된 일반법원리적 성격의 제도이다. 시효제도의 의미는 공법관계에 있어서나 사법관계에 있어서나 원칙적으로 같다고 할 것이므로 법령에 특별한 규정이 없는 한 공법관계에도 민법의 시효에 관한 규정[112]이 적용된다고 볼 것이다.

이 만료한다.

110) 제161조(공휴일 등과 기간의 만료점) 기간의 말일이 토요일 또는 공휴일에 해당한 때에는 기간은 그 익일로 만료한다.

111) 제160조(역에 의한 계산) ① 기간을 주, 월 또는 연으로 정한 때에는 역에 의하여 계산한다. ② 주, 월 또는 연의 처음으로부터 기간을 기산하지 아니하는 때에는 최후의 주, 월 또는 연에서 그 기산일에 해당한 날의 전일로 기간이 만료한다. ③ 월 또는 연으로 정한 경우에 최종의 월에 해당일이 없는 때에는 그 월의 말일로 기간이 만료한다.

112) 민법 제162조 내지 제184조 참조.

(2) 금전채권의 소멸시효

1) 시효기간

민법상 채권의 소멸시효는 원칙적으로 10년임에 반하여,[113] 국가의 금전채권 또는 금전채무의 소멸시효는 다른 법률에 특별한 규정이 없는 한 5년이다(국가재정법 제96조[114], 지방재정법 제69조[115]). 여기서 다른 법률에 특별한 규정이 없는 한이라 함은 국가재정법 이외의 모든 법률(민법·상법 등의 사법까지도 포함)에서 5년보다 짧게 규정하고 있지 않는 한 5년의 시효로 소멸된다는 뜻이다. 따라서 국회의원의 세비청구권은 성질상 민법상의 급료채권이므로 민법(제163조)에 의하여 3년간의 단기소멸시효가 적용된다.[116]

2) 시효의 중단·정지

시효의 중단·정지 등에 관하여 특별한 규정[117]이 없으면 민법의 규정을 준용한다. 특별한 규정으로서는 국가·지방자치단체가 행하는 조세 등의 '납입의 고지'에 시효중단의 효력을 인정하는 것을 들 수 있다(국가재정법 제96조, 지방재정법 제83조, 국세기본법 제28조, 관세법 제23조 등).

'납입의 고지'는 반드시 서면에 의한 것을 말하며 구술에 의한 것은 시효중단의 효력이 없으나(국세징수법 제23조), 납입의 고지에 의한 국세징수권자의 권리행사로 인하여 이미 발생한 시효중단의 효력은 그 부과처분이 비록 행정쟁송 등에 의하여 취소되더라도 소멸되는 것은 아니다(대판 1988. 2. 23, 85누820 등).

---

113) 제162조(채권, 재산권의 소멸시효) ① 채권은 10년간 행사하지 아니하면 소멸시효가 완성한다.

114) 제96조(금전채권 · 채무의 소멸시효) ① 금전의 급부를 목적으로 하는 국가의 권리로서 시효에 관하여 다른 법률에 규정이 없는 것은 5년 동안 행사하지 아니하면 시효로 인하여 소멸한다.

115) 제82조(금전채권과 채무의 소멸시효) ① 금전의 지급을 목적으로 하는 지방자치단체의 권리는 시효에 관하여 다른 법률에 특별한 규정이 있는 경우를 제외하고는 5년간 행사하지 아니하면 소멸시효가 완성한다.

116) 국회의원이 재직중 국가로부터 받게 될 세비, 차마비, 체류비, 보수금 등을 의원직을 그만 둔 후에 국고에 대하여 청구하는 법률관계는 국고에 대한 사법상의 금전채권을 청구하는 경우로서 민법 제163조, 제163조 제1호의 급료채권에 해당하고 구 예산회계법(89.3.31. 법률 제4102호로 개정전) 제71조 제1항은 금전의 급부를 목적으로 하는 국가에 대한 권리로서 시효에 관하여 타 법률에 규정이 없는 것은 5년간 행사하지 아니할 때에 시효로 인하여 소멸한다고 규정하고 있으므로 국가에 대한 금전채권일지라도 시효에 관하여 타법률에 5년보다 짧은 시효규정이 있는 것은 같은 조를 적용할 것이 아니라 할 것이다(대판 1966.9.20, 선고 65다2506).

117) 국가재정법 제96조, 지방재정법 제82조, 국세기본법 제27조 제2항 참조.

【판례】: ① 소멸시효의 중단은 소멸시효의 기초가 되는 권리의 불행사라는 사실상태와 맞지 않은 사실이 생긴 것을 이유로 소멸시효의 진행을 차단케 하는 제도인 만큼 납세고지에 의한 국세징수권자의 권리행사에 의하여 이미 발생한 소멸시효중단의 효력은 그 과세처분(납세고지)이 취소되었다 하여 사라지지 않음은 물론 과세처분이 취소되어 소급하여 그 효력을 상실하였다고 해서 이에 기한 국세체납처분에 의한 압류처분이 실효되어 당연무효가 된다고 할 수도 없으므로 그 압류로 인한 소멸시효중단의 효력도 사라지지 않는다(대판 1988. 2.23, 85누820).

② 예산회계법 제98조에서 법령의 규정에 의한 납입고지를 시효중단 사유로 규정하고 있는바, 이러한 납입고지에 의한 시효중단의 효력은 그 납입고지에 의한 부과처분이 취소되더라도 상실되지 않는다(대법원 2000. 9. 8, 98두19933).

3) 시효의 효력

민법상 소멸시효의 효력에 관하여는 학설의 대립이 있다. 즉 ① 권리 그 자체를 소멸시키는 것이 아니고, 상대방에 대하여 항변권을 발생시킬 뿐이며, 이 항변권의 행사여부는 시효의 이익을 받는 자의 의사에 맡겨져 있다고 보는 상대적 소멸설과 ② 시효기간의 경과로 인하여 소멸시효완성은 권리의 절대적 소멸원인이 되므로 당사자의 원용을 필요로 하지 않는다고 보는 절대적 소멸설이 있다. 그러나 공법상의 금전채권에 있어서는 법률관계의 일률적 확정의 견지에서 권리가 절대적으로 소멸한다는 절대적 소멸설[118]이 타당하다고 본다. 따라서 소멸시효의 완성 후에 부과한 처분에 따라 납세를 한 경우에는 항상 민법상의 부당이득을 구성하므로 납세자는 과오납금반환청구권을 행사할 수 있다.

(3) 공물의 취득시효

사물은 원칙적으로 부동산은 20년, 동산은 10년간 소유의 의사로 평온·공연하게 점유를 계속하면 소유권을 취득한다(민법 제245조 제1항,[119] 제246조[120]). 이러한 규정이 도로나 하천의 부지 같은 공물에 대하여도 적용되는가에 대하여는 긍정설과 부정설이 대립되고 있다. 그러나 공물을 20년간 또는 10년간 소유의 의사로 평온·공연하게 점유한다는 것은 공물

---

118) 김도창, 일반행정법론(상, 279면; 김동희, 행정법Ⅰ, 119면.

119) 제245조(점유로 인한 부동산소유권의 취득기간) ① 20년간 소유의 의사로 평온, 공연하게 부동산을 점유하는 자는 등기함으로써 그 소유권을 취득한다.

120) 제246조(점유로 인한 동산소유권의 취득기간) ① 10년간 소유의 의사로 평온, 공연하게 동산을 점유한 자는 그 소유권을 취득한다.

의 존재목적이나 그를 위한 관리와 양립할 수 없다. 따라서 공물은 공물 그 자체로서는 취득시효의 목적이 될 수 없다는 부정설이 타당하다. 판례도 공용폐지가 없는 한 공물은 취득시효의 목적물이 될 수 없다고 보고 있다.

> **【판례】:** ① 행정재산은 공용폐지가 되지 아니하는 한 사법상 거래의 대상이 될 수 없으므로 취득시효의 대상도 되지 아니하고, 또한 행정재산이 사실상 공용 또는 공공용에 제공된 바 없다 하여 당연히 공용폐지가 되었다고 할 수는 없다(대판 1993. 7. 27, 92다49973).
>
> ② 구 지방재정법상 공유재산에 대한 취득시효가 완성되기 위하여는 그 공유재산이 취득시효기간 동안 계속하여 시효취득의 대상이 될 수 있는 잡종재산이어야 하고, 이러한 점에 대한 증명책임은 시효취득을 주장하는 자에게 있다(대판 2009. 12. 10, 2006다19177).

3. 제척기간

제척기간이란 행정법상으로 보장되는 일정한 권리에 대하여 법률이 정한 권리의 존속기간을 말한다. 법률관계의 신속한 확정을 목적으로 하는 이러한 제척기간은 행정법에도 많은 예가 있다(행정소송법 제20조,[121] 행정심판법 제27조[122]) 등). 제척기간은 일정한 기간 내에 권리를 행사하지 않음으로서 그 권리가 소멸된다는 점에서 소멸시효제도와 같다. 그러나 시효는 법적 생활의 안정성을 목적으로 하며 시효의 중단이나 정지가 인정된다. 이에 반하여, 제척기간은 법률관계의 신속한 확정이라는 행정상의 편의를 목적으로 하기 때문에 그 기간이 짧은 점, 중단·정지제도가 인정되지 않는 점, 그리고 소송에서 원용이 없어도 고려되어야 한다는 점 등에서 소멸시효와 차이가 있다.

Ⅱ. 주소와 거소

1. 개설

공법상의 경우도 사법상의 경우와 같이 주소에 의하여 권리주체의 장소적 개별성을 정하

121) 제20조(제소기간) ① 취소소송은 처분등이 있음을 안 날부터 90일 이내에 제기하여야 한다. 다만, 제18조제1항 단서에 규정한 경우와 그 밖에 행정심판청구를 할 수 있는 경우 또는 행정청이 행정심판청구를 할 수 있다고 잘못 알린 경우에 행정심판청구가 있은 때의 기간은 재결서의 정본을 송달받은 날부터 기산한다.

122) 제27조(심판청구의 기간) ① 행정심판은 처분이 있음을 알게 된 날부터 90일 이내에 청구하여야 한다.

고, 이를 기준으로 법률관계를 규정한다. 예컨대, 지방자치단체의 주민이 되는 요건, 주민세 납세의무의 성립요건, 인감신고의 장소, 서류송달의 장소, 외국인의 귀화요건 등이 주소를 그 성립요건으로 하는 경우이다.

2. 주소

민법에 의하면 생활의 근거되는 곳을 주소로 한다(제18조 제1항). 이에 반하여 행정법상으로는 일반적 규정은 없으나 주민등록법이 통칙적 규정을 두어, “다른 법률에 특별한 규정이 없는 한 이 법에 의한 주민등록지를 공법관계에 있어서의 주소로 한다”(제23조[123])고 일률적으로 확정하였다. 법인의 공법상 주소에 관하여는 통칙적 규정이 없으므로 민법이 적용된다(제36조[124]).

주민등록법상의 주민등록은 ① 30일 이상 거주할 목적으로, ② 일정한 곳에 주소나 거소를 가지는 경우에 하는 것이며, 이중으로 주민등록을 하는 것은 허용치 않는바(제6조[125], 제10조 제2항), 민법은 ‘주소는 동시에 두 곳 이상 있을 수 있다’[126]고 하여 복수주의를 택하고 있다. 그러나 공법상의 주소는 특별한 규정이 없는 한 1개소에 한정된다.

3. 거소

거소란 사람이 다소의 기간 동안 계속하여 거주하는 장소로서, 그 장소와의 밀착의 정도가 주소보다 낮은 곳을 말한다. 민법상 거소는 주소를 알 수 없거나 국내에 주소가 없는 경우에 주소를 의제한다(제19조~제21조 참조). 행정법관계에서도 주소가 없거나 불분명한 경우에는 거소에 대하여 일정한 법률효과를 부여하는 경우가 있으며(예, 소득세법상[127] 거주자에게 소득세를 부과하는 것), 이 경우 거소에 관하여 특별한 규정이 없으면 민법의 규정이 준용된다.

---

123) 제23조(주민등록자의 지위 등) ① 다른 법률에 특별한 규정이 없으면 이 법에 따른 주민등록지를 공법 관계에서의 주소로 한다.

124) 제36조(법인의 주소) 법인의 주소는 그 주된 사무소의 소재지에 있는 것으로 한다.

125) 제6조(대상자) ① 시장·군수 또는 구청장은 30일 이상 거주할 목적으로 그 관할 구역에 주소나 거소(이하 "거주지"라 한다)를 가진 다음 각 호의 사람(이하 "주민"이라 한다)을 이 법의 규정에 따라 등록하여야 한다. 다만, 외국인은 예외로 한다.

126) 제18조(주소) ② 주소는 동시에 두 곳 이상 있을 수 있다.

127) 제1조의2(정의) ① 이 법에서 사용하는 용어의 뜻은 다음과 같다.
1. "거주자"란 국내에 주소를 두거나 183일 이상의 거소를 둔 개인을 말한다.

제3절 공법상의 사무관리와 부당이득

Ⅰ. 공법상의 사무관리

1. 의의

사무관리란 민법상[128]의 제도로서, 법률상의 의무 없이 타인을 위하여 그의 사무를 관리하는 것을 말한다.[129] 행정법상의 사무관리의 예로는 ① 재단에 문제가 있는 사립학교의 강제관리, ② 재해시의 구호나 행려병사자의 보호와 같은 보호관리, ③ 교통·통신의 두절 기타 비상재난시의 조난자 구호·시설의 응급복구조치 등이 있다.

한편, 행정법상의 사무관리는 이를 행할 공법상의 의무가 있기 때문이고, 따라서 사무관리가 아니라는 견해도 있다(옐리네크). 그러나 그 의무는 국가에 대한 것이지 피관리자인 사인에 대한 의무가 아니기 때문에 사무관리로 볼 수 있다고 할 것이다.[130] 대법원도 행정법상의 사무관리를 인정하고 있다.

> **【판례】:** ① 몰수할 수 있는 압수물에 대한 국가기관의 환가처분이 그 경제적 가치를 보존하기 위한 형사소송법상 처분이라고 할지라도 당해 물건이 몰수되지 않는 경우도 있으므로 위 처분은 타방 당해물건 소유자를 위한 사무관리에 준한 행위라고 할 수 있다. 따라서…당해 물건 또는 그 당시 환가처분으로 생긴 대금을 몰수하지 아니하게 되는 경우에는 위 국가기관은 사무관리에 관한 규정의 유추적용에 의하여 관리자로서 그때 취득한 보증금을 당해물건소유자에게 인도할 의무가 있다(대판 1957. 7. 25, 4290민상290).
>
> ② 갑 주식회사 소유의 유조선에서 원유가 유출되는 사고가 발생하자 을 주식회사가 피해방지를 위해 해양경찰의 직접적인 지휘를 받아 방제작업을 보조한 사안에서, 을 회사는 사무관리에 근거하여 국가에 방제비용을 청구할 수 있다(대판 2014. 12. 11, 2012다15602).

128) 제734조(사무관리의 내용) ① 의무없이 타인을 위하여 사무를 관리하는 자는 그 사무의 성질에 좇아 가장 본인에게 이익되는 방법으로 이를 관리하여야 한다.

129) 사무관리의 성립요건으로는 ① 타인의 사무를 관리하고, ② 타인을 위하여 관리한다는 의사가 필요하며, ③ 관리자에게 관리에 대한 의무가 없어야 하며, ④ 관리행위로 인하여 본인에게 불이익하게 하거나 본인의 의사에 반하지 않아야 한다.

130) 이상규, 신일반행정법론(상, 238면.

2. 적용법규

행정법상 사무관리에 대하여는 통칙규정이 없으므로 '수상에서의 수색 · 구조 등에 관한 법률' 등과 같은 특별한 규정이 있는 경우를 제외하고는 민법(제734조~제740조)의 규정을 준용하여야 할 것이다. 그리고 그 주된 것으로서는 사무관리자의 본인에 대한 사무개시의 통지의무, 지출비용의 상환청구권, 기타 이해조정이 강구되어야 할 것이다.

Ⅱ. 공법상 부당이득

1. 의의

부당이득이란 원래 사법상의 관념으로서, 법률상의 원인 없이 타인의 재산 또는 노무로 인하여 이득을 얻고, 이로 인하여 타인에게 손해를 가한 자에 대하여 그 이득의 반환의무를 과하는 제도이다(민법 제741조~제749조). 행정법 분야의 부당이득의 예로는 ① 세금·공물사용료 등의 과다징수, 착오에 의한 사유지의 도로 편입 등이 있으며(행정주체의 부당이득), ② 연금을 받을 자격이 없는 자의 연금수령, 공무원의 봉급·연금 과다수령, 국유지의 무단사용(사인의 부당이득) 등이 있다.

공법상 부당이득에 관한 통칙적 규정은 없으며 각 개개의 법령에 규정하고 있을 뿐이다. 예컨대, 국세기본법 제51조 내지 제54조, 관세법 제24조·제25조, 지방세법 제45조~제47조, 공무원연금법 제81조 제2항 등이 있다.

2. 유형

(1) 행정주체의 부당이득

공권력 발동인 행정행위에 기한 경우에는 ① 무효인 경우에는 당연히 행정주체의 부당이득이 성립되지만, ② 취소사유인 경우에는 당해 행정행위가 취소된 후에야 비로소 부당이득이 성립하게 된다. 따라서 취소사유인 경우에는 당해 행정행위에 대한 제소기간이 경과하여 불가쟁력이 발생한 후에는 부당이득반환청구의 길이 없다고 할 것이다. 또한 부당이득의 반환범위가 문제되는 바, 민법은 선의의 이득인 경우는 경감하고 악의의 이득인 경우는 가중한다고 규정하고 있다.[131] 그러나 행정주체에 의한 부당이득의 경우는 선의·악의를

131) 제748조(수익자의 반환범위) ① 선의의 수익자는 그 받은 이익이 현존한 한도에서 전조의 책임이 있다. ② 악의의 수익자는 그 받은 이익에 이자를 붙여 반환하고 손해가 있으면 이를 배상하여야 한다.

불문하고 항상 이득의 전액을 반환하도록 하고 있다. 이 경우 받은 이익에 이자를 붙여서 반환하여야 할 것인가에 관하여 국세기본법은 과오납세액에는 이자를 붙이도록 하고 있지만,[132] 이러한 규정이 없는 경우에는 논쟁의 소지가 있다.

한편, 행정상 부당이득반환청구권의 행사에 관하여 법률에 특별한 규정이 있는 경우도 있으나,[133] 그러한 특별규정이 없는 경우에는 일반 민사소송절차에 의하여 이를 행사할 수 있을 것이다.

(2) 사인의 부당이득

행정주체의 부당이득과 마찬가지로 사인의 부당이득도 행정행위에 기인한 경우에는 ① 처음부터 무효인 경우에는 당연히 부당이득이 성립하고, ② 취소사유가 있음에 그치는 경우에는 취소된 후에 부당이득이 성립하게 된다. 이 경우 수익적 행정행위의 취소는 상대방에게 귀책사유가 없는 한 원칙적으로 불가능하므로 부당이득반환청구는 어렵게 된다. 부당이득의 반환범위는 행정주체의 부당이득과 마찬가지로 이익의 전액을 반환하여야 할 것이며, 민법상의 비채변제임을 주장하여 반환의무를 면할 수도 없다고 할 것이다.

행정주체가 부당이득반환청구권을 행사할 경우 행정행위의 형태로 행사하고 그 불이행에 대하여는 행정상 강제징수를 인정하는 예가 있다.[134] 이러한 경우 상대방은 항고소송으로 이를 다툴 수밖에 없으나, 그러한 특별한 규정이 없으면 공법상 당사자소송에 의하여야 할 것이다.

3. 공법상 부당이득반환청구권의 성질

부당이득반환청구권의 성질이 사권이냐 공권이냐에 대하여는 견해의 대립이 있다.

(1) 사권설[135]

사권설에 의하면, 행정행위에 의한 부당이득인 경우에도 그것이 무효이거나 취소된 후에

132) 제52조(국세환급가산금) 세무서장은 국세환급금을 제51조에 따라 충당하거나 지급할 때에는 대통령령으로 정하는 국세환급가산금 기산일부터 충당하는 날 또는 지급결정을 하는 날까지의 기간과 금융회사 등의 예금이자율 등을 고려하여 대통령령으로 정하는 이자율에 따라 계산한 금액(이하 "국세환급가산금"이라 한다)을 국세환급금에 가산하여야 한다.

133) 보조금관리에 관한 법률 제33조 참조.

134) 보조금관리에 관한 법률 제33조의3 참조.

135) 이상규(상), 242면.

성립하므로 이때는 이미 공법상이든 사법상이든 간에 아무런 법률상 원인이 없는 상태이며, 또한 부당이득반환청구권 자체가 원래 형평의 이념에서 확립된 사권이므로 이에 관한 소송도 민사소송에 의하여야 한다고 한다. 판례도 같은 입장을 취하고 있다.

【판례】: ① 조세부과처분이 당연무효임을 전제로 하여 이미 납부한 세금의 반환을 청구하는 것은 민사상의 부당이득반환청구로서 민사소송절차에 따라야 한다(대판 1995. 4. 19, 95다55019).

② 개발부담금 부과처분이 취소된 이상 그 후의 부당이득으로서의 과오납금반환에 관한 법률관계는 단순한 민사관계에 불과한 것이고, 행정소송절차에 따라야 하는 관계로 볼 수 없다(대판 1995. 12. 22, 94다51235).

(2) 공권설[136)]

공권설은 공법상 원인에 의하여 잘못 발생된 결과를 시정하기 위하여 인정된 권리는 공법상 원인 유무의 탐구와 밀접한 관련이 있으므로 공권이라 한다. 따라서 그에 관한 소송도 행정소송에서 규정한 공법상의 권리관계에 관한 소송인 당사자소송에 의하여야 한다는 견해이다.[137)]

(3) 결어

부당이득반환청구를 당사자소송으로 청구하여도 거의 민사소송에 의하게 되어 공권과 사권의 구별이익이 없다고 할수 있다. 그러나 우리 실정법제도가 공법·사법의 이원적 구별을 인정하여 행정소송법에서 공법상의 권리관계에 관한 소송을 행정소송의 하나인 당사자소송으로 규정하고 있는 점으로 보아[138)] 공법상의 부당이득반환청구권의 성질은 공권으로 보는 것이 타당하다고 생각된다. 다만, 판례는 사권설의 입장에서 민사사건으로 다루고 있다.

---

136) 김도창, 일반행정법론(상, 288면; 박윤흔, 행정법강의(상), 231면.

137) 김도창, 일반일반행정법론(상, 233면.

138) 행정소송법 제3조 제2호는 대등한 당사자간의 소송형태로서 '행정청의 처분 등을 원인으로 하는 법률관계에 관한 소송, 그 밖에 공법상의 법률관계에 관한 소송'을 당사자소송이라 하여 제도적으로 인정하고 있다.

【판례】: ① 이미 부당하게 징수된 세금의 반환을 청구하는 본건과 같은 경우에 대하여 원심이 민사소송으로 취급하였음에 소론과 같은 위법이 있다 할 수 없다(대판 1972. 5. 11, 71다532).

② 과세부과 처분이 무효임을 전제로 하여 이미 납부한 세금의 반환을 청구하는 것은 민사상의 부당이득반환청구로서 민사소송절차에 따라야 한다(대판 1991. 2. 6., 90프2).

③ 원천징수의무자가 소득금액변동통지를 행정처분으로 본 대법원 전원합의체판결 선고 이전에 이루어진 위법한 소득금액변동통지에 의하여 근로소득세 원천징수분을 자진납부한 후 부당이득반환청구의 소를 제기한 사안에서, 부당이득반환청구권이 인정된다(대판 2009. 12. 24, 2007다25377).

4. 소멸시효

행정법상 부당이득반환청구권의 소멸시효는 각 법률에 특별한 규정이 있거나(관세법 등), 제척기간을 정한 경우를 제외하고는 그 소멸시효기간은 공법상의 금전채권에 의하여 5년의 시효에 걸린다고 할 것이다(국가재정법 제96조·지방재정법 제69조).

제4절 공법행위(행정법상의 행위)

Ⅰ. 개설

공법행위란 사법행위에 반대되는 말로서 국가 기타 행정주체와 사인간의 공법관계에 있어서의 공법적 법률효과를 발생·변경·소멸시키는 모든 행위를 말한다. 행정주체에 의한 공법행위로서는 행정입법·행정행위·행정계획·행정벌 등과 같이 우월한 의사의 주체로서 행하는 권력행위와 공법상 합동행위·공법상 계약·행정지도 등과 같이 대등한 당사자로서 행하는 비권력행위가 있다.

Ⅱ. 사인의 공법행위

1. 의의

사인의 공법행위란 공법관계에 있어서의 사인의 모든 법적 행위, 즉 공법적 효과가 부여되는 사인의 행위를 총칭한다. 민주행정주의의 성장과 현대행정기능이 확대됨에 따라 행정에서 사인의 역할이 커지고, 국민도 행정에 관여하고 협력하는 기회가 많아짐으로써 행정법관계에 있어서 사인의 행위가 차지하는 의미가 재평가되고 있다. 대법원도 유선장의 경영신고와 그 신고사항의 변경신고는 모두가 강학상의 이른바, 사인의 공법행위로서의 신고에 해당한다(대판 1988. 8. 9, 86누889)라고 하여 사인의 공법행위의 개념을 인정하고 있다.

2. 종류

사인의 공법행위는 그의 표준에 따라 매우 다양하므로 여러 각도에서 분류할 수 있겠으나,[139] 그 중 강학상 의미 있는 것만 들어보면 다음과 같다.

(1) 사인의 지위에 따른 분류

사인의 공법행위는 그 지위에 따라 다음과 같이 분류된다. ① 투표행위와 같이 국가 등 행정주체의 통치작용에 능동적으로 참가할 목적으로 다수인이 공동으로 행하는 행위와 ② 각종 신고나 신청 등과 같이 사인이 행정객체의 지위에서 어떠한 이익을 받을 목적으로 행하는 행위가 있다.

(2) 성질에 따른 분류

사인의 공법행위는 그 성질에 따라 단독행위와 쌍방적 행위 및 합성행위 등으로 분류된다. ① 인·허가 신청, 행정소송 제기 등과 같은 일방적 의사표시로 구성되는 단독행위와 ② 당사자 간의 의사표시의 합치로 이루어지는 쌍방적 행위가 있다. 쌍방적 행위는 다시 토지수용에 관한 협의 등과 같이 당사자 간의 반대방향의 의사표시의 합치로 이루어지는 공법상 계약과 토지구획정리조합·도시재개발조합 등 공공조합 설립행위와 같이 일정한 공법상의 효과를 발생하게 하는 다수 당사자의 동일방향의 의사표시의 합치로 이루어지는 공법상 합동행위로 나누어진다. ③ 투표행위에서 보는 바와 같이 여러 사람이 공동하여 의사를 구성하는 합성행위도 있다.

---

139) 사인의 공법행위의 분류는 학자마다 약간씩 다르다. 예를 들면, 김도창 교수는 크게 자기완결적 공법행위와 행정요건적 공법행위로 나누고, 전자를 다시 ① 선거의 투표행위, ② 신고, ③ 합동행위로, 후자는 ① 신청, ② 동의·승낙·협의 등으로 구분하고 있으며, 이상규 변호사는 사인의 지위에 따라 행정주체의 기관의 지위에서의 행위와 행정객체의 지위에서의 행위로, 그리고 행위의 성질에 따라 합성행위·합동행위·통지행위, 신청행위, 동의 등으로 구분하고 있다.

(3) 효과에 따른 분류

1) 자족적 공법행위

자족적 공법행위란 투표행위, 혼인신고, 출생신고, 주민등록신고 등과 같이 사인의 공법행위가 그 자체로서 일정한 법률효과를 발생하는 공법행위를 말한다. 이는 흔히 행위 그 자체만으로 법률효과를 완결시키는 것이므로 자기완결적 공법행위라 한다.

> **【판례】**: 자족적 공법행위로서의 신고
>
> ① 건축법상 신고사항에 관하여는 건축을 하고자 하는 자가 적법한 요건을 갖춘 신고만 하면 건축을 할 수 있고 행정청의 수리처분 등 별단의 조치를 기다릴 필요가 없다고 할 것이므로 행정청이 신고수리처분을 철회하였다고 하여 신고에 따른 건축행위가 건축법에 위반된 것으로 될 수 없으니 이를 이유로 공사의 중지를 명할 수 없다(대판 1990. 6. 12, 90누2468).
>
> ② 행정청에 대한 신고는 일정한 법률사실 또는 법률관계에 관하여 관계행정청에 일방적으로 통고를 하는 것을 뜻하는 것으로서 법에 별도의 규정이 있거나 다른 특별한 사정이 없는 한 행정청에 대한 통고로서 그치는 것이고, 그에 대한 행정청의 반사적 결정을 기다릴 필요가 없는 것이므로, 체육시설의설치이용에관한법률 제18조에 의한 변경신고서는 그 신고자체가 위법하거나 그 신고에 무효사유가 없는 한, 이것이 도지사에게 제출되어 접수된 때에 신고가 있었다고 볼 것이고, 도지사의 수리행위가 있어야만 신고가 있었다고 볼 것은 아니다(대판 1993. 7. 6, 93마635).

2) 행정요건적 공법행위

행정요건적 공법행위란 법인설립인가신청·광업권의 설정출원 등과 같이 행정청의 일정한 행정행위의 필요적인 요건이거나 행정청의 일정한 행위를 유인하는 구실을 하는 사인의 공법행위를 말한다.

3. 특징

(1) 행정행위에 대한 특징

행정행위나 사인의 공법행위는 모두 공법적 효과를 발생한다는 점에서는 동일하다. 그러나 사인의 공법행위는 행정행위가 갖는 공정력, 존속력, 집행력 등과 같은 우월적인 효력이 인정되지 않는다.

(2) 사법행위에 대한 특징

사법행위와 사인의 공법행위는 다 같이 비권력적 행위임에는 본질적 차이는 없다. 그러나 사인의 공법행위는 공법적 효과의 발생을 목적으로 하며, 법적 안정성과 법률관계의 명확성이 강하다. 따라서 법률효과의 발생을 당사자간의 사적 자치에 맡기는 사법행위와는 달리 행위의 형식과 효과면에서 획일적인 정형화가 요구된다. 예컨대, 인가 또는 허가 등의 신청시 판단자료로서 반드시 법정 서류를 첨부하도록 하고, 각종 신고나 신청서식을 법령으로 규정하는 것 등이다.

4. 적용법규

사인의 공법행위를 규율하는 일반적인 통칙규정은 없으며, 각 개별법령에서 단편적으로 규정하고 있을 뿐이다. 따라서 이러한 법률상의 규정이 없는 경우 민법상의 법률행위에 관한 규정[140] 또는 법원칙이 직접 준용될 것인가에 관한 문제가 제기된다.[141]

(1) 의사능력·행위능력

사인의 공법행위에도 의사능력이 필요한지에 관하여 공법상의 일반적 규정은 없으나, 민법의 원칙대로 무효라고 하겠다. 그러나 행위능력에 관하여는 공법상 특별한 규정(우편법 제10조[142])을 두어 민법상의 무능력에 관한 규정의 적용이 배제되는 경우도 있으나, 그렇지 아니한 경우에는 일반적으로 공법행위 중 재산관계행위에 있어서는 민법을 준용하여 취소할 수 있다고 하겠다.

(2) 의사의 흠결과 하자 있는 의사표시

사인의 공법행위에 있어서도 표의자의 의사의 흠결(비진의 의사표시·허위표시·착오) 또는 하자 있는 의사표시(사기·강박에 의한 의사표시)인 경우 그 행위의 효력에 대해서는 특별한 규정이 없는 한 민법의 규정(제107조 내지 제110조)이 원칙적으로 준용된다고 볼 것이다.

140) 민법 제103조~154조 참조.

141) 김남진 교수는 우리나라에서의 통설은 '특별한 규정이 없는 한 민법의 규정을 유추적용한다'는 논법으로 사인의 공법행위에 적용할 법리의 문제를 처리한다고 한 다음, 유추적용은 이익상황의 일치가 있는 경우에 가능하므로 실정법인 민법을 준용한다기 보다 민법에 담겨진 일반적 법사상을 준용한다는 마음가짐이 필요하다면서 통설에 재음미해 볼 점이 있다고 한다. 김남진, 동의에 의한 행정행위, 고시계, 1985.11, 44~45면.

142) 제10조(무능력자의 행위에 관한 의제) 우편물의 발송ㆍ수취나 그 밖에 우편 이용에 관하여 무능력자가 우편관서에 대하여 행한 행위는 능력자가 행한 것으로 본다.

그러나 공법관계에 있어서의 행위의 특질상 표시주의의 입장을 취하는 경우도 있다.

> **【판례】**: 전역지원의 의사표시가 진의 아닌 의사표시라 하더라도 그 무효에 관한 법리를 선언한 민법 제107조 제1항 단서의 규정은 그 성질상 사인의 공법행위에는 적용되지 않는다 할 것이므로 그 표시된 대로 유효한 것으로 보아야 한다(대판 1994. 1. 11, 93누10057).

(3) 대리

사인의 공법행위에 대하여는 특히 그 대리행위를 금하는 규정(공직선거법 제157조)이 있는 반면, 일정한 절차 아래 대리를 허용하는 규정(행정심판법 제18조)을 두고 있는 경우가 있다. 그러한 규정이 없는 경우에는 그 행위가 사인의 인격적 개성과 직접관련이 있는지의 여부에 의하여 판단해야 할 것이다. 예컨대 응시행위·사직원의 제출 등의 일신전속적인 행위의 대리는 인정되지 않을 것이다.

한편, 사인의 공법행위의 대리가 인정될 경우 대리의 형식이나 범위 및 대리권의 흠결 등에 관하여는 특별한 경우를 제외하고는 민법의 규정이 유추적용 될 수 있을 것이다.

(4) 부관

사인의 공법행위는 사법상의 행위와는 달리 행정법관계에 변동을 가져오게 되므로, 명확성과 신속한 확정을 요한다. 따라서 사인의 공법행위에는 기한·부담 등과 같은 부관을 붙일 수 없음이 원칙이다.

(5) 철회·보정

일반적으로 사인의 공법행위는 그에 근거하여 일정한 법적 효과가 발생되기 전까지는 철회·보정할 수 있음이 원칙이다. 예컨대, 퇴직명령서가 교부되기 전까지 공무원사직원을 철회하는 것 등이다. 그러나 철회·보정이 명문으로 제한되는 경우(예, 행정소송법상 사실심의 변론종결 후의 소장의 정정[143])도 있고, 합성행위(투표행위 등)와 합동행위에 있어서는 그 집단성·형식성 때문에 이미 형성된 법질서를 존중하여야 하므로 성질상 불가능한 경우도 있다.

143) 제21조(소의 변경) ① 법원은 취소소송을 당해 처분등에 관계되는 사무가 귀속하는 국가 또는 공공단체에 대한 당사자소송 또는 취소소송외의 항고소송으로 변경하는 것이 상당하다고 인정할 때에는 청구의 기초에 변경이 없는 한 사실심의 변론종결시까지 원고의 신청에 의하여 결정으로써 소의 변경을 허가할 수 있다.

【판례】: ① 공무원의 사직의사표시의 철회 또는 취소가 허용되는 시한

공무원이 한 사직 의사표시의 철회나 취소는 그에 터잡은 의원면직처분이 있을 때까지 할 수 있는 것이고, 일단 면직처분이 있고 난 이후에는 철회나 취소할 여지가 없다(대판 2001. 8. 24, 99두9971).

② 사인의 공법상 행위의 철회의 자유성 인정여부와 철회의 시기

사인의 공법상 행위는 명문으로 금지되거나 성질상 불가능한 경우가 아니 한 그에 의거한 행정행위가 행하여질 때까지는 자유로이 철회나 보정이 가능하다고 보아야 할 것이다(대판 2001. 6. 15, 99두5566).

(6) 효력발생시기

사인의 공법행위의 효력발생시기는 민법에서와 같이 도달주의에 의한다.[144] 그러나 예외적으로 행위자를 보호하기 위하여 발신주의를 취하는 경우도 있고(국세기본법 제5조의 2[145]), 체신관서의 공증을 조건으로 하여 기간 후의 도달을 기간 내의 도달로 간주하는 경우도 있다.

5. 효과

사인의 공법행위가 적법하게 이루어진 경우, 그 법률효과의 발생은 각 해당법규가 정하는 바에 따라 다르다. 따라서 다음의 몇 가지 점을 고찰하고자 한다.

(1) 행정기관의 수리·처리의무

사인의 공법행위가 적법하게 성립하면 행정기관은 이를 수리하여 처리할 의무를 지게 된다. 이 경우 처리기한이 결정되어 있음에도 불구하고 그 기한이 경과하도록 처리하지 않으면 의무이행심판 또는 부작위위법확인소송 등을 제기할 수 있다.

---

144) 제111조(의사표시의 효력발생시기) ① 상대방이 있는 의사표시는 상대방에게 도달한 때에 그 효력이 생긴다.

145) 제5조의2(우편신고 및 전자신고) ① 우편으로 과세표준신고서, 과세표준수정신고서, 경정청구서 또는 과세표준신고 · 과세표준수정신고 · 경정청구와 관련된 서류를 제출한 경우 「우편법」에 따른 통신날짜도장이 찍힌 날(통신날짜도장이 찍히지 아니하였거나 분명하지 아니한 경우에는 통상 걸리는 우송일수를 기준으로 발송한 날로 인정되는 날)에 신고된 것으로 본다. ② 제1항의 신고서 등을 국세정보통신망을 이용하여 제출하는 경우에는 해당 신고서 등이 국세청장에게 전송된 때에 신고된 것으로 본다.

(2) 신고의 심사범위

주민등록신고, 이용 및 미용업 등 각종 영업의 신고, 건축신고 등 신고에 대하여는 법정 요건의 구비 여부에 관한 형식적 심사만 할 수 있으며, 법정 요건을 갖춘 경우에는 당연히 수리하여야 한다. 그러나 신고 된 내용이 사실과 부합되지 아니함이 명백할 때에는 수리를 거부할 수 있다고 할 것이다.

(3) 하자의 보완

건설업면허의 갱신여부를 결정함에 있어서는 건설업법시행령 제8조 소정의 기준에 미달되었다는 사실만으로 곧 그 갱신신청을 거절할 것이 아니라 그 기준미달사유가 특별한 사정으로 인한 일시적인 것이어서 그 보완이 가능하다고 인정될 경우에는 상당기한을 주어 보완케 함이 상당하고 위와 같은 사정을 참작함이 없이 위 기준미달만을 이유로 그 갱신을 거절함은 재량권의 행사를 잘못한 것으로서 위법하다(대판 1985. 4. 19, 84누378).

(4) 수정인가의 문제

수익적 행정행위의 인가신청에 대하여 신청내용을 수정한 인가를 할 수 있는가에 관하여는 긍정설과 부정설의 대립이 있다. 그러나 원래 인가는 사인이 원하는 법적 행위의 효력을 완성시켜 주는 행위에 불과하다는 의미에서 법률에 특별한 규정이 없는 한 불가능하다고 하겠다.

6. 사인의 공법행위의 하자와 행정행위와의 관계

사인의 공법행위에 하자가 있는 경우, 그것이 행정청의 행정행위에 어떠한 영향을 미치는지가 문제된다.

(1) 행정행위의 전제조건인 경우

사인의 공법행위가 어떤 행정행위를 하기 위한 필요한 전제조건인 경우에는 사인의 공법행위가 무효이거나 적법하게 철회되면 그에 근거하여 행하여진 행정행위도 무효가 된다고 할 것이다. 그러나 사인의 공법행위가 단순한 흠의 성질을 띠고 있는데 불과한 경우(취소할 수 있는 하자)에는 그에 따라 행하여진 행정행위는 원칙적으로 유효하다 할 것이다. 왜냐하면, 사인의 공법행위의 하자는 관계법률에 특별한 규정이 있거나 당해 행위의 성질에 반하지 아니하는 한 법률행위의 무효와 취소에 관한 민법의 규정이 지배하는 것이기 때문이다.[146]

(2) 행정행위의 단순한 동기에 그치는 경우

사인의 공법행위가 행정행위를 하기 위한 단순한 동기가 되는데 그치고 필요적 전제요건이 아닌 경우에는 이들 양자는 서로 필요적 관계에 있지 아니하므로 행정행위의 효력에 아무런 영향을 미치지 아니한다.

Ⅲ. 사인의 공법행위로서의 신고

1. 의의

사인의 공법행위로서의 신고란 사인이 공법적 효과의 발생을 목적으로 행정기관에게 일정한 사항에 대하여 알려야 할 의무가 있는 경우에 그것을 알리는 행위로서 행정청에 의한 실질적 심사가 요구되지 아니하는 행위를 말한다.147) 이에는 자족적 공법행위로서의 신고와 행정요건적 공법행위로서의 신고가 있다.148)

【판례】: ① 구 식품위생법(1997. 12. 13. 법률 제5453호로 개정되기 전의 것) 제25조 제1항, 제3항에 의하여 영업양도에 따른 지위승계신고를 수리하는 허가관청의 행위는, 단순히 양도 · 양수인 사이에 이미 발생한 사법상의 사업양도의 법률효과에 의하여 양수인이 그 영업을 승계하였다는 사실의 신고를 접수하는 행위에 그치는 것이 아니라, 실질에 있어서 양도자의 사업허가를 취소함과 아울러 양수자에게 적법히 사업을 할 수 있는 권리를 설정하여 주는 행위로서 사업허가자의 변경이라는 법률효과를 발생시키는 행위라고 할 것이고, 한편 구 식품위생법시행규칙(1998. 10. 19. 보건복지부령 제83호로 개정되기 전의 것) 제33조에 의하면, 위 법 제25조 제3항에 따라 영업자의 지위승계신고를 하고자 하는 자는 [별지 제33호 서식]에 의한 영업자지위승계신고서에 권리의 이전을 증빙하는 서류 및 양도인의 인감증명서 등을 첨부하여 허가 또는 신고관청에 제출하여야 한다고 하면서, 행방불명(주민등록법상 무단전출을 포함한다) 등으로 양도인의 인감증명서를 첨부하지 못하는 경우에는 허가 또는 신고관청이 사실확인 등을 통하여 양도 · 양수가 이루어졌다고 인정할 수 있는 때에는 이를 제출하지 아니할 수 있다고 규정되어 있음을 알 수 있는바, 이러한 법리와 관계 법령의 취지에 비추어 보면 구 식품위생법(1997. 12. 13. 법률 제5453호로 개정되기 전의 것)상 영업자로부터 영업을 양수하여 영업자의 지위를 승계한 자는, 그 대가의 지급여부 또는 양도인의 인감

146) 이상규, 신일반행정법론(상, 253면.

147) 박균성, 행정법강의, p.120 이하; 유지태·박종수(신), p.125; 홍정선(특), p.109 이하.

148) 그러나 단순한 사실로서의 신고는 사인의 공법행위로서의 신고에 해당하지 아니한다.

증명서 교부 여부와는 무관하게, 영업을 실제로 양수한 날부터 1월 이내에 소정의 절차에 따른 지위승계신고를 하여야 하고, 그러한 신고를 하지 아니한 채 양수받은 영업을 계속하였다면 위 식품위생법 소정의 신고의무를 다하지 아니한 것으로 해석하여야 한다(대판 2001. 2. 9, 2000도2050).

② 수산제조업을 하고자 하는 사람이 형식적 요건을 모두 갖춘 수산제조업 신고서를 제출한 경우에는 담당 공무원이 관계 법령에 규정되지 아니한 사유를 들어 그 신고를 수리하지 아니하고 반려하였다고 하더라도 그 신고서가 제출된 때에 신고가 있었다고 볼 것이나, 담당 공무원이 관계 법령에 규정되지 아니한 서류를 요구하여 신고서를 제출하지 못하였다는 사정만으로는 신고가 있었던 것으로 볼 수 없다(대판 2002. 3. 12, 2000다73612).

2. 종류

(1) 자족적 공법행위로서의 신고

자족적 공법행위로서의 신고는 법령 등에서 사인이 행정청에 대하여 일정한 사항을 통지하고 도달함으로써 공법적 효과가 발생하는 신고를 말한다. 신고를 요하지 아니하는 신고라고도 한다. 예컨대 테니스장업신고, 혼인신고 등이다.

이와 같은 신고는 자족적 공법행위이므로 일방당사자의 의사표시만으로 법률효과를 발생하게 된다. 따라서 신고는 행정주체에 대한 사인의 일방적 통고로서 그것이 행정청에 제출되어 접수된 때에 관계법이 정하는 법적 효과가 발생하며, 행정청의 별도의 수리행위를 필요로 하는 것은 아니다.[149] 이때에 행정청의 수리행위는 접수 후의 행정청 내부절차로서의 성격만을 가질 뿐이므로 독자적인 의미를 갖지 못하게 된다. 따라서 당사자의 신고행위가 형식적 요건을 갖추었음에도 불구하고 행정청이 접수를 거부한 때에도, 이는 법적 의미를 갖지 아니하고 다만 단순한 사실행위에 불과하므로 당사자는 이러한 접수거부행위를 다툴 수 없다.[150] 행정절차법 제40조상의 신고는 이 유형에 해당한다.[151]

149) 석종현·송동수, 일반행정법(상), p.132 이하 참조.

150) 류지태·박종수(신), 126면 이하 참조.

151) 제40조(신고) ① 법령등에서 행정청에 일정한 사항을 통지함으로써 의무가 끝나는 신고를 규정하고 있는 경우 신고를 관장하는 행정청은 신고에 필요한 구비서류, 접수기관, 그 밖에 법령등에 따른 신고에 필요한 사항을 게시(인터넷 등을 통한 게시를 포함한다)하거나 이에 대한 편람을 갖추어 두고 누구나 열람할 수 있도록 하여야 한다.

② 제1항에 따른 신고가 다음 각 호의 요건을 갖춘 경우에는 신고서가 접수기관에 도달된 때에 신고 의무가 이행된 것으로 본다.

1. 신고서의 기재사항에 흠이 없을 것
2. 필요한 구비서류가 첨부되어 있을 것

【판례】: ① 체육시설의설치 · 이용에관한법률 제18조에 의한 변경신고서는 그 신고 자체가 위법하거나 그 신고에 무효사유가 없는 한 이것이 도지사에게 제출하여 접수된 때에 신고가 있었다고 볼 것이고, 도지사의 수이행위가 있어야만 신고가 있었다고 볼 것은 아니다(대판 1993. 7. 6, 93마635).

② 수산제조업의 신고를 하고자 하는 자가 그 신고서를 구비서류까지 첨부하여 제출한 경우 시장 · 군수 · 구청장으로서는 형식적 요건에 하자가 없는 한 수리하여야 할 것이고, 나아가 관할 관청에 신고업의 신고서가 제출되었다면 담당공무원이 법령에 규정되지 아니한 다른 사유를 들어 그 신고를 수리하지 아니하고 반려하였다고 하더라도, 그 신고서가 제출된 때에 신고가 있었다고 볼 것이다(대판 1999. 12. 24, 98다57419,57426).

③ 구 평생교육법(2007. 10. 17. 법률 제8640호로 개정되기 전의 것, 이하 '법'이라 한다) 제22조 제1항, 제2항, 제3항, 구 평생교육법 시행령(2004. 1. 29. 대통령령 제18245호로 개정되기 전의 것) 제27조 제1항, 제2항, 제3항에 의하면, 정보통신매체를 이용하여 학습비를 받지 아니하고 원격평생교육을 실시하고자 하는 경우에는 누구든지 아무런 신고 없이 자유롭게 이를 할 수 있고, 다만 위와 같은 교육을 불특정 다수인에게 학습비를 받고 실시하는 경우에는 이를 신고하여야 하나, 법 제22조가 신고를 요하는 제2항과 신고를 요하지 않는 제1항에서 '학습비' 수수 외에 교육 대상이나 방법 등 다른 요건을 달리 규정하고 있지 않을 뿐 아니라 제2항에서도 학습비 금액이나 수령 등에 관하여 아무런 제한을 하고 있지 않은 점에 비추어 볼 때, 행정청으로서는 신고서 기재사항에 흠결이 없고 정해진 서류가 구비된 때에는 이를 수리하여야 하고, 이러한 형식적 요건을 모두 갖추었음에도 신고대상이 된 교육이나 학습이 공익적 기준에 적합하지 않는다는 등 실체적 사유를 들어 신고 수리를 거부할 수는 없다(대판 2011. 7. 28, 2005두11784).

(2) 행정요건적 공법행위로서의 신고

행정요건적 공법행위로서의 신고는 법령 등에서 행정청에 대하여 일정한 사항을 통지하고 행정청이 이를 수리함으로써 법적 효과가 발생하는 신고를 말한다. 수리를 요하는 신고로 불기기도 한다. 예컨대 수산업법 제47조[152]의 어업신고 등이다.

한편, 신고의 요건을 갖춘 신고가 있었다 할지라도 수리되지 않으면 신고가 되지 않은 것이 된다. 따라서 수리를 요하는 신고의 경우에 수리를 거부하는 것은 거부처분에 해당하므

---

3. 그 밖에 법령등에 규정된 형식상의 요건에 적합할 것

152) 제47조(신고어업) ① 제8조 · 제41조 · 제42조 또는 제45조에 따른 어업 외의 어업으로서 대통령령으로 정하는 어업을 하려면 어선 · 어구 또는 시설마다 시장 · 군수 · 구청장에게 해양수산부령으로 정하는 바에 따라 신고하여야 한다.

로 항고소송의 대상이 될 수 있다. 수리를 요하는 신고는 허가와 매우 유사하다고 할 수 있다.[153)]

【판례】: ① 어업의 신고에 관하여 유효기간을 설정하면서 그 기산점을 '수리한 날'로 규정하고, 나아가 필요한 경우에는 그 유효기간을 단축할 수 있도록까지 하고 있는 수산업법 제44조 제2항의 규정 취지 및 어업의 신고를 한 자가 공익상 필요에 의하여 한 행정청의 조치에 위반한 경우에 어업의 신고를 수리한 때에 교부한 어업신고필증을 회수하도록 하고 있는 구 수산업법시행령 제33조 제1항의 규정 취지에 비추어 보면, 수산업법 제44조 소정의 어업의 신고는 행정청의 수리에 의하여 비로소 그 효과가 발생하는 이른바 '수리를 요하는 신고'라고 할 것이고, 따라서 설사 관할관청이 어업신고를 수리하면서 공유수면매립구역을 조업구역에서 제외한 것이 위법하다고 하더라도, 그 제외된 구역에 관하여 관할관청의 적법한 수리가 없었던 것이 분명한 이상 그 구역에 관하여는 같은 법 제44조 소정의 적법한 어업신고가 있는 것으로 볼 수 없다(대법원 2000. 5. 26, 99다37382).

② 주민등록은 단순히 주민의 거주관계를 파악하고 인구의 동태를 명확히 하는 것 외에도 주민등록에 따라 공법관계상의 여러 가지 법률상 효과가 나타나게 되는 것으로서, 주민등록의 신고는 행정청에 도달하기만 하면 신고로서의 효력이 발생하는 것이 아니라 행정청이 수리한 경우에 비로소 신고의 효력이 발생한다. 따라서 주민등록 신고서를 행정청에 제출하였다가 행정청이 이를 수리하기 전에 신고서의 내용을 수정하여 위와 같이 수정된 전입신고서가 수리되었다면 수정된 사항에 따라서 주민등록 신고가 이루어진 것으로 보는 것이 타당하다(대법원 2009. 1. 30. 선고 2006다17850).

③ 파주시장이 종교단체 납골당설치 신고를 한 갑 교회에, '구 장사 등에 관한 법률 등에 따라 필요한 시설을 설치하고 유골을 안전하게 보관할 수 있는 설비를 갖추어야 하며 관계 법령에 따른 허가 및 준수 사항을 이행하여야 한다'는 내용의 납골당설치 신고사항 이행통지를 한 사안에서, … 파주시장이 갑 교회에 이행통지를 함으로써 납골당설치 신고수리를 하였다고 보는 것이 타당하고, 이행통지가 새로이 갑 교회 또는 관계자들의 법률상 지위에 변동을 일으키지는 않으므로 이를 수리처분과 별도로 항고소송 대상이 되는 다른 처분으로 볼 수 없다(대법원 2011. 9. 8. 선고 2009두6766).

153) 박균성, 행정법강의, 120면 이하 참조.

제2편 행정작용

제1장

행정상 입법

제1절 개설

제2절 법규명령

제3절 행정규칙

제1장
행정상 입법

제1절 개설

Ⅰ. 행정입법의 의의

행정입법이란 "행정기관이 일반적·추상적인 규범을 정립하는 행정작용 또는 그에 의해 제정된 규범으로서 명령"을 말한다. 즉 행정권에 의한 입법으로서 불특정 다수인에 대하여 효력을 가지는 규범을 정립하는 것을 말한다. 넓은 의미에서 행정상 입법에는 국가행정권에 의한 입법과 지방자치단체에 의한 자치입법이 포함되지만, 아래에서는 국가행정권에 의한 입법만 설명하고자 한다.

행정상 입법에는 법규의 성질을 가지는 법규명령과 행정 내부의 업무처리지침으로 정립되어 대내적 효력만 가지는 행정규칙이 있다. 법규명령도 법률 또는 상위명령에 의하여 위임된 사항에 관하여 발하는 명령으로서 국민의 권리·의무에 관한 사항을 구체적으로 정하는 위임명령과 법령의 집행을 위하여 필요한 구체적·기술적 사항을 규율하기 위하여 발하는 집행명령이 있다.

Ⅱ. 행정입법의 필요성

헌법은 "입법권은 국회에 속한다"(제40조)라고 규정하여 국회입법원칙을 선언하고 있다. 따라서 행정입법은 권력분립원칙에 위배된다고 볼 수 있다. 그러나 현대 복지국가에 있어서는 행정의 기능이 질적·양적으로 확대됨에 따라 종전의 경찰국가에서 소수의 실정법으로 사회의 모든 현상을 규율하던 때와는 달리 법규범의 정립업무를 행정부에 점점 더 많이 위임할 수밖에 없게 되었다. 행정입법의 필요성으로는 ① 현대행정의 고도의 전문성·기술성 때문에 정치성을 특징으로 하는 국회는 제도의 근본 방향을 정립하고, 보다 전문적이고 기술적인 문제는 전문·기술관료로 조직된 행정부에서 입법하는 것이 보다 합리적이며, ② 변화무쌍한 천차만별의 대상에 대하여 구체적이고도 타당성 있는 방대한 양의 규범을 정립할 필요성이 있으며, ③ 국회의 심의에는 많은 시간과 절차가 소요되어 급속한 사회변화에 적응하기 어렵다는 점 등이다.

Ⅲ. 행정입법의 문제점

행정입법의 증가추세가 필연적인 것이라고는 하더라도 행정입법은 어디까지나 법률에 의한 행정의 원리를 보완하는 의미를 갖는다. 만일 법률을 지나치게 골격입법화하고 백지위임식으로 행정입법에 수권화하는 것은 법치주의를 무너뜨리게 되며, 국민의 대표기관인 국회에 의한 통제를 벗어나 행정부의 전횡을 초래할 우려가 클 것이다. 따라서 위임입법의 한계에 관한 적절한 규범을 정립하여 행정입법의 남용을 억제하여야 할 것이다.

제2절 법규명령

Ⅰ. 의의 및 성질

법규명령이란 행정기관이 정립하는 성문의 일반적·추상적 규범 중에서 법규의 성질을 가진 것을 말한다. 법규적 성질을 가진다는 것은 국민과 행정권을 모두 구속하는 양면적 구속력이 있다는 의미이다. 이러한 점에서 법규적 성질을 갖지 아니하고 행정조직 내부에서 행정권만을 구속하는 일면적 구속력이 있는 행정규칙과 구별된다. 따라서 법규명령에 위반한 행정권의 행위는 위법행위로서 무효 또는 취소사유가 되며, 이로 인하여 권익이 침해된 국민은 행정쟁송을 통하여 무효확인 또는 취소를 구하거나 손해배상청구소송을 제기할 수 있다. 반면에 법규성이 없는 행정규칙에 위반한 행위는 그러하지 아니하다.

법규명령은 개인의 권리·의무에 관계되므로, 행정규칙과는 달리 일정한 형식과 공포(고시)를 요한다. 그러나 법규명령의 형식을 취하고 있으면서도 행정규칙의 성질을 가지는 것이 있는 반면, 훈령·고시 등 행정규칙의 형식을 취하면서도 법규명령의 성질을 가지는 것이 있다는 점을 유의할 필요가 있다.

Ⅱ. 종류

법규명령은 여러 가지 기준에 따라 분류할 수 있으나, 일반적으로 수권의 범위·근거와 법형식에 의한 분류가 가능하다.

1. 수권의 범위·근거에 따른 분류

(1) 비상명령

비상명령은 비상상태를 수습하기 위하여 행정부가 헌법에 근거하여 발하는 헌법적 효력을 갖는 명령을 말한다. 예컨대, 프랑스 헌법상의 비상조치, 우리나라 유신헌법상 대통령이 발하는 비상조치 등이 있다.

(2) 법률대위명령

법률대위명령이란 헌법에 근거하여 발하는 법률적 효력을 가지는 명령으로서, 현행 헌법상 대통령의 긴급명령, 긴급재정·경제명령이 이에 해당한다.[1] 법률대위명령은 헌법에 직접 근거하여 발하여지는 독립명령이므로 법률의 위임 없이도 가능하다. 다만, 법률대위명령은 지체없이 국회의 승인을 얻어야 하며, 그 승인을 얻지 못한 때에는 그 때부터 효력을 상실하게 된다.

(3) 법률종속명령

법률종속명령이란 법률보다 하위의 효력을 가지는 명령으로서, 대통령령·총리령·부령 등이 이에 속한다. 법률종속명령에는 그 내용에 따라 위임명령과 집행명령으로 구분되지만 (헌법 제75조[2]·제95조[3]), 실정법의 제정관행은 양자가 하나의 법규명령에 함께 규정되고 있다.

---

1) 제76조 ① 대통령은 내우 · 외환 · 천재 · 지변 또는 중대한 재정 · 경제상의 위기에 있어서 국가의 안전보장 또는 공공의 안녕질서를 유지하기 위하여 긴급한 조치가 필요하고 국회의 집회를 기다릴 여유가 없을 때에 한하여 최소한으로 필요한 재정 · 경제상의 처분을 하거나 이에 관하여 법률의 효력을 가지는 명령을 발할 수 있다. ② 대통령은 국가의 안위에 관계되는 중대한 교전상태에 있어서 국가를 보위하기 위하여 긴급한 조치가 필요하고 국회의 집회가 불가능한 때에 한하여 법률의 효력을 가지는 명령을 발할 수 있다.

2) 제75조 대통령은 법률에서 구체적으로 범위를 정하여 위임받은 사항과 법률을 집행하기 위하여 필요한 사항에 관하여 대통령령을 발할 수 있다.

3) 제95조 국무총리 또는 행정각부의 장은 소관사무에 관하여 법률이나 대통령령의 위임 또는 직권으로 총리령 또는 부령을 발할 수 있다.

1) 위임명령

위임명령은 법률 또는 상위명령이 특정사항에 대하여 구체적으로 범위를 정하여 위임한 사항을 규정하는 명령으로서 대통령령과 법률 또는 대통령령의 위임에 의한 총리령·부령을 말한다.

2) 집행명령

집행명령은 상위법령에 의한 구체적인 위임 없이 상위법령의 단순한 집행을 위한 세부적 절차방법 등 기술적 사항을 규정하는 명령이다. 집행명령은 명시적 수권이 없는 경우에도 발할 수 있으나 국민의 권리·의무에 관한 사항은 창설할 수 없다. 또한 집행명령은 상위법을 집행하기 위한 것이므로 상위법의 집행과 무관한 독자적 집행명령은 인정되지 않는다.[4)]

2. 법형식(발령권한의 소재)에 의한 분류

(1) 대통령의 긴급명령, 긴급재정·경제명령

① 대통령은 내우·외환·천재·지변 또는 중대한 재정·경제상의 위기에 있어서 국가의 안전보장 또는 공공의 안녕질서를 유지하기 위하여 긴급한 조치가 필요하고 국회의 소집을 기다릴 여유가 없을 때에 한하여 최소한으로 필요한 재정·경제상의 처분을 하거나 이에 관하여 법률의 효력을 가지는 명령을 발할 수 있다(헌법 제76조 제1항).

② 대통령은 국가의 안위에 관계되는 중대한 교전상태에 있어서 국가를 보위하기 위하여 긴급한 조치가 필요하고 국회의 집회가 불가능한 때에 한하여 법률의 효력을 가지는 명령을 발할 수 있다(헌법 제76조 제2항).

(2) 대통령령

대통령이 법률에서 구체적으로 범위를 정하여 위임받은 사항이나, 법률을 집행하기 위하여 필요한 사항에 관하여 정하는 법규명령이다. 보통 '시행령'이라는 명칭을 사용한다. 대통령령의 일반적인 제명은 근거법이 되는 모법의 시행에 관한 전반적인 사항을 정하는 경우에는 'ㅇㅇ법(법률)시행령'으로 칭하며, 모법의 일부규정의 시행에 필요한 개별적 사항을 정한다. 대통령의 권한범위 안의 사항을 정할 경우에는 'ㅇㅇ규정', 'ㅇㅇ령'으로 칭하되, 다

---

4) 사법시험령·사무관리규정은 모법이 없는 대통령령이라 볼 수 있다. 김남진, 고시계, 1996. 12, 21면.

만, 조직법규중 행정기관의 조직·직무범위에 관한 사항을 정하는 직제의 경우에는 'ㅇㅇ직제'로 통상 표현한다.[5)]

(3) 총리령·부령

총리령이란 국무총리가 법률 또는 대통령령의 위임 또는 직권에 의하여 발하는 명령을 말하며, 부령이란 행정각부의 장이 법률이나 대통령령의 위임 또는 직권으로 발하는 명령이다(헌법 제95조 참조). 국무총리 또는 행정각부의 장은 소관사무에 관하여 법률이나 대통령령의 위임 또는 직권으로 총리령 또는 부령을 발할 수 있으며(헌법 제95조), 병역법시행규칙과 같이 통상 시행규칙이란 명칭을 붙인다. 총리령·부령의 제명은 일반적으로 'ㅇㅇ법(법률)시행규칙' 또는 'ㅇㅇ규칙'으로 칭한다.

(4) 중앙선거관리위원회규칙

중앙선거관리위원회는 헌법 제114조 제6항[6)]에 의거하여 법령의 범위 안에서 선거관리, 국민투표관리, 정당사무 등에 관한 규칙을 제정할 수 있다. 이 규칙에는 내용적으로 위임명령과 집행명령이 포함되어 있다.

(5) 감사원규칙

감사원은 감사원법(제52조)에 근거하여 감사절차·감사원의 내부규율 및 감사사무처리에 관한 규칙을 제정할 수 있다. 그런데 감사원규칙을 행정입법으로 볼 것인가에 관하여는 행정입법은 국회입법원칙에 대한 예외를 이루는 것이므로 헌법에 명문으로 열거된 것에 한하여 인정된다는 입장에서 이를 행정규칙의 일종으로 보는 견해[7)]가 있다. 그러나 헌법의 규정은 예시적인 것이며 그 외의 행정입법형식을 금지하는 뜻은 아니라는 점에서 이를 법규명령의 일종으로 인정[8)]하여야 할 것으로 생각된다.

---

5) 법제처, 법령입안심사기준, 1996, 188면.

6) 제114조 ⑥ 중앙선거관리위원회는 법령의 범위안에서 선거관리 · 국민투표관리 또는 정당사무에 관한 규칙을 제정할 수 있으며, 법률에 저촉되지 아니하는 범위안에서 내부규율에 관한 규칙을 제정할 수 있다.

7) 김도창, 일반행정법론(상, 311면; 석종현·송동수, 일반행정법(상), 면146.

8) 김남진, 행정법 I , 면164; 박윤흔, 행정법강의(상), 220면; 이상규(상), 294면.

Ⅲ. 근거

법규명령의 제정에는 헌법·법률 또는 상위법령의 근거를 필요로 한다. 구체적으로 보면 대통령의 긴급명령이나 긴급재정·경제명령은 헌법이 정하는 요건이 충족되어야만 정할 수 있다. 반면 위임명령은 법률이나 상위명령의 구체적 범위를 정한 위임이 있어야만 정할 수 있고 국회에 의한 사후 통제를 받도록 하고 있다. 집행명령은 새로운 법규사항을 정하는 것이 아니라, 법률 또는 상위명령의 단순한 집행을 위한 절차·방법 등을 정하는 것이므로 위임 없이도 발할 수 있다.

Ⅳ. 한계

1. 긴급명령, 긴급재정·경제명령

헌법 제76조 제1항 및 제2항에 규정된 대통령의 긴급명령과 긴급재정·경제명령은 '법률의 효력을 가지는 명령'이라 하여 국회가 제정한 법률과 동일한 효력을 가지게 하고 있다. 그러나 긴급명령과 긴급재정·경제명령은 주로 긴급을 요하는 경우에 발하는 것이지, 통상의 절차가 가능할 경우에는 발하는 것이 아니므로 일반적인 행정상 입법이 아니다. 또한 종국적으로 국회의 승인을 얻지 못하면 그 때부터 효력을 상실하게 된다.

2. 위임명령

위임명령의 한계에 관하여는 다음 사항이 거론되고 있다.

(1) 일반적 한계

헌법 제75조는 '법률에서 구체적으로 범위를 정하여 위임받은 사항'에 한하여서만 위임명령을 발할 수 있다고 규정하고 있다. 따라서 국민의 권리·의무에 관한 기본적인 사항은 모두 법률에서 직접 규정하여야 한다. 다만 그 세부적인 법률 보충적인 사항에 한하여 위임할 수 있고 위임할 경우에도 법률유보의 원칙이 훼손되지 아니하도록 법률에서 위임의 범위를 구체적으로 정하여 위임하여야 한다. 따라서 위임은 개별적이며 구체적인 위임이어야 하며, 일반적 또는 포괄적 위임이나 백지위임은 헌법의 위임범위를 벗어난 것으로서 위헌이며 무효의 판결을 받게 된다.

(2) 대상의 한정성과 기준의 명확성

모든 행정분야에 있어 천편일률적인 기준을 요구할 수는 없다. 따라서 ① 우선 규제대상의 성격에 따라 기본권 침해영역에서는 급부행정영역보다 더 강하게 요구되며, ② 매우 다양한 사실관계를 규율하거나 사실관계가 수시로 변화할 것이 예상되는 때에는 그 반대라고 하여야 한다.

> **【판례】**: ① 위임의 구체성·명확성의 정도
>
> 교육법(제8조의2)은 『중학교 의무교육의 범위는 대통령령으로 정한다』고만 규정하여 의무교육의 범위를 구체적으로 한정하지 않고 있어 헌법 제75조에 대한 위헌이 아닌가 하는 의문이 생기지만, 이러한 위임의 구체성·명확성의 요구 정도는 규제대상의 종류와 성격에 따라 달라진다. 막대한 재정지출을 수반하는 무상교육의 수익적 성격과 규율대상의 복잡다양성을 고려하면, 위임의 명확성의 요구 정도를 완화하여 해석할 수 있는 것이며, 따라서 포괄적 위임금지를 규정한 헌법 제75조에 위반하지 아니한다(헌재결 1991. 2. 11, 90헌가27).
>
> ② 수익적 행정분야에는 완화된 기준의 적용.
>
> 공공용지의취득및손실보상에관한특례법(공특법 재4조 제5항)은 보상대상인 손실의 종류를 열거하고 그 평가방법 및 기준 등을 건설부령으로 정하도록 위임하였는바, 위 조항은 보상의 대상이 되는 손실의 종류를 제한적으로 한정한 것이 아니라 예시적인 것에 불과하며 여기에 열거되지 아니한 손실에 대하여도 건설부령으로 정할 수 있다고 보아야 한다. 따라서 위 조항에 이농비만 있을 뿐 실농보상에 관하여는 명문으로 규정이 없다 하더라도, 토지수용으로 영농을 계속할 수 없게 된 농민이 입은 영농피해에 대하여 그 보상액 산정방법과 기준을 정한 공특법시행규칙의 관련조문은 공특법의 위 조항에 터잡은 것으로 유효하고, 모법의 위임이 없는 무효의 규정이라 할 수 없다(대판 1994. 1. 28, 93누17218).

(3) 헌법상의 입법사항

헌법은 죄형법정주의(제12조), 국적취득요건(제2조 제1항), 재산권의 수용 및 보상(제23조 제3항), 조세법률주의(제59조), 행정 각부의 설치(제96조), 지방자치단체의 종류(제117조 제2항) 등을 법률로 정하도록 규정하여 헌법상의 입법사항임을 명시하고 있다. 이러한 국회전속적 입법사항에 관하여는 위임이 허용되지 아니한다는 견해[9]와 일정한 범위 내에서 위임할 수 있다는 견해[10]가 있다. 그러나 이들 헌법상의 개별조항이 위임입법의 일반적

9) 석종현·송동수, 일반행정법(상), 153면; 이상규(상), 298면.

10) 김남진, 행정법 I, 173면; 김동희, 행정법 I, 142면; 박윤흔, 행정법강의(상), 227면.

기준 및 한계를 정한 헌법 제75조의 적용을 배제하는 취지로는 해석되지 아니하므로 위임이 허용된다고 보아야 할 것이다.[11)]

(4) 처벌규정의 위임

헌법상의 죄형법정주의와 관련하여 법률이 처벌규정을 행정입법에 위임하는 것은 전형적인 기본권 침해에 해당하기 때문에 가장 신중하게 다루어져야 할 분야이다. 처벌규정은 처벌대상인 행위의 설정(구성요건)부분과 그 행위에 대한 처벌정도(형벌의 정도)에 관한 부분으로 나누어 볼 수 있다. 즉 구성요건의 포괄적 위임은 허용되지 아니하며, 최소한 법률에서 처벌대상인 행위가 어떠한 것이라고 예측할 수 있을 정도로 구체적으로 정하여야 하며, 형량에 관하여는 형벌의 종류와 상한은 법률로 정하여야 한다. 통설은 법률(모법)이 범죄구성요건의 구체적 기준을 정하여 위임하거나 처벌의 정도에 관하여서도 벌의 상한을 정하여 위임하는 것은 허용된다고 한다. 헌법재판소는 "형벌법규라 하더라도 일정사항의 위임이 불가능하지는 않지만 죄형법정주의의 원칙에 비추어 보건대, 최소한도 범죄의 구성요건의 윤곽만큼은 수권규정자체에서 예측할 수 있어야 한다"[12)]고 판시하였다.

【헌재결】: ① 복표발행·현상기타사행행위단속법(법률 제762호 1961 .11. 1) 제9조가 『각령(제2공화국 의원내각제하의 법령, 오늘날의 대통령령에 해당함)의 규정에 위반한 행위』를 처벌토록 한 것은 형벌만을 규정하고 범죄의 구성요건의 설정을 완전히 백지위임한 것이나 다름없으므로 헌법 제12조 제1항에 위배된다(헌재결 1991. 7. 8, 91헌가4).

② 조례의 제정권자인 지방의회는 선거를 통해서 그 지역적인 민주적 정당성을 지니고 있는 주민의 대표기관이고 헌법이 지방자치단체에 포괄적인 자치권을 보장하고 있는 취지로 볼 때, 조례에 대한 법률의 위임은 법규명령에 대한 법률의 위임과 같이 반드시 구체적으로 범위를 정하여 할 필요가 없으며 포괄적인 것으로 족하다(헌재결 1995. 4. 20, 92헌마264).

③ 구 주택건설촉진법 제32조 제1항은 구성요건상의 행위주체에 관하여 주택건설촉진법 제3조 제5호의 사업주체로서 사기업체의 경우에는 같은 법 제6조의 규정에 의하여 주택건설사업자로 등록한 자를 의미하고 있음을 명백히 하고 있으며, 위 규정에 의한 주택의 공급조건 · 방법 · 절차의 각 개념이 사전적으로도 비교적 구체적 의미를 갖는 것일 뿐만 아니라, 같은 법의 목적과 전체 내용에 비추어 보면 사업주체가 주택을 일반에 분양함에 있어서 지켜야

11) 박윤흔, 행정법강의(상), 226면 ; 김남진, 행정법Ⅰ, 173면 ; 김동희, 행정법Ⅰ, 135면.

12) 헌재 1993. 5. 13, 92 헌마 80.

할 제반사항을 의미하고 있는 것이 분명하므로, 처벌대상행위에 대한 예측가능성이 충분히 기대되고, 한편 구 주택건설촉진법 제52조 제1항 제2호는 1년 이하의 징역 또는 500만원 이하의 형벌을 특정하여 위반행위에 대한 형벌의 종류 및 그 상한을 특정하고 있으므로, 죄형법정주의나 위임입법의 한계를 일탈한 것이라고 할 수 없다(헌재결1995. 10. 26, 93헌바62).

【판례】: <u>죄형법정주의에 위배되지 아니하는 위임</u>

양곡관리법 제17조 제1항은, 농수산부장관은 양곡의 수급조정과 유통질서의 확립을 위하여 특히 필요하다고 인정할 때에는 양곡매매업자에 대하여 기간과 지역을 정하여 대통령령이 정하는 바에 따라 매매대상자의 제한, 판매가격의 최고한도, 거래 포장규격의 제한 등에 관한 명령을 할 수 있도록 규정하고, 동법 제23조는 위 규정에 의한 농수산부장관의 명령에 위반한 자는 10년 이하의 징역, 3천만 원 이하의 벌금에 처하도록 한 경우에 이들 조항은 모두 죄가 되는 행위와 이에 대한 형벌은 법률로 정하여야 한다는 헌법 제12조의 죄형법정주의에 반한다고 할 수 없다(대판 1982. 11. 23, 82도2352).

(5) 재위임

재위임이란 법률이나 명령에 의하여 위임받은 사항을 다시 하위명령에 위임하는 것을 말한다. 이러한 재위임은 법률에서 대통령령으로 정하도록 위임하였음에도 불구하고 다시 부령으로 위임할 수 있는가가 문제되는 바, 종전에는 이를 수권법률을 개정하는 결과가 된다고 하여 완전히 부정하는 견해도 있었다. 오늘날은 전면적 재위임은 허용되지 않지만 위임받은 사항에 관하여 기본적인 골격을 정한 다음 다시 세부적인 사항을 하위명령에 위임하는 것은 허용된다고 본다.[13)]

【헌재결】: <u>특정사항의 범위를 정한 재위임의 허용</u>

재위임에 의한 부령의 경우에도 위임에 대한 대통령령에 가해지는 헌법상의 제한이 당연히 적용되므로 법률에서 위임받은 사항을 전혀 규정하지 아니하고 그대로 재위임하는 것은 허용되지 않으며 위임받은 사항에 관하여 대강을 정하고 그 중의 특정사항을 범위를 정하여 하위법령에 다시 위임하는 경우에만 재위임이 허용된다(헌재결 1996. 2. 29, 94헌마213).

13) 김도창, 일반행정법론(상, 315면; 김남진, 행정법Ⅰ, 174면; 박윤흔, 행정법강의(상), 229면; 이상규(상), 298면.

3. 집행명령

집행명령은 위임명령과 달리 상위명령을 집행하기 위하여 필요한 세부적·구체적 사항만을 규정할 수 있을 뿐이다. 즉 상위법령의 시행에 필요한 구체적인 절차나 형식 등을 규정할 수 있을 뿐이며, 새로운 입법사항은 정할 수 없다. 그러나 현실적으로는 양자의 차이가 상대적이며 애매한 경우가 많으므로 행정현실에 있어서 상위명령의 위임 없이 위임명령에 해당하는 사항을 집행명령으로 규정하는 사례가 보이기도 한다.

V. 성립요건·발효요건 및 하자

1. 성립요건

법규명령은 다음의 성립요건을 모두 갖추지 못하면 하자를 띠게 되며, 그것이 중대하고 명백한 것이면 무효가 된다.

(1) 주체

법규명령은 대통령·국무총리·행정각부장관 등 정당한 권한을 가진 기관이 제정하여야 한다. 다만, 헌법에 명시되어 있지 않는 기관(국무총리직속기관·국세청장 등)이 법규명령을 제정할 수 있는지에 대하여는 다툼이 있다.[14)]

(2) 내용

법규명령은 헌법·법률·대통령령 등 상위명령의 위임이 있어야 하고, 그 위임의 범위를 벗어나거나 상위명령의 어떠한 조항에도 저촉되지 않는 내용이어야 한다. 또한 그 내용이 객관적으로 인식할 수 있을 정도로 명확하여야 하며, 평균인의 능력으로 실현 가능한 것이어야 한다.

(3) 절차

행정관청 내부의 절차로는 주무부처의 성안 → 관계부처의 협의가 필요한 경우 협의 →

14) 대법원은 훈령 등 행정규칙의 법규성을 부인하면서도 훈령을 법규명령으로 판시하고 있는데(국세청훈령에 관한 판례 : 1994. 4. 26, 93 누 21668), 훈령을 법규명령의 형식으로 인정할 것인지 분명치 않다. 법규명령의 형식과 절차 등이 헌법(제75조·제95조 등)과 법률(법령등 공포에 관한 법률)에 엄격히 규정되어 있는 이상, 법규명령은 그러한 형식과 절차를 통해서만 제정되어야 하고 행정규칙의 형식으로 되어 있는 것을 그 내용을 중시하여 법규명령으로 간주하는 태도는 지양되어야 할 것이다.

법제처 심사(정부조직법 제23조 제1항) → 국무의회 의결(법률·대통령령의 경우) → 국회 심의·의결(법률의 경우) → 공포의 절차를 거쳐야 한다. 대통령령은 법제처의 심사와 국무회의의 심의를 거쳐야 하며, 총리령과 부령은 법제처의 심사만 거쳐 제정된다.

대외적인 절차로서는 국민의 권리·의무 또는 일상생활과 밀접한 관련이 있는 법령은 그 입법취지·주요내용을 관보·공보 또는 일간신문에 20일 이상 게재하여 국민에게 예고하여야 하고 이해관계인으로부터 서면에 의한 의견제출을 받아야 한다(행정절차법 제41조 내지 제45조 참조).

(4) 형식

법규명령은 법조문의 형식을 갖추어야 한다. 대통령령은 전문에 국무회의의 심의를 거친 뜻을 기재하고 대통령이 서명·날인한 후, 그 일자를 명기하여 국무총리와 관계국무위원이 부서한다. 총리령과 부령은 국무총리 또는 당해 부의 장관이 서명·날인하고 일자를 명기한다.

(5) 공포

공포란 외부에 표시하는 것을 말하며, 법규명령이 유효하게 성립하기 위해서는 외부에 표시하여야 한다. 공포는 정부가 발행하는 관보에 게재하여 행하며, 법규명령의 공포일은 그 법규명령이 게재된 관보가 현실적으로 발행된 날을 말한다(법령 등 공포에 관한 법률 제11조 제1항[15)]·제12조[16)]).

2. 발효요건

법규명령은 위의 성립요건을 갖춤으로써 적법하게 성립되며, 시행됨으로써 그 효력이 발생한다. 시행일은 국민의 주지기간·행정관청의 사전준비기간 등을 고려하여 당해 법규명령의 부칙에서 '공포 후 3월이 경과한 날부터 시행한다' 등으로 규정함이 보통이다. 특별히 시행일을 규정하지 아니한 경우에는 공포한 날로부터 20일을 경과함으로써 효력이 발생한다(법령 등 공포에 관한 법률 제13조[17)]).

---

15) 제11조(공포 및 공고의 절차) ① 헌법개정 · 법률 · 조약 · 대통령령 · 총리령 및 부령의 공포와 헌법개정안 · 예산 및 예산 외 국고부담계약의 공고는 관보에 게재함으로써 한다.

16) 제12조(공포일 · 공고일) 제11조의 법령 등의 공포일 또는 공고일은 해당 법령 등을 게재한 관보 또는 신문이 발행된 날로 한다.

Ⅵ. 소멸

법규명령의 소멸은 그 시점을 기준으로 장래에 향하여 효력이 상실되는 것을 말한다. 일반 법률과 마찬가지로 법규명령도 폐지되거나 종기가 도래하거나 근거법령이 소멸하는 경우에는 그 효력이 소멸하게 된다. 폐지란 법규명령의 효력을 장래에 향하여 소멸시키는 행정권의 의사표시를 말한다. 실효는 종기의 도래나 해제조건의 성취에 의하는 경우도 있지만, 상위법과 신법우선의 원칙에 의하여 소멸되는 경우도 있다.

【대판】: ① 상위법령의 시행에 필요한 세부적 사항을 정하기 위하여 행정관청이 일반적 직권에 의하여 제정하는 이른바 집행명령은 근거법령인 상위법령이 폐지되면 특별한 규정이 없는 이상 실효되는 것이나, 상위법령이 개정됨에 그친 경우에는 개정법령과 성질상 모순, 저촉되지 아니하고 개정된 상위법령의 시행에 필요한 사항을 규정하고 있는 이상 그 집행명령은 상위법령의 개정에도 불구하고 당연히 실효되지 아니하고 개정법령의 시행을 위한 집행명령이 제정, 발효될 때까지는 여전히 그 효력을 유지한다(대판 1989. 9. 12, 88누6962).

② 일반적으로 법률의 위임에 의하여 효력을 갖는 법규명령의 경우, 구법에 위임의 근거가 없어 무효였더라도 사후에 법개정으로 위임의 근거가 부여되면 그 때부터는 유효한 법규명령이 되나, 반대로 구법의 위임에 의한 유효한 법규명령이 법개정으로 위임의 근거가 없어지게 되면 그 때부터 무효인 법규명령이 되므로, 어떤 법령의 위임 근거 유무에 따른 유효 여부를 심사하려면 법개정의 전·후에 걸쳐 모두 심사하여야만 그 법규명령의 시기에 따른 유효·무효를 판단할 수 있다(대판 1995. 6. 30, 93추83).

③ 법령의 전부 개정은 기존 법령을 폐지하고 새로운 법령을 제정하는 것과 마찬가지여서 특별한 사정이 없는 한 새로운 법령이 효력을 발생한 이후의 행위에 대하여는 기존 법령의 본칙은 물론 부칙의 경과규정도 모두 실효되어 더는 적용할 수 없지만, 법령이 일부 개정된 경우에는 기존 법령 부칙의 경과규정을 개정 또는 삭제하거나 이를 대체하는 별도의 규정을 두는 등의 특별한 조치가 없는 한 개정 법령에 다시 경과규정을 두지 않았다고 하여 기존 법령 부칙의 경과규정이 당연히 실효되는 것은 아니다(대판 2014. 4. 30, 2011두18229).

17) 제13조(시행일) 대통령령, 총리령 및 부령은 특별한 규정이 없으면 공포한 날부터 20일이 경과함으로써 효력을 발생한다.

Ⅶ. 법규명령에 대한 통제

1. 정치적 통제

정치적 통제에는 국회에 의한 통제와 국민에 의한 통제의 2가지를 생각할 수 있다.

1) 국회에 의한 통제로는 ① 법규명령에 궁극적인 동의 또는 승인권이 국회에 유보되게 함으로써 직접적으로 통제하는 방법이 있다. 이는 영국과 같이 법령의 의회에의 제출절차(laying process)나 독일의 동의권유보가 그 대표적인 예이다. 또한 ② 국회가 행정부에 대한 예산심의, 국정감사조사, 국무위원에 대한 질문 등의 방법에 의하여 간접적으로 법규명령의 적법성 및 타당성을 확보하는 방법이 있다.

우리 헌법은 법률적 효력을 가지는 대통령의 긴급명령과 긴급재정·경제명령에 대하여 국회의 사후승인을 얻게 하는 직접적 통제 이외에는 실질적 통제제도가 없다.

2) 국민에 의한 통제로는 행정절차법상의 입법예고제에 의하여 20일 이상 사전에 공고하여 국민의 의견을 제출받고 필요하면 공청회까지 거치도록 하고 있다(행정절차법 제41조 내지 제45조). 이는 국민의 권리·의무 또는 그 일상생활과 밀접한 관련이 있는 법규명령의 제정·개정에 있어 국민의 의견을 반영하기 위한 것이므로 행정입법의 적법성 보장의 한 방법이다.

2. 행정적 통제

행정적 통제방법으로는 행정부 내에 특별한 심사기구를 두어 그 심사를 받도록 하는 것이다. 예컨대 우리의 법제처, 일본의 내각법제국, 프랑스의 국참사원, 미국의 관리예산처 등이다. 행정조직은 상·하의 계층적 구조로 되어 있어 상급기관은 하급기관의 적법·타당하고 통일성 있는 행정을 기하기 위하여 지휘·감독권을 행사할 수 있다. 따라서 상급기관은 하급기관의 행정입법을 통제할 수 있으며, 국가는 지방자치단체의 자치입법을 통제할 수 있는 것이다. 따라서 상급행정청은 하급행정청의 행정입법의 행사에 관하여 그 기준과 범위를 정해주거나, 그 수권을 철회하거나 위법한 법규명령의 폐지를 명할 수 있다. 또한 하급행정청 상호간에 행정입법권의 관장에 관하여 분쟁이 있을 때에는 그의 주관쟁의결정권에 의하여 그 분쟁을 해결한다.

3. 사법적 통제

(1) 법원에 의한 통제

법원에 의한 법규명령의 통제는 법원의 재판에 의하여 위법한 법규명령을 통제하는 방법이다. 우리나라는 법규명령에 대한 추상적 규범통제는 허용되지 아니하고, 구체적인 사건의 재판에 있어 법규명령의 위헌·위법성 여부가 재판의 전제가 될 경우에만 그 사건의 판결을 위한 선결문제로서 위헌·위법성 여부를 심사할 수 있는 구체적 규범통제만 인정된다. 그러나 법규명령 자체만으로도 국민의 권리·의무를 직접 발생·변경·소멸시키는 소위 처분법령인 경우에는 구체적 사건성이 없어도 그 처분법령 자체가 행정소송의 대상이 된다.

그리고 법원이 위법이라고 판단한 법규명령은 오직 당해 사건에 한하여만 적용이 거부될 뿐이며, 위법인 법규명령 자체가 실효되는 것은 아니다. 따라서 위헌·위법한 법규명령에 기하여 행하여진 행정행위는 중대·명백설에 입각하여 판단할 때 그 하자가 중대한 것이지만 행정청에게는 법령심사권이 없기 때문에 명백한 하자라고 볼 수는 없으므로 당연 무효로 볼 수는 없고 취소사유에 해당한다고 보아야 한다.

> **【판례】**: ① 조례가 집행행위의 개입 없이도 그 자체로서 직접 국민의 구체적인 권리의무나 법적 이익에 영향을 미치는 등의 법률상 효과를 발생하는 경우 그 조례는 항고소송의 대상이 되는 행정처분에 해당하고, 이러한 조례에 대한 무효확인소송을 제기함에 있어서 행정소송법 제38조 제1항, 제13조에 의하여 피고적격이 있는 처분 등을 행한 행정청은, 행정주체인 지방자치단체 또는 지방자치단체의 내부적 의결기관으로서 지방자치단체의 의사를 외부에 표시한 권한이 없는 지방의회가 아니라, 구 지방자치법(1994. 3. 16. 법률 제4741호로 개정되기 전의 것) 제19조 제2항, 제92조에 의하여 지방자치단체의 집행기관으로서 조례로서의 효력을 발생시키는 공포권이 있는 지방자치단체의 장이다(대판 1996. 9. 20, 95누8003).
>
> ② 행정소송은 구체적 사건에 대한 법률상 분쟁을 법에 의하여 해결함으로써 법적 안정을 기하자는 것이므로 부작위위법확인소송의 대상이 될 수 있는 것은 구체적 권리의무에 관한 분쟁이어야 하고 추상적인 법령에 관하여 제정의 여부 등은 그 자체로서 국민의 구체적인 권리의무에 직접적 변동을 초래하는 것이 아니어서 그 소송의 대상이 될 수 없다(대판 1992. 5. 8, 91누11261).

(2) 헌법재판소에 의한 통제

헌법은 명령·규칙에 대한 위헌 또는 위법 심사권은 법원에, 법률의 위헌심사권은 헌법재판소에 부여하고 있다(제107조 제1항·제2항[18]). 그러나 헌법재판소도 헌법재판소법 제68조 제1항[19]에 근거하여 명령·규칙의 위헌성 여부를 심사할 수 있는가에 관하여 학설이 대립하고 있다. 즉 ① 헌법 제107조 제2항은 재판의 전제가 된 경우에 한하여 법원의 심사권을 인정한 것이고, 명령·규칙의 제정행위도 공권력의 행사행위이므로 그것이 국민의 기본권을 침해한 경우에 그에 대한 헌법소원을 인정하는 것은 헌법 제107조 제2항에 위배되는 것은 아니라는 적극설[20]과 ② 헌법 제107조 제1항 및 제2항의 규정은 법률과 명령·규칙의 심사권을 엄격히 분리하여, 전자는 헌법재판소에, 후자는 법원에 각각 배타적으로 부여한 것으로 해석되므로, 헌법재판소는 명령·규칙에 대한 위헌심판권을 가질 수 없다는 소극설[21]이 있다.

한편, 우리 헌법재판소는 법무사자격시험을 실시하지 않을 수 있도록 규정한 법무사법시행규칙(대법원규칙)이 모법인 법무사법에 반하고 헌법상의 평등권과 직업선택의 자유를 침해하여 위헌이라는 헌법소원심판에 대하여 적극설의 입장에서 위헌이라고 결정한 바 있다(헌재 1990. 10. 15, 89헌마178).

【헌재결】: ① 법무사법시행규칙 제3조 제1항은 「법원행정처장은 법무사를 보충할 필요가 있다고 인정하는 경우에는 대법원장의 승인을 얻어 법무사시험을 실시할 수 있다」고 규정하였는 바, 이는 법원행정처장이 법무사를 보충할 필요가 없다고 인정하면 법무사시험을 실시하지 아니해도 된다는 것으로서, 상위법인 법무사법 제4조 제1항에 의하여 청구인을 비롯한 모든 국민에게 부여된 법무사자격취득의 기회를 하위법인 시행규칙으로 박탈하고 법무사업을 법원·검찰청 등의 퇴직공무원에게 독점시키는 것이 되며, 이는 결국 대법원이 규칙제정권을 행사함에 있어 위임입법권의 한계를 일탈하여 청구인이나 기타 법무사자격을 취득하고자 하는 모든 국민의 헌법 제11조 제1항의 평등권과 직업선택의 자유를 침해한 것이다(헌재 1990. 10. 15, 89헌마178).

18) 제107조 ① 법률이 헌법에 위반되는 여부가 재판의 전제가 된 경우에는 법원은 헌법재판소에 제청하여 그 심판에 의하여 재판한다. ② 명령 · 규칙 또는 처분이 헌법이나 법률에 위반되는 여부가 재판의 전제가 된 경우에는 대법원은 이를 최종적으로 심사할 권한을 가진다.

19) 제68조(청구 사유) ① 공권력의 행사 또는 불행사로 인하여 헌법상 보장된 기본권을 침해받은 자는 법원의 재판을 제외하고는 헌법재판소에 헌법소원심판을 청구할 수 있다. 다만, 다른 법률에 구제절차가 있는 경우에는 그 절차를 모두 거친 후에 청구할 수 있다.

20) 김남진, 행정법Ⅰ, 181면; 김동희, 행정법Ⅰ, 144~151면; 박윤흔, 행정법강의(상), 238면; 석종현·송동수, 일반행정법(상), 161~162면.

21) 이상규(상), 321면.

② 사법시험법과 사법시험법시행령은 정원제와 과락제를 모두 기본원칙으로 하면서도 상호간의 우열관계에 관하여는 아무런 규정을 두고 있지 않고, 정원제를 유지하기 위하여 과락제의 적용을 제한하는 조치를 하위명령에 위임하지도 아니하였으므로 법무부령으로 '성적의 세부산출방법 그 밖에 합격결정에 필요한 사항'으로서 정원제를 유지하기 위하여 과락제의 적용을 제한하는 조치를 정하는 것은 하위명령에 의한 모법의 내용변경을 의미하여 허용되지 아니한다. 그러므로 법무부령에 '성적의 세부산출방법'을 규정하였더라면 청구인들이 제45회 사법시험 제2차 시험에서 과락을 면하여 합격할 수 있었을 것이라고 보기 어렵고, 따라서 청구인들이 사법시험의 '성적의 세부산출방법 그 밖에 합격결정에 필요한 사항'에 관한 법무부령을 제정하지 아니한 법무부장관의 부작위에 대하여 위헌 확인을 구할 권리보호의 이익이 없다(헌재결 2005. 12. 12, 2004헌마66).

제3절 행정규칙

Ⅰ. 의의

행정규칙이란 행정조직 내부 또는 특별권력관계 내부의 조직이나 활동을 규율하기 위하여 상급행정기관이 하급행정기관에 대하여 발하는 일반적·추상적 규범으로서 내부적 효력만을 가지는 법규성이 없는 행정입법을 말한다. 행정규칙은 법규명령과 달리 일반 국민의 권리·의무를 규율하는 것이 아니므로 오직 행정조직 내부에서만 효력을 가진다는 점에 특징이 있다. 따라서 행정규칙에 위반한 행정행위는 위법은 아니며 그 효력에도 아무런 영향이 없으며, 이를 행한 공무원만이 행정조직 내부에서 징계책임을 지게 될 뿐이다.

Ⅱ. 성립배경 및 기능

행정규칙이론은 독일의 특별권력관계론을 기초로 하여 재량행위론과 함께 법률로부터 자유로운 영역을 형성함으로써 군주의 독자적 영역을 고수하기 위한 의회와 군주의 타협의 산물이다. 오늘날 행정규칙은 대량·반복적인 행정행위의 통일적인 기준을 마련하여 재량권 행사의 준칙으로 기능함으로써 헌법상의 평등권을 구현하는 적극적인 기능을 수행하고 있다. 그러나 행정이라는 울타리 속에 둘러싸여 국민들에게 비공개되는 재량준칙을 제정·적용함으로써 권력남용의 요인으로 작용하게 될 우려도 있다.

그러나 행정규칙의 중요성이 인정되는 면도 있다. 즉 내부적 효력만 가지는 행정규칙에 따르지 아니한 행정행위에 대하여 위법성을 이유로 제소할 수 없다. 하지만 행정규칙에 따르지 아니한 행정처분에 대하여는 평등의 원칙을 위반한 이유로 제소할 수 있기 때문에 재량권행사의 준칙이라는 측면에서 행정규칙의 중요성이 인정된다.

Ⅲ. 종류

1. 형식에 따른 분류

사무관리규정(대통령령)에 의하면 행정규칙은 훈령·지시·예규·일일명령 등의 형식으로 구분된다. 이들은 상급기관이 하급기관의 근무에 관한 사항을 계속적으로 규율하기 위하여 발하는 일종의 근무규칙이다.

(1) 훈령

훈령이란 상급기관이 하급기관에 대하여 상당히 장기간에 걸쳐 그 권한의 행사를 일반적으로 지시하기 위하여 발하는 명령이다. 훈령은 관보에 공시하는 것이 일반적인데 공시하지 않는 내훈도 있다. 훈령은 하급행정기관에 대하여 발령되지만 하급행정기관이 훈령에 위반한 행정행위를 하였다 하더라도 당해 행정행위가 위법하게 되는 것은 아니다.

(2) 지시

지시란 상급기관이 하급기관에 대해서 직권 또는 하급기관의 문의나 신청에 의하여 개별적·구체적으로 발하는 명령을 말한다. 다만, 내용이 일반적·추상적 규율이 아닌 경우는 행정규칙에 해당하지 않는다고 보아야 할 것이다.

(3) 예규

예규란 행정사무의 통일을 기하기 위하여 법규문서 이외의 문서로서 반복적 행정사무의 기준을 제시하는 명령을 말한다.

(4) 일일명령

일일명령이란 출장·당직·시간외근무·휴가 등 일일업무에 관한 명령을 말한다. 다만 그 내용이 일반·추상적인 규율이 아닌 경우에는 행정규칙이 아니고 직무명령에 해당한다 할 것이다.

2. 내용에 따른 분류

(1) 조직규칙

조직규칙이란 행정조직 내부의 조작·권한배분·사무처리절차 등에 관한 규칙을 말한다. 우리나라는 헌법상에 행정조직법정주의[22]를 택하고 있어 조직규칙이 기능할 수 있는 범위가 한정적이다.

(2) 행위지도규칙

행정지도규칙이란 행정기관의 대외적 활동의 지침을 정한 규칙으로서 다음과 같은 종류가 있다.

1) 해석규칙

해석규칙이란 오늘날 많은 법규가 불확정개념을 사용하고 있기 때문에 그 개념을 명확하게 해석해 줌으로써 하급 집행기관 간에 통일적인 법적용을 기하기 위하여 마련한 규칙을 말한다. 즉 행정내부에 있어서 규범해석을 통일하여 국민에 대한 관계에서 법적 평등취급을 보장하고 법률의 집행을 정형화하는 기능을 수행하는 것이다.[23]

2) 재량준칙

재량준칙이란 하급기관의 재량권행사의 기준을 정하는 규칙을 말한다. 예컨대, 식품위생법·자동차운수사업법 등에 의한 법규위반자에 대하여 위반사안의 경중에 따라 사업허가 취소·정지 등의 구체적인 기준을 정하는 것이다.

3) 간소화지침

간소화지침이란 대량적이고 반복적인 행정처분을 획일적인 기준을 정한 규칙을 말한다. 예컨대, 조세·사용료·수수료 등 각종 부과금의 반복적인 부과·징수업무의 처리지침을 정하는 것이다.

3. 특별권력관계의 종류에 의한 분류

종래 특별권력관계는 공법상의 근무관계, 공법상의 영조물 이용관계, 공법상의 감독관

---

22) 제96조 행정각부의 설치 · 조직과 직무범위는 법률로 정한다.

23) 김향기, 행정규칙의 유형과 외부효과, 월간고시, 1994.3, 70면.

계, 공공조합에 있어서의 조합과 조합원과의 관계 등으로 구분된다. 따라서 행정규칙을 근무규칙, 영조물 이용규칙, 감독규칙, 사원규칙 등으로 나눈다.

(1) 근무규칙

근무규칙이란 공법상의 근무관계를 규율하는 규칙을 말한다. 예컨대, 공무원당직근무규칙 등이다.

(2) 영조물규칙

영조물규칙이란 공법상의 영조물 이용관계를 규율하는 규칙이다. 예컨대, 국립도서관이용규칙 등이다. 그러나 오늘날에는 영조물이용관계를 특별권력관계로 보는 이론이 퇴조하고 있다.

(3) 감독규칙

감독규칙이란 공법상의 특별감독관계를 규율하는 규칙을 말한다. 예컨대, 별정우체국 감독규칙 등이다.

(4) 사원규칙

사원규칙이란 공법상의 사단관계를 규율하는 규칙을 말한다. 예컨대, 산림조합정관 등이다.

Ⅳ. 법규명령 형식의 행정규칙과 행정규칙 형식의 법규명령

1. 법규명령 형식의 행정규칙

행정규칙의 성질을 가진 규정이 대통령령·총리령·부령 등의 법규명령 속에 있는 경우 그것을 법규명령으로 볼 것인지 행정규칙으로 볼 것인지에 관하여 견해가 대립되어 있다. 예컨대, 정부공문서규정·공무원근무규정 등은 법규명령인 대통령령으로 제정된 것이지만 그 내용은 전형적인 행정규칙에 해당한다.

(1) 법규명령설

이러한 행정규칙은 법규명령으로 전환되어 국민과 법원을 구속하는 양면적 효과를 가진다는 견해이다. 현재의 다수설이다.[24]

(2) 행정규칙설

이 견해는 형식이 법규명령이라 할지라도 그 내용이 행정규칙의 성질을 가진 것이면 행정규칙으로 보아야 하며, 따라서 국민과 법원을 구속할 수 없다는 견해이다.[25]

(3) 결어

법규명령과 행정규칙이 각각 고유한 법형식이 있음을 전제로 할 때 규정의 내용·성질은 중요하지 아니하므로 법규명령은 어디까지나 국민과 법원을 구속하는 법형식이라면 적극설의 견해가 타당하다. 반면, 그 고유한 법형식에 의한 구별이 아니라 규정의 내용·성질에 의한 이론적인 구별이라면 소극설이 타당할 것이다. 그러나 오늘날 행정조직 내부영역 및 특별행정법관계에서 법치주의의 확대경향과 법규사항·행정규칙사항간의 구별이 결코 쉬운 것은 아니라고 볼 때 적극설의 견해가 타당하다고 생각한다.

【판례】: ① 정부공문서규정(종전의 것) 제36조 제2항의 규정은 행정기관으로 하여금 일반국민의 문서열람 및 복사신청에 대하여 기밀 등의 특별한 사유가 없는 한 이에 응하도록 하고 있으므로 그 신청을 거부한 것은 위법하다(대판 1989. 10. 24, 88누9312).

② 구 여객자동차 운수사업법 시행규칙 제31조 제2항 제1호, 제2호, 제6호는 구 여객자동차 운수사업법 제11조 제4항의 위임에 따라 시외버스운송사업의 사업계획변경에 관한 절차, 인가기준 등을 구체적으로 규정한 것으로서, 대외적인 구속력이 있는 법규명령이라고 할 것이고, 그것을 행정청 내부의 사무처리준칙을 규정한 행정규칙에 불과하다고 할 수는 없다(대판 2006. 6. 27, 2003두4355).

2. 행정규칙 형식의 법규명령

내용상으로는 법규명령에 해당하는 것을 고시·훈령·지침 등의 행정규칙의 형식으로 제정된 경우에 그 성질과 효과를 어떻게 볼 것인가에 관하여 견해가 대립한다. 즉 내용상으로는 법규명령에 해당하는 것을 행정규칙의 형식으로 제정한 경우에 그 성질을 어떻게 볼 것인가에 관한 견해의 대립이다. 이에 대하여 ① 이는 법규를 보충하는 것으로서 대외적인 효력을 가지는 법규명령의 일종이라고 하는 견해[26]와 ② 헌법이 규정하고 있는 법규명령의 형

24) 김도창, 일반행정법론(상, 325면; 김동희, 행정법Ⅰ, 157면; 박윤흔, 행정법강의(상), 244면; 이상규(상), 310면.

25) 김남진, 행정법Ⅰ, 187면; 석종현·송동수, 일반행정법(상), 175~180면.

식은 한정적으로 열거된 것이므로 총리령·부령의 형식이 아닌 훈령·예규 등의 형식을 취하는 이상 행정규칙이라는 견해,[27] ③ 실질적 의미의 법규명령을 행정규칙으로 발하는 것은 위법·무효가 된다는 견해[28] 등이 있다.

대법원은 ① 소득세법시행령이 양도소득세액 산출에 있어서 부동산투기억제를 위하여 기준시가가 아닌 실지거래가액에 의하여 부동산 양도차액을 결정할 수 있는 경우를 "국세청장이 정한다"고 위임한 바에 근거하여 발령된 국세청장훈령인 '재산제세조사사무처리규정'은 법규명령을 보충하는 기능을 가지면서 그와 결합하여 대외적인 구속력이 있는 법규명령으로서의 효력을 가진다고 하였으며(대판 1992. 1. 21, 91누5334), ② 주류도매업면허신청서의 구비서류는 "국세청장이 정한다"는 주세법시행령(제14조)의 위임에 근거하여 구비서류를 정한 국세청장훈령인 '주류도매면허제도개선업무처리지침'(대판 1994. 3. 8, 92누1728)과, ③ 보건복지부장관이 공익상 허가를 제한할 필요가 있는 영업은 허가할 수 없다는 식품위생법(제23조의3)에 근거하여 "생수는 허가제한영업으로 규정하면서 전량수출 또는 주한 외국인에게 판매할 때에만 허가할 수 있다"는 규정을 둔 보건복지부장관고시인 '식품제조영업허가기준'에 대하여도 법규명령으로서의 효력을 가진다고 판시한 바 있다(대판 1994. 3. 8, 92누1728). 그러나 이 고시는 헌법상 직업활동의 자유, 국민의 먹을 물 선택이라는 행복추구권을 침해하여 무효라고 하였다.

Ⅴ. 성질 및 효력

행정규칙이 법규로서의 성질과 효력을 가지는가에 관하여 전통적 견해는 이를 부정 하여왔다. 그러나 오늘날에는 일정한 유형의 행정규칙에 대하여는 준법규적 성질을 인정하고 있다.

1. 비법규성설

종래의 통설은 법규명령은 일반통치권에 기초를 두고 있는데 대하여, 행정규칙은 직접적으로 특별권력관계에 있어서 특별권력에 기초를 두고 있으므로 법령의 수권 또는 근거를 필요로 하는 법규명령과 구별하였다. 즉 행정규칙은 ① 특별권력에 기초하여 특별권력관계 내부에서의 조직과 작용만을 규율하기 위하여 발령되는 것이므로 국민과 법원을 구속하는

26) 김동희, 행정법Ⅰ, 157면; 박윤흔, 행정법강의(상), 249면; 이상규(상), 295면.

27) 김도창, 훈령과 부령의 효력, 법률신문 1988.10.29.

28) 강구철, 강의행정법Ⅰ, 280면.

법적 효력은 없고, ② 수명기관이 행정규칙에 위반한 행정행위를 한 경우에도 국민에 대한 효력에는 아무런 영향이 없으며, 다만 위반행위를 한 공무원이 행정조직 내부에서의 징계 책임만을 질뿐이며, ③ 행정조직 외부에 대하여 공포할 필요도 없으며, ④ 발령권자 자신은 이에 구속되지 않고 이와 모순되는 개별적·구체적 명령을 발함으로써 종전에 발한 일반적·추상적 행정규칙을 개정할 수도 있기 때문에 특별권력관계 내부에서의 개별적·구체적 명령과의 효력의 차이는 없다고 한다.

2. 법규성설

오늘날 새로운 경향으로 행정규칙에 대하여 준법규성 내지 법규성을 인정하는 견해가 있다. 구체적으로 보면 다음과 같은 두 가지의 견해로 나뉘고 있다.

(1) 간접적인 법규적 효력설

간접적 효력설은 행정규칙이 정립되어 적용되게 되면 행정관행이 성립되고 이 경우 특별한 이유 없이 특정인에게만 그것을 적용하지 아니하면 평등원칙위반으로 위법하게 되어 행정기관은 당해 행정규칙에 따라야 할 자기구속을 당하게 된다. 이와 같은 행정의 자기구속론에 바탕하여 행정규칙은 평등원칙을 매개로 하여 간접적으로 사실상의 대외적 효력을 갖는다고 한다.[29] 예컨대, 행정청에게 인정된 처분권·감독권(영업허가의 정지·철회권 등의 권한)의 행사기준을 정한 행정규칙이 제정되고 나면, 그 수범자인 하급행정기관은 물론 규칙제정권자 스스로도 정해진 규칙에 따라 권한을 행사하게 되며 그 효과가 행정영역 밖의 국민에게도 미치게 되는 것이다. 예컨대, 영업허가를 받고 개인이 영업허가의 정지 또는 철회의 처분을 받게 된다. 오늘날 독일의 다수설과 연방행정법원의 판례의 입장이다.

(2) 직접적인 법규적 효력설

직접적 효력설은 일정한 범위에 대하여 국민에게 직접적으로 법적인 대외적 효력을 인정하게 되며, 행정권에도 일정 한도 내에서 고유한 입법권이 있다고 주장한다. 즉 입법권은 의회에만 있는 것이 아니고 행정권에도 일정 한도 내에서 고유한 입법권이 있다는 이원적 법이론에 근거하여 행정권도 부여된 재량권행사의 범위 내에서 법률이나 법규명령의 위임 없이 직접 대외적 효력을 가지는 법규를 제정할 수 있다는 견해이다.[30]

---

29) 김철용, 행정법 I, 116면.

30) Ossenbühl, Zur Außenwirkung von Verwaltungsvorschriften in Verwaltungsgericht

(3) 결어

직접적인 대외적 효력을 인정하게 되면 헌법상의 권력분립 내지 법률유보의 원칙에 반하게 된다. 또한 현실적으로도 법률 등의 위임 없이 재량권행사의 이름으로 민주적 심사와 공포절차 없이 비공개적으로 또한 그 자신은 아무런 구속도 받지 아니하는 행정규칙을 발령할 수 있도록 허용하게 되면 행정권을 남용할 우려가 있으므로 부당하다고 생각된다. 따라서 평등원칙 등을 매개로 하여 간접적으로만 대외적 효력을 갖는다는 간접적인 법규적 효력설이 타당하다고 생각한다.

3. 판례

판례는 원칙적으로는 법규성을 부정하고 있으며, 예외적으로만 법규성을 인정하고 있다.

(1) 법규성을 부정한 판례

대부분의 판례는 원칙적으로 행정규칙의 법규성을 부정하고 있다.

【판례】: 행정규칙의 법규성 부정

① 국세청장 훈령인 '국세징수법기본통칙'은 과세관청 내부에 있어서 세법의 해석기준 및 집행기준을 시달한 행정규칙에 불과하고 법원이나 국민을 기속하는 효력이 있는 법규가 아니라고 할 것이며 …이 규정이 오랫동안 시행되어 왔다는 사정만으로 그 규정의 법규적 효력을 인정할 수도 없는 법리이다(대판 1992. 12. 22, 92누7580).

② '자동차운수사업법' 제31조 등에 관한 처분 요령(교통부장관훈령)은 자동차운수사업 법령 위반자에 대한 사업면허 취소·정지 등의 행정처분 기준을 정한 훈시적인 규정에 지나지 아니하는 것으로서, 관계 행정청의 재량권을 기속하는 것이라고 할 수 없음은 물론, 법원을 기속하는 성질의 것도 아니다(대판 1983. 9. 13, 82누285).

③ 행정정보공개 운영지침(국무총리훈령)은 공개대상에서 제외하는 정보의 범위를 조정하고 있으나, 국민의 자유와 권리는 법률로써만 제한할 수 있으므로, 이는 법률에 의하지 아니하고 국민의 기본권을 제한하는 것이 되어 대외적 구속력은 없다(대판 1999. 6. 21, 97누5114).

(2) 법규성을 긍정한 판례

대법원은 부동산양도차액결정에 관한 국세청장훈령인 '재산제세조사사무처리규정'에 대

---

zwischen Freiheit, Teilhabe und Bindung, 1998, S.448f.

하여 법규명령으로서의 효력을 인정한 바 있다. 하지만 이 판례는 대통령령인 소득세법시행령이라는 법규명령의 구체적·개별적 위임이 있었고 이에 근거하여 제정된 것이기 때문에 실질적으로는 법규명령에 해당하는 것이다. 따라서 법규명령의 효력이지 본래 의미의 행정규칙의 효력에 대한 판결이라고 볼 수는 없다. 따라서 대법원의 판례도 본래 의미의 행정규칙에 대하여는 직접적인 법규적 효력을 부정하고 있는 것이라 하겠다.

> **【헌재결】:** <u>재량준칙인 행정규칙의 간접적인 법규적 효력 인정</u>
> 재량권행사의 준칙인 행정규칙이 그 정한 바에 따라 되풀이 시행되어 행정관행이 이룩되게 되면, 평등의 원칙이나 신뢰보호의 원칙에 따라 행정기관이 그 상대방에 대한 관계에서 그 규칙에 따라야 할 자기구속을 당하게 되는 경우에는 구속력을 가지게 된다(헌재결 1990. 9. 3, 90헌마13).

Ⅵ. 근거와 한계

1. 근거

행정규칙은 법령에서 인정된 재량의 범위 안에서 제정하는 것이다. 따라서 법령의 개별적·구체적 위임 없이도 제정할 수 있다.

2. 한계

행정규칙은 ① 법령과 상급감독기관의 행정규칙에 위반되지 않는 한도 안에서 발해야 하며, ② 당해 행정목적 달성을 위하여 필요한 한도 안에서 제정하여야 하며, ③ 재량의 범위를 넘어 법령에서 예기치 아니한 국민의 권리·의무에 관한 사항을 새로이 정할 수 없다.

Ⅶ. 성립 및 발효요건

1. 성립요건

행정규칙은 법규명령과 같은 성립요건을 갖추어야 하지만, 성격상 다른 점도 있다.

(1) 주체

행정규칙은 이를 발할 권한 있는 행정기관이 재량권, 포괄적 감독권 및 관리권 등이 있는 경우에 그 범위 내에서 법률적 수권 없이 발할 수 있다.

(2) 내용

행정규칙은 다른 행정작용에 있어서와 같이 법령 또는 상급행정기관의 행정규칙에 위반한 내용이어서는 아니 된다. 또한 사회통념에 비추어 내용이 불명확하거나 실현 불가능한 것을 명하는 내용이어서는 아니 된다.

(3) 절차

행정규칙은 법규명령과 달리 특별한 법정의 절차는 없으며, 대외적 표시행위인 공포도 필요 없다. 대법원은 "훈령은 적당한 방법으로 표시 또는 통보하면 되는 것이지, 이를 공포하거나 고시하지 아니하였다는 이유만으로 그 효력을 부인할 수 없다"고 판시하고 있다(대판 1990. 5. 22, 90누639).

(4) 표시

행정규칙은 법규명령과는 달리 반드시 공포의 형식에 의하도록 요구되는 것은 아니다. 따라서 관보게재·게시·사본배포·전문 등 어떤 방법으로든지 수범자가 알 수 있는 상태이면 효력이 발생한다.

2. 발효요건

행정규칙은 행정조직내부에서만 타당한 규범이므로 반드시 관보에 게재하여 공포함으로써 효력이 발생하는 것은 아니다. 따라서 적절하다고 인정되는 방법으로 수명기관에 도달한 때로부터 효력을 발생한다. 단, 시행일에 관하여 당해 훈령에서 별도로 명시하고 있는 경우에는 그에 의함은 물론이다.

3. 소멸

행정규칙은 법규명령과 같이 폐지 또는 실효됨으로써 효력이 소멸한다.

Ⅷ. 행정규칙에 대한 통제

1. 입법적 통제

법규명령의 경우와 같이 행정규칙의 성립·발효에 직접 통제를 가할 수 있는 직접적 통제수단은 없다. 그러나 국회가 정부에 대하여 국정감사와 국정조사, 국무위원해임건의, 대정부질문, 탄핵소추 등을 통하여 간접적으로 통제할 수 있는 수단이 있다.

2. 행정적 통제

행정규칙에 대한 행정적 통제로는 ① 상급행정기관이 하급행정기관에 대하여 지휘·감독권을 통하여 통제할 수 있으며, ② 법규명령의 경우와 같이 절차상의 통제가 가능한 바, 행정절차법에 의한 입법예고절차를 거칠 것을 요구하는 등의 통제방법이 있다.

3. 사법적 통제

행정규칙이 직접 국민의 권리·의무에 변동을 초래하는 '처분규칙'인 경우에는 이를 행정행위로 보아 직접 취소 또는 무효확인을 구하는 행정쟁송을 제기할 수 있다. 그러나 판례는 행정규칙의 법규성을 부인하므로 실현될 가능성은 없다. 따라서 대부분의 행정규칙은 이에 의거한 구체적인 행정행위가 있기 전까지는 국민의 권리·의무에 직접적인 변동을 초래하지 아니함으로, 행정규칙 자체만을 대상으로 취소 또는 무효확인을 구하는 행정쟁송을 제기할 수 없다.

제2장

행정행위

제2장
행정행위

제1절 행정행위의 개념과 특질

Ⅰ. 행정행위의 개념

1. 개념 정립의 실익

행정행위의 개념은 행정에 의한 개인의 권리를 제한하거나 의무를 부과하는 침익적 행정에 대한 체계적 정립을 위해 행정법상 발전되어 왔다. 그러나 오늘날에는 생존배려적인 급부행정에 관한 행정행위의 요구가 증대하면서 행정행위의 개념정립이 중요한 과제가 되었다. 행정행위는 실정법에서 허가·특허·인가·면허·지정 등 여러 가지 용어로 사용되고 있는 다양한 것들을 하나로 묶어서 설명하는 학문상의 용어이다.

이와 같이 다양한 실정법상의 제도를 학문상 통일된 개념으로 정립하는 이유는 행정행위의 개념이 실정법과는 전혀 무관한 추상적 개념이 아니라 경험적·목적적 개념으로서 아래와 같은 실익을 얻을 수 있기 때문이다.[31]

1) 행정쟁송의 대상 확정

대륙법계 국가에서는 공법과 사법의 구분하여 국가의 모든 행정 중 공권력적 작용은 일반법원이 아닌 특별한 행정재판소의 관할로 하였기 때문에 재판관할을 확정하기 위하여 행정행위의 개념을 정립할 필요가 있게 되었다. 공법과 사법의 구분 없이 모두 보통법(common law)의 적용을 받고 그 법적 분쟁도 일반법원(보통법원)에서 재판하는 영·미법계 국가에서는 행정에만 특유한 법이 인정되지 않았다. 따라서 행정행위라는 개념을 인정할 필요가 없었다.

---

31) 물론 독일에 있어서는 행정행위에 대한 기능적 측면으로 실질적 규율기능, 행정절차법적 기능, 행정행위에 관한 제목을 정하는 기능 및 소송법적 기능으로 세분화하여 개념접근을 시도하고 있는 경우도 있다(Battis, S. 75).

우리의 실정법 구조상으로도 행정행위로 인하여 침해된 권익을 구제받기 위해서는 행정심판법과 행정소송법상의 쟁송절차에 의하도록 하고 있으므로 행정행위의 개념을 명확히 할 필요가 있다. 행정쟁송의 대상이 되는 행정행위를 확정하기 위해서는 행정소송법상의 '처분'의 개념을 확정하는 것이 매우 중요하다. 왜냐하면 어떤 행정행위가 처분성이 있으면 행정소송의 대상이 되지만 처분성이 없으면 그 대상에서 제외되기 때문이다.

【판례】: 항고소송의 대상이 되는 행정처분이라 함은 행정청의 공법상의 행위로서 특정사항에 대하여 법규에 의한 권리의 설정 또는 의무의 부담을 명하거나 기타 법률상 효과를 발생하게 하는 등 국민의 구체적인 권리의무에 변동을 초래하는 행위를 말하는 것이다(대판 1995. 11. 21, 95누9099).

2) 사법행위와의 구별

행정행위는 행정주체의 우월한 의사의 힘에 의하여 국민의 권리·의무에 일방적인 변동을 초래하게 된다. 따라서 대등한 당사자의 의사합치에 의하여 성립되는 공법상계약이나 사실행위 등의 행정작용 또는 사법상의 법률행위와 달리 공정력·확정력·강제력과 같은 특수한 효력이 인정된다. 그리고 사법행위에서는 내심의 의사와 표시가 불일치할 경우 항상 문제가 되지만, 행정행위에 있어서는 그 의사결정과정에 있어서의 착오나 허위표시 등 공무원 개인의 의사의 흠결(하자) 등이 그대로 행정행위의 효력에 영향을 미친다고 하기는 어렵다. 또한 구제제도에 관하여도 행정행위에 대한 구제제도로는 행정상 손해전보제도와 행정쟁송제도를 둠으로써 사법상의 구제제도에 대하여 특수성이 인정되고 있다. 이와 같이 사법행위에 대비되는 특수성을 탐구하기 위해서도 행정행위의 개념을 인정할 필요가 있다.

2. 행정행위의 개념

행정행위의 개념은 광·협의 여러 가지 의미로 이해되어 있으나, 오늘날에 있어서는 가장 좁은 의미로 이해함이 일반적이다.

(1) 최광의

최광의의 행정행위 개념은 '행정기관이 행하는 모든 행위'라는 의미로 사용된다. 이러한 의미의 행정행위에는 사실행위·행정입법 및 통치행위 등 모든 행정작용이 포함되기 때문에 하나의 통일된 특성을 지닌 단일 개념으로 취급하기 어렵다.

(2) 광의

광의의 행정행위란 '행정기관에 의한 공법행위'를 의미한다. 이러한 의미의 행정행위에는 최광의의 개념에서 사실행위, 사법행위 등은 제외되지만, 행정입법·협의의 행정행위·통치행위가 포함되는 개념이기 때문에 역시 동질성을 찾기는 어렵다.

(3) 협의

협의의 행정행위는 '행정기관이 법 아래서 구체적 사실에 관한 법집행으로서 행하는 공법행위'를 말한다. 이러한 의미의 행정행위에는 광의의 개념에서 다시 행정입법과 통치행위가 제외되어 상당히 동질적인 요소를 갖추었다고 할 수 있다. 그러나 같은 행정행위라 할지라도 행정주체의 우월한 의사의 힘이 인정되는 권력행위와 그렇지 못한 비권력행위 간에는 법적 성질과 실정법상의 취급을 달리하고 있다는 점에서 여전히 타당한 개념이라고 할 수 없다.

(4) 최협의

최협의의 행정행위는 '행정기관이 법 아래서 구체적 사실에 관한 법집행으로서 행하는 권력적 단독행위인 공법행위'를 말한다. 이러한 의미의 행정행위는 협의의 행정행위에서 다시 비권력행위인 공법상 계약·합동행위가 제외되어 순수한 공권력 발동행위로서의 단독행위만을 의미하게 된다. 이 견해가 현재의 통설적 견해이다. 현행 행정소송법(제2조 제1항)은 처분을 "행정청이 행하는 구체적 사실에 관한 법집행으로서 공권력의 행사 또는 그 거부와 그밖에 이에 준하는 행정작용"이라고 정의하고 있다. 이 정의에 의하면 처분은 최협의의 행정행위 외에도 '이에 준하는 행정작용'까지 포함하고 있기 때문에 처분과 최협의의 행정행위와는 그 개념이 일치하지 않는다.[32]

3. 행정행위의 개념적 징표

(1) 행정청의 행위

행정행위는 행정청의 행위이다. 여기서 행정청은 국가·지방자치단체의 행정기관뿐만 아

---

32) 김남진, 행정법Ⅰ, 208면; 김도창, 일반행정법론(상, 361면; 김동희, 행정법Ⅰ, 238면; 박윤흔, 행정법강의(상), 295면.

니라, 공공조합·영조물법인 등 공법인은 물론, 국가로부터 공권력을 부여받은 사인도 포함된다. 대법원은 지방의회의 의결을 행정처분으로 판시한 바 있다.

> **【판례】:** 지방의회를 대표하고 의사를 정리하며 회의장 내의 질서를 유지하고 의회의 사무를 감독하며 위원회에 출석하여 발언할 수 있는 등의 직무권한을 가지는 지방의회 의장에 대한 불신임의결은 의장으로서의 권한을 박탈하는 행정처분의 일종으로서 항고소송의 대상이 된다(대판 1994. 10. 11, 94두23).

(2) 구체적 사실을 규율하는 행위

오토 마이어는 행정행위는 국가가 개별적 사안에서 국민에 대하여 법을 직접 적용하는 행정청에 속하는 고권적 행위라고 정의하고 있다.[33] 즉 행정행위는 구체적 사실을 직접 규율하는 행위이다. 따라서 일반적·추상적인 법규범을 정립하는 행정입법(법규명령·행정규칙)이나 조례·규칙의 제정행위는 행정행위가 아니다. 이에 반하여 구체적 사실을 규율하는 것인 한, 불특정 다수인을 상대방으로 하는 '일반처분'의 행정행위에 속한다. 예컨대, 위험한 도로의 통행금지, 입산금지, 교통표지판, 자동장치에 의한 교통신호 등이다. 주차금지구역의 지정처럼 그 직접적 대상은 물건이지만 그를 통하여 사람에게도 법적 효과를 발생시키는 '물적 행정행위'도 일반처분의 일종으로서 행정행위로 본다.

(3) 외부에 대한 법적 행위

행정행위는 개인에게 직접적으로 권리·의무를 발생·변경·소멸시키는 법적 행위이다. 따라서 직접적으로는 법적 효과가 발생하지 아니하는 사실행위는 행정행위가 아니다. 또한 행정기관 상호간에 있어서의 내부적행위 즉 상급관청의 하급관청에 대한 명령·승인·동의 등은 행정내부에서만 결정된 것이고 밖으로 표시되지 아니한 행위이므로 행정행위가 아니다. 그러나 이른바 특별권력관계(특별행정법관계)에 있어서의 행위도 그 구성원 개인의 권리·의무에 직접적 관련이 되는 행위는 행정행위로서의 성격을 인정하는 것이 현재의 학설과 판례의 입장이다.

33) Mayer, S.93.

> **【판례】**: 농지개량조합과 그 직원 간의 관계는 사법상의 근로계약관계가 아닌 공법상의 특별권력관계이고, 그 조합의 직원에 대한 징계처분의 취소를 구하는 소송은 행정소송사항에 속한다(대판 1995. 6. 9, 94누10870).

(4) 공법행위

공법행위란 행위의 근거가 공법적이라는 것이고, 그 효과가 공법적이라는 것이 아니다. 행정행위는 공법행위이므로 행정상의 사법작용(국고행정)은 행정행위가 아니다.

(5) 권력적 단독행위

행정행위는 공법상의 일방적·권력적 행위이므로 쌍방행위인 공법상 계약 및 공법상 합동행위와 구별된다. 일방적 행위인 한 상대방의 신청·동의(인·허가 신청, 공무원임명동의 등)가 전제되어 있더라도 행정행위의 성격을 상실하지 아니한다(이른바 쌍방적 행정행위).

4. 형식적 행정행위의 개념

행정행위는 행위의 실질(내용의 실질)을 기준으로 구성된 개념으로 이를 실체법상 행정행위(처분)라 부른다. 그리고 그와는 별도로 행정소송(항고소송)의 대상을 확대하여 국민의 권리구제의 폭을 넓히기 위해 행정쟁송법상 타당한 행정행위개념을 이른바 형식적 행정행위(쟁송법상 처분개념)라 한다.

오늘날 행정계획·행정지도 등 새로운 형태의 행정작용이 출현하여 행정작용의 형식이 매우 다양하고, 이들 새로운 행정작용이 비록 전통적 이론에 의한 실체법상 행정행위의 개념적 징표도 완전히 갖추지 못하고 있다. 그럼에도 불구하고, 이들을 행정쟁송법상 취소소송의 대상으로 인정함으로써 침해된 권리를 구제하기 위하여 '형식적 행정행위'라는 개념을 창설하게 되었다. 예컨대 행정입법·행정계획·행정지도·행정조사 등 구체적 사실규율성, 법적 효과성, 권력성을 띠지 아니한 행정작용도 쟁송법적으로는 적어도 행정행위라고 주장하면서 이를 '형식적 행정행위'라고 부르고 있다.[34]

그러나 오로지 권리구제에만 초점을 두어 내용상의 실질이 상이한 여러 행위형식(행정입법·사실행위·구속적 행정계획 등)을 묶어 하나의 새로운 개념으로 구성하는 것은 타당하지 않다고 본다. 따라서 행정의 행위형식의 확대에 따라 그에 적합한 행정구제(쟁송)제도를 모

34) 김도창, 일반행정법론(상, 360면.

색하는 것이 합리적이고 타당하다고 하면서 형식적 행정행위론을 비판하는 견해가 있다.[35)]

Ⅱ. 행정행위의 특질

행정행위는 행정주체가 우월한 의사의 주체로서 상대방인 국민에 대하여 일방적으로 명령·강제하는 권력적 단독행위이기 때문에 행정주체의 다른 행정작용 및 사법상의 법률행위가 갖지 아니하는 특수성이 인정된다.

1. 적법성

행정행위는 대등당사자 간의 자유로운 의사합치를 요소로 하는 사법상의 법률행위와 구별되는 권력적 단독행위를 의미한다. 따라서 그 명령·강제의 발동에 있어서는 반드시 법적 근거에 의하여 행하여져야 하고, 그 내용에 있어서도 법률에 적합하여야 한다. 이를 행정행위의 적법성이라 한다.

2. 공정력

행정행위에 흠이 있더라도 그것이 중대하고도 명백하여 무효로 되지 않는 한 유효한 행위로서 잠정적인 통용력이 인정되어, 권한 있는 기관이 취소하기 전까지는 그 상대방을 구속하는 힘을 가진다. 행정행위가 이러한 힘을 가지는 것을 공정력이라 한다.

【판례】: 행정행위는 공정력의 효력이 있어 설혹 행정행위에 하자가 있는 경우에도 그 하자가 중대하고 명백하여 당연 무효로 보아야 할 사유가 있는 경우 외에는 그 행정행위가 행정소송이나 다른 행정행위에 의하여 적절히 취소될 때까지는 단순히 취소할 수 있는 사유가 있는 것만으로는 누구나가 그 효력을 부인할 수 없다(대판 1991. 4. 23, 90누8756).

3. 확정력(불가쟁력·불가변력)

① 하자있는 행정행위라 하더라도 당연 무효가 아닌 한 유효한 행위로서 통용되는 효력(공정력)이 있는 바, 이러한 행위에 대한 항고쟁송(취소심판·취소소송 등)은 일정한 쟁송기간 안에 제기해야 하며 그 기간이 도과했거나 심급을 다 거친 경우에는 상대방은 더 이상

---

35) 홍정선, 행정법원론(상), 263면.

이를 다툴 수 없다. 행정행위의 이러한 효력을 불가쟁력(형식적 존속력)이라 한다.

② 행정청(처분청)일지라도 일단 행한 행정행위는 당해 행위의 성질 또는 법적 안정성 등의 견지에서 취소·변경·철회할 수 없는 경우가 있는 바, 이를 행정행위의 불가변력(실질적 존속력)이라 한다.

행정행위가 이와 같은 불가쟁력과 불가변력을 가지는 것을 행정행위의 존속력 또는 확정력이라고 한다.

4. 강제력

강제력이란 자력집행력과 제재력을 행사하여 행정행위를 강제로 실현하는 것을 말한다. 즉 개인이 행정행위에 의해 과해진 의무를 이행하지 아니하거나 또는 행정법규를 위반하는 경우에 행정주체가 자력으로 그 의무를 강제로 실현시킬 수 있고, 혹은 그 위반행위에 대한 제재를 가하여 그 의무이행을 확보할 수 있다.

5. 권리구제의 특수성

행정행위로 인하여 권리를 침해받은 자는 행정심판법과 행정소송법이 정하는 특수한 쟁송제도와 공법상 손해배상 및 손실보상이라는 특수한 손해전보제도에 따라 권리구제를 받을 수 있다. 이러한 권리구제의 특수성은 사법행위와는 달리 반드시 법률에 근거하여 성립되며, 그 집행에 있어서는 강제적으로라도 실현된다는 점에서 연유하는 것이다.

제2절 행정행위의 종류

행정행위는 허가·인가·특허·면허·승인·지정·검사·검정·확인·증명 등 다양하게 사용되고 있는 실정법상의 용어들을 하나로 묶어서 부르는 강학상의 용어이다. 따라서 형식적 용어의 호칭에 따라 분류하는 것도 가능하지만, 이를 주체·구성요소·효과·대상 및 법에의 기속정도 등 여러 가지 실질적 관점에서 분류할 수 있다.

Ⅰ. 주체에 따른 분류

행정행위는 그 주체를 기준으로 하여 국가의 행정행위(징집처분 등), 자치단체의 행정행위(호적신고 수리 등), 공무수탁사인의 행정행위(수출품 검사처분 등) 등으로 분류할 수 있다.

Ⅱ. 법의 구속정도에 따른 분류

행정행위가 법의 엄격한 구속을 받는가 아니면 법의 구속을 받되 행정청이 임기응변적인 판단과 적절한 조치를 할 수 있는가에 따라 기속행위와 재량행위로 구분된다. ① 기속행위란 법규가 행정행위의 요건이나 내용을 구체적·일의적으로 규정하고 있기 때문에 행정청이 그 법규를 단순히 기계적으로 집행하는데 그치는 행위를 말한다. ② 재량행위란 법규가 행위의 요건이나 내용을 명확하게 규정하지 아니하고 행정청에게 선택의 여지를 부여하고 있는 경우에 그 선택에 의하여 행해지는 행위를 말한다.

Ⅲ. 법률효과의 성질에 따른 분류

법률효과의 성질에 따라 수익적 행정행위·침익적 행정행위·복효적 행정행위로 나눌 수 있다. ① 행정행위가 상대방에게 권리·이익을 부여하거나 권리·이익에 대한 제한을 철폐하는 등 유리한 효과를 발생시키는 행위를 수익적 행정행위라 한다. ② 이와 반대로 상대방에게 의무를 부과하거나 권리·이익을 거부·침해하는 등 불이익의 효과를 발생시키는 행위를 침익적 행정행위 또는 부담적 행정행위라 한다. ③ 그리고 행정청의 직접 상대방에게는 유리한 효과를 발생시키지만 제3자에 대해서는 불이익을 발생시키거나, 또는 이와는 반대의 효과를 발생시키는 행위를 복효적 행정행위라 한다.

Ⅳ. 내용에 따른 분류

행정행위의 내용에 의한 구분으로는 법률행위적 행정행위와 준법률행위적 행정행위를 들 수 있다. ① 법률행위적 행정행위는 행정행위의 구성요소가 사람의 '의사표시'이고, 그 법적 효과도 표의자가 바라는 대로 부여되는 것이며, 이에는 하명·허가·인가·특허 등이 있다. ② 준법률행위적 행정행위는 행정행위의 구성요소가 의사표시가 아닌 정신작용(판단·인식·관념의 표시)이고, 그 법적 효과도 표의자의 의사 여하와 관계없이 직접 법규에 규정된 대로 부여되는 것이다. 이에는 확인·공증·통지·수리 등이 있다.

양자의 구별은 민법상 법률행위이론에서 유래한 것이다. 즉 법률행위적 행정행위는 행정청이 표시한 의사의 내용대로 법적 효과가 발생하는데 반하여, 준법률행위적 행정행위는 행정청의 의사 여하와 관계없이 법이 직접 규정한 일정한 효과가 발생하는 것이다. 이와 같은 구별 실익은 전자는 의사표시를 요소로 하므로 행정주체가 스스로 그 법적 효과를 일부 제약하는 '부관'을 붙일 수 있지만, 후자는 그렇지 못하다.

법률행위적 행정행위는 다시 개인이 원래부터 갖고 있던 자연적 자유를 제한하거나 이를 해제하는 명령적 행위(하명·허가·면제)와 개인이 원래부터 가지고 있지 않은 특별한 권리, 능력 및 법적 지위를 부여하는 형성적 행위(특허·인가·대리)로 구분된다. 준법률행위적 행정행위는 확인·공증·통지·수리로 구분된다.

Ⅴ. 행정행위의 대상에 따른 분류

행정행위의 대상에 따라 대인적 행정행위·대물적 행정행위·혼합적 행정행위로 구별된다. ① 대인적 행정행위는 순전히 사람의 학식·기술·경험과 같은 주관적 사정에 착안하여 행해지는 행위이다. 예컨대, 의사면허·자동차운전면허·인간문화재지정 등이 있다. ② 대물적 행정행위는 오직 물건의 성질이나 상태 등 물건의 객관적 사정에 착안하여 행해지는 행위이다. 예컨대, 건축물준공검사, 자동차검사증 교부, 자연공원지정 등이 있다. 대인적 행정행위의 효과는 일신전속적이기 때문에 다른 사람에게 이전할 수 없으나 대물적 행정행위의 효과는 이전할 수 있다. 다만, 대물적 행정행위의 경우에도 그 효과의 이전에는 행정기관의 승인을 받게 하거나 신고하게 하는 것이 보통이다.

③ 혼합적 행정행위란 인적 요소와 물적 요소를 함께 가진 행정행위이다. 예컨대, 전당포

영업허가의 기준과 같이 인적 자격요건 이외에 물적 요건 즉 기준에 적합한 전당물의 보관설비를 갖출 것을 정하고 있는 경우에는 혼합적 성질의 행위에 해당한다.

Ⅵ. 상대방의 협력여부에 따른 분류

행정행위는 협력이 필요한가에 따라 직권적 행정행위와 협력을 요하는 행정행위로 나눌 수 있다. 행정행위는 권력적 단독행위이므로 행정주체의 일방적 행위만으로 성립되지만, 그 행위를 위한 전제로서 상대방의 신청·동의 등과 같은 협력을 필요로 하지 않는 경우를 독립적 행정행위라 한다. 예컨대, 법규 위반자에 대한 영업허가의 취소·정지, 조세부과, 공무원 징계, 의무불이행자에 대한 시정명령 등 부담적 행정행위가 일반적이다. 이에 반하여 상대방의 협력을 필요로 하는 경우를 쌍방적 행정행위라 한다. 예컨대, 특허·허가·인가 및 공무원 임명 등 수익적 행정행위에 그 예가 많이 있다.

Ⅶ. 수령여부에 따른 분류

행정행위가 상대방의 수령을 요하는가 아니하는가에 따라 수령을 요하는 행정행위와 수령을 요하지 않는 행정행위로 구분된다. 일반적으로 행정행위는 상대방에게 수령(도달)되어야만 효력을 발생한다(도달주의의 원칙). 그러나 상대방이 불특정 다수인이거나 주소 또는 거소가 불분명한 경우에는 고시·공고의 방법으로 상대방이 수령한 것으로 간주하고 있다. 예컨대, 관보에 어떤 영업의 인·허가 기준 또는 영업자에 대한 지도·감독 규정을 고시하거나, 특정제품의 KS표시 허가 또는 취소사실을 공고하거나, 공사입찰을 공고하는 경우 등이다.

Ⅷ. 형식에 따른 분류

행정행위가 일정한 형식을 요하느냐 요하지 않느냐에 따라 요식행위와 불요식행위로 구분된다. 요식행위란 개별 법령이 일정한 사항을 기재한 문서에 서명·날인할 것을 요구하는 경우를 말하며, 이 경우 필요한 요식을 결하게 되면 '형식의 하자' 문제가 발생한다. 반면에 불요식행위란 일반적으로 특별한 형식을 요구하지 아니하는 행위를 말한다.

【판례】: "면허관청이 운전면허정지처분을 하면서 별지서식의 통지서에 의하여 면허정지사실을 통지하지 아니하거나, 처분집행예정일 7일 전까지 이를 발송하지 아니한 경우에는 특별한 사정이 없는 한 관계법령이 요구하는 절차·형식을 갖추지 아니한 조치로서 그 효력이 없다고 할 것이고, 이와 같은 법리는 면허관청이 임의로 출석한 상대방의 편의를 위하여 구두로 면허정지사실을 알렸다 하더라도 마찬가지라 할 것이다."라고 하여 부담적 행정행위에서 법령이 요구하는 요식행위에 의하지 않는 경우 그 하자가 중대하고 명백하여 무효가 됨을 선언하고 있다(대판 1996. 6. 14, 95누17823).

Ⅸ. 법률상태의 변동에 따른 분류

행정행위는 현재의 법률상태의 변동을 가져오는가의 여부에 따라 적극적 행정행위와 소극적 행정행위로 분류된다. ① 적극적 행정행위란 하명·허가·특허·인가와 이들에 대한 취소처분 등과 같이 현재의 법률관계에 변동을 초래하는 내용의 행위를 말한다. 반면에 ② 소극적 행정행위란 허가·특허 등의 신청에 대한 거부처분 또는 법정기간 내에 아무런 처분을 하지 아니하는 부작위와 같이 현재의 법률관계에 변동을 가져오지 아니하게 하는 내용의 행위를 말한다.

거부처분은 반드시 명시적인 경우에 한정되지 않고, 법규상의 요건을 충족하지 않는 허가신청의 반려처럼 당해 사안에 비추어 보아 행정청의 거부의사가 확실한 것으로 판정되는 것도 포함한다. 그러나 상대방의 신청에 대하여 이를 방치하는 것은 행정청의 거부처분이 아니라 부작위이다. 행위라는 측면에서는 양자가 다 소극적 행위가 되지만 법률의 효과라는 측면에서는 거부처분은 부작위와 비교하여 적극적인 성격도 가지고 있다고 보아야 할 것이다. 다만, 법률관계에 새로운 변동을 가져오는 것은 아니기 때문에 양자를 소극적 행위라 하는 것이다.

제3절 기속행위와 재량행위

Ⅰ. 개설

1. 법치주의와 재량행위

법치주의 하에서 행정행위의 발동요건과 효과는 법적으로 엄격히 정하는 것은 당연한 요청이라고 하겠다. 따라서 실정법규의 내용도 ① 행정행위의 요건을 정한 요건규정 예컨대, 식품위생법 제30조의 보건복지부장관은 공익상 또는 선량한 풍속을 유지하기 위하여 필요하다고 인정하는 때에는 … 라는 규정과, ② 이러한 요건에 해당되는 때에는 일정한 내용의 행정행위를 한다는 효과규정 예컨대, 식품위생법 제30조의 "식품접객영업자의 영업시간 및 영업행위에 대한 제한을 할 수 있다"라는 규정으로 구성되어 있다.

법치주의를 엄격히 고수하기 위하여서는 법령의 적용에 있어서 행정관청은 법령을 마음대로 해석할 여지가 없을 정도로 행정행위의 요건과 효과를 일의적이고 명확하게 규정하여야 한다. 그러나 짧은 추상적 법규규정으로 천차만별의 구체적 대상들을 일일이 규율하기 힘든 법기술상의 한계가 있다. 또한 변화무쌍한 현실로 말미암아 법제정 당시에는 예측할 수 없는 새로운 사태가 발생할 수도 있는 법제정자의 능력의 한계가 있다. 따라서 법령은 어느 정도까지만 구체적으로 규정하고 그 이상은 구체적 사정에 따라 가장 합당한 처분을 할 수 있도록 행정관청에 대하여 독자적 재량권을 부여하는 것이 보다 합리적이라 할 수 있다. 재량행위의 이론 및 그 한계 문제가 법치주의와 관련하여 논하여지고 있는 것은 이러한 이유 때문이다.

2. 기속행위와 재량행위

기속행위란 행정법규가 어떤 경우에 어떤 내용의 행정행위를 할 것인가에 대하여 의문의 여지없이 명확하게 규정함으로써 이를 기계적으로 적용하기만 하면 되는 경우를 말한다. 반면, 재량행위란 행정관청이 '복수행위 가운데 어느 것을 선택할 수 있는 자유가 인정되어 있는 경우'를 말한다. 이에는 어떤 행정행위를 할 수도 있고 안할 수도 있는 결정재량과 다수의 행정행위 중 어느 것을 해도 괜찮은 경우인 선택재량이 있다.[36] 양자의 구별기준에

36) 김남진, 행정법Ⅰ, 224면.

관하여는 학설이 대립되어 있다.

3. 기속재량과 자유재량

(1) 의의

종래의 학설은 재량행위를 다시 기속재량과 자유재량으로 구분하여 설명하였다. 기속재량이란 무엇이 법인가를 판단함에 있어서의 재량이기 때문에 법규재량이라고도 한다. 기속재량은 이미 일의적으로 확정되어 있고 행정관청은 다만 구체적인 사례에 있어 법의 취지·목적이 무엇인가를 판단할 재량 밖에는 없는 경우를 말한다. 따라서 무엇이 법인가를 잘못 판단한 행위는 기속행위의 기속위반과 마찬가지로 위법행위가 되고 따라서 법원의 심사대상이 된다.

자유재량이란 무엇이 법인가를 탐구하여야 하는 것이 아니라 무엇이 공익에 더 적합한가를 판단하는 재량이므로 이를 공익재량 또는 편의재량이라고도 하다. 자유재량을 그르친 경우에는 단지 판단의 당·부당의 문제가 발생할 뿐 위법의 문제는 발생치 아니하며 따라서 법원의 심사대상이 되지 아니한다고 한다.

(2) 구별론에 대한 비판

기속재량과 자유재량의 구별론은 초기의 재량행위론 시절에 재량행위는 무조건 사법심사의 대상에서 배제하는 것을 시정하고, 재량행위 중 기속재량 위반 행위는 사법심사의 대상에 포함시킴으로써 재판을 통한 국민의 권리구제의 기회를 넓혀 주기 위해 주장되었던 것이다. 그러나 오늘날에는 자유재량행위도 무한정의 재량이 아니라 그 일탈·남용의 경우에는 위법으로 보아 사법심사의 대상으로 하고 있다. 또한 기속재량행위를 위와 같이 정의하는 이상 그것은 사실상 기속행위와 다를 바 없으므로 굳이 양자를 구별할 필요성이 없게 되었다.[37)]

> **【판례】**: 재량권의 남용이나 재량권의 일탈의 경우에는 그 재량권이 기속재량이거나 자유재량이거나를 막론하고 사법심사의 대상이 된다(대판 1984.1.31, 83누451).

37) 동지: 김남진, 행정법Ⅰ, p.227; 김동희, 행정법Ⅰ, p.274; 석종현·송동수, 일반행정법(상), p.210; 박윤흔 교수는 양자 구별의 상대화를 주장하면서도 구별이 전혀 의미 없는 것은 아니라고 한다. 박윤흔, 행정법강의(상), p.341.

Ⅱ. 기속행위와 재량행위의 구별의 실익

1. 행정소송과의 관계

행정소송사항에 관하여 개괄주의를 채택한 오스트리아[38] 등과 같이 실정법이 명문으로 재량행위를 행정소송의 대상에서 제외하고 있는 예도 있다.[39] 그러나 우리나라는 이러한 규정은 없지만, ① 행정소송법 제27조가 "행정청의 재량에 속하는 처분(재량행위)이라도 재량권의 한계를 넘거나 그 남용이 있는 때에는 법원은 이를 취소할 수 있다"고 규정한 것은 반대해석으로 재량행위는 재량권 일탈·남용이 없는 한 적법한 것이므로 사법심사의 대상이 되지 아니한다는 것을 의미한다. 또한 ② 행정부 내에서 행하는 행정심판의 심사범위는 위법뿐만 아니라 부당한 행정행위도 포함되는 데 반하여 사법부가 행하는 행정소송의 심사범위는 오직 위법한 행정행위에만 국한되기 때문에 기속행위와 재량행위를 명백히 구분할 필요가 있다.

2. 부관과의 관계

통설·판례에 의하면 재량행위에 대해서만 부관을 붙일 수 있고 기속행위에 대하여는 부관을 붙일 수 없다고 한다(단, 법령에서 특별히 권한을 부여한 경우에는 붙일 수 있다). 그러나 재량행위에는 언제나 부관을 붙일 수 있고 기속행위에는 절대로 부관을 붙일 수 없는 것은 아니다. 법령의 근거가 있는 한 기속행위도 행정목적의 실현을 담보하기 위한 의미에서의 부관을 붙이는 경우가 있을 수 있다. 예컨대 영업허가와 같은 기속행위에 영업시간·위생시설 등 영업단속을 위한 부관을 붙이는 경우가 있다. 다만 기속행위에 붙일 수 있는 부관의 범위가 제한적이라는 점에서 구별의 실익은 여전히 존재한다고 하겠다.[40]

---

38) 1875년의 행정법원설치법 제3조 : 행정청의 자유재량에 속하는 사항은 행정법원의 관할에 속하지 아니한다.

39) 미국행정절차법 제701조 a항 2호도 같은 내용을 규정하고 있다.

40) 박윤흔, 행정법강의(상), 335면.

【판례】: 자동차운송알선사업 등록처분은 기속행위이므로 부관 붙일 수 없다.

자동차운송을 중개·대리·주선하는 '자동차운송알선사업'을 경영하고자 하는 자는 교통부장관의 등록(학문상 허가의 일종)을 받아야 하며, 그 등록기준은 자동차운수사업법 및 동법시행규칙에 상세히 규정하고 있는바 등록신청인의 시설 등이 이들 규정상의 등록기준에 적합할 때에는 당연히 등록을 받아 주어야 할 의무가 있다고 할 것이므로 기속행위에 해당하며, 기속행위에 대하여는 법령상 특별한 근거가 없는 한 부관을 붙일 수 없고 부관을 붙였다 하더라도 이는 무효라 할 것이다. 따라서 등록관청이 자동차운송알선사업의 등록을 함에 있어서 붙인 "청주시내에 화물 터미널이 설립될 경우에는 사업소를 화물터미널 내로 이전하여야 한다"는 부관은 무효이다(대판 1993. 7. 27, 92누13998).

3. 공권성립과의 관계

기속행위에 대하여 행정청은 일정한 행위를 하여야 할 의무가 있다. 따라서 상대방은 그 기속행위를 해줄 것을 요구할 수 있는 권리(공법상의 권리)가 발생할 수 있다. 그러나 재량행위에 대해서는 상대방은 그에 대한 청구권이 인정되지 않는다. 다만 재량권이 영으로 수축되어 재량행위가 기속행위로 된 경우에는 행정개입청구권이 발생한다고 하겠다.

4. 불가변력의 발생여부

기속행위는 행위의 요건과 내용이 법규에 엄격하게 구속되므로 법규가 존속되는 한 처분행정청이 이를 함부로 취소·철회할 수 없는 불가변력이 발생하나, 재량행위에 있어서는 그것이 가능하다는 견해가 있다.[41] 그러나 재량행위라 하더라도 취소·철회가 자유로운 것은 아니다. 특히 수익적 행위는 비례원칙 및 신뢰보호의 원칙 등에 의하여 조리상 강한 제약을 받고 있다는 점을 감안한다면 불가변력의 발생 여부를 결정하기 위하여 양자를 구분할 실익은 적다고 하겠다.

Ⅲ. 기속행위와 재량행위의 구별기준

1. 학설

(1) 요건재량설

요건재량설은 법문에 규정된 행정행위의 요건에 따라 구별하려는 견해이다. 즉 행정행위

41) 윤세창, 자유재량행위론, 고시계 1964.5, 164면.

에 관한 행정법규가 구체적이고 명확하게 그 요건을 규정하고 있으면 기속행위가 된다는 것이다. 반면에, 아무런 제한규정을 두지 아니하거나(공백규정), 행정의 최종목적인 공익만을 요건으로 규정한 경우에는 재량행위라고 한다. 예컨대 보건복지부장관은 '선량한 풍속의 유지'를 위하여… 등이다. 그러나 공익보다 좀더 구체화된 중간목적의 달성을 요건으로 규정한 경우에는 재량행위가 아니라 기속행위가 된다는 것이다. 예컨대, '보건복지부장관은 공익상 필요하다고 인정할 때에는 …'이라는 규정 등이다. 판례는 요건재량설의 입장에 따라 의사국가시험과 5급공무원 공개 경쟁채용시험의 채점행위[42]와 중·고등학교 교과용 도서의 검증행위[43]는 모두 재량행위라고 판시하였다.

한편, 법령 중 많은 내용이 요건재량을 인정하고 있으며, 판례도 이를 인정하고 있다. 그러나 이 견해는 ① 효과재량(예컨대, '필요한 처분을 할 수 있다' 또는 '영업행위에 대한 제한을 할 수 있다')을 전적으로 부정한 점은 옳지 못하며, ② 최종목적(공익)과 중간목적은 상대적인 차이밖에 없으므로 기속행위와 재량행위의 구별기준이 명확하지 못하다는 단점이 있다.

(2) 효과재량설

요건재량설이 법규상 행위요건의 규정방식에 따라 재량행위여부를 판단하려는 것인데 비해, 효과재량설은 법률효과의 선택에 재량 즉 행위여부 또는 복수행위간의 선택이 존재한다고 보는 견해이다. 요컨대, 법률효과에 선택의 여지가 인정되는 행위가 재량행위이고 그것이 부정되는 행위가 기속행위라는 것이다.

이 견해는 효과재량만이 인정된다는 전제하에, ① 수익적 행정행위 또는 국민의 권익과 아무런 관계가 없는 행위는 법령이 특히 기속하는 규정을 두지 않는 한 원칙적으로 재량행위이지만, ② 부담적 행정행위와 확인행위 등 준법률행위적 행정행위는 어떠한 경우에도 재량행위가 아닌 기속행위라고 한다.

판례는 개인택시사업면허는 권리·이익을 부여하는 행위이므로 재량행위라고 판시(대판 1993. 10. 12, 93누4243)했지만, 이미 행한 허가처분을 취소·철회함으로써 불이익을 줄 경

---

42) 대판 1964. 6. 30, 63누194. 단, 객관식시험의 채점행위는 제외(시·도가 공인중개사 객관식시험 문제를 잘못 출제하여 특정문제에 정답이 없음에도 불구하고 정답이 있는 것으로 채점한 것은 잘못이고 그 문제에 대하여는 모두 정답으로 처리하여야 하며, 그렇게 처리할 경우 합격선인 평균 83.75점이 되는 원고의 공인중개사시험 불합격 처분을 취소한 판례가 있다(서울고법 1994.12.15, 94구12069, 법률신문 1995.2.9).

43) 대판 1992. 5. 12, 91누1813.

우에 행정청이 가지는 재량은 기속재량이라 판시(대판 1963. 8. 31, 63누111)함으로써 효과재량설에 입각하고 있다.

효과재량설은 요건재량을 일체 부정한 위에 효과재량 중 부담적 행정행위를 기속행위라고 함으로써, 재량행위의 범위를 축소하고 사법심사의 범위를 확대하여 국민의 권리구제의 기회를 확대한 공적은 인정된다. 그러나 이 견해는 ① 최근 많은 판례가 건축허가·광천음료수제조업허가 등의 수익적 행정행위도 기속행위로 편입시키는 경향이 많아지고 있고, ② 반대로 허가취소·영업정지·과징금 중 어느 것을 선택할 것인가의 부담적 행정행위에도 재량이 인정되는 예가 있으며, ③ 요건재량을 전적으로 부인하는 것도 타당치 못하다는 점에서 비판을 받고 있다.

(3) 판단여지설

판단여지설은 법률이 정한 요건규정이 추상적·불확정적 개념으로 사용되고 있는 경우에 행정청에게 이러한 요건의 적용·해석에 관한 판단의 여지가 인정되는가 하는 점에서 출발한다. 판단여지설은 행위요건의 판단에 관해서만 인정되는 것이기 때문에 요건재량설을 보충하여 주는 이론으로서, 행정청에 의한 고도의 전문적·기술적 판단이나 정책적 판단이 요구되는 일정한 행정작용에 있어서는 행정청의 판단을 존중하여야 한다는 이론이다. 예컨대 각종 시험 합격결정, 학생·공무원의 성적평가, 예술·문화·환경분야의 전문가적인 판단 등이다. 따라서 판단여지설은 행위효과의 관점에서는 직접 재량행위와 기속행위의 구별에 관한 이론이 될 수 없으나, 판단여지를 재량과 유사개념으로 본다면 판단여지설의 존재는 무의미하여 질 것이다. 따라서 판단여지를 행정행위의 요건의 판단에 관한 재량이라 보아야 할 것이다.

(4) 결어

우리의 실정법과 판례는 행정행위의 요건인정과 효과선택에 관하여 모두 재량을 인정하고 있다. 따라서 요건재량설과 효과재량설은 모두 어느 정도의 타당성을 갖는다고 하겠다. 그러나 양설 모두 문제점이 있으므로 완벽한 이론으로 인정받기는 어렵다고 하겠다. 따라서 기속행위와 재량행위의 판단 기준은 ① 당해 법령의 표현방식(…를 할 수 있다. 또는 …를 하여야 한다.), ② 당해 행위의 성질(수익적 행위, 부담적 행위), ③ 헌법상 기본권과의 관계(기본권이 제한되는 경우, 생활권) 등을 종합적으로 검토하여 구체적·개별적으로 판단할 수밖에 없다고 하겠다.[44)]

【판례】: ① 어느 행정행위가 기속행위인지 재량행위인지 나아가 재량행위라고 할지라도 기속재량행위인지 또는 자유재량에 속하는 것인지 여부는 이를 일률적으로 규정지을 수는 없는 것이고, 당해 처분의 근거가 된 규정의 형식이나 체재 또는 문언에 따라 개별적으로 판단하여야 한다(대판 1998. 9. 8, 98두8759).

② 지가공시및토지등의평가에관한법률시행령 제18조 제1·2항이 감정평가사시험의 합격기준으로 절대평가제 방식을 원칙으로 하되, 행정청이 감정평가사의 수급상 필요하다고 인정할 때에는 상대평가제 방식으로 할 수 있다고 규정하고 있으므로, 감정평가사시험을 실시함에 있어 어떤 합격기준을 선택할 것인가는 시험실시기관인 행정청의 고유한 정책적인 판단에 맡겨진 것으로서 자유재량에 속한다(대판 1996. 9. 20, 96누6882).

③ 행정행위가 그 재량성의 유무 및 범위와 관련하여 이른바 기속행위 내지 기속재량행위와 재량행위 내지 자유재량행위로 구분된다고 할 때, 그 구분은 당해 행위의 근거가 된 법규의 체재 · 형식과 그 문언, 당해 행위가 속하는 행정 분야의 주된 목적과 특성, 당해 행위 자체의 개별적 성질과 유형 등을 모두 고려하여 판단하여야 하고, 이렇게 구분되는 양자에 대한 사법심사는, 전자의 경우 그 법규에 대한 원칙적인 기속성으로 인하여 법원이 사실인정과 관련 법규의 해석 · 적용을 통하여 일정한 결론을 도출한 후 그 결론에 비추어 행정청이 한 판단의 적법 여부를 독자의 입장에서 판정하는 방식에 의하게 되나, 후자의 경우 행정청의 재량에 기한 공익판단의 여지를 감안하여 법원은 독자의 결론을 도출함이 없이 당해 행위에 재량권의 일탈 · 남용이 있는지 여부만을 심사하게 되고, 이러한 재량권의 일탈 · 남용 여부에 대한 심사는 사실오인, 비례 · 평등의 원칙 위배, 당해 행위의 목적 위반이나 동기의 부정 유무 등을 그 판단 대상으로 한다(대판 2001. 2. 9. 98두17593).

2. 구체적 구별기준

(1) 요건규정

1) 공백규정 또는 공익목적만 규정한 경우

행정행위의 요건에 관하여 아무런 규정을 두지 아니한 공백규정 또는 행정의 최종목적인 공익목적 달성만을 요건으로 한 경우에는 재량행위로 보아야 한다.

2) 불확정개념

행정행위의 요건에 관하여 법령이 '선량한 풍속의 유지'를 위하여, '도시 경관의 유지'를 위하여, '정당한 사유가 없는 한' 등의 불확정개념을 사용한 경우에는 행정관청에게 독자적

44) 김남진, 행정법Ⅰ, 241면; 김동희, 행정법Ⅰ, 268면 이하; 박윤혼(상), 362면.

판단의 여지가 인정된다는 점에서 이를 재량행위의 일종으로 볼 수 있을 것인가에 관하여 문제가 된다.

이에 관하여 제2차대전 후 독일에서 대두된 판단여지설에 의하면 이러한 불확정개념에 관하여 두 가지로 나누어진다. 즉 ① 통상인의 일반적인 경험법칙에 따라서 객관적 판단이 가능한 경험개념은 판단의 여지가 없으며 사법심사의 대상이 된다. 예컨대, 치안상 위해, 정당한 사유, 적당한 장소, 야간 등과 같은 개념이다. 반면에, ② 가치판단의 객관적 기준이 존재하지 아니하는 가치개념은 판단여지가 있으며 사법심사의 대상에서 제외된다고 한다. 예컨대, 국가고시 시험성적평가, 공무원의 근무성적평정, 행정정책의 결정, 독립규제위원회가 행한 가치평가적 결정 등이다.

판단여지설은 경험개념을 일종의 법개념으로 보아 판단여지를 배제함으로써 사법심사의 범위를 넓혔다는 공적은 있다. 그러나 ① 경험개념과 가치개념의 구분이 분명하지 않는 문제점이 있으며, ② 오늘날의 독일에서도 판단여지를 재량과 구분하지 아니하는 견해가 유력하다고 한다.[45]

요컨대, 불확정개념을 해석·적용함에 있어서는 판단여지설의 견해를 참작하여 원칙적으로는 사법심사가 가능하지만, 가치개념과 같은 극히 예외적인 경우에만 재량이 인정된다고 하여야 할 것이다.

(2) 효과규정

효과규정이 재량행위인가의 판단은 당해 법령의 표현방식과 행위의 성질 및 기본권과의 관계 등을 고려하여 구체적·개별적으로 판단하여야 할 것이다.

1) 법령의 표현방식

우선, 요건규정과 관련하여 법령이 건축허가, 운전면허, 음식점·숙박업 영업허가 등을 '할 수 있다'고 규정함으로써 허가에 있어 마치 재량이 인정되고 있는 뜻한 표현을 하고 있더라도, 허가요건이 구비되면 당연히 허가하여야 한다는 의미에서 기속행위로 보아야 한다. 그 이유는 원래 이러한 행위는 헌법상 영업의 자유에 따라 당연히 할 수 있는 자연적 자유에 속하는 것이지만, 경찰·보건위생 등의 행정목적 달성을 위하여 일정한 제한을 가한 것에 불과하기 때문이다.

다음으로, 효과규정과 관련하여서는 식품위생법 제76조[46] 등과 같이 "영업허가를 취소

---

45) Maurer, S.135.f.

하거나 6월 이내의 영업 정지를 명할 수 있다"고 규정하여 2개 이상의 행정행위 중에서 선택권을 부여하고 있는 경우에 어느 행위를 선택할 것인가는 재량행위에 속한다.

【판례】: 자동차운수사업 면허조건 등에 위반한 사업자에 대하여 행정청이 행정제재수단으로서 사업정지를 명할 것인지, 과징금을 부과할 것이지, 과징금을 부과키로 하였다면 그 금액은 얼마로 할 것인지 등에 관하여 재량권이 부여되어 있다고 할 것이다(대판 1993. 7. 27, 93누1007).

2) 수익적 행위와 부담적 행위에 따른 구분

건축·음식점·숙박영업 허가 등과 같은 수익적 행정행위를 모두 재량행위로 보는 것은 타당치 않으며, 반대로 영업허가의 취소·정지·과징금 부과 등의 부담적 행정행위인 경우에도 어느 것을 선택할 것인가에 대한 재량이 인정될 수 있으므로, 수익적이냐 부담적이냐에 따른 일률적인 구분은 어렵다고 할 것이다. 따라서 어느 행정행위가 기속행위인지 재량행위인지 나아가 재량행위라고 할지라도 기속재량행위인지 또는 자유재량에 속하는 것인지의 여부는 이를 일률적으로 규정지을 수는 없는 것이고, 당해 처분의 근거가 된 규정의 형식이나 체제 또는 문언에 따라 개별적으로 판단하여야 한다(대판 1997. 12. 26, 97누15418).

46) 제75조(허가취소 등)① 식품의약품안전처장 또는 특별자치시장 · 특별자치도지사 · 시장 · 군수 · 구청장은 영업자가 다음 각 호의 어느 하나에 해당하는 경우에는 대통령령으로 정하는 바에 따라 영업허가 또는 등록을 취소하거나 6개월 이내의 기간을 정하여 그 영업의 전부 또는 일부를 정지하거나 영업소 폐쇄(제37조제4항에 따라 신고한 영업만 해당한다. 이하 이 조에서 같다)를 명할 수 있다.

【판례】: ① 주택건설촉진법 제33조에 의한 주택건설사업계획의 승인은 상대방에게 권리나 이익을 부여하는 효과를 수반하는 이른바 수익적 행정처분으로서 법령에 행정처분의 요건에 관하여 일의적으로 규정되어 있지 아니한 이상 행정청의 재량행위에 속한다고 할 것이다(대판 1996. 10. 11, 95누9020).

② 여객자동차 운수사업법에 의한 개인택시운송사업의 면허는 특정인에게 권리나 이익을 부여하는 행정청의 재량행위이고 위 법과 그 시행규칙의 범위 내에서 면허를 위하여 필요한 기준을 정하는 것 역시 행정청의 재량에 속하는 것이다(대판 2007. 6. 1, 2006두17987).

② 광업권의 행사를 보장하면서 광산개발에 따른 자연경관의 훼손, 상수원의 수질오염 등 공익침해를 방지하기 위한 목적에서 광물채굴에 앞서 채광계획인가를 받도록 한 제도의 취지와 공익을 실현하여야 하는 행정의 합목적성에 비추어 볼 때, 채광계획이 중대한 공익에 배치된다고 할 때에는 인가를 거부할 수 있다고 보아야 하고, 채광계획을 불인가하는 경우에는 정당한 사유가 제시되어야 하며 자의적으로 불인가를 하여서는 아니될 것이므로 채광계획인가는 기속재량행위에 속하는 것으로 보아야 한다(대판 1993. 5. 3, 92누19477).

3) 확인적 행위

일정한 사실관계 또는 법률관계의 존부에 관하여 판단하는 확인적 행위는 성격상 기속행위로 보아야 할 경우가 많을 것이다. 예컨대, 도로구역 결정, 발명특허권 부여, 선거의 당선인 결정, 소득세 부과를 위한 소득금액 결정 등이다.

Ⅳ. 재량권의 한계

1. 의의

기속행위의 경우 법령위반은 위법한 행정행위가 되므로 사법심사의 대상이 된다. 그러나 재량행위라 할지라도 재량권을 적절히 행사하지 않은 경우에는 재량권에 대한 일탈·남용이 되어 단순한 부당이 아닌 위법으로 간주된다. 따라서 재량권의 행사에는 일정한 한계가 있다고 할 수 있다. 재량권의 일탈과 남용에 대한 이론은 판례에 의하여 형성된 개념이지만, 행정소송법 제27조[47]는 명문으로 인정하고 있다.

47) 제27조(재량처분의 취소) 행정청의 재량에 속하는 처분이라도 재량권의 한계를 넘거나 그 남용이 있는 때에는 법원은 이를 취소할 수 있다.

2. 재량권의 일탈·남용

(1) 의의

재량권의 일탈이란 재량권의 외적 한계를 벗어난 것을 말한다. 예컨대 요건 사실이 전혀 없는데도 있다고 인정하여 행정행위를 한 경우 등이다. 재량권의 남용이란 재량권의 내재적 목적에 반하는 것을 말한다. 예컨대 재량을 인정한 본래의 목적이 아닌 다른 목적을 위하여 행사하는 것 등이다.

재량권의 일탈과 남용은 이론상 구분은 가능하지만 실제상 구분은 어려우며 판례에서도 두 개념을 구분하지 않고 사용하는 예도 많이 있다. 아래에서는 판례에서 나타난 구체적인 사례를 중심으로 설명하고자 한다.

(2) 요건사실의 오인

재량권의 일탈에 해당하는 것으로는 ① 행정행위의 요건사실이 전혀 존재하지 않음에도 불구하고 행한 행정행위, 또는 ② 요건사실의 인정에 전혀 합리성을 결한 경우이다. 예컨대, 도저히 품위손상행위로 볼 수 없는 행위에 대하여 징계처분을 하거나, 전근명령을 받고 임지로 여행 중에 심한 풍랑을 만나 병원에 입원한 공무원에 대하여 직무태만으로 면직처분을 한 것(대판 1969. 7. 22, 69누38) 등이다.

(3) 목적위반과 동기의 부정

재량권의 남용은 ① 재량을 부여한 내재적 목적에 위반하여 재량권을 행사하거나, ② 부정한 동기 또는 자의적·보복적 목적으로 재량권을 행사하는 것이다. 예컨대, 담당공무원의 친척이 경영하는 유흥주점을 위하여 그와 경쟁관계에 있는 특정 유흥주점만 집중단속하여 영업정지처분을 하거나, 소방관이 화재의 예방·진압을 위하여 타인의 집에 출입하는 것이 아니고 범죄의 예방을 위하여 출입한 경우 등이다.

(4) 평등원칙 위반

평등의 원칙은 헌법상의 원칙이므로 비록 재량이 인정되는 경우라 할지라도 평등원칙에 위반하면 위법한 것이 된다. 평등원칙 위반은 주로 영업허가나 그 취소·정지 등 행정행위의 구체적인 기준을 법규가 아닌 훈령·예규 등의 행정규칙에서 규정하고 있다. 즉 행정관청이 소위 재량준칙을 정립하여 재량행사의 기준을 스스로 정한 후 동등한 사안에 대하여 다른 취급을 한 경우에 발생하게 된다. 이처럼 행정관청이 스스로의 의지에 구속되는 것을 '행정의 자기구속의 원리'라고 한다.

> **【헌재결】:** 경찰관이 범죄의 피해를 신고하러 온 청구인을 뚜렷한 혐의도 없이 오히려 경범죄처벌법 위반자로 몰아 즉결심판을 청구하고 보호유치의 명목으로 감금하는 과정에서 상처를 입힌 것이 사실이라면, 당해 경찰관이 초범이고, 이미 경고의 징계처분을 받았으며 상해의 정도가 경미하다는 등의 사유만으로 기소를 유예한 검사의 처분은 기소재량권의 내재적 한계를 넘어 헌법상 보장된 청구인의 평등권과 재판절차 진술권을 침해한 자의적 처분이다(헌재결 1996. 3. 8, 95헌마208).

> **【판례】:** 당직근무 중 심심풀이로 돈을 걸지 않고 점수따기 화투놀이를 한 것이 징계사유에 해당되기는 하지만, 함께 화투놀이한 3명은 가벼운 견책에 처했음에도 불구하고 파면처분을 한 것은 공평의 원칙상 그 재량의 범위를 벗어난 위법한 것이다(대판 1972. 12. 26, 72누194).

(5) 비례원칙 위반

재량권이 인정된 경우에도 재량권을 행사함에 있어 헌법상 원칙의 하나인 비례원칙을 위반할 경우에는 위법한 행위가 된다. 따라서 상대방의 비행에 대하여 너무 심한 징계를 과한 경우는 위법한 행위가 된다.

> **【판례】:** ① 비례원칙 위반은 위법
>
> 유흥장에 미성년자를 단 1회 출입시켜 술을 제공하여 식품위생법을 위반한 데 대한 제재로서 가장 중한 영업취소로 응징한 것은 책임에 대한 응보의 균형을 잃은 것으로서 행정행위의 재량을 심히 넘은 처분이다(대판 1997. 9. 13, 77누15).
>
> ② 비례원칙에 위반되지 아니하는 처분
>
> 목욕탕이라는 상호로 영업허가를 받았음에도 불구하고 사우나탕이란 간판을 표시하여 적발된 후 간판을 바꾸라는 개선명령에 불응하고 3개월이나 영업을 계속하다가 다시 적발된 경우 공중위생법규에 따라 15일간의 영업정지 처분을 한 것은 재량권을 남용하였다고 보기 어렵다(대판 1993. 6. 29, 92누19149).

(6) 재량권의 불행사 또는 해태

① 행정관청에 재량권이 허용된 재량행위인데도 이를 처음부터 기속행위로 판단하여 구체적 사안을 전혀 검토하지 않고 거부처분을 하는 즉 재량권의 불행사는 위법한 것으로 사법심사의 대상이 된다.

② 재량행위에 있어서도 구체적 사정을 충분히 검토하지 않고 거부처분을 한 것이 명백히 인정될 경우, 즉 재량권행사의 해태 또는 태만의 경우에도 위법한 것이므로 사법심사의 대상이 된다고 할 것이다.

(7) 재량권의 0으로의 수축

1) 의의

재량권의 0으로의 수축이란 행정관청에 재량권이 인정된 경우에도 개인의 생명·신체에 절박한 위해가 초래될 우려가 있는 경우에는 행정관청의 재량은 0으로 수축되어, 특정 권한의 발동만이 유일하게 적법한 재량권 행사로 인정된다는 것이다. 이 때 재량행위는 기속행위로 변하게 된다. 이 경우 상대방에게는 행정개입청구권이 인정되며, 행정청의 부작위로 인해 손해를 받은 자는 국가배상청구권을 가지게 된다. 원래 이 이론은 독일 연방행정법원이 "중대한 위험이 존재하는 경우 행정청의 불개입 결정은 그것만으로도 재량권의 남용이 된다"고 하여 행정불개입의 위법을 이유로 국가배상책임을 인정한 데서 비롯되었다.

2) 적용

행정소송법상 우리나라는 아직 의무이행소송이 인정되어 있지 않으므로, 먼저 행정권한의 발동을 청구하고 이에 아무런 응답이 없을 경우 부작위위법확인소송을 제기할 수 있다. 또한 발동의 거부를 회답받은 후에 거부처분 취소소송을 제기할 수 있다.

> **【판례】:** 긴급구호권한과 같은 경찰관의 조치권한은 일반적으로 경찰관의 전문적 판단에 기한 합리적인 재량에 위임되어 있는 것이나, 그렇다고 하더라도 구체적 상황하에서 경찰관에게 그러한 조치권한을 부여한 취지와 목적에 비추어 볼 때 그 불행사가 현저하게 불합리하다고 인정되는 경우에는, 그러한 불행사는 법령에 위반하는 행위에 해당하게 되어 국가배상법상의 다른 요건이 충족되는 한, 국가는 그로 인하여 피해를 입은 자에 대하여 국가배상책임을 부담한다(대판 1996. 10. 25, 95다45927).

Ⅴ. 재량행위에 대한 통제

현대행정의 전문성·기술성이 더욱 강조됨에 따라 국가생활의 모든 부문, 특히 복지행정 분야에 행정청의 재량이 점차 확대되고 있다. 이는 구체적 타당성 있는 행정의 실현을 위하여 불가피하고 또한 바람직한 면도 있다. 그러나 법률에 의한 행정의 원리 내지 법의 지배와 관련하여 행정재량에 대한 통제의 문제가 매우 큰 과제로 되어 있다.

1. 입법적 통제

입법부는 행정부에 대하여 국정감사·질문·해임건의 등 국정감시권의 발동에 의한 재량권 행사를 통제하는 간접적·정치적 통제를 할 수 있으나, 중요한 것은 이른바 법규적 통제이다. 법규적 통제란 입법을 할 때 행정청의 재량권의 목적·범위를 정하거나 또는 재량권을 행사함에 있어 고려할 사항 등을 제시하는 것이다. 그러나 행정이 전문화·고도화되고 있으며, 장래 발생가능한 모든 경우를 예상하여 구체적으로 일일이 입법을 한다는 것은 거의 불가능하기 때문에 그 한계가 있다.

2. 행정적 통제

상급관청은 하급관청의 재량권행사에 대해 지휘·감독할 수 있다. 그 주요 수단으로는 감시권, 훈령권, 승인권, 취소·정지권, 권한쟁의(주관쟁의)결정권 등이다. 특히 훈령권에 의하여 상급기관은 하급기관에 대하여 재량의 기준을 정하여 주는 재량준칙을 훈령, 예규 등의 행정규칙을 통하여 효과적으로 재량권행사를 통제할 수 있다.

최근에는 행정절차참가권에 의하여 재량권 행사과정에 이해관계인의 참여를 보장함으로써 적정한 재량권 행사를 유도하고 있다. 예컨대, 허가취소 등 불이익 처분 시 반드시 청문의 기회를 부여하는 것 등이다. 행정절차참가에 의한 통제는 국민주권주의와 민주주의원리에 합치하는 방법으로서 처분의 상대방 및 이해관계인이 행정절차에 참여함으로써 행정의 공정성과 투명성의 확보가 가능하기 때문에 재량의 여지가 통제되는 것으로서, 이른바 국민에 의한 통제가 된다.

3. 사법적 통제

재량행위도 법이 정한 목적이나 한계를 벗어나면, 재량권의 일탈·남용으로서 위법이 되어 사법심사의 대상이 된다.[48] 사법적 통제는 가장 강력한 통제수단이 된다. 따라서 법원은 재량행위에 대하여는 당·부당의 문제만 발생한다고 하여 본안심리 전에 각하할 것이 아니라, 항상 그 일탈·남용여부의 심사를 위하여 본안심리를 해야 하며 실제로도 그렇게 하고 있다.

> **【판례】:** 서울특별시의사회가 진단서 등 의료기관 증명서의 발급수수료를 현행보다 2배 수준으로 인상하기로 의결하고 이를 소속 회원들에게 시행하도록 한 행위에 대하여 공정거래위원회가 과징금 납부를 명령한 사안에서, 그 행위가 경쟁질서의 저해 정도가 매우 강하고 다수 소비자에게 직접 피해가 발생할 우려가 있는 가격담합행위의 일종으로서 독점규제 및 공정거래에 관한 법률이 특히 금지하고자 하는 행위유형에 속하는 점 등에 비추어, 이를 과징금부과 세부기준 등에 관한 고시에 정한 '중대한' 위반행위로 보아 30%의 과징금 부과기준율을 적용하여 과징금을 산정한 것이, 재량권의 한계를 일탈하거나 남용한 것이 아니다(대판 2009. 6. 23, 2007두18062).

제4절 수익적 행정행위·부담적 행정행위·복효적 행정행위

Ⅰ. 의의 및 구별의 실익

1. 의의

일반적으로 행정행위는 국가와 국민의 두 당사자에 관한 것이었지만, 오늘날의 행정은 이러한 양자관계에서 제3자가 개입되는 3각 관계의 구조를 띠는 경우가 등장하게 되었다. 수익적 행정행위와 부담적 행정행위가 2각 관계의 구조라면 복효적 행정행위는 3각 관계의 구조적 특징을 가진다. ① 수익적 행정행위는 상대방에게 권리·이익을 새로이 부여하거나 이미 부과된 의무를 면제하는 등 유리한 효과를 발생하는 행정행위를 말한다. 예컨대, 허가 특허·인가와 하명의 취소 등이다. ② 반면에 상대방에게 의무를 부과하거나 이미 부여된 권리·이익을 박탈하는 등 불리한 효과를 발생하는 것을 부담적 행정행위라 한다. 예컨대, 하명, 조세부과처분, 입영명령, 영업정지, 각종 허가의 취소처분 등이다.

한편, ③ 복효적 행정행위란 행정행위의 직접 상대방에게는 유리한 효과를 발생하지만 제3자에게는 불이익을 초래하거나 그 반대인 경우를 말한다. 예컨대, 연탄공장설립허가로

48) 행정소송법 제27조(재량처분의 취소) 행정청의 재량에 속하는 처분이라도 재량권의 한계를 넘거나 그 남용이 있는 때에는 법원은 이를 취소할 수 있다.

인근주민이 입는 불이익이나 그 반대인 경우로 공해배출업소에 조업정지명령을 하면 인근 주민이 입는 이익 등이 그 예이다. 이중효과적 행정행위라고도 한다.

2. 구별 실익

(1) 법률유보의 적용 여부

전통적인 침해유보설에 의하면 부담적 행정행위에만 법률유보가 엄격히 적용되고, 수익적 행정행위에는 법률의 근거 없이도 할 수 있다고 한다. 그러나 급부행정의 비중이 커진 오늘날의 복지국가에 있어서는 국민의 행정에 대한 의존성이 매우 크고 급부행정의 비중이 높아짐에 따라 국민의 수익적인 권리의 내용·범위의 구체화의 견지에서 수익적 행정행위에 있어서도 원칙적으로 법률유보의 원칙이 적용되어야 할 것이다.

(2) 상대방의 신청·동의 여부

수익적 행정행위는 상대방의 신청이나 동의에 의하여 행하여지는 이른바 쌍방적 행정행위가 보통이지만, 조세부과나 입영명령처럼 부담적 행정행위는 신청·동의 없이 행정주체의 직권으로 일방적으로 행하여지는 일방적 행정행위가 보통이다.

(3) 재량성 여부

종래의 통설인 효과재량설에 의하면 모든 수익적 행정행위는 재량행위이고, 부담적 행정행위는 기속행위로 보았다. 그러나 오늘날은 수익적 행위인가 또는 부담적 행위인가의 기준만으로는 기속행위와 재량행위를 구별하기는 어렵다고 한다. 예컨대, 건축허가·영업허가는 형식적으로는 수익적 행정행위이나, 헌법상의 기본권과 관련하여 볼 때, 관계법상의 요건을 충족하면 당연히 당해 행위를 하여야 하는 경우로서 기속행위로 해석된다.[49]

(4) 부관

일반적으로 수익적 행정행위에는 부관을 붙일 수 있고, 부담적 행정행위에는 붙일 수 없다는 견해가 있다. 그러나 반드시 그러한 것은 아니다. 예컨대, 영업허가를 취소하면서 1년간은 계속하게 한다는 기한을 붙일 수 있다.

---

49) 김동희, 행정법Ⅰ, 246면.

(5) 취소·철회의 제한

부담적 행정행위의 취소·철회는 상대방에게 이익을 주는 것이므로 자유로이 취소·철회를 할 수 있다. 반면에, 수익적 행정행위의 취소·철회는 상대방의 기득권을 현저하게 침해하는 것이므로, 상대방의 신뢰보호·기득권보호·법적 안정성 등을 고려하여야 하므로 그 취소·철회에 있어서는 일정한 제한이 있다.

> **【판례】:** 행정처분에 하자가 있음을 이유로 처분청이 이를 취소하는 경우에도 그 처분이 국민에게 권리나 이익을 부여하는 이른바 수익적 행정행위인 때에는 그 처분을 취소하여야 할 공익상 필요와 그 취소로 인하여 당사자가 입게 될 기득권과 신뢰보호 및 법률생활안정의 침해 등 불이익을 비교 교량한 후 공익상 필요가 당사자가 입을 불이익을 정당화 할 만큼 강한 경우에 한하여 취소할 수 있다(대판 1991. 4. 12, 90누9520).

(6) 절차적 보호

부담적 행정행위는 상대방의 권리·이익을 침해하는 것이라는 점에서 부당한 침해를 예방하기 위하여 사전에 일정한 절차를 거칠 것이 요청되고 있다. 예컨대, 음식점 영업허가를 취소하기 전에 반드시 상대방에게 유리한 의견진술의 기회를 부여하여야 한다. 반면, 수익적 행정행위에는 이러한 필요성이 인정되지 아니한다. 다만, 행정청이 그 처분의 영향이 광범하여 널리 당사자 등의 의견을 수렴할 필요가 있다고 인정하는 경우에는 공청회를 개최하여야 한다(행정절차법 제22조 제2항).

(7) 의무이행의 확보

부담적 행정행위는 상대방에게 일정한 의무가 부과되므로 부과된 의무를 이행하지 아니하는 경우에는 행정상 강제집행이나 행정벌을 과함으로써 의무의 이행을 확보할 수 있다. 반면에, 수익적 행정행위에 있어서는 이러한 문제는 발생하지 아니한다.

(8) 권리구제수단

부담적 행정행위로 인하여 위법·부당한 권리·이익을 침해당한 경우에는 취소심판이나 취소소송에 의하여 당해 처분의 취소를 구할 수 있으며, 그러한 위법·부당한 처분으로 인하여 손해가 발생한 경우에는 국가 등에 대하여 국가배상을 청구할 수 있다. 반면, 수익적 행정행위에 있어서는 행정청의 그 거부처분이나 부작위가 문제되므로 거부처분에 대한 취소소송, 부작위에 대해서는 부작위위법확인소송을 제기할 수 있다. 복효적 행정행위에 있어서는 제3자가 수익자인 경우 행정청에 대하여 일정한 행정권발동을 요구할 수 있는 이른바 행정개입청구권이 논의되고 있다.

Ⅱ. 복효적 행정행위

1. 의의

(1) 개념

복효적 행정행위란 행정청의 상대방에게는 이익이 부여되고, 동시에 제3자에게는 불이익의 효과가 나타나는 행정행위와 그 반대로 상대방에게는 불이익을 그리고 제3자에게는 이익을 주는 행정행위를 말한다.[50] 예컨대, 연탄공장·주유소 설립허가를 받은 자는 이익이지만 인근 주민 또는 기존영업자는 불이익이 된다. 반대로 공해배출업소에 조업중지명령을 내리면 당해 업소는 불이익이지만 인근 주민은 이익이 되는 경우이다.

(2) 인정 실익

종래 행정행위는 행정주체와 그 직접 상대방과의 관계만이 법적 고찰의 대상이었다. 따라서 제3자는 비록 그 규제로 인하여 이익을 얻게 되더라도 이는 법적으로 보호받을 수 있는 이익이 아닌 반사적 이익에 불과하므로 취소소송을 제기할 수 없었다. 그러나 최근에는 제3자 또는 인근주민이 받는 이익도 법적으로 보호받을 수 있는 이익으로 보아 취소소송의 원고적격을 인정하기에 이르렀다. 이를 뒷받침할 수 있는 이론적 근거가 바로 복효적 행정행위론이다.

---

50) 복효적 행정행위의 개념 속에 행정행위의 상대방에 대하여 이익과 불이익을 동시에 부여하는 행정행위(예, 금전납부의 조건을 붙인 허가처분 등)도 포함하는 견해가 있으나, 복효적 행정행위가 본질적으로 3각 관계에 관한 것이므로 이해가 대립되는 복수인에 대한 경우가 아닌, 이와 같은 동일인에 대한 경우를 복효적 행정행위에 포함시키는 것은 적절치 못하다고 하겠다. 학자에 따라서는 동일인에 대한 경우를 "이중효적 행정행위"라고도 한다.

2. 복효적 행정행위에 대한 제3자의 권리구제

(1) 제3자가 불이익자인 경우의 구제수단

1) 취소소송의 원고적격

복효적 행정행위에 의하여 제3자가 불이익을 입게 되는 경우, 과거의 판례는 공중목욕장 영업허가, 석탄가공업허가, 양곡가공업허가 등과 같이 법령에 의한 규제의 결과로 제3자가 받는 이익은 단순한 반사적 이익에 불과하므로 영업허가의 취소를 구할 수 없다고 하였다. 오늘날의 판례는 자동차운수사업면허, 선박운항사업면허, 자동차정류장 설치허가 등에 있어서의 기존영업자와, 주거지역 내의 연탄공장건축허가, 자동차LPG 충전소 설치허가 등에 있어서의 인근주민에 대하여 법률상 보호받을 이익이 있다는 이유로 원고적격을 인정하고 있다.[51)]

제3자는 그의 피침해이익이 '법적으로 보호되는 이익'인 경우에 한하여 취소소송을 제기할 수 있다. 따라서 불이익이 발생하더라도 그것이 반사적 이익인 경우에는 문제가 되지 않는다. 행정청에 당해 처분의무를 부과한 관계법의 취지가 공익뿐만 아니라 이에 관계되는 제3자의 이익까지도 보호하고자 하는 취지인지를 종합적으로 판단하여 '법적으로 보호되는 이익'을 판단하여야 한다. 오늘날 건축과 환경권의 분야에서의 인근주민 또는 경쟁관계에 있는 기존업자에 대하여 원고적격의 인정범위가 점차 증대되고 있다.

【판례】: <u>① 환경영향평가대상지역안의 주민에게 원고적격 인정</u>

당해 국립공원 용화집단시설지구 개발사업으로 인하여 직접적이고 중대한 환경피해를 입으리라고 예상되는 환경영향평가 대상지역 안의 주민은 환경영향평가 대상사업에 관한 변경승인 및 허가처분의 취소를 구할 원고적격이 있다(대판 1998. 4. 24, 97누3286).

<u>② 한의사의 영업상 이익은 사실상의 이익에 불과하므로 원고적격 부정</u>

한의사면허는 경찰금지를 해제하는 명령적 행위인 강학상허가에 해당하고, 한약조제시험을 통하여 약사에게 한약조제권을 인정함으로써 한의사인 원고의 영업상 이익이 감소되었다고 하더라도 이러한 이익은 사실상의 이익에 불과하며 약사법이나 의료법 등의 법률에 의하

51) 독일과 일본에서는 이러한 경우 외에도 환경소송·소비자소송등의 분야에서 제3자의 원고적격을 널리 인정한 판례가 많다. 우리 대법원도 "행정처분의 직접 상대방이 아닌 제3자라도 당해 처분의 근거법률에 의하여 직접 보호되는 구제적인 이익이 있는 경우에는 당해 처분의 취소 등을 구할 원고적격이 있으나 간접적이거나 사실상 경제적인 이해관계를 가지는 데 불과한 경우에는 원고적격이 없다"라고 판시하여 구체적 이익이 있는 경우에 원고적격을 인정하고 있다(대판 1999.7.23, 97누1006).

여 보호되는 이익이라고 볼 수 없음으로, 한의사가 한약조제시험을 통하여 한약조제권을 인정받은 약사에 대한 합격처분의 무효확인을 구하는 이 사건 소는 원고적격이 없는 자가 제기한 소로서 부적법하다(대판 1998. 3. 10, 97누4289).

2) 가구제

복효적 행정행위에 의해 법률상 이익을 침해받은 자가 행정소송법이나 행정심판법상의 집행정지제도를 통하여 가구제를 받을 수 있는지가 문제된다. 예컨대 연탄공장이나 LPG충전소 등 공해공장의 인근주민이 그 설치를 저지할 목적으로 설치허가의 취소를 구하는 취소소송을 제기한 경우에, 그 공장이나 충전소가 완공되기 전에 설치행위의 집행을 정지시킬 수 있는 집행정지를 청구할 수 있다. 행정소송법 제23조도 (연탄공장건축)허가 등으로 회복하기 어려운 손해를 예방하기 위하여 긴급한 필요가 있다고 인정할 때에는 법원에 그 행정행위의 집행정지를 신청할 수 있다고 규정하고 있다.

반대로, 행정행위의 직접 상대방이 제3자의 이러한 집행정지신청에 대항하는 방법으로서는 ① (건축)허가취소소송을 제기한 경우 피고인 행정관청 측에 소송참가인으로 소송에 참가하여 그 행정행위의 적법성을 주장하는 방법(제16조)과 ② 법원의 집행정지결정이 있을 경우 그 결정의 취소를 청구하는 방법이 있다.

(2) 제3자가 이익자인 경우의 행정개입청구권

1) 의의

공해배출기업, 불량품제조기업, 무너질 위험이 있는 불법건축물의 건축주 등에 대하여 법령에 규정된 규제권한 즉 조업중단, 시정명령, 철거명령, 행정벌의 부과 등을 발동해 줄 것을 제3자가 청구할 수 있을 것인가가 문제된다. 이는 독일 연방행정법원이 주거지역에 있는 석탄공장에서 사용하는 띠톱에 의해 발생되는 먼지·소음으로 인하여 피해를 받던 이웃주민의 행정청에 대한 금지처분요구에 대한 띠톱판결에서 비롯되었다. 이에 대해 법원은 '중대한 방해·위험이 존재하는 경우 행정청의 불개입결정은 그것만으로도 재량권의 남용이 된다'고 하여 행정불개입의 위법을 이유로 국가배상책임을 인정하였다.

【판례】: "경찰관에게 재량에 의한 직무수행권을 부여한 것처럼 되어 있으나, 경찰관에게 그러한 권한을 부여한 취지와 목적에 비추어 볼 때 구체적인 사정에 따라 경찰관이 그 권한을 행사해 필요한 조치를 취하지 않는 것이 현저하게 불합리하다고 인정되는 경우에는 그러한 권한의 불행사는 직무상의 의무를 위반한 것이 되어 위법하다"라고 판시하고 있다(대판 1998. 8. 25, 98다16890).

2) 성립요건

행정개입청구권이 성립하기 위한 요건으로서는 제3자가 받는 이익이 단순한 반사적 이익이 아니라 법적으로 보호되는 이익이어야 한다. 따라서 법령상의 규제가 단순히 공익을 보호하기 위한 것일 뿐만 아니라 개인의 사익도 함께 보호하기 위한 것이라고 인정되어야 한다. 또한 행정관청에게 규제권한을 행사할 의무가 존재하여야 한다. 즉 규제권한을 행사할 것인가에 대하여 재량이 인정되는 경우라 할지라도 규제권을 행사하지 아니하면 개인의 생명·신체에 절박한 위험이 초래될 우려가 있는 경우에는 재량권이 영으로 수축되어 규제권한을 발동할 의무가 존재한다고 볼 수 있다.

3) 행사방법

행정개입청구권은 독일과 같이 의무이행소송이 인정될 때 비로소 완벽하게 보장된다고 할 수 있다. 그러나 독일에서도 사안의 긴급성 등을 이유로 사후적 구제제도인 의무이행소송의 형태로 행사되지는 못하고 있는 실정이고, 다만 행정의 불개입의 위법을 이유로 하는 국가배상청구소송의 형태로 행사되고 있다.

우리나라는 행정관청에 규제권한의 발동을 먼저 청구하고 이에 대해 아무런 회답이 없는 경우에 부작위위법확인소송을 제기할 수 있고, 개입거부의 회답을 받았을 때에는 거부처분 취소소송을 제기하는 수밖에 없다.

3. 복효적 행정행위에 대한 제3자의 절차적 보호

(1) 제3자에 대한 행정행위의 통지

제3자가 취소소송, 집행정지신청 또는 행정개입청구권을 행사하려고 한다면 우선 그러한 행정행위가 행하여진다는 사실 자체를 알아야 가능할 것이다. 독일 행정절차법은 제43조 제1항에서 "행정행위는 그 상대방과 이해관계인에게 각각 통지된 시점부터 효력을 발생한다"라는 명문규정을 두고 있다. 우리나라는 행정절차법 제21조에서 "행정처분을 할 때에는 문서로써 이를 당사자 등에게 통지하여야 한다"라고 규정하고 있다. 여기서 '당사자 등'이란 "처분의 상대방과 행정청이 직권 또는 신청에 의하여 행정절차에 참여하게 한 이해관계인"(제2조)이라고 규정하고 있다. 따라서 이해관계인이 사전에 행정처분이 있을 것을 예견하고 그 처분절차에 참여할 것을 기대하기가 거의 불가능하다. 또한 행정청이 직권으로 참여하게 해주기를 기대하는 것도 어려운 현실이고 보면 동법의 규정은 실효성이 의문시된다고 하겠다.

(2) 제3자의 쟁송제기기간 문제

행정심판법 제27조에 의하면 행정심판은 행정처분이 있음을 안 날로부터 90일 이내에 제기하여야 하며, 행정처분이 있은 날로부터 180일 이내에 제기하여야 한다. 또한 행정소송법 제20조에 의하면 행정소송은 행정처분이 있음을 안 날로부터 90일 이내 또는 행정처분이 있은 날로부터 1년 이내에 제기하거나 행정심판의 재결서를 송달받은 날로부터 90일 이내에 제기하도록 되어 있다.

그러나 행정행위는 원칙적으로 그 상대방에게 도달됨으로써 효력을 발생하기 때문에 행정청의 처분의 직접 상대방에게는 이를 통지하도록 되어 있지만, 제3자에게는 그러한 규정이 없으므로 제3자는 행정처분의 존재를 알 수 없게 된다. 따라서 제3자의 행정심판 또는 행정소송제기기간은 '처분이 있은 날로부터 180일 또는 1년 이내'가 기준이 될 것이다. 만일 이 기간이 경과하더라도 그 기간 내에 제기가 가능하였다는 특별한 사정이 없는 한 행정심판법 제18조 제3항 단서 및 행정소송법 제20조 제2항 단서상의 '정당한 사유가 있는 경우'로 보아 행정심판 또는 행정소송을 제기할 수 있다고 할 것이다. 이 경우에도 무한정 인정할 수 없으므로 신의성실의 원칙에 비추어 제3자가 어떠한 경로를 통하였든지 간에 그 처분이 있었음을 알았을 경우에는 그 때로부터 90일이 경과하기 전까지만 제기할 수 있다고 하여야 할 것이다.[52)]

(3) 제3자의 행정절차참가

행정처분으로 인하여 제3자가 불이익을 받는 경우를 미리 예방하기 위하여 독일 행정절차법(제28조·제29조)은 행정처분을 행하기 전에 이해관계인에게 의견진술, 즉 청문의 기회를 부여하고 관련 기록의 열람권을 인정하고 있다. 우리 행정절차법은 행정처분에 대한 직

---

52) 박윤흔, 행정법강의(상), 318면.

접 당사자의 행정절차에의 참여를 주된 목적으로 하고 있기 때문에 '이해관계인'에 대한 사전통지·의견제출 및 청문신청권 등과 같은 제3자의 행정절차참가의 장치를 규정하지 않고 있다. 다만, 행정절차법 제27조는 당사자 등은 처분 전에 그 처분의 관할행정청에 서면·컴퓨터통신 또는 구술로 의견제출을 할 수 있다고 규정하여 이해관계인의 행정절차에의 참가를 인정하고 있다. 그러나 당사자 아닌 이해관계인이 사전에 행정처분이 있을 것을 예견하고 이러한 행위를 할 수 있을 것인지 의문스럽다.

4. 복효적 행정행위의 취소 및 철회

수익적 행정행위의 취소 및 철회에 있어서는 상대방의 신뢰보호라는 관점에서 그 취소와 철회가 제한됨이 원칙이다. 복효적 행정행위의 경우에는 제3자의 신뢰보호도 구체적으로 비교형량하여야 할 것이다. 따라서 상대방의 신뢰보호에도 불구하고 제3자의 이익을 위하여 취소 및 철회하는 경우도 있을 것이다.

제5절 행정행위의 내용

행정행위는 의사표시를 구성요소로 하는가, 의사표시 이외의 정신작용(인식·판단 등)의 표현을 요소로 하는가에 따라 법률행위적 행정행위와 준법률행위적 행정행위로 구분된다. 법률행위적 행정행위는 그 법률효과의 내용에 따라 명령적 행위와 형성적 행위로 나누어진다. 한편, 준법률행위적 행정행위는 확인·공증·통지·수리의 네 가지로 구분된다.

제1항 법률행위적 행정행위

제1관 명령적 행위

명령적 행위란 행정청이 그 상대방인 국민에게 일정한 작위·부작위·수인·급부 등의 의무를 부과하거나 이미 과하여진 의무를 해제하는 행정행위를 말한다. 명령적 행위에는 하명과 허가 및 면제가 있는데 이들은 모두 개인의 자연적 자유를 제한하거나 그 제한을 해제하는 행위이다. 이러한 의미에서 권리의 발생·변경·소멸을 목적으로 하거나 타인을 위하여 그 행위의 효력을 보충·완성시켜 주는 형성적 행위와 차이가 있다.

명령적 행정행위는 다시 의무를 명하는 행위인 하명과 의무를 해제하는 허가·면제로 구분된다. 의무를 해제하는 경우에도 부작위의무를 해제하는 것은 허가이고, 작위·급부·수인의 의무를 해제하는 것은 면제이다.

Ⅰ. 하 명

1. 의의

하명이란 국가가 개인에게 작위(위법건축물 철거·공해방지시설 개선명령 등)·부작위(위험도로 통행금지·음식점영업정지·운전면허정지 처분 등)·급부(조세·도로점용료·수도사용료 부과처분 등)·수인(건강진단·예방 접종·강제격리 처분 등)의 의무를 명하는 행위이다.

일반적으로 작위·급부·수인을 명하는 행위를 명령이라 하며, 부작위를 명하는 행위를 금지라고 한다. 금지에는 어떠한 경우에도 이를 해제하지 못하는 절대적 금지(미성년자에게 술·담배를 팔지 못하게 하는 것 등)와 일정한 자격요건을 갖춘 자에게는 금지를 해제하여 적법하게 행위를 할 수 있도록 허가할 수 있는 상대적 금지(음식점영업허가·건축허가 등)가 있다.

2. 성질

하명은 개인의 자연적 자유를 제한하는 것이다. 따라서 하명을 할 시에는 반드시 법령에 근거가 있어야 하고 법규가 정한 요건이 갖추어져 있을 때에만 행할 수 있다. 또한 하명은 부담적 행정행위이므로 원칙적으로 행정관청에 재량이 허용되지 않는 기속행위의 성질을 가짐이 보통이다.

3. 형식

하명은 법령에 의거한 행정행위로써 행하는 것이 보통이지만, ① 법령에서 직접 명령을 규정하는 법규하명(건축법에 의하여 직접 일정한 건축을 금지하는 것 등)과 ② 법령에 근거한 구체적인 행정행위의 형식으로 행하는 하명처분이 있다.[53] 그러나 행정행위에서 말하는 하명은 하명처분만을 의미한다고 하겠다. 하명처분은 다시 불특정 다수인에 대하여 행하는 일반처분(위험도로의 통행금지 등)과 특정의 상대방에 대하여 개별적·구체적으로 의무를 명

53) 법규하명과 하명처분은 그 권한의 소재·형식·효과·강제수단·쟁송형태 등에 차이가 있으며, 보통 하명이라 함은 행정청의 행정행위의 형식에 의한 하명처분만을 의미한다.

하는 개별적 처분(음식점 영업정지 등)이 있다.

4. 종류

하명은 ① 부과하는 의무의 내용에 따라 작위하명·부작위하명(금지)·급부하명·수인하명으로 구분된다. 그리고 ② 행정 분야에 따라 경찰하명·복리행정상의 하명·재정하명·군정하명으로 나눌 수 있다. 이는 다시 ③ 상대방이 특정인인가 또는 불특정인인가에 따라 개별하명·일반하명(예방접종, 야간통행금지 등)으로 나눌 수 있으며, ④ 그 대상에 따라 대인하명·대물하명·혼합하명 등으로 나눌 수 있다.

5. 대상

하명은 주로 ① 통행금지나 교통장애물 제거 등과 같은 사실행위를 대상으로 행해지나, ② 총포거래금지나 불공정거래금지 등과 같은 법률행위에 대해서도 행하여진다.

6. 효과

하명은 그 내용에 따라 상대방에게 일정한 공법상의 의무(작위·부작위의무 등)를 발생시킨다. 하명의 효과는 그 수명자에게만 미치는 것이지만, 대물적 하명의 경우는 그 대상인 물건을 승계한 자에게도 미친다. 예컨대, 위법건축물 철거명령, 목욕탕시설 개수명령 등이다.

7. 하명위반의 효과

하명에 의하여 명하여진 의무를 이행하지 않는 자에 대하여는 행정상 강제집행이 행하여지며, 의무를 위반한 자에 대하여는 행정벌이 과하여진다. 예컨대, 무허가 건축물의 철거명령을 이행하지 않은 자에 대해서는 행정상의 강제집행이 행하여지고, 청소년에게 술과 담배를 팔지 말아야 하는 의무를 위반한 자에게는 행정벌이 가해진다. 다만, '국토의 계획 및 이용에 관한 법률'상의 토지거래허가제와 같이 특정한 지역 내에서 허가를 받지 않고 토지거래를 하여서는 아니 된다는 하명위반에 대한 처벌만으로는 하명의 행정목적을 달성할 수 없는 경우에는 행정벌과 함께 하명위반행위 그 자체를 무효로 규정하는 경우도 있다. 그러나 원칙적으로 명령·금지에 위반한 행위가 법률행위인 경우에 처벌은 받지만 그 행위가 당연히 무효로 되는 것은 아니다. 예컨대, 불법무기 거래행위는 처벌은 받지만 거래 자체는 유효하다.

Ⅱ. 허가

1. 의의

허가는 법령에 의한 일반적 금지에 의하여 제한되었던 자연적 자유를 특정한 자격요건을 갖춘 자에게 회복하여 적법하게 일정한 행위를 할 수 있도록 하는 처분을 말한다. 허가는 학문상의 용어이며, 실정법상으로는 허가 외에도 인가(은행업인가·보험업인가·신용금고업인가)·면허(자동차운전·의사면허·약사면허)·등록(사설학원등록)·지정(담배소매인 지정)·승인(전기용품 형식승인) 등의 여러 가지 용어로 사용되고 있다. 허가는 허가를 유보한 상대적 금지의 경우에만 가능하고, 절대적 금지(미성년자의 음주흡연금지)에 대해서는 행할 수 없다.

허가와 구별되는 것으로 예외적 승인이라는 것이 있다. 이는 원칙적으로 불허가되어 있는 것을 예외적으로 허가하는 것을 말한다. 예컨대, 개발제한구역 내의 건축허가, 치료·연구목적의 마약사용허가, 카지노사업의 영업허가, '총포·도검·화약류등단속법'에 의한 총포 등의 소지허가 등이다. 일반적으로 허가는 사회질서유지에 장애가 되지 않는 한 원칙적으로 허가하는 것을 전제로 하지만, 예외적 허가는 원래 사회적으로 유해한 행위를 금지하는 것이 목적이므로 원칙적으로 금지하고 예외적으로만 허가하는 것이다. 그러나 양자 모두 금지의 해제인 점에서 그 법적 성질은 동일하며 행정청의 재량의 정도만 달리할 뿐이라 하겠다.

2. 성질

(1) 명령적 행위

종래 통설적 견해에 의하면 허가는 상대방에게 금지를 해제하여 자연적 자유를 특정한 경우에 회복시켜주는 행위로서 명령적 행위이며, 권리 기타 법률상 능력을 설정하는 형성적 행위와 구별된다. 따라서 허가로 인하여 자유가 회복됨으로써 받는 이익은 권리로서의 이익이 아닌 단순한 반사적 이익에 불과하다. 예컨대, 공중목욕장 영업허가를 받은 자가 적법하게 영업행위를 함으로써 얻는 영업상의 이익 등이다. 또한 허가관청이 제3자에 대하여 새로운 허가를 함으로써 기존 허가영업자가 영업상의 불이익을 받더라도 법원에 그 새로운 영업허가의 취소를 구할 수 없다.

그러나 최근 허가는 단순한 자유의 회복이 아닌 일정한 행위를 할 수 있는 권리를 부여하는 것이라 하여 특허와 같이 형성적 행위로 보는 견해가 있는 반면, 헌법상 직업선택의 자유와 영업의 자유를 최대한 보장하려는 입장에서 공기업의 특허는 보통의 허가와 다를 바 없다는 견해도 있다. 따라서 허가와 특허의 구별은 점차 상대화되어 가고 있다고 말해진다.[54] 실정법상의 용어가 학문상의 그것과 일치하지 아니하는 경우가 많으며 실제로 두 가지 성질을 함께 가지고 있는 경우도 있다. 예컨대, 도시가스사업법에 의한 가스사업허가와 석유사업법에 의한 석유정제업 허가는 독점적 경영권을 설정하고 있으므로 특허에 해당한다. 하지만, 허가받지 아니하고 사업을 영위하는 자는 징역·벌금에 처한다는 점에서 허가의 성질도 함께 가지고 있다.

【판례】: ① 공중목욕장업 허가는 명령적 행위이며, 허가로 얻는 이익은 반사적 이익

공중목욕장업법에 의한 공중목욕장업 허가는 권리를 설정하는 행위가 아니고 금지의 해제에 불과하며, 그 허가의 효과는 본래의 영업의 자유의 회복을 가져오는 것이다. 따라서 기존 목욕장 인근에 새로운 목욕장을 허가함으로써 기존 목욕장의 수입이 사실상 감소된 경우에도 이는 단순한 반사적 이익의 침해에 불과하므로 새로운 목욕장 허가처분의 취소를 청구할 소의 이익이 없다(대판 1963. 8. 22, 63누97).

② 한의사면허는 허가이며, 이로 얻는 이익은 사실상 이익에 불과

한의사면허는 경찰금지를 해제하는 명령적 행위(강학상 허가)에 해당하고, 한약조제시험을 통하여 약사에게 한약조제권을 인정함으로써 한의사인 원고들의 영업상 이익이 감소되었다 하더라도 이러한 이익은 사실상의 이익에 불과하고 약사법이나 의료법 등의 법률에 의하여 보호되는 이익이라고 볼 수 없다(대판 1998. 3. 10, 97누4289).

(2) 기속행위인가 재량행위인가

허가는 자연적 자유를 회복시켜 주는 것으로서, 허가요건에 해당함에도 불구하고 허가하지 않는 것은 불필요하게 개인의 자연적 자유를 더 묶어 두는 것이므로 위법하다 할 것이다. 따라서 허가요건에 해당하면 반드시 허가하여야 한다는 의미에서 기속행위라고 한다.

그러나 예외적으로 허가가 재량행위인 경우도 있다. 예컨대, 효과규정이 아닌 요건규정에서 불확정개념을 사용하고 있는 경우(예, 도시경관, 공중보건위생, 공공의 질서유지에 지장을 주지 아니하는 경우 등)에는 그 요건판단에 있어 행정관청의 판단 여지가 인정될 경우는 있을 것이다.[55] 허가는 기속행위이기 때문에 특허와 달리 먼저 허가요건을 갖추어 신청하는 자가 있으면 허가하여야 한다는 의미에서 선원주의[56]가 적용된다. 그러나 특허는 재

54) 박윤흔, 행정법강의(상), 357면; 석종현·송동수, 일반행정법(상), 237면.

55) 김남진, 행정법 I, 259면; 석종현·송동수, 일반행정법(상), 228면.

량행위이므로 여러 신청자 중 가장 적합한 자를 선택할 재량이 인정된다.

> **【판례】**: ① 허가는 기속행위
>
> ㉠ 건축허가신청이 법정요건에 합치하는 경우에는 특별한 사정이 없는 한 이를 허가하여야 하며, 공익상 필요가 없음에도 불구하고 요건을 갖춘 자에 대한 허가를 건축법·도시계획법 등 관계법규에서 정한 제한사유 이외의 사유를 들어 거부할 수는 없다(대판 1992. 12. 11, 92누3038).
>
> ㉡ 식품위생법상의 대중음식점 영업허가는 그 성질상 일반적 금지에 대한 해제에 불과하므로 허가권자는 허가신청이 법에서 정한 요건을 구비한 때에는 반드시 허가하여야 하며, 관계 법규에서 정하는 사유 이외의 사유를 들어 허가신청을 거부할 수는 없다(대판 1993. 5. 27, 93누2216).
>
> ② 토지형질 변경허가는 재량행위
>
> 형질변경허가가 신청된 당해 토지의 합리적인 이용이나 도시계획사업에 지장이 될 우려가 있는지 여부와 공익상 또는 이해관계인의 보호를 위하여 부관을 붙일 필요의 유무나 그 내용 등을 판단함에 있어서 행정청의 재량의 여지가 있으므로 그에 관한 판단 기준을 정하는 것 역시 행정청의 재량에 속하는 것이다(대판 1999. 2. 23, 98두17845).
>
> ③ 일반적으로 행정처분에 효력기간이 정하여져 있는 경우에는 그 기간의 경과로 그 행정처분의 효력은 상실되며, 다만 허가에 붙은 기한이 그 허가된 사업의 성질상 부당하게 짧은 경우에는 이를 그 허가 자체의 존속기간이 아니라 그 허가조건의 존속기간으로 보아 그 기한이 도래함으로써 그 조건의 개정을 고려한다는 뜻으로 해석할 수 있지만, 이와 같이 당초에 붙은 기한을 허가 자체의 존속기간이 아니라 허가조건의 존속기간으로 보더라도 그 후 당초의 기한이 상당 기간 연장되어 연장된 기간을 포함한 존속기간 전체를 기준으로 볼 경우 더 이상 허가된 사업의 성질상 부당하게 짧은 경우에 해당하지 않게 된 때에는 관계 법령의 규정에 따라 허가 여부의 재량권을 가진 행정청으로서는 그 때에도 허가조건의 개정만을 고려하여야 하는 것은 아니고 재량권의 행사로서 더 이상의 기간연장을 불허가할 수도 있는 것이며, 이로써 허가의 효력은 상실된다(대판 2004. 3. 25, 2003두12837).

---

56) 선원주의란 특허법상 동일발명을 2인 이상의 자가 개별적으로 완성한 때에는 특허출원시를 기준으로 하여 가장 먼저 특허를 신청한 자에게 특허를 부여하는 주의로서 행정법상에 허가의 출원이 2인 이상이 경합하는 경우에는 먼저 출원한 것부터 심사하여 그 신청이 법정요건을 갖춘 경우에는 먼저 허가하여야 하는 것을 말한다. 허가는 기속행위이기 때문에 이러한 선원주의가 적용되는 것이다.

3. 형식

하명은 음주운전금지 등과 같이 직접 법령에 의하여 행하여지는 법규하명도 있지만, 허가는 상대적 금지를 특정한 경우에만 해제해 주는 것이므로 성질상 항상 행정처분의 형식으로만 행하여진다. 그러나 허가의 상대방은 특정인임이 원칙이지만, 불특정 다수인일 때도 있다. 예컨대, 운전면허·음식점 영업허가 등의 상대방은 특정인이지만, 위험한 도로에 대한 통행금지의 해제·야간통행금지의 해제 등의 상대방은 불특정 다수인이다.

4. 종류

(1) 심사대상에 따른 분류

허가요건의 심사대상이 일신전속적인 인의 자격인 대인적 허가(의사면허·약사면허·운전면허 등), 물적 요건인 대물적 허가(건축허가·음식점영업허가·차량검사 등), 인적·물적 요건의 혼합인 혼합적 허가(전당포영업·총포화약류제조업허가 등)로 분류된다. 대인적 허가는 일신전속적인 것이기 때문에 제3자에게 이전할 수 없으나, 대물적 허가는 허가여부의 판단근거가 물적인 것이기 때문에 이전이 인정된다. 혼합적 허가는 그 판단기준에 인적 요소도 포함되므로 원칙적으로 이전성이 제한되지만 인적·물적 요소가 모두 법령상의 기준에 합당할 경우에는 이전성이 허용되기도 한다.

(2) 행정분야에 따른 분류

허가는 행정분야에 따라 경찰허가·복리행정상의 허가·재정허가·군정허가 등으로 분류된다.

5. 대상 및 상대방

허가의 대상이 되는 행위는 사실행위인 것이 보통이지만(음식점영업·자동차운전·건축행위 등), 법률행위일 경우도 있다(총포거래 등). 허가의 상대방은 원칙적으로 특정인이지만 불특정다수인일 때도 있다.

6. 신청(출원)

허가는 상대방의 신청에 의하여 행하여지는 것이 원칙이지만, 특허·인가와 같이 반드시 신청이 있어야 하는 것은 아니고 달리 신청에 의하지 않는 허가도 가능하다. 예컨대, 위험한 도로에 대한 통행금지의 해제 등이 있다. 신청내용과 다른 내용의 허가(수정허가)도 유

효하게 성립된다는 것이 판례의 태도이다.[57)]

> **【판례】:** (건축허가의) 신청과 다른 내용의 허가도 유효
>
> 건축물의 개축허가 신청에 대하여 행정청이 착오로 대수선 및 용도변경허가를 하였다 하더라도 취소 등 적법한 조치 없이는 그 효력을 부인할 수 없음은 물론, 이를 다른 처분, 즉 개축허가로 볼 수도 없다(대판 1985. 11. 26, 85누382).

7. 효과

(1) 반사적 이익의 향유

통설적 견해에 의하면 허가는 상대적 금지의 해제로 제한되었던 자연적 자유가 회복되는데 그치므로 이로 인하여 얻는 이익은 권리로서의 이익이 아닌 반사적 이익에 불과하다고 한다.

> **【판례】:** ① 공중목욕장영업허가는 사업경영의 권리를 설정하는 형성적 행위가 아니라 경찰금지를 해제하는 명령적 행위로 인한 영업자유의 회복에 불과하므로, 원고가 본건 허가행정처분에 의하여 사실상 목욕장업에 의한 이익이 감소된다 하여도 원고의 이 영업상 이익은 단순한 사실상의 반사적 이익에 불과하고, 법률에 의하여 보호되는 이익이라 할 수 없다(대판 1963. 8. 22, 68누97 ; 동지판례 : 대판 1985. 2. 8, 84누369 ; 대판 1983. 9. 13, 83누211).
>
> ② 이 사건 건물의 4, 5층 일부에 객실을 설비할 수 있도록 숙박업구조변경허가를 함으로써 그곳으로부터 50미터 내지 700미터 정도의 거리에서 여관을 경영하는 원고들이 받게 될 불이익은 간접적이거나 사실적, 경제적인 불이익에 지나지 아니하므로 그것만으로는 원고들에게 위 숙박업구조변경허가처분의 무효확인 또는 취소를 구할 소익이 있다고 할 수 없다(대판 1990. 8. 14, 89누7900).

(2) 법률상 이익의 향유

최근 허가와 특허의 구별이 상대화되어 감에 따라 판례도 주류제조면허를 허가로 보면서도 그 재산적 가치를 인정하고 이를 법률상 이익으로 보는 경향이 있다. 즉 비록 허가라 하

57) 그러나 이러한 허가를 하자의 이론에 따라 무효 또는 취소할 수 있는 행위가 된다는 견해도 있다. 박균성, 행정법론(상), 306면.

더라도 관계법령의 취지가 공익뿐만 아니라 개인의 이익까지도 함께 보호하고자 하는 것인 때에는 단순한 반사적 이익이 아니라 법적으로 보호되는 이익이라고 하여야 할 것이며, 이 경우의 허가는 특허의 성질을 함께 가지고 있는 것으로 보아야 할 것이다[58].

> **【판례】:** 주류제조면허는 국가의 수입확보를 위하여 설정된 재정허가의 일종이지만, 일단 이 면허를 얻은 자의 이익은 단순한 사실상의 반사적 이익에만 그치는 것이 아니라 주세법의 규정에 따라 보호되는 이익이고, 주세법상 주류제조면허의 양도가 인정되지 않고 있으나, 국세청훈령으로 보충면허제도를 두어 기존면허업자가 그 면허를 자진취소함과 동시에 그에 대체하여 동일제조장에 동일면허종목을 신청하는 경우에는 그 면허를 부여함으로써 당사자간의 면허의 양도를 간접적으로 허용하고 있으며, 주류제조의 신규면허는 주세당국의 억제정책으로 사실상 그 취득이 거의 불가능하여 위와 같은 보충면허를 받는 방법으로 면허권의 양도가 이루어지고 있는 이상, 위 면허권이 가지는 재산적 가치는 현실적으로 부인할 수 없는 것이므로 주류제조회사의 순자산가액을 평가함에 있어서 주류제조면허를 포함시키지 아니한 것은 잘못이다(대판 1989. 12. 22, 89누46).

(3) 허가와 타법상의 제한

허가는 특정 법령상의 금지를 해제하여 주는 효과밖에 없으므로 다른 목적으로 제정된 타 법령에 의한 금지까지를 해제하는 것은 아니다. 예컨대, 공무원은 음식점영업허가를 받더라도 식품위생법상의 금지는 해제되나, 국가공무원법상의 금지(영리활동 금지의무)까지 해제되는 것은 아니다.

8. 허가받지 아니하고 행한 행위의 효과

허가를 받아야만 적법하게 할 수 있는 행위(주류판매 등)를 허가받지 아니하고 행한 경우에는 행정상 강제집행이나 행정벌의 대상이 되는데 그치고, 원칙적으로 당해 무허가행위의 사법상 효력까지 부정되는 것은 아니다. 다만, 경제규제를 위한 일정한 금지를 명하는 규제하명의 해제(규제허가) 등의 경우에는 예외가 있다.

9. 허가의 갱신

허가에 기간이 설정되어 있는 경우에 기간이 만료되어 갱신허가를 신청할 경우에 허가관

58) 김동희, 행정법Ⅰ, 285면.

청은 반드시 허가해 주어야 하는 것은 아니며, 새로운 허가와 마찬가지로 허가요건의 적합 여부를 심사하여 결정하여야 한다. 갱신허가는 형식적으로는 새로운 허가행위이지만 실질적으로는 기존 허가효력과 동일성을 유지함으로써 장래에 향하여 종전의 지위를 계속 유지시키는 효과를 가지는 것이다. 따라서 갱신허가를 한 후에도 갱신 전의 법령위반사실을 근거로 갱신허가를 취소할 수 있다.

> **【판례】**: ① 갱신허가시 허가요건에의 적합 여부를 새로이 판단
>
> '사행행위 등 규제 및 처벌 특례법'에 의한 투전기영업허가를 받은 자가 유효기간이 지나서 다시 영업허가를 신청한 경우 이는 단순히 그 유효기간을 연장하여 주는 것이라기보다는 종전의 허가와는 별도의 새로운 영업허가를 내용으로 하는 행정처분이라 할 것이므로 동법의 규정에 의하여 허가요건의 적합 여부를 새로이 판단하여 그 허가 여부를 결정하여야 할 것이다(대판 1993. 2. 10, 92두72).
>
> ② 갱신허가 전의 법위반사실을 근거로 허가 취소 가능
>
> 유료직업소개사업의 갱신허가는 종전의 지위를 계속 유지시키는 효과를 갖는 것에 불과하고 갱신 전의 법위반사실을 불문에 붙이는 효과를 발생하는 것은 아니므로 갱신허가가 있은 후에도 갱신 전의 법위반사실을 근거로 하여 갱신허가를 취소할 수 있다(대판 1982. 7. 27, 81누174).

Ⅲ. 면제

허가는 소극적인 부작위의무를 해제해 주는 것이지만, 면제는 적극적인 작위의무·급부의무·수인의무를 해제하는 것을 말한다. 예컨대, 군입대의무면제·조세면제·예방접종의무면제 등이다. 면제는 의무를 해제해 준다는 점에서 허가와 성질이 같으므로 면제의 성질·종류·효과 등은 허가에서 설명한 것과 같다. 면제도 행정 각 분야에 따라서 경찰면제·복리행정상의 면제·재정면제·군정면제 등으로 분류된다. 그리고 작위의무나 급부의무의 이행의 연기·유예, 의무의 일부해제도 면제의 일종으로 볼 수 있다.

제2관 형성적 행위

형성적 행위는 행정청이 특정의 상대방에게 권리능력, 행위능력 또는 포괄적인 법률관계 및 기타 법률상의 힘을 발생·변경·소멸시키는 행위를 말한다. 형성적 행위는 제3자에게 대항할 수 있는 법률상의 힘을 부여하거나 또는 그러한 힘을 부정하는 것을 목적으로 하는 점에서 국민의 자연적 자유를 제한하거나 그 제한을 해제 하는 명령적 행정행위와 구별된다. 형성적 행위는 행정청이 어떤 법률관계의 일방당사자가 되어 직접 상대방을 위해 권리 등을 설정·변경·박탈하는 행위와 행정청이 상대방이 아닌 제3자의 법률행위를 보충하여 그 효력을 완성시키는 행위(인가) 및 제3자를 대신하여 행하는 행위(공법상 대리행위)로 나누어진다.

Ⅰ. 특허

1. 의의

특허란 특정의 상대방을 위하여 새로운 권리·능력 또는 포괄적 법률관계를 설정하는 행위를 말한다. 이 중 권리를 설정하는 행위를 협의의 특허라고 한다. ① 특정인에게 재산상의 이익을 향유할 수 있는 권리설정행위의 예로서는 광업허가, 어업면허, 자동차·해상·항만항공 등 각종 운수사업면허, 보세구역설치경영특허, 특허기업특허, 토지수용권설정, 공유수면매립면허, 공물사용권특허, 교과서의 국정·검정·인정행위 등이 있으며, ② 특정인에게 그 행위를 할 수 있게 하는 능력설정행위로서는 공법인설립행위 등이 있고, ③ 두 가지 이상의 법적 관계의 합성에 의하여 성립하는 포괄적 법률관계를 설정행위로는 공무원임명·귀화허가 등이 있다.

권리·능력·포괄적 법률관계를 설정하는 행위를 설권행위(광의의 특허)라고 하는데 대하여, 특정인에 대하여 기존의 권리·능력·포괄적 법률관계를 변경시키는 행위를 변경행위(예, 광구변경, 공무원 전보)라 하고, 그것들을 소멸시키는 행위를 탈권행위(예, 어업면허의 취소)라 한다.

2. 성질

특허는 법률상의 새로운 권리를 부여하는 형성적 행위이다. 따라서 전형적인 수익적 행정행위이며 재량행위이고 쌍방적 행정행위이다. 또한 이로 인하여 얻는 이익도 단순한 반사적 이익이 아니라 권리로서의 이익이다. 그러나 최근 허가와 특허의 구별은 점차 상대화되어 가는 경향이 있다.

한편, 종래 특허를 사인의 출원이라는 의사표시와 행정청의 특허행위라는 의사표시에 대등한 가치를 부여하여 공법상 계약의 일종으로 보는 견해가 있었다. 그러나 출원은 행정행위의 성립요건이 아니라 단순한 효력요건으로 보고 행정행위의 권력성은 여전히 유지되는 것으로 보는 것이 일반적 견해이다(쌍방적 행정행위).[59]

【헌재결】: 교과서에 관한 국정 또는 검·인정 제도의 법적 성질은 인간의 자연적 자유의 제한에 대한 해제인 허가가 아니라, 어떠한 책에 대하여 교과서라는 특수한 지위를 부여하는 가치 창설적인 형성적 행위로서 특허의 성질을 갖는다고 할 것이므로 국가는 그에 대하여 재량권을 갖는다(헌재결 1992. 11. 28, 89헌마88).

【판례】: ① 자동차운수사업법에 의한 자동차운수사업면허는 특정인에게 권리를 설정하여 주는 행위로서 재량행위이다(대판 1993. 5. 27, 92누19033).

② 행정청이 도시 및 주거환경정비법 등 관련 법령에 근거하여 행하는 조합설립인가처분은 단순히 사인들의 조합설립행위에 대한 보충행위로서의 성질을 갖는 것에 그치는 것이 아니라 법령상 요건을 갖출 경우 도시 및 주거환경정비법상 주택재건축사업을 시행할 수 있는 권한을 갖는 행정주체(공법인)로서의 지위를 부여하는 일종의 설권적 처분의 성격을 갖는다고 보아야 한다(대판 2009. 9. 24, 2008다60568).

3. 형식

특허는 특허처분이라는 구체적인 행정행위의 형식으로 행하여지는 것이 원칙이지만, 예외적으로 법규에 의하여 직접 행하여지는 경우도 있다(법규특허). 예컨대, 한국도로공사법·대한주택공사법·한국토지공사법 등에 의하여 공법인을 직접 설립하고 각종 사업수행권을 부여하는 것 등이다.

59) 김도창, 일반행정법론(상, 407면; 박윤흔, 행정법강의(상), 362면; 석종현·송동수, 일반행정법(상), 245면.

4. 출원

특허는 상대방의 출원(신청)을 필요요건(효력요건)으로 한다. 따라서 출원이 없거나 출원 내용에 반하는 특허는 완전한 효력을 발생할 수 없다. 다만, 법규에 의한 특허와 같이 성질상 상대방의 출원을 기다릴 여지가 없는 경우에는 출원을 요하지 않는다 하겠다.

5. 효과

특허의 효과는 상대방에게 권리·능력·포괄적 법률관계를 설정하는 힘을 발생시키는데 있다. 특허에 의해 설정되는 권리는 공권인 경우도 있지만 사권인 경우도 있다(광업권·어업권 등). 특허로 부여된 권리를 행정주체가 침해하면 행정상 쟁송과 국가배상을 통하여 구제를 받을 수 있고, 사인이 침해하면 사법상 손해배상으로 구제받을 수 있다.

대인적 특허는 일신전속적이기 때문에 그 효과는 이전될 수 없으나(공무원·귀화자의 지위 등), 대물적 특허는 그 효과가 자유로이 또는 일정한 제한(행정관청에의 신고·인가 등)에 의하여 이전될 수 있다. 예컨대, 광업권·어업권·운수사업면허의 양도·양수 등이다.

【판례】: ① 다른 조합이나 다른 어촌계의 업무 구역 내에는 기존어업권자의 동의가 있는 경우 등이 아니면 중복하여 어업면허를 할 수 없으며, 이에 위반하여 어업면허를 하였다면 그 면허처분은 당연 무효이다(대판 1978. 4. 25, 78누42).

② 개인택시운송사업의 양도 · 양수가 있고 그에 대한 인가가 있은 후 그 양도 · 양수 이전에 있었던 양도인에 대한 운송사업면허취소사유(음주운전 등으로 인한 자동차운전면허의 취소)를 들어 양수인의 운송사업면허를 취소한 것은 정당하다(대판 1998. 6. 26, 96누18960).

6. 특허를 받지 아니하고 행한 행위

특허를 받지 아니하고 행한 행위는 허가의 경우와 같이 행정상 강제집행이나 행정벌의 대상이 될 뿐이지만, 예외적으로 당해 행위의 효력까지를 무효로 보아야 할 경우도 있다. 예컨대, 공무원 임명을 받지 아니한 자의 행정행위 등이다.

Ⅱ. 인가

1. 의의

인가란 제3자의 법률행위(계약·합동행위 등)에 동의를 부여하여 그 행위의 법적 효력을 완성시켜 주는 행위로서 보충행위라고도 한다. 인가제도는 민법상 제한능력자에 대한 후견인의 동의제도와 유사하다. 즉 사인간의 법률행위는 행정주체의 동의나 간섭 없이도 완전히 효력을 발생하는 것이 원칙이다. 그러나 예외적으로 공익에 중대한 영향을 미치는 행위는 행정주체가 후견적 입장에서 관여하도록 하는 경우이다. 인가의 종류로는 비영리법인 설립허가 및 정관변경인가, 공공조합 설립인가, 특허기업의 운임·요금 인가, 사립학교법인 이사취임승인, 지방채기채승인, 허가나 특허의 양도·양수의 인가, 외국인 토지취득허가, 토지거래허가구역 내에서의 토지거래허가 등이 있다.

【판례】: ① 민법상 재단법인 정관변경허가 : 민법 제45조와 제46조에서 말하는 재단법인의 정관 변경 '허가'는 법률상의 표현이 허가로 되어 있기는 하나, 그 성질에 있어 법률행위의 효력을 보충하여 주는 것이지 일반적 금지를 해제하는 것이 아니므로, 그 법적 성격은 인가라고 보아야 한다(대판 1996. 5. 16, 95누4810).

② 국토이용관리법 제21조의3 제1항 소정의 허가가 규제지역 내의 모든 국민에게 전반적으로 토지거래의 자유를 금지하고 일정한 요건을 갖춘 경우에만 금지를 해제하여 계약체결의 자유를 회복시켜 주는 성질의 것이라고 보는 것은 위 법의 입법취지를 넘어선 지나친 해석이라고 할 것이고, 규제지역 내에서도 토지거래의 자유가 인정되나 다만, 위 허가를 허가 전의 유동적 무효 상태에 있는 법률행위의 효력을 완성시켜주는 인가적 성질을 띤 것이라고 보는 것이 타당하다(대판 1991. 12. 24, 90다12243).

2. 성질

인가는 법률행위의 효력발생요건이다. 따라서 인가받아야 할 행위를 인가받지 아니하고 행한 무인가행위는 원칙적으로 무효가 된다.

그러나 건설업면허 양도·양수의 예와 같이 통상 당사자 간에 양도·양수 계약을 먼저 하고 나서 행정관청에 양도·양수의 인가를 신청하는바, 이 경우 인가가 있기 전까지는 면허의 이전이라는 법적 효과가 발생되지 않는다는 것뿐이지, 당사자간의 양도계약이라는 채권계약의 사법상 효력까지 부인되는 것은 아니다(대판 1994. 3. 11, 93다55418).

【판례】: 인가받지 아니하고 행한 행위의 효과는 무효

무역거래법18①(현, 대외무역법20②)은 효력규정이므로 이에 위반하여 상공부장관의 승인(학문상의 인가에 해당한다) 없이 행한 외화획득용 수입원료·기재의 양도·양수행위는 무효이다(대판 1974. 3. 26, 73다721).

3. 형식

인가는 반드시 구체적인 인가처분의 형식으로만 행해지며, 일반적으로 불요식행위이다.

4. 대상

인가의 대상은 그 성질상 반드시 법률행위이어야 하고, 허가처럼 사실행위는 그 대상이 될 수 없다. 인가 대상인 법률행위의 종류에는 공법상 행위도 있고, 사법상 행위도 있다. 예컨대, 불량주택재개발조합 설립인가 등은 공법상 행위이고, 특허기업의 양도·양수 인가, 민법상 재단법인정관변경허가 등은 사법상 행위이다.

한편, 인가는 법률행위만을 대상으로 하기 때문에 그 효과는 당해 법률행위에 대한 직접 관계인에 한하여 발생하고 타인에게 이전되지 않음이 원칙이다.

5. 신청(출원)

인가는 성질상 보충성의 성격을 가지므로 항상 상대방의 신청에 의하여서만 행하여질 수 있다.

한편, 당사자가 발생시키기를 원하는 법률효과와 다른 내용으로 수정하여 인가할 수 있는가에 관하여 문제가 되는바, 보충성의 원칙과 사적 자치의 원칙을 존중하여 법령에 특별한 근거가 없는 한 부정되어야 할 것이다.

6. 인가와 기본행위

인가는 제3자의 법률행위의 효력을 보충하여 완성시켜 주는 보충적 행위에 불과하다. 따라서 그 제3자의 법률행위(기본행위) 자체가 불성립되거나 또는 무효·취소원인이 있어 취소된 경우에는 인가를 받았더라도 기본행위의 하자가 치유되는 것은 아니므로 인가 자체까지 무효로 된다. 왜냐하면 인가는 기본행위의 적법·유효한 성립을 전제로 하기 때문이다. 또한 기본행위에 하자가 있으면 기본행위의 무효·취소를 구할 수 있을 뿐이며, 인가행위를 대상

으로 무효·취소를 구할 수는 없다고 할 것이다.

【판례】: 기본행위의 하자와 인가와의 관계

① 도시재개발법(41)에 근거하여 주택개량재개발조합이 작성한 주택개량사업관리처분계획에 대한 행정청의 인가처분은 동 계획에 대한 법률상의 효력을 완성시켜 주는 보충행위로서, 그 기본이 되는 동 계획에 하자가 있을 때에는 그에 대한 인가가 있었다 하더라도 기본행위인 동 계획이 유효한 것으로 될 수 없다(대판 1994. 10. 14, 93누22753).

② 하천공사권의 양도·양수에 관한 인가는 기본행위인 양도·양수계약을 보충하여 그 법률상의 효력을 완성시키는 보충행위이므로 기본행위가 무효일 때에는 그 보충행위인 인가처분도 별도의 취소조치를 기다릴 필요 없이 당연히 무효이다(대판 1980. 5. 27, 79누196).

③ 사립학교법 제17조 4항에 의한 감독청의 이사회소집승인처분은 이사장이 아닌 이사에게 이사회 소집권한을 부여하여 이사회결의의 전제가 되는 이사회소집의 법률상 효력을 완성시켜 주는 보충적 행정행위로서 성질상 기본행위인 이사회소집행위가 법정요건을 충족하지 못하여 무효인 경우에는 그에 대한 승인이 있다 하더라도 이사회 소집이 유효한 것으로 될 수 없을 뿐만 아니라 기본행위를 떠나 승인처분 자체만으로는 법률상 아무런 효력도 없다(대판 1993. 4. 23, 92누15482).

【판례】: 기본행위의 하자를 이유로 인가행위의 취소 또는 무효확인을 구할 수 없음

① 주택개량사업관리처분계획이 적법·유효하고 보충행위인 인가처분 자체에만 하자가 있다면 그 인가처분의 무효나 취소를 주장할 수 있지만, 인가처분에는 하자가 없고 기본행위에만 하자가 있는 경우에는 그 기본행위의 하자를 다투는 것은 별론으로 하고, 기본행위의 무효를 내세워 바로 그에 대한 행정청의 인가처분의 취소 또는 무효확인을 구할 법률상의 이익은 없다(대판 1994. 10. 14, 93누22753).

② 기본행위인 주택재건축조합설립에 하자가 있는 경우에는 민사쟁송으로 따로 그 기본행위의 취소 또는 무효확인 등을 구하는 것은 별론으로 하고 기본행위의 불성립 또는 무효를 내세워 바로 그에 대한 감독청의 인가처분의 취소 또는 무효확인을 소구할 법률상의 이익이 있다고 할 수 없다(대판 2000. 9. 5, 99두1584).

7. 인가행위의 하자

기본행위는 유효하지만 인가행위에 무효 또는 취소원인인 하자가 있는 경우에는 인가행위만이 무효가 되거나 취소할 수 있게 된다.

Ⅲ. 공법상 대리

공법상 대리란 제3자가 행하여야 할 행위를 행정청이 대신하여 행하고 그 행위의 효과는 제3자에게 귀속하게 하는 것을 말한다. 일반적으로 공법상 행위로서의 대리는 본인의 의사에 의한 임의대리가 아니라 법률의 규정에 의한 법정대리이다.

공법상 대리의 종류로는 ① 행정주체가 공익적·감독적 견지에서 공공단체·특허기업자 등을 대신하여 행하는 행위(감독청에 의한 공법인의 정관작성·임원임명 등), ② 당사자 사이의 협의불성립의 경우에 조정적 입장에서 행하는 행위(A광구를 B광구에 양도하여 통합하라는 명령을 받은 자간에 양도에 관하여 합의가 이루어지지 않는 경우에 당사자의 신청으로 산업통상자원부장관이 행하는 양도에 관한 재결(광업법 제71·제73조 등)), ③ 제3자를 보호하는 입장에서 행하는 행위(행려병자·사자의 유류품 처분 등), ④ 행정주체가 행정작용의 실효성을 확보하기 위하여 행하는 행위(조세체납처분으로서의 공매처분) 등이 있다.

제2항 준법률행위적 행정행위

준법률행위적 행정행위란 법률행위적 행정행위와 달리 행정행위의 구성요소가 의사표시가 아닌 정신작용(판단·인식·관념의 표시)이며, 그 법적 효과도 의사표시에 나타난 행정관청의 의사대로 발생하는 것이 아니라 직접 법규에 의하여 부여되는 행정행위를 말한다. 준법률행위적 행정행위는 다시 확인·공증·통지·수리의 네 가지로 구분된다.[60)]

Ⅰ. 확인

1. 의의

확인은 특정한 사실관계 또는 법률관계의 존재나 정당성 여부에 관하여 행정관청이 공적 권위로써 판단하는 행위를 말한다. 실정법적으로는 재결·결정·특허 등의 용어로 사용되고 있다.

---

60) 준법률행위적 행정행위를 확인·공증·통지·수리로 분류하는 것은 엄격히 보면 행정행위가 어떤 법적 효과를 가지는가 하는 행정행위의 내용에 따른 분류라기 보다는, 행정행위의 구성요소로서의 정신작용이 판단의 표시·인식의 표시·관념의 표시 등 중에서 어느 것인가라는 구성요소에 따른 분류라 하겠다(김남진, 행정행위의 내용, 월간고시, 1978. 5).

2. 성질

확인은 특정한 사실관계 또는 법률관계의 존재여부·정당성 여부 등에 관한 판단작용이므로 법선언적 행위로서 넓은 의미의 사법작용의 일종이라 할 수 있다. 또한 일정한 사실·법률관계가 존재·부존재 또는 정당·부당하다고 판단되는 이상 확인행위를 하지 않을 수 없다는 의미에서 기속행위에 해당한다.61)

형성적 행위는 행정관청의 의사표시에 의해 법률효과가 발생되는 법률행위적 행정행위이지만, 확인은 이미 존재하는 사실관계 또는 법률관계를 판단해 주는 준법률행위적 행정행위이다. 따라서 이로 인하여 권리 형성적 효과가 부여되는 경우도 있으나(특허권 등) 그 법적 효과는 직접 법률에 의해 부여되는 것이지 당해 확인행위 자체의 효과는 아니다. 예컨대, 발명특허는 어떤 발명행위가 최초의 창작에 해당된다는 공적인 확인행위이며, 이로 인한 법적 효과는 특허법에 의하여 직접 발생되는 것이다.

3. 종류

확인은 행정분야에 따라, ① 조직법상의 확인(국가시험합격자·선거당선인 결정 등), ② 급부행정상의 확인(도로·하천구역 결정, 발명특허 등), ③ 재정법상의 확인(소득세부과를 위한 소득금액의 결정 등), ④ 군정법상의 확인(군사시설보호구역의 지정 등), ⑤ 쟁송법상의 확인(이의신청·행정심판에 대한 재결 등) 등으로 구분될 수 있다.

4. 형식

확인은 직접 법령에 의한 일반적 확인은 있을 수 없고 항상 구체적인 처분의 형식으로 행해지며, 구체적 사안에 따른 개별적 확인만 인정된다. 또한 확인은 법률관계의 명확성을 기하기 위하여 일정한 형식이 요구되는 요식행위인 경우가 많다.

5. 효과

확인은 특정한 사실 또는 법률관계의 존재여부 또는 정당성 여부를 유권적으로 확정하는 것이므로 이를 임의로 변경할 수 없는 불가변력이 발생한다. 그러나 새로운 판단자료가 생긴 경우에는 변경할 수 있음은 물론이다.

---

61) 김남진, 행정법Ⅰ, 268면; 김동희, 행정법Ⅰ, 292면; 박윤흔, 행정법강의(상), 354면; 석종현·송동수, 일반행정법(상), 255면.

확인의 공통적 효과로는 불가변력을 들 수 있으며, 그 외에도 각 개별법령에 규정된 대로의 효과를 발생하게 된다. 예컨대, 발명특허는 형성적 효과가 부여되는 경우이지만, 그것은 법률의 규정에 의한 것이지 확인행위 그 자체에 의한 것은 아니다.

Ⅱ. 공증

1. 의의

공증은 행정청이 그 상대방인 사인에게 특정의 사실 또는 법률관계의 존부를 공적으로 증명하여 공적 증명력을 부여하는 행위이다. 다만, 공증은 어떤 사실 또는 관계가 진실한 것으로 인식되어 그것을 공적으로 증명하는 '인식의 표시'이므로 진실이 아닐 수도 있다. 따라서 공증은 반증에 의하여 효력을 상실할 수도 있다.

2. 성질

공증은 의사표시를 내용으로 하지 아니하는 준법률행위적 행정행위이며, 요식행위인 것이 원칙이다. 또한 요건에 해당하면 확인하지 않을 수 없으므로 기속행위이다. 그리고 확인은 판단의 표시임에 반하여 공증은 인식의 표시라는 점에서 차이가 있다.[62]

3. 종류

공증의 종류 또는 형식으로는 ① 등기·등록(부동산등기·외국인등록·차량등록·주민등록 등), ② 등재(토지대장·선거인명부·광업원부에의 등재 등), ③ 회의록·의사록에의 기재(공법인이사회 회의록, 국회속기록 기재 등), ④ 증명서 발급(국가시험합격증·납세완납증명서 교부 등), ⑤ 인·허가증 발급(각종 인가·허가·특허·등록·신고필증·여권의 발급 등), ⑥ 검인·증인의 압날(농산물·전기제품 등에 대한 각종 검사 결과 합격품임을 표시하는 것 등) 등이 있다.

【판례】: 자격증 발급행위는 공증행위

의료법 부칙 제7조, 제59조(1675.12.31 법률 2862호로 개정전의 것), 동법시행규칙 제59조 및 1973.11.9자 보건사회부 공고 58호에 의거한 서울특별시장 또는 도지사의 의료유사업

62) 학자에 따라서는 확인은 사실·법률관계에 대한 다툼이나 의문이 있는 경우에 행하는 것이며, 공증은 다툼이나 의문이 없이 행하는 것이라는 차이점을 지적하고 있으나, 쟁송법상의 확인 이외의 확인은 다툼이나 의문 없이도 행하는 것이다.

자 자격증 갱신발급행위는 유사의료업자의 자격을 부여 내지 확인하는 것이 아니라 특정한 사실 또는 법률관계의 존부를 공적으로 증명하는 소위 공증행위에 속하는 행정행위라 할 것이다(대판 1977. 5. 24, 76누295).

4. 효과

공증의 기본적 효과로는 반대의 증거가 있을 때까지는 일단 진정한 것으로 추정되는 공적 증거력이 있다. 공증은 공적 증거력 이외에 어떠한 효과가 발생하는 가는 각 개별법령이 정하는 바에 따른다. 즉 권리행사의 요건(선거인명부 등재)이 되기도 하고, 권리의 발생·변경의 요건(부동산 등기·광업원부에의 등록 등)이 되기도 한다.

【헌재결】: 지적공부상 지목변경행위에 대하여 처분성 인정

지적법상 지적공부의 등록내용중 지목은 토지소유자의 실체적 권리관계에 밀접히 관련되어 있고 재산권에 영향을 미치므로 정당한 지목을 등록함으로써 토지소유자가 누리게 될 이익은 헌법 제23조에 따라 보장해 주어야 할 재산권이다. 따라서 토지의 현황이 대지에서 밭으로 변경된 바 없음에도 불구하고 구청장이 지목을 대지에서 전(田)으로 변경한 조치는 지적법상의 요건을 갖추지 못한 위법한 것이다(헌재결 1999. 6. 24, 97헌마315).

【판례】: ① 멸실된 지적공부를 복구하거나 지적공부에 기재된 일정한 사항을 변경하는 행위는 행정사무집행의 편의와 사실증명의 자료로 삼기 위한 것으로 이로 인하여 당해 토지에 대한 실체상의 권리관계에 어떤 변동을 가져오는 것이 아니고, 특단의 사정이 없는 한 토지의 소재, 지번, 지목 및 경계가 지적공부의 기재에 의하여 확정된다 하여 토지 소유권의 범위가 지적공부의 기재만에 의하여 증명되는 것도 아니므로, 소관청이 지적공부의 복구신청을 거부하거나 그 등재사항에 대한 변경신청을 거부한 것을 가리켜 항고소송의 대상이 되는 행정처분이라고 할 수 없다(대판 1991. 12. 14, 91누8357).

② 무허가건물관리대장은, 행정관청이 지방자치단체의 조례 등에 근거하여 무허가건물 정비에 관한 행정상 사무처리의 편의와 사실증명의 자료로 삼기 위하여 작성, 비치하는 대장으로서 무허가건물을 무허가건물관리대장에 등재하거나 등재된 내용을 변경 또는 삭제하는 행위로 인하여 당해 무허가 건물에 대한 실체상의 권리관계에 변동을 가져오는 것이 아니고, 무허가건물의 건축시기, 용도, 면적 등이 무허가건물관리대장의 기재에 의해서만 증명되는 것도 아니므로, 관할관청이 무허가건물의 무허가건물관리대장 등재 요건에 관한 오류를 바로

잡으면서 당해 무허가건물을 무허가건물관리대장에서 삭제하는 행위는 다른 특별한 사정이 없는 한 항고소송의 대상이 되는 행정처분이 아니다(대판 2009. 3. 12, 2008두11525).

③ … 행정청이 한 행위가 단지 사인 간 법률관계의 존부를 공적으로 증명하는 공증행위에 불과하여 그 효력을 둘러싼 분쟁의 해결이 사법원리에 맡겨져 있거나 행위의 근거 법률에서 행정소송 이외의 다른 절차에 의하여 불복할 것을 예정하고 있는 경우에는 항고소송의 대상이 될 수 없다(대판 2012. 6. 14, 2010두19720).

Ⅲ. 통지

1. 의의

통지란 행정청의 의사 또는 특정한 사실 등을 특정인 또는 불특정 다수인에 대해 특정한 사항을 알리는 행위를 말한다. 이미 성립한 행정행위의 효력발생요건으로서의 교부나 송달은 그 자체가 독립된 행정행위가 아니므로 여기서 말하는 통지와 다르다. 대법원도 "당연퇴직의 통보는 독립된 행정처분이 아니다"라고 하였다(대판 1985. 7. 23, 84누374).

2. 종류

통지는 어떤 사실에 관한 '관념의 통지'인 경우(특허출원 공고, 귀화허가의 고시, 사업인정의 고시 등)가 있고, 행정관청의 '의사의 통지'인 경우(대집행의 계고, 납세의 독촉 등)도 있다.

3. 성질 및 효과

통지는 일정한 관념의 표시인 준법률행위적 행정행위이다. 따라서 통지는 행정관청의 의사표시에 따라 법적 효과가 발생되는 것이 아니고 법령에 의한 효과가 발생된다. 예컨대, 특허출원의 공고로 특허심사의 절차가 개시되는 효과 등이다.

행정대집행법상 대집행의 계고·영장통지 또는 국세징수법상 납세의 독촉 등은 준법률행위적 행정행위로서의 처분성이 인정되어 행정소송의 대상이 될 수 있으나(대판 1996. 2. 9, 95누12507[63]), 공무원법상의 당연퇴직은 결격사유가 있을 때 법률상 당연히 퇴직하는 것

63) 대집행의 계고, 대집행영장에 의한 통지, 대집행의 실행, 대집행에 요한 비용의 납부명령 등은 타인이 대신하여 행할 수 있는 행정의무의 이행을 의무자의 비용부담하에 확보하고자 하는, 동

이다. 따라서 당연퇴직의 통지행위는 당연퇴직을 알려주는 이른바 '관념의 통지'에 불과하고 새로운 처분성을 가지는 것은 아니므로 행정소송의 대상이 아니라 할 것이다.

한편, 준법률행위적 행정행위로서의 통지는 행정행위의 통지와 구별되는 바, 전자는 그 자체로서 하나의 독립된 행정행위이며 법령에 규정된 독립적인 법적 효과가 부여되는 행위임에 반하여, 후자는 일반적인 행정행위가 있은 후 그 효력발생을 위하여 상대방에게 알려주는 행위로서 행정행위의 단순한 효력발생요건에 불과하며 독립적인 법적 효과가 부여되지 않는 점에서 구별된다. 예컨대, 행정심판재결서의 송달행위, 음식점·숙박업 영업허가증의 발송행위 등이다.

【판례】: ① 국가공무원법 제69조에 의하면 공무원이 제33조 각호의 1에 해당할 때에는 당연히 퇴직한다고 규정하고 있으므로, 국가공무원법상 당연퇴직은 결격사유가 있을 때 법률상 당연히 퇴직하는 것이지, 공무원관계를 소멸시키기 위한 별도의 행정처분을 요하는 것이 아니며, 당연퇴직의 인사발령은 법률상 당연히 발생하는 퇴직사유를 공적으로 확인하여 알려주는 이른바 관념의 통지에 불과하고 공무원의 신분을 상실시키는 새로운 형성적 행위가 아니므로 행정소송의 대상이 되는 독립한 행정처분이라 할 수 없다(대판 1995. 11. 14, 95누2036).

② 구 소득세법 시행령 제192조 제1항 단서에 따른 소득의 귀속자에 대한 소득금액변동통지는 원천납세의무자인 소득 귀속자의 법률상 지위에 직접적인 법률적 변동을 가져오는 것이 아니므로, 항고소송의 대상이 되는 행정처분이라고 볼 수 없다(대판 2015. 3. 26, 2013두9267).

Ⅳ. 수리

1. 의의 및 성질

수리란 행정청이 타인의 행위를 형식적 요건을 갖추었다고 인정되는 경우에 이를 유효한 행정행위로서 받아들이는 행위를 말한다. 예컨대, 각종 인·허가 신청서, 국가시험원서, 혼

일한 행정목적을 달성하기 위하여 단계적인 일련의 절차로 연속하여 행하여지는 것으로서, 서로 결합하여 하나의 법률효과를 발생시키는 것이므로, 선행처분인 계고처분이 하자가 있는 위법한 처분이라면, 비록 그 하자가 중대하고도 명백한 것이 아니어서 당연무효의 처분이라고 볼 수 없고 행정소송으로 효력이 다투어지지도 아니하여 이미 불가쟁력이 생겼으며, 후행처분인 대집행영장발부통보처분 자체에는 아무런 하자가 없다고 하더라도, 후행처분인 대집행영장발부통보처분의 취소를 청구하는 소송에서 청구원인으로 선행처분인 계고처분이 위법한 것이기 때문에 그 계고처분을 전제로 행하여진 대집행영장발부통보처분도 위법한 것이라는 주장을 할 수 있다(대판 1996. 2. 9, 95누12507).

인신고서, 행정심판청구서 등의 제출이 형식적 요건을 갖춘 경우에 이를 수리하는 경우이다. 수리는 단순한 사실에 불과한 도달이나 사실행위인 접수와는 달리 이를 유효한 것으로 받아들이는 행정관청의 수동적 의사표시로서, 관념의 표시인 준법률행위적 행정행위이다.

2. 효과

수리는 ① 사법상 효과의 발생(혼인신고의 수리), ② 공법상 효과의 발생(국가시험원서의 수리), ③ 행정관청에 사안의 심리·재결 의무의 발생(행정심판청구서의 수리), ④ 공무원관계의 소멸(공무원의 사직원의 수리) 등 법령에 규정된 대로 법적 효과가 발생한다.

3. 보정과 수리거부

신청이 형식적 요건을 결한 행위에 대하여는 행정관청은 보정명령을 내릴 수 있고, 소정기간 내에 보정을 하지 아니하면 수리를 거부하게 된다. 수리거부 행위는 소극적 행정행위로서 거부처분에 해당하므로 수리를 요하는 신고의 수리거부행위는 행정쟁송(거부처분취소심판 및 부작위위법확인소송)의 대상이 된다.

수리와 관련하여 특히 주의할 점은 이른바 신고제에 있어서는 신고서가 접수기관에 도달한 때에 그 효력이 발생하므로(행정절차법 제40조[64]), 행정청의 수리를 요하지 않는다. 수리라는 용어가 사용된다 하더라도(신고의 수리) 그것은 사실행위에 불과한 것이고 행정행위로서의 수리를 의미하는 것은 아니다.

---

64) 제40조(신고)① 법령등에서 행정청에 일정한 사항을 통지함으로써 의무가 끝나는 신고를 규정하고 있는 경우 신고를 관장하는 행정청은 신고에 필요한 구비서류, 접수기관, 그 밖에 법령등에 따른 신고에 필요한 사항을 게시(인터넷 등을 통한 게시를 포함한다)하거나 이에 대한 편람을 갖추어 두고 누구나 열람할 수 있도록 하여야 한다.

② 제1항에 따른 신고가 다음 각 호의 요건을 갖춘 경우에는 신고서가 접수기관에 도달된 때에 신고 의무가 이행된 것으로 본다.

1. 신고서의 기재사항에 흠이 없을 것
2. 필요한 구비서류가 첨부되어 있을 것
3. 그 밖에 법령등에 규정된 형식상의 요건에 적합할 것

③ 행정청은 제2항 각 호의 요건을 갖추지 못한 신고서가 제출된 경우에는 지체 없이 상당한 기간을 정하여 신고인에게 보완을 요구하여야 한다.

④ 행정청은 신고인이 제3항에 따른 기간 내에 보완을 하지 아니하였을 때에는 그 이유를 구체적으로 밝혀 해당 신고서를 되돌려 보내야 한다.

제6절 행정행위의 부관

Ⅰ. 개설

1. 의의

행정행위의 부관이란 행정행위의 효과를 특별히 제한하거나, 특별한 의무의 부과 또는 부족한 요건을 보충하기 위하여 주된 행정행위에 부가된 종된 의사표시를 말한다.[65]

2. 기능

(1) 장점

1) 행정행위의 신축성 부여

부관부 행정행위에 의하여 행정청은 행정행위의 상대방인 신청자와의 사이에 특별한 마찰 없이 타협적인 해결을 도모하여 구체적 사정에 합당한 행정을 할 수 있다. 즉 건축의 인·허가, 특허 등 각종 행정행위를 신청한 상대방이 대부분의 요건은 갖추었으나 일부 요건만을 미비한 경우 이를 거부함이 원칙이다. 그러나 일부 요건을 일정기간 내에 갖출 것을 조건으로 하여 행정행위를 해 주는 것이 상대방에게 유리한 경우에 부관의 존재가치가 인정된다. 예컨대, 건물까지의 진입도로만 없는 건축허가신청에 대하여 이를 갖출 것을 조건으로 한 건축허가 등이다.

2) 경제성 도모

부관은 절차적 경제를 도모할 수 있다. 예컨대, 건축허가신청이 거부되면 허가를 기대하여 사전에 행한 투자에 요건을 갖추어 다시 재신청을 하고 그에 대한 결정이 있을 때까지 활용하지 못하게 되는 등 불편과 불이익이 발생한다. 그러나 부관을 붙여 허가를 행함으로써 재신청과 재심사절차를 생략하고 경제상의 불이익도 예방할 수 있다.

---

65) 최근의 통설에 따른 정의이다. 김남진, 행정법Ⅰ, 272면; 김성수, 행정법Ⅰ, 229면; 박윤흔, 행정법강의(상), 378면; 석종현·송동수, 일반행정법(상), 288면. 한편, 종전의 통설은 부관을 '행정행위의 효과를 제한하기 위하여 주된 의사표시에 붙여진 종된 의사표시'라고 하였으나, 이는 ① 행정행위의 효과를 제한하는 것이 아닌 부관도 있으며, ② '종된 의사표시'라는 관념을 강조하여 준법률행위적 행정행위에는 부관을 붙일 수 없다고 주장하고 있으나, 준법률행위적 행정행위에도 효과의 제한이 아닌 특별한 의무부과나 요건보충을 위한 부관은 붙일 수 있다는 점에서 비판을 받고 있다.

3) 공익 및 제3자 보호

부관은 신청자의 이익뿐만 아니라 공익 또는 제3자의 이익을 위하여 중대한 의미를 가진다. 예컨대, 보조금교부시의 부담은 상대방이 행정주체의 결정노선에 따르도록 유도함으로써 경제정책이 보다 효과적으로 기능할 수 있게 하며, 영업허가에 있어서의 부관은 미풍양속과 환경보호를 위한 고전적 수단이 된다. 특히 복잡한 이해관계의 조정이 요청되는 계획행정 영역에서의 부관은 제3자의 권익침해 방지를 위하여 중요한 역할을 한다.

4) 재정의 확보

도로·하천·공원 점용허가, 골재채취허가 등 수익적 행정행위는 상대방에게 상당한 경제적 이익을 부여한다. 따라서 행정관청은 그 반대급부로서 상대방에게 점용료·사용료 등의 부담을 지게 함으로써 재정에 도움을 받을 수 있다.

(2) 단점

부관은 행정실무에 있어 불가결한 보조적 수단으로서 행정에 대하여 광범위한 유연성을 부여하여 행정관청과 상대방에게 바람직한 결과를 가져오는 순기능의 측면이 있다. 그러나 행정편의에 치우치는 경우에는 상대방에게 불이익을 주는 등 그 남용의 우려가 있게 된다. 부관의 단점으로는 ① 해제부관(해제조건·종기·철회권유보 등)으로서, 어느 행정청이 상대방에게 수익적 처분을 하면서 추후에 변화된 법적·경제적 변화를 예측하고 이러한 상황에 적합시키는 수단으로 활용된다. 해제부관이 새로운 상황에의 적응리스크와 비용을 상대방에게 전가시킬 경우에는 상대방에게 중대한 불이익이 초래될 수도 있다. ② 반대급부획득수단으로서, 인·허가 등과 같은 수익적 행정행위가 행해짐으로써 공재정상의 부담을 가져올 경우 행정은 그 수익적 행위에 대한 반대급부획득수단으로서의 부담 등의 부관을 활용하여 그 경제적 이익의 일부를 흡수하려고 한다. 그러나 부관이 행정편의에 치우치게 될 경우에는 상대방은 불이익을 보게 된다.

3. 법정부관과의 구별

행정행위 효과의 제한이 직접 법령에 규정된 경우를 법정부관이라 하는데, 이는 여기서 말하는 행정행위에 부가되는 부관과 구별된다. 예컨대, 광업권의 존속기간을 20년으로 한 광업법(제12조) 등이다. 행정행위의 부관은 행정청 스스로의 개별적인 의사결정에 의하여 붙여지는 것이므로 이와 같이 효과의 제한이 확정적으로 규율되어 있는 법정부관과는 다르다.

【판례】: 보존음료수 제조업의 허가에 붙여진 전량수출 또는 주한외국인에 대한 판매에 한한다는 내용의 조건은 이른바 법정부관으로서 행정청의 의사에 기하여 붙여지는 본래의 의미에서의 행정행위의 부관은 아니다(대판 1994. 3. 8, 92누1728).

Ⅱ. 부관의 종류

부관은 그 내용에 따라 조건, 기한, 부담, 철회권의 유보, 법률효과의 일부배제 등으로 구분된다.

1. 조건

조건이란 행정행위의 효력의 발생 또는 소멸을 장래의 발생 여부가 불확실한 사실에 의존케 하는 의사표시를 말한다. 조건이 되는 장래의 어떤 사실의 성취여부가 미정인 동안은 행정행위의 효력이 불안정한 상태에 놓이게 된다.

조건에는 효력의 발생에 관한 정지조건과 소멸에 관한 해제조건으로 구분된다. 즉 ① 정지조건은 조건이 성취되면 비로소 행정행위의 효력이 발생하는 경우이다. 예컨대, 공해방지시설의 설치를 조건으로 한 연탄공장 설립허가, 진입도로의 완공을 조건으로 한 주유소 설치허가, 도로의 완공을 조건으로 하는 자동차운수사업의 면허, 시설완성을 조건으로 학교법인설립인가 등이 있다. ② 해제조건은 조건이 성취되면 이미 발생하였던 행정행위의 효력이 소멸하는 경우이다. 예컨대, 일정기간 내에 시설을 완공하지 아니하면 실효된다는 의약품제조업 허가·학교설립인가, 6개월 이내에 공사에 착수하지 아니하면 효력을 상실한다는 공유수면매립면허 등이 있다.

행정법관계를 장기간 불안정한 상태에 두는 것은 옳지 않으므로, 조건부 행정행위를 남용해서는 아니 될 것이다. 따라서 법령이 조건으로 표현한 경우에도 실질적으로는 부담으로 보아야 할 경우도 있다.

2. 기한

기한이란 행정행위의 효력의 발생·소멸 또는 장래에 발생할 것이 확실한 어떤 사실의 성취여부에 의존하게 하는 의사표시이다. 기한은 발생할 것이 확실한 어떤 사실에 의존하게 한다는 점에서 발생여부가 불확실한 어떤 사실에 의존케 하는 조건과 구별된다.

기한은 ① 어떤 사실의 발생에 의하여 비로소 행정행위의 효력이 발생하는 시기와, 어떤 사실의 발생에 의하여 기존의 행정행위의 효력이 소멸하는 종기가 있다. 예컨대, '2018. 1. 1부로 허가한다.'의 경우는 시기의 예이고, '2018. 12. 31. 까지 허가한다.' 또는 '7년의 유효기간을 붙인 자동차운전면허' 등은 종기의 예에 해당한다. 또한 ② 발생할 것이 확실함은 물론 발생할 시기까지도 확실한 확정기한(예, 2017. 12. 31)과 발생할 것은 확실하지만 그 시기는 확실치 않은 불확정기한(예, 신청인이 사망할 때까지)이 있다.

> **【판례】:** 행정행위인 허가 또는 특허에 붙인 조항으로서 … 종기인 기한에 관하여는 일률적으로 기한이 왔다고 하여 당연히 그 행정행위의 효력이 상실된다고 할 것이 아니고, 그 기한이 그 허가 또는 특허된 사업의 성질상 부당하게 짧은 기한을 정한 경우에 있어서는 그 기한은 그 특허의 조건의 존속기간을 정한 것이 아니며, 그 기한이 옴으로써 그 조건의 경신을 고려한다는 뜻으로 해석하여야 한다(대판 1962. 2. 22, 4293행상42 ; 대판 1995. 11. 10, 94누11866의 전반부).

3. 부담

(1) 의의

부담이란 상대방에게 작위·부작위·급부 또는 수인의무를 부과하는 의사표시로서 특히 허가·특허 등 수익적 행정행위에 많이 부과되고 있다. 예컨대, ① 건축물 건축시 교통유발부담금·과밀부담금의 납부의무, ② 부동산중개업·유료직업소개사업자의 손해배상보증금의 예치의무, ③ 자동차운수사업·예식장영업자에게 요금신고의무 등 각종의무, ④ 도로·하천점용허가시 점용료·사용료의 납부의무, ⑤ 임야를 택지로 변경허가하면서 도로·공원 용지를 기부할 의무, ⑥ 카지노업허가시 총매출액 중 일정비율을 관광진흥개발기금으로 납부할 의무 등의 의무를 부과하는 것이다.

한편, 부담은 수익적 행정행위의 상대방이 얻는 이익과 공공복리와의 조절적 입장에서 행하여지는 것으로서 점차 그 예가 늘어나고 있다. 부담은 다른 부관과 달리 그 자체로서 행정행위가 되기 때문에 원칙적으로 부담만이 독립하여 항고소송이 되는 것이다.

(2) 조건과의 구별

부담은 조건과 다르다. 즉 부담에 해당하는 것을 실정법상 조건으로 표현하는 경우가 있으나, 조건과는 달리 부담이 붙여져도 행정행위의 효력은 완전히 발생하므로 정지조건과 다르다. 또한 부담을 이행치 않더라도 행정행위의 효력이 당연히 소멸되는 것도 아니므로 해제조건과 다르다. 즉 부담부 행정행위는 부담의 이행이 없어도 즉시 효력을 발생하기 때문에 처음부터 효력이 발생하지 않는 정지조건부 행정행위와는 달리 처음부터 효력을 발생하게 되는 것이다.

그러나 실제상 부담과 조건을 구별하기가 명확하지 않다. 예컨대, 노래방영업을 허가하면서 소음방지시설의 설치를 조건으로 붙인 경우에 그것이 부담이라면 즉시 노래방영업을 할 수 있지만, 당해 부관이 정지조건이라면 소음방지시설을 설치한 후에야 비로소 영업을 할 수 있게 된다. 양자의 구별이 명확치 않을 경우에는 가능한 한 상대편에게 유리하게 하고 행정법관계의 불확실성을 축소한다는 의미에서 부담으로 해석함이 타당하다고 할 것이다.

(3) 부담만을 대상으로 한 행정쟁송

통설과 판례에 따르면 다른 부관과 달리 부담은 본체인 행정행위와 어느 정도 독립성을 가지는 행정행위이며, 그 상대방에게 작위·부작위의무 및 수인·급부의무를 명하는 것으로서 명령적 행위 중 하명에 해당한다. 따라서 부담은 그 자체로서 독립하여 항고소송의 대상인 처분성이 인정되므로, 부담에만 고유한 흠이 있으면 본체인 행정행위와 따로 떼어서 부담만을 독립하여 행정쟁송을 제기할 수 있다.

(4) 부담의 불이행의 효과

6개월 이내에 공사에 착수하지 아니할 경우 공유수면매립면허의 효력이 소멸하도록 해제조건을 부과한 경우, 그 조건이 성취되면 당해 행정행위의 효력이 별도의 취소처분 없이도 당연히 소멸된다. 그러나 부담을 이행하지 아니한 경우에는 그 효력이 당연히 소멸하는 것은 아니므로 법령 또는 당해 행정행위의 부관에 근거하여 본체인 행정행위의 철회라는 구체적 처분이 있어야 비로소 소멸된다. 또한 부담에만 대하여 그의 불이행이 있을 경우 행정상 강제집행이나 행정벌을 과할 수 있다.

【판례】: 부담부 행정처분에 있어서 처분의 상대방이 부담(의무)을 이행하지 아니한 경우에 처분행정청으로서는 이를 들어 당해 처분을 취소(철회)할 수 있는 것이다(대판 1989. 10. 24, 89누2431).

4. 철회권의 유보

(1) 의의

철회권의 유보란 행정청이 일정한 경우에 행정행위를 철회할 수 있는 권한을 유보하는 의사표시이다. 즉 철회권의 유보를 통하여 상대방에게 철회의 가능성을 미리 알려 주고, 공익목적의 실현과 장래의 상황변화에 대비하게 하는 것이다. 철회권의 유보는 행정행위의 효력을 소멸시키는 원인이 되는 점에서는 해제조건과 유사한 면이 있다. 그러나 해제조건은 조건사실이 발생하면 자동적으로 행정행위의 효력이 소멸되지만, 철회권의 유보는 유보된 사실이 발생하더라도 자동적으로 행정행위의 효력이 소멸되는 것이 아니라 행정청이 철회라는 별도의 행위를 취함으로써 비로소 그 효력이 소멸한다.

한편, 철회권 유보의 부관은 행정청이 어떠한 행정행위를 하면서 처분의 상대방에 대한 지속적인 의무이행확보가 필요한 경우 및 공익이 사익보다 더 중요시되는 경우에 부과되는 것이다. 또한 처분상대방에게 사후에 철회의 가능성이 있음을 알려주어, 보호가치가 있는 신뢰가 성립되지 않게 하는 데에도 그 의의가 있다.[66]

(2) 철회권의 행사요건

철회권 유보의 부관을 붙이는 경우에, 구체적 사유를 한정하지 아니하고 단지 '행정관청이 필요하다고 인정할 때에는 언제든지 철회할 수 있다'는 등의 무제한적인 철회권의 유보는 상대방의 법적 안정성과 예측가능성을 해치므로 인정되지 아니한다. 또한 구체적 사유를 정한 경우, 이에 해당한다고 하더라도 다시 행정행위의 철회에 관한 일반적 요건 즉 철회로 입는 상대방의 불이익보다 더 큰 공익상의 필요가 존재할 것이 충족되어야 할 것이다.

철회권이 유보된 경우, 그 상대방은 장래 당해 행위가 철회될 수 있음을 미리 예견하고 있다는 점에서 신뢰보호의 원칙에 기한 철회권의 제한원리가 적용되지 아니한다. 또한 철회로 인한 손실보상도 청구할 수 없게 된다는 견해도 있을 수 있으나, 비례의 원칙 및 신뢰보호의

66) 류지태·박종수(신), p.244.

원칙과 헌법이 인정하고 있는 손실보상청구권은 포기될 수 없는 원칙이라 할 것이다.

【판례】: ① 숙박업소에서 윤락행위를 알선 또는 조장하는 일이 없도록 하라는 명령·지시는 숙박업법이 그러한 명령이나 지시를 할 수 있는 법령상의 근거가 없으므로 이 명령·지시를 가리켜 곧 숙박업법 제8조 소정의 영업허가의 취소사유로 삼을 수 없다(대판 1979. 6. 12, 79누28).

② 행정행위의 취소는 일단 유효하게 성립한 행정행위를 그 행위에 위법 또는 부당한 하자가 있음을 이유로 소급하여 그 효력을 소멸시키는 별도의 행정처분이고, 행정행위의 철회는 적법요건을 구비하여 완전히 효력을 발하고 있는 행정행위를 사후적으로 그 행위의 효력의 전부 또는 일부를 장래에 향해 소멸시키는 행정처분이므로, 행정행위의 취소사유는 행정행위의 성립 당시에 존재하였던 하자를 말하고, 철회사유는 행정행위가 성립된 이후에 새로이 발생한 것으로서 행정행위의 효력을 존속시킬 수 없는 사유를 말한다(대판 2003. 5. 30, 2003다6422).

5. 법률효과의 일부배제

법률효과의 일부배제란 법령이 일반적으로 당해 행위에 부여하고 있는 효과발생 일부를 특별히 배제한다는 의사표시이다. 예컨대, 택시영업허가를 하면서 격일제 운행을 조건으로 한다거나, 또는 개인택시영업허가를 하면서 3부제 운행을 조건으로 하는 것 등이다.

법률효과의 일부배제는 법령이 인정한 일반적인 효과를 특별히 제한하는 것이므로 법령에 특별한 근거가 있어야 붙일 수 있다. 예컨대, 여객자동차운수사업법에 의한 격일제·3부제 운행조건 등이다. 그러나 격일제 택시영업허가 등은 법률효과의 일부배제를 행정행위와는 별도의 부관이 아니라 행정행위의 내용 그 자체라고 하는 견해도 있다.[67]

【판례】: 행정행위의 부관은 부담의 경우를 제외하고는 독립하여 행정소송의 대상이 될 수 없는 것인바, 행정청이 한 공유수면매립준공인가 중 매립지 일부에 대하여 한 국가귀속처분은 매립준공인가를 함에 있어서 매립의 면허를 받은자의 매립지에 대한 소유권취득을 규정한 공유수면매립법 제14조의 효과 일부를 배제하는 부관을 붙인 것이므로 이러한 행정행위의 부관에 대하여는 독립하여 행정소송의 대상으로 삼을 수 없다(대판 1991. 12. 13, 90누8503).

67) 서원우, 행정행위의 부관론에 대한 재검토, 고시계 1985.11. 50면. 독일행정절차법36②도 법률효과의 일부배제를 부관의 종류에서 열거하지 않고 있다.

6. 부관의 변경 또는 보충권의 유보

이는 행정행위에 붙인 부관을 장래에 변경 또는 추가할 권한을 미리 유보하는 부관을 말한다. 예컨대, 법령 또는 도로관리청의 명령에 위반한 자는 도로점용허가의 취소, 조건의 변경, 공사의 중지 등의 처분을 할 수 있다(도로법 제96조). 독일 행정절차법 제36조 제2항은 '부담의 추가·변경·보충권의 유보'만을 부관의 한 종류로 규정하고 있다.

부담유보는 아무런 제한 없이 부과된 허가에 대하여 사후에 제한한다는 의미에서[68] 철회권의 유보의 일종으로 보는 견해도 있다. 그러나 철회권의 유보가 수익의 전부 또는 일부를 철회하는 것인데 반하여, 부담유보는 원래의 수익을 유지하면서 부담을 가한다는 점이 다르다. 행정청이 행정행위의 전부나 일부에 대해 철회권을 행사할 수 있다면 부담유보는 허용된다. 또한 대외적으로 행정행위의 효과가 사회·경제의 급속한 변화로 충분히 그 예측이 어렵다고 볼 수 있는 경우가 있기 때문에 부담유보를 새로운 부관으로 받아들이는 것이 타당하다고 본다.

Ⅲ. 부관의 한계

1. 부관의 가능성

(1) 법률행위적 행정행위와 준법률행위적 행정행위

통설은 행정행위의 효과를 특별히 제한하기 위한 부관은 성격상 의사표시를 요소로 하는 법률행위적 행정행위에만 붙일 수 있지만, 특별한 의무를 부과하는 부관(부담)이나 부족한 요건을 추후에 보완할 것을 부과하는 부관(조건)은 준법률행위적 행정행위에도 붙일 수 있다고 한다.

생각건대, 확인·공증 등 준법률행위적 행정행위에도 기한은 붙일 수 있으며, 반대로 광의의 특허인 귀화허가·공무원임명행위 등과 같은 포괄적 법률관계설정행위는 법률행위적 행정행위임에도 불구하고 부관을 붙일 수 없다. 따라서 부관의 허용가능성은 의사표시 여부에 따라 일률적으로 정할 것이 아니라 당해 행정행위의 성질에 따라 구체적·개별적으로 검토되어야 할 것이다.

(2) 기속행위와 재량행위

종래의 통설·판례는 부관은 법률효과를 특별히 제한하기 위한 것이므로 행정관청에게 당해 행정행위 자체까지 거부할 자유가 인정되고 있는 재량행위에만 붙일 수 있다고 하였

68) Mayer/Kopp, a. a. O., S. 222.

다.[69] 그러나 최근의 통설에 의하면 상대방이 아직 갖추지 못한 행정행위의 요건을 갖출 것을 조건으로 하는 부관은 도리어 상대편에게 이익이 되는 것이므로 기속행위에도 붙일 수 있다고 한다.

실정법상 음식점·숙박업 영업허가 등과 같은 전형적 기속행위에 대하여 이와 같은 의미의 조건을 붙일 수 있음을 명시하고 있다. 예컨대, 음식점영업허가를 하면서 위생시설의 완비라는 부관을 붙이는 경우와 같이 요건보완을 조건으로 하는 경우에는 기속행위에도 부관을 붙일 수 있게 된다.

한편, 재량행위에 대해서는 원칙적으로 부관이 허용되지만, 귀화허가와 같이 그 성질상 인정되지 아니하는 경우도 있다. 예컨대, 귀화허가를 하면서 일정기간 동안 거주지에 관하여 조건을 붙이는 것 등이다.

【판례】: ① 일반적으로 기속행위나 기속재량행위에는 부관을 붙일 수 없고, 비록 부관을 붙였다 하더라도 이는 무효이다. 따라서 감독관청이 사립학교법인의 이사회소집·승인을 하면서 소집일시·장소를 지정한 것은 기속재량행위에 붙인 부관으로 무효이다(대판 1988. 4. 27, 87누1107).

② 기속행위나 기속재량행위에는 부관을 붙일 수 없고 붙였다 하여도 무효이다. 따라서 기속행위 내지 기속재량행위인 건축허가에 법령상 근거없이 부관을 붙일 수 없다(대판 1995. 6. 13, 94다56883).

2. 부관의 한계(자유성)

(1) 법령상의 한계

부관은 법령에 위배되지 않는 한도에서 붙여야 한다. 따라서 법령이 부관의 내용에 관하여 일정한 한계를 정하고 있는 경우에는 그 한계를 넘을 수 없다. 그러나 우리 실정법은 "공공복리(또는 미풍양속질서유지)를 위하여 필요한 영업시간, 기타 영업내용에 대한 조건을 붙일 수 있다"는 등의 추상적인 표현에 그치는 경우가 많이 있다.

---

69) 판례도 감독관청이 사립학교이사회의 소집승인(학문상 인가)을 하면서 소집일시·장소까지 지정한 것은 기속행위에 붙인 부관으로서 무효라고 한 반면에(대판 1988.4.27, 87누1106), 농수산물유통및가격안정에관한법률에 의한 도매시장의 지정 도매인 지정처분은 재량행위에 속하는 행정처분이라 할 것이므로 법규에 특별한 규정이 없더라도 그 처분에 조건, 기한, 부담, 철회권의 유보 등의 부관을 붙일 수 있다고 하였다(대판 1990.10.16, 90누2253).

(2) 목적상의 한계

부관은 당해 법령이 추구하는 목적 범위 내에서만 붙일 수 있다. 따라서 여권발급에 국세완납을 조건으로 하는 것과 같은 부당결부는 허용되지 않는다. 또한 예컨대, 주된 행위는 개인의 영업의 자유를 목적으로 하는데 부관에서는 각종의 제약을 가하여 실제상 영업의 억제를 도모하게 된다면 그러한 부관은 목적에 반하는 것이다.

> **【판례】**: 수산업법 제15조에 의하여 어업의 면허 또는 허가에 붙이는 부관은 그 성질상 허가된 어업의 본질적 효력을 해하지 않는 한도의 것이어야 하고, 허가된 어업의 내용 또는 효력 등에 대해서는 행정청이 임의로 제한 또는 조건을 붙일 수 없다(대판 1990. 4. 27, 89누6808).

(3) 비례·평등 원칙상의 한계

부관도 행정법의 일반법원칙에 해당하는 비례·평등의 원칙을 위배하여서는 아니 된다. 따라서 공익상 필요에 의하여 부관을 붙일 경우에도 부관으로 인하여 상대방이 받게 되는 불이익보다 큰 경우에 한하여 붙여야 하며, 또한 평등하게 붙여야 한다.

따라서 상대방에게 너무 가혹한 부관을 붙여서는 아니 될 것이다. 예컨대, ① 선박계류시설의 설치를 위한 공유수면점용허가를 1년으로만 하여 매년 갱신케 하는 것 등과 같이 기간을 너무 단기로 한다든지, ② 임야·전·답 등을 주택지로 토지형질변경허가를 하면서 그 면적의 25% 이상의 도로용지 및 10% 이상의 공원 등 공공용지를 무상으로 시에 기증하게 하는 것 등과 같이 부담이 행정행위로 얻는 이익에 비하여 과중할 경우에는 문제가 있다고 할 것이다.

> **【판례】**: ① 가혹한 부관은 무효
>
> 수산업법 제15조에 의하여 어업면허 또는 허가에 대하여 붙이는 조건은 그 성질상 면허 또는 허가어업의 본질적 효력을 해하지 아니하는 정도의 것이어야 하므로 기선선망어업허가를 하면서 부속선을 사용할 수 없도록 한 부관은 무효이다(대판 1990. 4. 27, 89누6808).
>
> ② 부당하게 짧은 기한은 합리적으로 변경하여 해석
>
> 해무청장이 침몰선박의 해체·인양허가시에 붙인 『3개월 이내에 침몰선박을 완전해체·인양하지 않으면 침몰선박 해체·인양허가를 취소한다』는 부관은 사업의 성질상 부당하게 짧은 기

한으로서, 그 기한이 도래하면 허가의 효력이 당연히 소멸한다는 취지가 아니라 그 기한이 도래하면 허가조건(부관)의 개정을 고려하겠다는 뜻으로 해석하여야 한다(대판 1962. 2. 2, 4293행상42).

3. 사후부관의 가능성

(1) 부정설

사후부관은 행정행위를 발하고 난 후에 다시 부관을 붙이는 것을 말한다. 또한 부관은 주로 행정행위에 부수된 종된 것이므로 부관만의 독립성을 인정할 수 없다. 따라서 주된 행정행위를 발한 후 사후에 부관만을 따로 붙일 수 없다는 견해이다.

(2) 제한적 긍정설

부관의 성질상 원칙적으로 사후부관은 불가능하지만 예외적으로 사후에도 부관을 붙일 수 있다는 견해이다. 예컨대, ① 법규나 당해 행정행위에서 사후부관의 가능성이 유보되어 있거나 상대방이 이에 동의한 경우와, ② 부관 중 특히 부담만은 어느 정도 독립성이 있는 것이므로 사후부관이 가능하다고 본다.

【판례】: 부관의 사후변경이 허용되는 범위

행정처분에 이미 부담이 부가되어 있는 상태에서 그 의무의 범위 또는 내용 등을 변경하는 부관의 사후변경은, 법률에 명문규정이 있거나 그 변경이 미리 유보되어 있는 경우 또는 상대방의 동의가 있는 경우에 한하여 허용되는 것이 원칙이지만, 사정변경으로 인하여 당초에 부담을 부가한 목적을 달성할 수 없게 된 경우에도 그 목적달성에 필요한 범위 내에서 예외적으로 허용된다(대판 1997. 5. 30, 97누2627).

(3) 결어

사후부관은 본체인 행정행위의 부분적인 취소·변경을 의미하는 것이므로, 비례원칙 등 행정행위의 취소·철회권의 행사에 관한 조리상의 제약하에 인정될 수 있다고 본다.

【판례】: 수익적 행정행위에 있어서는 법령에 특별한 근거규정이 없다고 하더라도 그 부관으로서의 부담을 붙일 수 있으나, 그러한 부담은 비례의 원칙, 부당결부금지의 원칙에 위반되지 않아야만 적법하다고 할 것이다(대판 1997.3.1, 96다49650).

Ⅳ. 하자있는 부관과 행정행위의 효력

부관에 하자있는 경우는 그 부관이 무효인가 취소할 수 있는 것인가는 행정행위의 무효·취소의 구별에 준한다. 따라서 부관의 하자가 중대하고 명백한 것인 때에는 그 부관은 무효이고, 그렇지 않는 경우에는 취소할 수 있는 것이 된다.

1. 무효인 부관과 행정행위의 효력

부관이 무효인 경우에 본체인 행정행위에 어떠한 영향을 미치는가에 관하여 견해의 대립이 있다. 즉 ① 부관의 무효는 본체인 행정행위에는 영향을 미치지 않는 것으로 부관 없는 단순한 행정행위로 된다는 견해, ② 부관의 무효는 행정행위 전체를 무효로 만든다는 견해, ③ 부관의 무효는 원칙적으로 부관 없는 단순행정행위가 되는 것이나, 부관이 그 행정행위에 있어 없어서는 아니 될 중요한 요소인 경우에는 행정행위 그 자체까지 무효로 된다는 견해가 있다. 제3설의 견해가 통설이다.

다만, 판례상으로는 "기속행위나 기속재량행위에 부관을 붙인 경우, 그 부관은 무효이다"라고 판시하여 위의 제1설의 견해를 취한 것이 많은 편이다.

2. 취소할 수 있는 부관과 행정행위의 효력

부관의 하자가 단순 위법한 경우에는 그것이 취소되지 않는 한 부관자체의 효력은 물론 본체인 행정행위의 효력에도 아무런 문제가 없다. 또한 부관이 취소되어도 행정행위에는 영향이 없다. 그러나 단순 위법한 부관이 행정행위의 본질적 구성부분을 이루고 있다면 부관의 취소가능성은 본체인 행정행위의 취소가능성을 가져온다 할 것이다.

【판례】: 행정행위의 본질적 요소인 부관의 하자의 효과는 행정행위 전체에 미침

① 지방자치단체의 공유재산인 행정재산의 사용·수익허가에 있어 그 『허가기간』은 행정행위의 본질적 요소에 해당한다고 볼 것이어서, 부관인 허가기간에 위법사유가 있다면 이로써 행정재산의 사용·수익허가 전부가 위법하게 된다(대판 2001. 6. 15, 99두509).

② 원고가 신축한 상가등 시설물을 부산직할시에 기부채납함에 있어 그 무상사용을 위한 도로점용기간은 원고의 총공사비와 시 징수조례에 의한 점용료가 같아지는 때까지로 정하여 줄 것을 전제조건으로 하고 원고의 위 조건에 대하여 시는 아무런 이의없이 수락하고 위 상가등 건물을 기부채납받아 그 소유권을 취득하였다면 시가 원고에 대하여 위 상가 등의 사용을 위한 도로점용허가를 함에 있어서는 그 점용기간을 수락한 조건대로 해야 할 것임에도 합리적인 근거없이 단축한 것은 위법한 처분이라 할 것이며 가사 원고가 위 상가를 타에 임대하여 보증금 및 임료수입을 얻는다하여 위 무상점용기간을 단축할 사유가 될 수 없다(대판 1985. 7. 9, 84누604).

V. 위법한 부관과 행정쟁송

행정행위의 하자에 관하여 행정쟁송을 제기함에 있어서 부관에만 하자가 있는 경우 부관만을 따로 분리하여 쟁송의 대상으로 할 수 있는가, 아니면 부관이 붙은 행정행위 전체를 쟁송의 대상으로 하여야 하는가가 문제된다.

통설[70)]과 판례는 부담만은 본체인 행정행위와 어느 정도 독립성이 인정되므로 허용된다고 한다. 부담은 그 자체적인 규율로서 행정행위의 성격을 가지므로, 행정행위에 추가되어 상대방에게 일정한 작위·부작위·급부·수인의 의무를 부과하는 고유한 내용을 가지는 행정행위이기 때문이다.

그러나 최근 부관의 독립쟁송가능성과 독립취소가능성을 구분하여, 독립취소의 가능 여부를 떠나 일단 독립쟁송제기의 가능성만은 모든 부관에 대하여 인정되어야 한다고 주장하는 견해가 있으며,[71)] 독일에서도 행정절차법 제정 이후 이와 같은 견해가 대두되고 있다.[72)]

70) 김도창, 일반행정법론(상, 395면; 이상규(상), 391면.

71) 김남진, 부관의 취소소송, 고시연구 1986.4, 157면; 박윤흔, 행정법강의(상), 392면.

72) Fehn, Die isolierter Auflagernanfechtung, DOV 1998. S.2025; Stadi, Rechtsschutz gegen Nebenbestimmung eines begün stigerden Verwaltungsaktes, DVBI 1991. S.6135.

【판례】: 부관의 독립쟁송 가능성

① 어업면허의 유효기간을 1년으로 정한 부관은 독립하여 행정소송의 대상이 될 수 없으므로 면허유효기간만의 취소를 구할 수 없다(대판1986. 8. 19, 86누202).

② 행정행위의 부관 중에서 부담은 다른 부관과는 달리 행정행위의 불가분적 요소가 아니고 그 존속이 본체인 행정행위의 존재를 전제로 하는 것일 뿐이므로 부담 그 자체만을 행정쟁송의 대상으로 할 수 있다(대판 1992. 1. 21, 91누1264).

③ 행정행위의 부관은 부담인 경우를 제외하고는 독립하여 행정소송의 대상이 될 수 없는 바(1991. 12. 13, 90누8503, 1993. 10. 8, 93누2032 등 참조), 지방자치단체의 공유재산의 관리청이 행한 행정재산의 사용·수익허가에서 정한 사용·수익허가의 기간은 허가의 효력을 제한하기 위한 행정행위의 부관으로서 이에 대하여는 독립하여 행정소송을 제기할 수 없고 따라서 이는 부적법한 소로서 각하를 면할 수 없다(대판 2001. 6. 15, 99두509).

④ 행정처분에 부담인 부관을 붙인 경우 부관의 무효화에 의하여 본체인 행정처분 자체의 효력에도 영향이 있게 될 수는 있지만, 그 처분을 받은 사람이 부담의 이행으로 사법상 매매 등의 법률행위를 한 경우에는 그 부관은 특별한 사정이 없는 한 법률행위를 하게 된 동기 내지 연유로 작용하였을 뿐이므로 이는 법률행위의 취소사유가 될 수 있음은 별론으로 하고 그 법률행위 자체를 당연히 무효화하는 것은 아니다. 또한, 행정처분에 붙은 부담인 부관이 제소기간의 도과로 확정되어 이미 불가쟁력이 생겼다면 그 하자가 중대하고 명백하여 당연 무효로 보아야 할 경우 외에는 누구나 그 효력을 부인할 수 없을 것이지만, 부담의 이행으로서 하게 된 사법상 매매 등의 법률행위는 부담을 붙인 행정처분과는 어디까지나 별개의 법률행위이므로 그 부담의 불가쟁력의 문제와는 별도로 법률행위가 사회질서 위반이나 강행규정에 위반되는지 여부 등을 따져보아 그 법률행위의 유효 여부를 판단하여야 한다(대판 2009. 6. 25, 2006다18174).

제7절 행정행위의 성립과 효력

Ⅰ. 개설

행정행위가 적법하게 효력을 발생하기 위해서는 성립요건과 발효요건을 모두 갖추어야 한다.[73] 행정행위의 성립요건과 발효요건에 관한 일반법은 아직 없으며, 학설과 판례에 의하여 이론이 정립되어 오고 있다.

행정행위의 성립요건은 행정행위로서의 존재를 가지지 못하는 '행정행위의 부존재'와 구별하기 위한 기준을 정하는 것이다. 행정행위의 성립은 그 요건으로서 다시 내부적 요건과 외부적 요건으로 나누어진다. 행정행위의 효력이란 행정행위의 성립요건을 적법하게 갖춘 행정행위가 법적 효과를 발생시키고 당사자를 직접 구속하는 힘을 가지는 것을 말한다. 즉 행정행위가 구속력·공정력·확정력 및 강제력을 가지는 것을 말한다.

Ⅱ. 행정행위의 성립요건

행정행위의 성립요건을 내부적 성립요건과 외부적 성립요건으로 나누어 고찰하면 다음과 같다.

1. 내부적 성립요건

행정행위의 내부적 성립요건은 "문서는 당해 문서에 대한 결재가 있음으로 성립한다."라는 규정에서처럼[74] 행정기관에 의하여 행정의사가 내부적으로 결정되는 것을 말한다. 따라서 행정행위가 내부적으로 성립하기 위한 요건으로는 행정행위의 주체·내용·절차·형식이 모두 적법하고 또한 공익에 적합(타당)하게 행정기관 내부에서 의사가 결정되어야 한다.

---

73) 일반적으로 성립요건과 효력요건을 구분하여 설명하지만, 일부 학자는 이를 구분하지 않고 행정행위의 적법요건이라 하여 설명한다. 적법요건은 다시 형식적 관점(주체·형식·표시의 요건)과 실질적 관점(내용요건)으로 구분하여 설명한다. 그 이유는 외부적 성립요건과 효력요건의 구분이 반드시 가능한 것인지 의문이기 때문이라고 한다. 홍정선, 행정법원론(상), 312~322면 참조.

74) 사무관리규정 제8조 제1항: 여기에서 결재는 전자이미지서명 또는 전자서명에 의한 결재를 포함한다.

(1) 주체에 관한 요건

행정행위는 ① 정당한 권한을 가진 자가, ② 권한의 범위 안에서, ③ 정상적인 의사작용에 기하여 행한 행위이어야 한다. 따라서 공무원이 아닌 자, 대리권이 없는 자, 적법하게 구성되지 않은 합의제 행정기관의 행위, 다른 기관의 필요적 협력을 거치지 아니한 행위 등은 적법하게 성립될 수 없다.

(2) 내용에 관한 요건

행정행위는 그 내용에 있어서 ① 적법하고 공익에 적합(타당)하여야 하며, ② 법률상·사실상으로 실현가능하고 객관적으로 명확하여야 한다. 즉 형식적인 법령은 물론 법의 일반원리인 신의성실의 원칙·신뢰보호원칙·비례원칙·평등원칙 등에 위배되어서는 아니 된다. 또한 행정행위는 사실상으로나 법률상으로 실현이 가능한 것이어야 한다.[75]

(3) 절차에 관한 요건

행정행위의 성립에 일정한 절차가 있을 시 그에 따라야 한다. 즉 ① 행정행위의 사전적 절차(사전통지와 의견진술), ② 쌍방적 행정행위에 있어서 상대방의 협력(신청·동의), ③ 신중·공정을 기하기 위한 행정조직 내부에서의 협의·심의·의결 등이 요구되는 경우에는 이에 따라야 한다. 그 위반의 효과는 당해 절차의 중요도에 따라 다르다.

> **【판례】**: 절차상의 위법은 취소사유
>
> 행정청이 영업허가취소 등의 처분을 하려면 반드시 사전에 청문절차를 걸쳐야 하고, 설사 구 식품위생법 제26조 1항 소정의 사유가 분명히 존재하는 경우라 할지라도 당해 영업자가 청문을 포기한 경우가 아닌 한 청문절차를 거치지 않고 한 영업소폐쇄명령은 위법하며 취소사유에 해당한다(대판 1983. 6. 14, 83누14).

(4) 형식에 관한 요건

행정행위의 형식요건에 있어서 중요한 것은 문서형식과 이유제시에 관한 것이다. ① 형식에 관하여 법령에 특별한 규정이 없는 한 문서로 하여야 한다. 이 경우 문서에는 그 처분 행정청 및 담당자의 소속·성명과 전화번호를 기재하여야 한다(행정절차법 제24조[76]). ②

75) 「공유수면의 일부가 사실상 매립되었다 하더라도 공유수면으로서의 공용폐지조치가 없는 이상 법률상으로는 공유수면으로서의 성질을 보유한다 할 것이므로, 본건 공유수면의 일부가 불법매립된 토지라 하더라도 그 토지에 대한 공유수면매립면허 및 준공인가 처분이 법률상 불능을 대상으로 하는 무효의 처분이라 할 수 없다」(대판 1972. 9. 26, 72 다 1070).

문서의 내용에 관하여 법령에 특별한 규정이 없는 한 상대방의 주소·성명 및 행정행위의 내용·일자를 기재하고 관인을 날인한다. 그리고 처분이유의 명시가 요구될 때에는 처분이유까지 기재하여야 한다.

한편, 행정절차법 제23조[77]는 행정행위의 이유제시에 관한 일반적 규정이고, 민원사무처리와 관련하여서는 '민원사무처리에 관한 법률'의 규정이 일반적이라고 볼 수 있다. 민원사무와 관련되는 한 특별법으로서의 '민원사무처리에 관한 법률'이 적용되고, 아울러 일반법으로서의 행정절차법이 보충적으로 적용된다고 볼 수 있다. 그밖에 단행 법률에서도 이유제시에 관한 규정을 두고 있다(국가공무원법 제75조·(구)전당포영업법 제3조 2항 등).

【판례】: <u>주류도매업면허의 취소처분에 그 대상이 된 위반사실은 특정해야 함</u>

면허의 취소처분에는 그 근거가 되는 법령이나 취소권 유보의 부관 등을 명시하여야 함은 물론 처분을 받은 자가 어떠한 위반사실에 대하여 당해 처분이 있었는지를 알 수 있을 정도로 사실을 적시할 것을 요하며, 이와 같은 취소처분의 근거와 위반사실의 적시를 빠뜨린 하자는 피처분자가 처분 당시 그 취지를 알고 있었다거나 그후 알게 되었다 하여도 치유될 수 없다고 할 것인바, 세무서장인 피고가 주류도매업자인 원고에 대하여 한 이 사건 일반주류도매업면허취소통지에 "상기 주류도매장은 무면허 주류판매업자에게 주류를 판매하여 주세법 제11조 및 국세법사무처리규정 제26조에 의거 지정조건위반으로 주류판매면허를 취소합니다"라고만 되어 있어서 원고의 영업기간과 거래상대방 등에 비추어 원고가 어떠한 거래행위로 인하여 이 사건 처분을 받았는지 알 수 없게 되어 있다면 이 사건 면허취소처분은 위법하다(대판 1990. 9. 11, 90누1786).

---

76) 제24조(처분의 방식)① 행정청이 처분을 할 때에는 다른 법령등에 특별한 규정이 있는 경우를 제외하고는 문서로 하여야 하며, 전자문서로 하는 경우에는 당사자등의 동의가 있어야 한다. 다만, 신속히 처리할 필요가 있거나 사안이 경미한 경우에는 말 또는 그 밖의 방법으로 할 수 있다. 이 경우 당사자가 요청하면 지체 없이 처분에 관한 문서를 주어야 한다. ② 처분을 하는 문서에는 그 처분 행정청과 담당자의 소속·성명 및 연락처(전화번호, 팩스번호, 전자우편주소 등을 말한다)를 적어야 한다.

77) 제23조(처분의 이유 제시)① 행정청은 처분을 할 때에는 다음 각 호의 어느 하나에 해당하는 경우를 제외하고는 당사자에게 그 근거와 이유를 제시하여야 한다.
1. 신청 내용을 모두 그대로 인정하는 처분인 경우
2. 단순·반복적인 처분 또는 경미한 처분으로서 당사자가 그 이유를 명백히 알 수 있는 경우
3. 긴급히 처분을 할 필요가 있는 경우
② 행정청은 제1항제2호 및 제3호의 경우에 처분 후 당사자가 요청하는 경우에는 그 근거와 이유를 제시하여야 한다.

2. 외부적 성립요건

행정행위는 행정결정의 외부에 대한 표시행위이므로 행정기관 내부에서의 결정이 있는 것만으로는 아직 행정행위가 성립하였다고 할 수 없다. 따라서 행정행위에 대한 기관장의 결재와 공문서가 작성되었다 할지라도, 이는 아직 내부적으로만 성립하였을 뿐 행정행위로서 완전히 성립하였다고 볼 수 없으며, 외부에 대한 표시행위, 즉 문서의 발송행위가 있어야만 비로소 완전히 성립한다.

행정행위가 외부에 표시된 경우에는 행정행위로서 일단 완전하게 성립된 것이므로 비록 상대방에게 도달되어 발효되기 전이라 할지라도 행정기관은 이를 이유 없이 취소·변경할 수 없게 된다.[78]

Ⅲ. 행정행위의 발효요건

1. 도달주의의 원칙

행정행위가 성립요건을 모두 갖추었더라도 다른 법령에 특별한 규정이 없는 한 상대방에게 도달하여야만 효력을 발생한다(도달주의).[79] 예컨대, 적성검사미필을 이유로 운전면허를 취소하고자 하는 경우에 운전면허취소통지서에 상대방의 주소를 잘못 기재하여 취소통지서가 반송되어 상대방이 이를 수령하지 못한 때에는 운전면허 취소행위의 효력이 발생되지 아니한다(1990. 6. 13, 국행심90-158).

> **【판례】**: ① 통상우편의 도달추정 부정
>
> 통상우편으로 발송된 재심사청구기간 결정통지서가 반송되지 않았다는 사실만 가지고 발송일로부터 일정한 기간 내에 원고에게 배달되었다고 추정할 수는 없다(대판 1977. 2. 22, 76누265).
>
> ② 등기우편의 도달추정 인정
>
> 등기우편으로 발송된 경우에 반송되거나 기타 특별한 사정이 없는 한 그 무렵 수취인에게 배달되었다고 볼 수 있다(대판 1998. 12. 13, 97누8977).

---

78) 김동희, 행정법Ⅰ, 311면; 박윤흔, 행정법강의(상), 400면.

79) 행정 효율과 협업 촉진에 관한 규정 제6조(문서의 성립 및 효력 발생) ② 문서는 수신자에게 도달(전자문서의 경우는 수신자가 관리하거나 지정한 전자적 시스템 등에 입력되는 것을 말한다)됨으로써 효력을 발생한다.

행정행위의 효력발생요건으로서의 도달이란 상대방이 현실적으로 그 내용을 알아야 한다는 것은 아니며, 알 수 있는 상태에 놓여 짐으로써 충분하다고 하겠다.

【판례】: 도달의 의미

행정처분의 효력발생요건으로서의 도달이란 상대방이 그 내용을 현실적으로 양지할 필요까지는 없고 다만 양지할 수 있는 상태에 놓여짐으로써 충분하다고 할 것인데, 갑의 처가 갑의 주소지에서 갑에 대한 정부인사발령통지를 수령하였다면 비록 그때 갑이 구치소에 수감중이었고 처분청 역시 그와 같은 사실을 알고 있었다거나 갑의 처가 위 통지서를 갑에게 전달하지 아니하고 폐기해 버렸더라도 갑의 처가 위 통지서를 수령한 때에 그 내용을 양지할 수 있는 상태에 있었다고 볼 것이다(대판 1989. 9. 26, 89누4963).

2. 고사공고의 방법

만일, 행정행위의 상대방이 불특정 다수인이거나, 상대방의 주소 및 거소가 불분명한 경우에는 통상적인 통지방법이 불가능하다. 따라서 고시 또는 공고(관보·공보에의 게재, 시·군 게시판 등 적절한 장소에의 게시)의 방법에 의한다. 공고문서는 그 문서에서 효력발생 시기를 구체적으로 밝히고 있지 않으면 그 고시 또는 공고 등이 있은 날부터 5일이 경과한 때에 효력이 발생한다(행정 효율과 협업 촉진에 관한 규정 제6조 제3항).

Ⅳ. 행정행위의 효력

행정행위가 성립요건과 효력요건을 갖추지 못하면 하자 있는 행정행위가 되어 그 하자의 경중에 따라 행정행위의 부존재·무효 또는 취소사유가 된다. 그러나 성립요건과 효력요건을 모두 갖춘 경우에도 어떤 효력을 발생할 것인가에 관하여는 ① 당해 행정행위의 고유한 내용에 따른 개별적 효력 예컨대, 운전·건축·음식점영업·자동차운수사업의 허용 등을 발생하는 외에, ② 공통적인 효력으로서 사법관계에서는 인정되지 아니하는 공권력행사행위인 행정행위에만 특유한 효력이 인정된다. 즉 구속력, 공정력, 존속력, 강제력 등이 인정된다. 이는 이미 앞서 살펴본 행정법관계의 특질 또는 행정행위의 특질과도 같은 개념이라 하겠다.

1. 구속력(내용상 구속력)

행정행위는 성립요건과 효력요건을 갖추면 행위의 내용에 따라 법적효과가 발생하고 당사자를 구속하는 힘을 가지게 되는 바, 이를 구속력이라 한다. ① 명령적 행위(하명·허가·면제 등)는 상대방에 대하여 작위·부작위·급부·수인의 의무를 발생시키거나 해제하는 효과를 가지며, ② 형성적 행위(특허·인가·대리 등)는 상대방에게 권리·능력 등을 형성하는 효과를 가진다. 행정법은 강제적인 지배복종관계에 관한 공법이므로 구속력은 모든 행정행위에서 당연히 인정되는 실체법상의 권리이다. 행정행위의 발동은 일방적이지만 그 구속력은 쌍방적이기 때문에 행정청도 구속된다.

2. 공정력

공정력이란 행정행위에 하자가 있더라도 그것이 당연 무효가 아닌 한 권한있는 기관에 의해 취소되기 전까지는 일응 유효한 것으로 통용되는 힘을 가지는 것을 말한다. 따라서 행정행위의 하자가 중대하고 명백한 경우에는 무효가 되므로 공정력이 인정되지 않는다.

한편, 공정력 중에서 그 상대방인 국민에 대한 통용력만을 공정력이라 하고 다른 국가기관에 대한 통용력은 구성요건적 효력이라고 하여 이를 공정력과 구별하기도 한다.[80]

3. 확정력(존속력)

① 행정행위에 취소원인인 하자가 있을지라도 쟁송기간의 도과, 판결을 통한 행정행위의 확정, 상대방의 법적구제수단의 포기 등의 사유가 존재하면 상대방 등은 더 이상 그 효력을 다툴 수 없게 되는 불가쟁력이 발생하거나, ② 일정한 쟁송절차를 거친 행위 기타의 확인행위는 그 성질상 처분 행정청이라 할지라도 취소·변경할 수 없는 불가변력을 발생하게 된다.

그러나 취소권을 가진 행정청은 불가쟁력이 발생한 행정행위에 대하여는 직권으로 취소·철회하는 것은 가능하다. 또한 실질적인 확정력을 갖는 불가변력인 행정행위라도 쟁송제기기간 내에 행정쟁송을 제기하여 그 효력을 다툴 수 있다고 할 것이다.

4. 강제력

행정행위에 의하여 부과된 의무를 상대방이 이행하지 아니하는 경우에는 사법행위의 경우와 달리 법원의 힘을 빌리지 아니하고 행정청의 자력으로 그 의무의 내용을 실현할 수 있다.

한편, 그것을 수인할 수 있는 행정행위의 효력을 자력집행력 또는 제재력이라 한다. 자력집행력과 제재력은 반드시 그에 관한 법률의 근거가 있어야 한다. 예컨대, 행정대집행법과

80) 김남진, 행정법Ⅰ, 301면; 박윤흔, 행정법강의(상), 403면; 석종현·송동수, 일반행정법(상), 268면; 홍정선, 행정법원론(상), 368면.

국세징수법에 의하여 강제집행수단을 강구하는 것이 자력집행력의 예이고, 행정형벌, 행정질서벌 등의 행정벌이 제재력의 예이다.

제8절 행정행위의 하자

Ⅰ. 개설

1. 행정행위의 하자의 의의

행정행위가 적법하게 성립하고 효력을 발생하기 위해서는 주체, 내용, 절차, 형식, 표시 등에 관한 적법요건과 효력요건을 갖추어야 한다. 이러한 요건을 갖추지 못할 경우에는 행정행위는 하자(흠)있는 행위로 되어 부존재 또는 무효가 되거나 취소할 수 있는 행정행위가 된다.

한편, 법률에 의한 행정의 원리는 행정행위의 적법성뿐만 아니라 공익에 적합하여야 한다. 적법성에 반하는 행정행위는 위법이고 공익적합성에 반하는 행정행위는 부당한 행위가 된다. 따라서 위법한 행위뿐만 아니라 부당한 행위도 하자있는 행위이다.

2. 하자의 유형

(1) 위법과 부당

위법인 경우에는 부존재·무효·취소의 원인이 되므로 이러한 행정행위는 행정청의 직권과 행정심판 및 행정소송에 의하여도 이를 확인할 수 있다. 단, 행정행위의 위법여부는 행정행위가 외부에 표시된 시점을 기준으로 정하여야 할 것이다.

재량행위에 있어 재량권의 행사를 그르친 경우(부당)에는 단지 행정청에 의한 취소의 대상이 될 수 있을 뿐이다. 행정청이 부당하게 재량행위를 한 경우에 그 행위는 적법하지만 타당성을 결여한 것이므로 행정소송을 통해서 취소될 수 없고 직권취소 또는 행정심판의 대상이 될 뿐이다. 단만, 재량권을 일탈·남용한 경우에는 위법으로 인정되므로 법원의 심판 대상이 된다.

(2) 부존재·무효·취소

행정행위의 하자의 종류·정도·내용에 따라 부존재 원인인 하자, 무효 원인인 하자 및 취소원인인 하자로 구분할 수 있다. 그러나 명백한 오기·오산과 같은 경미한 표현상의 하자는 행정청이 언제든지 정정할 수 있기 때문에 무효·취소의 원인이 되지 못하고 행정행위의 효력에 아무런 영향을 미치지 아니 한다(행정절차법 제25조[81]).

Ⅱ. 행정행위의 부존재

1. 의의

행정행위의 부존재란 행정행위 그 자체가 처음부터 성립되지 아니하고, 외관상 명백히 행정청의 행위로 볼 수 없는 행위를 말한다. 이는 일단 외관상 행정행위가 존재하고는 있으나 하자로 인하여 아무런 효과를 발생치 못하는 무효인 행정행위와 구별된다.

2. 유형

행정행위의 부존재에는 다음과 같이 크게 2가지의 종류로 분류하는 견해가 있다. 즉 ① 행정행위의 개념에는 해당하지만 아직 내부적 의사결정단계에 있어 행정행위가 성립조차 되지 않은 경우 또는 이미 취소·철회·해제 조건의 성취 등으로 행정행위가 실효되어 버린 경우와 같이 사실상의 부존재가 있다. 또한 ② 처음부터 행정행위의 개념에 해당되지 아니하는 주의·권고·사인의 공무원 사칭행위 등 비행정행위이다.

그러나 이러한 비행정행위까지를 굳이 행정행위의 부존재라는 개념에 포함시켜 논할 이유는 없다고 본는 견해도 있다.[82] 그 이유는 행정소송법은 '무효등확인소송'의 개념을 행정청의 '처분등'의 효력유무 또는 존재여부를 확인하는 소송이라고 정의하고 있다. 따라서 이는 바로 존재여부를 확인해 달라는 부존재확인소송도 결국 '처분등'의 존재여부를 확인을 요구한다는 점을 명시하고 있는 것으로 해석할 수밖에 없기 때문이라는 것이다(행정심판법 제5조, 행정소송법 제4조).

---

81) 제25조(처분의 정정) 행정청은 처분에 오기, 오산 또는 그 밖에 이에 준하는 명백한 잘못이 있을 때에는 직권으로 또는 신청에 따라 지체 없이 정정하고 그 사실을 당사자에게 통지하여야 한다.

82) 박윤흔, 행정법강의(상), 427면.

3. 무효와의 구별

(1) 부정설

무효인 행정행위는 외형상으로는 존재하지만 법률효과를 전혀 발생하지 아니한다는 점에서는 부존재와 차이가 없다. 따라서 굳이 양자를 구별하여 취급할 이유가 없다고 한다.[83]

(2) 긍정설

법률효과면에서는 비록 양자의 공통성을 발견할 수 있지만, 무효인 행정행위는 외형은 지니고 있는 점에서 외형조차 존재하지 아니하는 부존재와 다른 것이다. 즉 다수의 견해는 행정행위가 무효인 경우와는 달리 부존재의 경우는 행정쟁송의 대상인 목적물(행정행위) 자체가 존재하지 않는다. 따라서 그 취소를 구하는 쟁송이 제기될 경우 사건의 본안을 심리하기 전에 쟁송을 거부하는 각하를 할 수밖에 없다는 점에서 무효와 구별의 실익이 있다고 한다.[84] 또한 무효인 행정행위는 전환이 인정되지만 부존재인 행정행위는 전환이 인정되지 않는다는 점에서도 구별의 실익이 있다는 것이다.

(3) 결어

행정쟁송법은 입법적으로 이 문제를 해결하여 무효확인쟁송과 부존재확인쟁송을 함께 묶어서 '무효등확인쟁송'이라 하여 항고쟁송의 한 형태로 인정하고 있다. 따라서 양자는 다같이 쟁송의 대상이 된다는 점에서는 구별의 실익이 없어졌다. 또한 구체적인 적용 법조항 역시 양자에게 공통되고 있으므로 구별의 실익은 없다고 하겠으나, 긍정설에서 제시한 이유와 같이 양자를 구분할 필요성이 있다고 생각된다.

Ⅲ. 행정행위의 무효와 취소의 구별

1. 무효와 취소의 의의

(1) 무효인 행정행위

무효인 행정행위라 함은 외관상 행정행위로 존재함에도 불구하고 중대하고 명백한 하자로 인하여 취소를 기다릴 필요 없이 처음부터 아무런 법적 효과를 발생하지 아니하는 것을

83) 석종현·송동수, 일반행정법(상), 310면; 이상규(Ⅰ), 421면.

84) 김도창, 일반행정법론(상, 342면; 박윤흔, 행정법강의(상), 408면; 서원우, 현대행정법(상), 465면.

말한다.

(2) 취소할 수 있는 행정행위

취소할 수 있는 행정행위란 행정행위에 하자가 있지만 무효원인의 정도가 아닌 경미한 하자가 있는 행정행위를 말한다. 이 경우 취소할 권한이 있는 행정관청이나 법원에 의하여 취소되기 전까지는 국가기관이나 사인 등 누구도 그 효력을 부인할 수 없으며, 취소가 있어야 비로소 그 효력을 상실하게 된다.

2. 구별의 실익

(1) 선결문제와의 관계

무효인 행정행위는 공정력이 없으므로 누구든지 무효임을 주장할 수 있다. 따라서 민사소송이나 형사소송에서 특정 행정행위의 유효·무효 여부가 당해 소송의 선결문제가 된 경우에 민사법원 또는 형사법원은 당해 행정행위가 무효임을 판단할 수 있다. 반면, 취소할 수 있는 행정행위에 그치는 경우에는 공정력이 발생한다. 따라서 먼저 행정소송에서 취소소송을 제기하여 취소를 받은 후에 비로소 부당이득반환청구소송, 조세과오납금환급소송 등의 민사소송에서 그 효력을 부인할 수 있다. 다만, 대법원은 "위법한 행정대집행이 완료되면 그 처분의 무효확인 또는 취소를 구할 소의 이익은 없다 하더라도, 미리 그 행정처분의 취소판결이 있어야만, 그 행정처분의 위법임을 이유로 한 손해배상 청구를 할 수 있는 것은 아니다."(대판 1972. 4. 28, 72다337)라고 판시하고 있다.

한편, 형사소송의 경우에도 같은 이유로 먼저 취소사유에 해당하는 행정행위에 대하여 행정소송에서 취소판결을 받아야 형사소송에서 그 효력을 부인할 수 있게 된다. 예컨대, 자동차운전면허취소처분을 받은 자가 계속 운전을 하여 무면허운전으로 형사처벌을 받은 경우에는 먼저 행정소송을 제기하여 운전면허취소처분에 대한 취소판결을 받아야 계류중인 형사소송에서 무면허운전이 아니며 따라서 무죄라는 판결을 받을 수 있게 된다.

(2) 행정쟁송의 형식

취소할 수 있는 행정행위에 대해서는 취소심판·취소소송의 형식으로 취소를 구할 수 있으며(행정심판법 제5조·행정소송법 제4조), 무효인 행정행위에 대해서는 무효확인심판·무효확인소송의 형식으로 무효확인을 구할 수 있다(동법 제5조 2호·동법 제4조 2호). 다만, 무효확인소송이 제기되었으나 심리결과 취소할 수 있는 행정행위에 불과한 경우에 법원은 무효의 주장에는 취소도 포함된 것으로 보고 취소판결을 내릴 수 있다고 보는 것이 판례의 입장이다. 이 경우에는 제소기간과 개별법률이 예외적으로 거치도록 규정하고 있는 행정심판전치주의 등 취소소송의 소송요건을 갖추어야 한다(대판 1987. 6. 9, 87누219).

한편, 판례는 무효인 행정행위에 대해서 '무효선언을 구하는 의미에서의 취소소송'을 인정하고 있으므로 이 구별은 상대화되어 가고 있다고 하겠다.[85)]

(3) 행정쟁송의 제기요건

행정쟁송에 있어서 그 제기요건은 취소와 무효에서 차이가 있다. 즉 취소쟁송은 제소기간이 적용되고, 개별 법률에서 행정심판전치주의를 규정하고 있는 예외적인 경우에 한하여 행정심판전치주의가 적용된다. 하지만, 무효확인쟁송은 이러한 제한이 없다. 그러나 무효선언을 구하는 의미에서의 취소소송의 제소기간에 관하여는 견해가 대립되어 있다.

한편, 대법원은 무효확인소송에 있어서는 취소소송에서는 요구되지 아니하는 요건, 즉 ① 무효확인을 구할 법률상 이익(확인의 이익)이 있어야 할 것, ② 무효임을 원용하여 민사상 손해배상청구소송 등의 다른 소송으로 구제받을 길이 없을 경우에만 '보충적'으로 제소할 수 있다(대판 1992. 7. 28, 92누4352, 1991. 6. 28, 90누9346 등.)고 판시하고 있다.

(4) 사정재결·사정판결

행정심판법[86)]과 행정소송법[87)]은 공익보호의 견지에서 사정재결과 사정판결을 인정하고 있다. 그러나 다수설은 그 성질상 취소할 수 있는 행정행위에 대해서만 인정되고, 무효인 행정행위에 대해서는 인정할 수 없다고 한다. 대법원도 "당연무효의 행정처분을 소송목적물로 하는 행정소송에서는 행정소송법 제12조 소정의 이른바 사정판결을 할 수 없다."(대판 1985. 2. 26, 84누380)고 판시하였다.

---

85) 김남진, 행정법 I, 321면.

86) 제44조(사정재결)① 위원회는 심판청구가 이유가 있다고 인정하는 경우에도 이를 인용하는 것이 공공복리에 크게 위배된다고 인정하면 그 심판청구를 기각하는 재결을 할 수 있다. 이 경우 위원회는 재결의 주문에서 그 처분 또는 부작위가 위법하거나 부당하다는 것을 구체적으로 밝혀야 한다.

87) 제28조(사정판결)① 원고의 청구가 이유있다고 인정하는 경우에도 처분등을 취소하는 것이 현저히 공공복리에 적합하지 아니하다고 인정하는 때에는 법원은 원고의 청구를 기각할 수 있다. 이 경우 법원은 그 판결의 주문에서 그 처분등이 위법함을 명시하여야 한다.

(5) 하자의 승계

일정한 행정목적을 달성하기 위하여 둘 이상의 행정행위가 단계적으로 행해지는 경우, 선행행위의 하자가 후행행위에 승계되는가가 문제된다. 이에 관하여 종래의 통설은 선행행위의 하자가 무효원인인 때에는 그 성질상 모든 후행행위에 승계되지만, 취소사유가 있음에 그치는 경우에는 선행행위와 후행행위가 하나의 행정목적을 실현하기 위한 것인 경우에 한하여 하자가 승계된다고 본다.

(6) 하자의 치유·전환

다수설의 견해에 의하면, 하자 있는 행정행위의 치유는 원칙적으로 취소할 수 있는 행위에 대하여 인정될 수 있는데 대하여, 하자의 전환은 무효인 행정행위의 경우에만 인정된다. 다만, 무효와 취소의 구별의 상대화라는 관점에서 무효와 같이 하자가 심한 경우에도 전환이 인정된다면 그보다 경미한 하자인 취소의 경우에도 행정행위의 전환이 인정되어야 한다는 견해도 있다.[88]

(7) 입증책임

취소소송에 있어서 취소사유의 존재 등에 관한 입증책임은 원고와 피고간에 민사소송법상의 입증책임분배의 원칙이 적용됨에 반하여, 무효 등 확인소송에 있어서 무효사유에 관하여는 누구나 쉽게 입증할 수 있다는 등의 이유로 원고에게 입증책임이 있다.[89]

3. 구별에 관한 학설

(1) 논리적 견해

켈젠·메르클 등의 순수법학파의 견해로서, 행정행위의 요건을 정하는 법규의 가치를 동등시·절대시하여 법규상의 요건을 결하는 행위는 모두 무효라고 한다. 즉 하자의 유형으로서 무효만 인정하려는 견해이다. 법률요건을 충족하지 않는 행정행위는 당연히 무효가 된다고 보는 점에서 법치주의의 요청에 충실하며, 개인의 권익보장에도 도움이 되는 면이 있다. 그러나 이 견해는 법치주의의 요청에는 충실하지만 행정행위를 성립시키는 여러 가지의 법률요건 간에는 그 중요성에 있어서 경중이 있다는 사실을 무시한다는 비판을 받는다.

---

88) 김남진, 행정법Ⅰ, 339면; 홍정선, 행정법원론(상), 403면.

89) 대판 1992. 3. 10, 91누6030.

(2) 관념론적 견해

행정행위의 요건을 규정하고 있는 법규나 요건에 가치의 차이를 인정하여 무효와 취소를 구별하고자 하는 견해이다. 즉 이 견해는 법규를 ① 능력규정과 명령규정, ② 강행규정과 비강행규정, ③ 중요규정과 중요하지 않는 규정으로 나누어, 능력규정·강행규정 또는 중요규정에 위반한 행정행위는 무효이고, 명령규정·임의규정 또는 중요치 않은 규정에 위반한 행위는 취소할 수 있는 행위라 한다.

이 견해는 행정행위의 요건을 규정하고 있는 법규나 요건의 성질 내지 중요성의 정도에 차이를 인정하는 점에서 논리적 견해의 결함을 보완하고 있지만 그러한 구분이 반드시 분명한 것은 아니라는 점에 문제가 있다.[90]

(3) 목적론적 견해

행정행위의 일반적 성질, 행정의 이익, 법률생활의 안정 내지 상대방의 신뢰보호 등 전체로서의 행정제도의 취지·목적을 고려하여 하자의 효과가 구체적인 타당성에 기할 수 있게 결정되도록 하려는 견해이다. 이 견해에는 행정행위는 우월한 의사의 발동이므로 원칙적으로 취소할 수 있음에 그친다는 견해(O. Mayer)와, 반대로 행정법규의 강행성·공익성을 이유로 원칙적으로 무효라는 견해(R. Herrnritt 등)가 있다.

(4) 기능론적 견해(중대·명백설)

행정쟁송제도의 취지·목적에 비추어 행정행위의 무효·취소의 구별기준을 정하려는 견해이다. 즉 무효확인소송의 대상이 되거나 민사소송에서 선결문제로서 그 위법성을 심사할 수 있거나 사인이 독자적인 판단으로 무효를 주장할 수 있는 행정행위는 중대하고 명백한 하자 있는 행위로서 무효가 되고, 그 외에 통상의 행정쟁송절차에 의하여 다루어질 정도의 하자인 경우에는 취소할 수 있는 행정행위라는 것이다. 그러나 이 견해는 부담적 행정행위에만 타당할 수 있다. 그 이유는 부담을 주는 행정행위에 대해서만 취소쟁송이 가능하기 때문이다.[91]

---

90) 이 견해를 수용한 판례 : 대판 1953. 6. 23, 4285 行상 2.

91) 김남진, 행정법Ⅰ, 324면.

4. 구별기준

(1) 중대설

당해 행정행위의 성립에 필요한 여러 요건 중에서, 중요한 요건에 하자가 있는 경우에 무효인 행정행위로 보는 견해이다. 중대설은 명백한 하자는 요구되지 않고 중대한 하자만 있으면 무효가 되기 때문에 무효사유를 넓게 인정하여 상대방인 국민의 권리를 넓게 인정한다. 그러나 무효사유를 너무 넓게 인정하기 때문에 수익적 행정행위와 복효적 행정행위에 있어서는 오히려 상대방과 이해관계인에게 불이익을 가져다주게 된다. 따라서 행정의 법적 안정성이나 제3자의 신뢰보호가 상대적으로 많이 희생될 수 있는 문제점이 있다.

(2) 중대·명백설

이 견해는 행정행위의 흠이 내부적 요건에 있어서 중대하여야 하고, 외부적으로는 흠이 정상적인 일반인이 보아도 명백하게 인식될 정도로 외관상 일견하여 명백한 것이어야 한다는 것이다. 외관상 일견명백설이라고도 한다. 예컨대, 공무원법상 임용결격사유에 해당하는 자에 대한 공무원임용행위, 수사기관의 강압에 의하여 작성된 확인서·자술서·각서 등을 과세자료로 한 과세처분,[92] 국가시험에 불합격한 의대졸업생에 대한 의사면허, 대상목적물을 특정하지 아니한 국유재산임대처분,[93] 18세 미만자에 대한 운전면허, 세금을 완납한 사람에 대한 체납처분, 판매되지 아니한 물품에 대한 물품세부과,[94] 재결서에 의하지 아니한 행정심판재결 등이 이에 해당한다.

요컨대, 무엇이 중대하고도 명백한 하자인가에 관하여는 당해 법규의 목적·의미·기능 등을 참작하여 행정쟁송제도의 취지·목적에 비추어 합리적으로 판단하여야 할 것이다(대판 1993. 12. 7, 93누11432).

(3) 조사의무설

이 견해는 행정행위의 무효는 원칙적으로 그 하자가 중대하고 명백한 경우에 한정된다는 중대명백설을 취하고 있으나, 명백성의 기준을 완화하여 무효사유를 넓히려고 한다. 즉 공무원이 그 직무의 성실한 수행으로서 당연히 요구되는 정도의 조사에 의하여 판명될 수 있는 사실관계로 비추어 보면 당해 처분의 위법성이 명백하게 인정되는 경우에도 하자의 명

---

92) 대판 1992. 3. 31, 91다32053.

93) 대판 1961. 3. 13, 4292행상92.

94) 대판 1966. 12. 20, 65다43.

백성의 요건이 충족되어 무효라고 한다. 이 견해는 일본에서 주장된 학설이나, 우리 판례는 이러한 기준을 적용한 적이 없다.

(4) 명백성 보충요건설

이 견해는 원칙적으로 중대한 하자만 있으면 무효라 하고, 예외적으로 제3자의 이익을 보호해야 할 경우에만 명백성이 보충적으로 요구된다고 한다. 즉 제3자의 이익이 관련된 경우에는 제3자의 입장에서 보아 중대하고도 명백한 하자인 경우에만 무효가 된다는 견해이다. 우리 판례는 아직 이 이론을 적용한 적이 없으나, 무효인 조례에 근거하여 행한 건설영업정지처분을 취소사유라고 한 전원합의체의 다수의견에 대하여 소수의견이 이 이론을 적용하여 건설업영업정지처분을 무효라고 주장한 바 있다(대판 1995. 7. 11, 94누4615).

【판례】: ① 무효인 조례에 근거하여 행한 건설업영업정지처분이 중대명백설에 근거하여 무효라는 다수의견

건설공사를 일괄하도급하여 구청장으로부터 4개월간의 영업정지처분을 받은 경우에, 건설업법 제50조 제2항 제3호·제22조상의 영업정지처분권한은 건설부장관으로부터 시·도지사에 대한 위임조항만 있을 뿐 구청장에게 재위임할 수 있는 근거규정이 없고, 행정권한의위임및위탁에관한규정 제4조에 의하여 재위임한다고 하더라도 이는 기관위임사무이므로 규칙으로 위임하여야 함에도 불구하고 서울시장이 조례로 구청장에게 위임하였다면 이 조례는 무효이며 결과적으로 이에 기한처분은 적법한 위임없이 권한없는 자에 의하여 행하여진 것과 마찬가지가 되어 그 하자가 중대하나, 조례와 규칙은 조례가 상위규범이고 또한 헌법 제107조 제2항의 '규칙'에는 지방자치단체의 조례와 규칙이 모두 포함되는 등 이른바 규칙의 개념이 경우에 따라 상이하게 해석되는 점 등에 비추어 보면 위임과정의 하자가 객관적으로 명백한 것으로 볼 수 없으므로 이로 인한 하자는 결국 당연무효사유는 아니라고 봄이 상당하다(대판 1996. 7. 11, 94누4615 전원합의체).

② 위 사건에서 명백성보충요건설에 근거하여 취소사유라는 소수의견

구청장의 건설업영업정지처분은 소극적으로 허가된 행위를 할 수 없도록 금지 내지 정지함에 그치고 있어 그 처분의 존재를 신뢰하는 제3자의 보호나 행정법질서에 대한 공공의 신뢰를 고려할 필요가 크지 않다는 점, 위임에 관한 조례가 무효이어서 결국 처분청에게 권한이 없다는 것은 극히 중대한 하자에 해당하는 것으로 보아야 한다는 점, 지방자치의 전면적인 실시에 따라 앞으로 이와 같은 성격의 하자가 늘어날 것이 예상되므로 법원의 태도를 엄정하게 유지함으로써 행정의 법적합성과 국민의 권리구제를 도모할 필요성도 적지 아니하다

는 점 등을 고려할 때, 위 영업정지처분은 그 처분의 성질이나 하자의 중대성에 비추어 그 하자가 외관상 명백하지 않더라도 당연무효라고 보아야 한다.

5. 하자 효과의 개별화이론

무효와 취소의 구별은 통설인 중대·명백설에 의한 기준에 따르되, 구체적 가치형량설을 가미하여 결정하여야 한다는 이론이다. 즉 하자의 성질과 경중 등에만 의존하여 무효 또는 취소라는 기계적인 결론에 이를 것이 아니라, 중대·명백설을 기준으로 하면서도 상대방의 신뢰보호, 법적 안정성 또는 공익상 지장의 정도 등 무효·취소가 초래할 결과까지를 함께 고려하여 구체적 상황에 합당한 탄력적인 결론을 내릴 것을 강조한다. 이는 제에즈·힙펠 등이 주장하는 하자 효과의 개별화이론으로서 유력하게 대두되고 있다. 그 구체적 적용으로서는 ① 하자 있는 행정행위의 치유와 전환, ② 사실상의 공무원이론과 표현대리이론, ③ 사정판결 등이 있다.

Ⅳ. 하자의 승계

1. 의의

일정한 행정목적을 위하여 두 개 이상의 행정행위가 단계적으로 연속하여 행해지는 경우에 후행행위 자체에는 하자가 없더라도 선행행위에 하자가 있으면, 그 선행행위의 하자를 이유로 후행행위의 위법을 주장할 수 있는가의 문제가 하자의 승계 또는 위법성의 승계문제이다. 예컨대, 조세체납처분(독촉→압류→매각→충당)과 행정대집행(계고→대집행영장의 통지→대집행실행→비용징수) 등의 경우와 같이 일련의 선행행위와 후행행위가 있는 경우에 선행행위가 이미 제소기간이 경과되어 불가쟁력이 발생하는 등의 사유로 인하여 그 위법을 더 이상 다툴 수 없는 경우가 있다. 이 경우에 그 후행행위가 적법함에도 불구하고 선행행위의 위법을 이유로 후행행위도 위법임을 주장할 수 있다면 국민의 권리구제의 폭이 확대될 수 있을 것이다.

하자의 승계에 관한 문제가 논의되기 위해서는 ① 선행행위와 후행행위가 모두 항고소송의 대상이 되는 처분이어야 하며, ② 선행행위에 불가쟁력이 발생해야 하며, ③ 후행행위 자체에는 고유한 하자가 없어야 하며, ④ 선행행위에는 무효사유가 아닌 취소사유에 해당하는 하자가 존재하여야 한다. 왜냐하면, 선행행위가 무효인 경우에는 불가쟁력이 발생하지 아니하기 때문에 당연히 후행행위에 그 하자가 승계되기 때문이다. 대법원도 조세부과처분이 중대하고 명백한 하자가 있어 무효인 경우에는 그 부과처분의 집행을 위한 체납처분도 무효이다(대판 1988. 6. 28, 87누1009))라고 판시하고 있다.

2. 승계 여부

(1) 하자가 승계되는 경우

하자의 승계는 행정법관계의 법적 안정성을 저해할 우려가 있으므로 원칙적으로 인정되지 않아야 한다. 그러나 선행처분과 후행처분이 서로 결합하여 하나의 법률효과를 완성하는 경우에는 승계된다고 한다. 예컨대, ① 허위서류에 기한 의사시험 응시자격인정행위와 의사면허처분,[95] ② 선행 독촉처분과 후행 가산금징수처분,[96] ③ 안경사시험 합격처분의 하자와 안경사면허처분,[97] ④ 행정대집행에 있어서의 일련의 절차 등에 관하여 하자의 승계[98]가 인정된다.

(2) 하자가 승계되지 않는 경우

선행행위와 후행행위가 서로 독립하여 별개의 효과의 발생을 목적으로 하고 있는 경우에는 승계되지 않는다고 한다. 예컨대, ① 선행의 조세부과처분과 후행의 체납처분,[99] ② 도시재개발사업의 사업시행인가와 사업시행을 위한 후행 토지수용재결처분, ③ 선행 직위해제처분을 받은 자에 대한 후행 직권면직 처분,[100] ④ 선행 건물철거명령과 후행의 대집행계고처분 등과 같이 행정대집행행위[101]에 있어서 하자의 승계가 부정된다.

---

95) 대판 1975. 12. 9, 75누123.

96) 대판 1986. 10. 28, 86누147.

97) 대판 1993. 2. 9, 92누4567.

98) 대집행의 계고, 대집행영장에 의한 통지, 대집행의 실행, 대집행비용의 납부명령 등은 대집행이라는 동일한 행정목적을 달성하기 위한 단계적인 일련의 연속적 절차로서 서로 결합하여 하나의 법률효과를 발생시키는 것이므로, 대집행이 완료되어 그 계고처분의 취소를 구할 법률상 이익이 없게 된 경우에 후행 처분인 대집행비용 납부명령 자체에는 아무런 하자가 없더라도 대집행비용 납부명령의 취소를 구하는 소송에서 선행처분인 계고처분의 위법을 이유로 대집행비용 납부명령도 위법이라는 주장을 할 수 있다(대판 1993. 11. 9, 93누14271).

99) 대판 1987. 9. 22, 87누383.

100) 대판 1984. 9. 11, 84누191.

101) 대판 1998. 9. 8, 97누20502; 대판 1982. 7. 27, 81누293.

(3) 하자가 예외적으로 승계되는 경우

선행행위와 후행행위가 서로 독립하여 별개의 효과를 발생하는 경우에는 하자가 승계되지 않는 것이 원칙이다. 그러나 대법원은 선행행위와 후행행위가 별개의 법률효과를 목적으로 하더라도 이에 대한 예외를 인정하여, 쟁송기간이 도과한 개별공시지가 결정의 위법을 이유로 그에 기초하여 부과된 양도소득세 부과처분의 취소를 구한 사건에서 행정청의 후행처분의 위법을 주장할 수 없도록 하는 것이 관계인에게 수인의 한도를 넘어서는 불이익을 강요하게 될 경우에는 수인한도의 법리상 예외적으로 하자의 승계를 인정한 바 있다. 즉 대법원은 "개별공시지가결정은 이를 기초로 한 과세처분과는 별개의 독립된 처분으로서 서로 독립하여 별개의 법률효과를 목적으로 하는 것이나, 개별공시지가는 개별적으로 고지하는 것이 아니어서 토지소유자 등이 그 내용을 알고 있었다고 하기도 곤란하고, 더욱이 장차 어떠한 과세처분 등 구체적 불이익이 현실적으로 나타날 때에 비로소 권리구제의 길을 찾는 것이 우리 국민의 권리의식임을 감안하여 볼 때, 과세처분 등 후행 행정처분에서 개별공시지가의 위법을 주장할 수 없도록 하는 것은 수인한도를 넘는 불이익을 강요하는 것으로서 국민의 재판을 받을 권리를 보장한 헌법의 이념에도 부합하는 것이 아니라고 할 것이므로 후행 과세처분의 취소를 구하는 행정소송에서도 선행처분인 개별공시지가 결정의 위법을 독립된 위법사유로 주장할 수 있다"(대판 1994. 1. 25, 93누8542)고 판시하고 있다.

> **【판례】:** 두 개 이상의 행정처분을 연속적으로 하는 경우 선행처분과 후행처분이 서로 독립하여 별개의 법률효과를 목적으로 하는 때에는 선행처분에 불가쟁력이 생겨 그 효력을 다툴 수 없게 된 경우에는 선행처분의 하자가 중대하고 명백하여 당연무효인 경우를 제외하고는 선행처분의 하자를 이유로 후행처분의 효력을 다툴 수 없는 것이 원칙이다. 그러나 선행처분과 후행처분이 서로 독립하여 별개의 효과를 목적으로 하는 경우에도 선행처분의 불가쟁력이나 구속력이 그로 인하여 불이익을 입게 되는 자에게 수인한도를 넘는 가혹함을 가져오며, 그 결과가 당사자에게 예측가능한 것이 아닌 경우에는 국민의 재판받을 권리를 보장하고 있는 헌법의 이념에 비추어 선행처분의 후행처분에 대한 구속력은 인정될 수 없다(대판 2013. 3. 14, 2012두6964).

【판례】: 하자의 승계를 부정한 판례

㉠ 도시재개발법에 의한 재개발사업의 시행인가라는 선행처분의 쟁송기간이 지난 후에 그 사업의 수행을 위하여 행하는 토지수용의 재결단계에 있어서는, 동 재개발사업시행인가처분이 당연무효라고 인정되지 아니하는 한, 동 인가처분의 위법을 이유로 토지수용재결처분의 취소를 구할 수 없다(대판 1993. 3. 9, 92누16287).

㉡ 건물철거명령이 당연무효가 아닌 이상 행정심판이나 소송을 제기하여 그 위법함을 소구하는 절차를 거치지 아니하였다면 위 선행행위인 건물철거명령은 적법한 것으로 확정되었다고 할 것이므로 후행행위인 대집행계고처분에서는 그 건물이 무허가건물이 아닌 적법한 건축물이라는 주장이나 그러한 사실인정을 하지 못한다(대판 1998. 9. 8, 97누20502).

Ⅴ. 하자 있는 행정행위의 전환과 치유

1. 개설

하자 있는 행정행위는 하자의 정도에 따라 무효 또는 취소할 수 있는 행정행위로 되는 것이 원칙이다. 그러나 하자의 효과를 이렇게 정형화·고정화시키는 것보다는 상대방의 신뢰와 법적 안정성을 보호하기 위하여 경우에 따라서 ① 무효인 행위를 유효한 다른 행위로 전환시켜 유효한 행위로 인정하거나, ② 취소할 수 있는 행위의 하자를 치유하여 인정하게 된다면 공익과 사익의 조화에 도움이 된다는 이론 즉 하자 효과의 개별화이론의 일환으로 발전되어 왔다.

전환과 치유의 이론은 사법상 무효행위의 전환(민법 제138조) 및 취소할 수 있는 행위의 추인(민법 제143조~제145조)과 같은 맥락의 이론이다. 독일 행정절차법(제45조)은 명문의 규정을 두고 있으나, 우리나라는 이러한 규정이 없으므로 사법상의 이론을 유추하여 학설과 판례로 인정되고 있다.

2. 전환

(1) 의의

하자 있는 행정행위의 전환이란 원래 행정청이 의도한 행정행위로서는 무효이지만 그것을 다른 행정행위로 간주한다면 하자 없는 유효한 행위로 되는 경우를 말한다. 예컨대, 이미 사망한 자에게 행한 토지수용위원회의 재결처분을 그 상속인에 대한 처분으로 전환하는 것을 말한다(대판 1971. 9. 14, 68구539). 치유는 취소할 수 있는 위법한 행정행위를 '본래의 행정행위로서' 유효한 것으로 인정하는 것이지만, 전환은 무효인 행정행위를 '다른 행정행위로서' 유효한 것으로 인정하는 것이라는 점에서 구별된다.[102] 하자의 전환과 처분사유의 추가변경은 원래의 행정행위에 새로운 변경을 가한다는 점에서는 구별이 되지 않는다. 그러나 전환은 하나의 행정행위에서 다른 행정행위 간에 처분의 동일성은 없지만, 처분사유의 추가변경은 원래의 행정행위에 처분사유를 추가 내지 변경하는 것으로서 처분의 동일성이 존재한다는 점에서 구별된다.

(2) 인정근거

무효인 행정행위를 다른 행위로 전환하는 이론적 근거는 무효인 행정행위를 전환하더라도 공익과 사익에 아무런 불이익을 주지 아니하고, 상대방의 법적 안정성을 도모하고 행정청의 불필요한 처분의 반복을 피한다는 경제적 고려에서 인정되는 것이다.

다만, 이를 무제한적으로 인정해서는 아니 될 것이다. 예컨대 A라는 징계사유나 영업 인·허가 취소사유로 징계 또는 인·허가 취소처분을 한 후 쟁송단계에서 처분청이 불리하게 되면 B라는 다른 사유에 의한 징계 또는 취소처분으로 전환되었다고 주장하는 것까지 인정하게 될 우려가 있기 때문이다. 특히 부담적 행정행위의 전환을 인정하는 것은 신중해야 한다. 예컨대, 공무원에 대한 징계면직처분에 대한 쟁송에서 행정행위의 하자가 인정되어 그 처분이 취소되어야 할 운명에 처한 경우에 행정청이 직권면직처분으로의 전환을 주장하거나, 불법영업을 이유로 한 택시기사에 대한 면허정지처분에 대하여 그 하자가 인정되어 그 처분이 취소되어야 할 경우에 행정청이 면허미갱신을 이유로 한 면허정지처분으로의 전환을 주장하는 경우 등이다. 그러나 법일반론적으로 볼 때 이는 별개의 행정처분이 되는 것이지 행정행위의 전환으로 취급되기는 곤란하다고 할 것이다.

(3) 요건

하자있는 행정행위가 나중에 유효한 행정행위로 전환되기 위해서는 여러 가지 전제 요건을 충족시켜야 한다. 독일의 마우러(Maurer)는 다음과 같은 논거를 들고 있다. 즉 ① 새로운 행정행위가 원래의 행정행위 안에 포함되어 있어야 하고, ② 양자가 동일한 목적을 향하고 있으며, ③ 새로운 행정행위는 형식적·실질적으로 적법하게 고려되고, ④ 행정청이 본래의 행정행위의 위법성을 인지하였다면 새로운 행정행위를 하였을 것이며, ⑤ 새로운 행정

102) 취소할 수 있는 행위에 대하여도 전환을 인정하는 견해도 있다(김남진, 행정법Ⅰ, 339면).

행위의 법적 효과는 당사자에게 더 불리하지 않으며, ⑥ 원래 행정행위는 취소될 수 있으며, ⑦ 당사자의 의견이 반영되었을 경우에 하자 있는 행정행위의 전환이 인정된다는 것이다.[103)]

3. 치유

(1) 의의

하자의 치유란 행정행위의 성립 당시에 하자가 있었지만 사후에 그 하자가 보완되거나, 그 하자가 취소될 가치가 없을 정도로 경미하다고 판단되는 경우에, 그 하자에도 불구하고 행정행위의 효력을 유지하는 것을 말한다. 예컨대, ① 공무원 자격을 상실한 자가 행한 수익적 행정행위를 신뢰보호의 차원에서 유효하게 인정하는 경우(이른바 사실상 공무원이론), ② 다른 사유가 있어 더 이상 취소할 필요가 없게 된 경우에는 하자가 치유된 것으로 보아 유효한 행정행위로 취급하는 것을 말한다.[104)]

【판례】: ① 하자있는 행정행위의 치유는 행정행위의 성질이나 법치주의의 관점에서 볼 때 원칙으로 허용될 수 없는 것이고 예외적으로 행정행위의 무용한 반복을 피하고 당사자의 법적 안정성을 위해 이를 허용하는 때에도 국민의 권리나 이익을 침해하지 않는 범위에서 구체적 사정에 따라 합목적적으로 인정하여야 할 것이다(대판 1992. 5. 8, 91누13274).

② 하자의 치유에 관한 일반적 기준

하자 있는 행정행위의 치유나 전환은 행정행위의 성질이나 법치주의의 관점에서 볼 때 원칙적으로 허용될 수 없는 것이지만, 행정행위의 무용한 반복을 피하고 당사자의 법적 안정성을 도모하기 위하여, 또한 이를 허용하더라도 국민의 권익을 침해하지 아니하는 범위 안에서 인정할 수 있다(대판 1998. 10. 27, 98두4535).

(2) 인정근거

법치주의가 엄격히 고수되는 한 하자 있는 행정행위는 일단 취소하여야 하며, 다시 상대방이 필요한 요건을 갖추고 처음부터 절차를 거쳐 행정행위를 하여야 한다. 그러나 그렇게 할 경우 복잡한 행정절차를 처음부터 다시 반복하여야 하는 번거로움이 있으며, 상대방의

103) Maurer, S.258.

104) 이 외에도 장기간의 방치, 공공복리상의 필요 등을 치유사유로 드는 견해도 있으나, 이들은 치유사유라기보다는 후술하는 취소권의 제한으로 보는 것이 타당할 것이다.

이익이나 법적 안정성을 침해하는 결과를 초래하게 된다. 따라서 공익과 사익 모두에 유리하다고 인정될 경우에는 일정한 요건 하에 하자의 치유가 인정된다.

(3) 요건

1) 요건의 사후 보완

사후에 보완된 요건으로 ① 주체에 관한 요건의 예로, 대리권 없는 행위에 대한 사후 추인한 경우, ② 내용에 관한 요건의 예로, 인·허가·특허요건이 사후에 충족된 경우 또는 계고시에는 명시하지 않은 철거 대상물을 대집행영장에서 명시한 경우, ③ 절차에 관한 요건의 예로, 신청서를 사후에 제출하거나 사후에 보완한 경우 또는 타 기관의 필요적 협력에 관하여 사후에 이행한 경우, 또는 행정심판 등 필요적 행정절차를 사후에 이행한 경우, ④ 형식에 관한 요건의 예로, 필요한 처분서를 사후에 작성·보완한 경우 등이 있다. 이와 같이 처음에 하자있는 행위에 대하여 사후에 상당한 기간 내에 보완하고 또한 상대방에게도 특별한 손해가 발생하지 아니할 경우에는 하자가 치유된 것으로 볼 수 있다.

2) 취소할 필요가 없게 된 경우

예컨대, ① 인·허가를 취소할 경우 전 단계인 행정절차상 청문절차에서 사전통지기간이 부족했으나 상대방이 출석하여 충분한 의견진술을 한 경우, ② 합의제행정관청의 회의소집절차에 하자가 있었으나 위원이 출석·의결하고 추후 아무도 이의를 제기하지 아니한 경우 등이 있다. 이러한 경우에는 비록 요건의 사후보완 행위는 없었지만 하자가 치유되어 더 이상 당해 행정행위의 효과를 다툴 수 없다고 보아야 할 것이다.

(4) 한계

중대하고 명백한 하자인 무효의 경우에는 하자가 치유될 수 없다고 본다. 즉 중대하고 명백한 하자가 있는 무효인 행정행위는 처음부터 아무런 효력을 발생할 수 없으므로 성질상 하자의 치유를 인정할 여지가 없다. 다만 본래의 행정행위가 아닌 전혀 다른 행정행위로 전환되어 효력을 발생하는 무효행위의 전환은 가능하다 할 것이다.

【판례】: ① 조세를 체납한 법인이 상업등기부에는 대표자명의변경등기를 하였으나 법인세법(제60조 제3항)에 따른 대표자변경신고를 하지 아니하였기 때문에 세무서장이 체납처분을 위한 재산공매의 통지를 종전의 대표자 명의로 한 경우에 있어서, 동 법인이 공매절차의 진행중에 공매연기신청을 하였으며, 이에 응하여 세무서장이 공매기일을 연기한 후 다시 적법한 공매의 공고를 하고 당해 법인에게 공매의 통지를 한 후 공매처분을 하였다면 위 공매통지의 하자는 치유되었다고 할 것이다(대판 1971. 2. 23, 70누161).

② 징계처분이 중대하고 명백한 하자 때문에 당연무효라면 비록 상대방이 이를 용인하였더라도 그 하자가 치유되는 것은 아니다(대판 1989. 12. 12, 88누8869).

③ 징계처분에 대한 재심절차는 원래의 징계절차와 함께 전부가 하나의 징계처분 절차를 이루는 것으로서 그 절차의 정당성을 징계과정 전부에 관하여 판단하여야 할 것이므로, 원래의 징계과정에 절차위반의 하자가 있더라도 재심과정에서 보완되었다면 그 절차위반의 하자는 치유된다(대판 1999. 3. 26, 98두4672).

제9절 행정행위의 무효

Ⅰ. 의의

행정행위의 무효란 외관상으로는 행정행위가 존재하지만, 중대하고 명백한 하자로 인하여 처음부터 당연히 아무런 효력을 발생하지 못하는 것을 말한다. 따라서 행정행위의 무효는 ① 행정행위로서의 외관은 갖추고 있는 행위이기 때문에 외관조차 존재하지 아니하는 부존재와 구별된다. 또한 ② 행정행위의 무효는 처음부터 아무런 효력을 발생하지 아니함으로, 취소될 때까지는 일단 효력을 갖는 '취소할 수 있는 행정행위'와도 구별된다.

Ⅱ. 무효의 원인

행정행위의 무효원인은 통설·판례에 의하면 행정행위에 내재하는 하자가 중대하고 명백한 경우이다. 하자의 내용은 천차만별이므로 중대·명백설에 따라 일률적으로 무효원인인 하자를 정형화하기란 쉬운 일이 아니다. 아래에서는 그 동안 학설과 판례가 인정한 무효원인을 행정행위의 성립요건인 주체·내용·절차·형식에 따라 설명하고자 한다.[105]

105) 독일행정절차법(44)은 중대하고 명백한 하자로 인하여 무효인 행정행위를 유형화하고 있다(처

1. 주체에 관한 하자

(1) 정당한 권한이 없는 행정기관의 행위

1) 공무원이 아닌 자의 행위

공무원의 결격사유에 해당하는 자가 임명된 경우 또는 공직자의 임기가 만료된 자 및 퇴직이나 징계로 면직된 자의 행위는 원칙적으로 무효이다. 그러나 임명행위의 적법성, 퇴직 여부 등은 행정행위의 상대방은 알 수 없을 것이다. 따라서 선의의 상대방의 신뢰보호와 법적 안정성을 위하여 경우에 따라서는 이러한 행위를 유효로 볼 때가 있다(사실상의 공무원 이론).

2) 대리권 없는 자의 행위

정당한 대리권이 없는 자의 행위도 원칙적으로는 무효이다. 예컨대, 체납취득세에 대한 압류처분권한은 도지사로부터 시장에게 위임된 것이고 압류처분권한을 내부위임 받은데 불과한 자가 시장명의가 아닌 자신의 명의로 한 압류처분은 권한 없는 자에 의한 것으로서 당연 무효가 된다(대판 1993. 5. 27, 93누6621). 그러나 민법상의 표현대리의 법리에 따라 상대방이 정당한 대리권을 가진 공무원의 행위라고 믿을 만한 상당한 이유가 있는 경우에는 이를 유효한 것으로 보아야 할 것이다. 판례는 수납기관이 아닌 자의 양곡대금수납행위(대판 1963. 12. 5, 63다519), 세금징수관 보조원의 수납행위(대판 1969. 5. 13, 69다356)에 대하여 표현대리를 인정한 바 있다.

한편, 행정권한의 위임에 있어서도 적법한 위임이 없는 경우에는 무효로 하고 있다.

> **【판례】:** ① 체납취득세에 대한 압류처분권한은 도지사로부터 시장에게 권한위임된 것이고, 시장으로부터 압류처분권한을 내부위임 받은데 불과한 피고로서는 시장명의로 압류처분을 대행처리 할 수 있을 뿐이고 자신의 명의로는 이를 할 수 없다 할 것이므로 이 사건 압류처분은 권한 없는 자에 의하여 행하여진 위법무효의 처분이다(대판 1993. 5. 27, 93누6621).
>
> ② 피고(서울특별시 서대문구청장)의 이 사건 관리처분계획 인가처분은 결과적으로 적법한 위임없이 권한 없는 자에 의하여 행해진 것과 마찬가지가 되어 그 하자가 중대하다고 할 것이나 … 처분의 위임과정의 하자가 객관적으로 명백한 것이라고 할 수 없으므로 이로 인한 하자는 결국 당연무효사유는 아니라고 봄이 상당하다(대판 1995. 8. 22, 94누5694).

분청의 불명, 문서로만 할 수 있는 행위에 있어서의 형식 결여, 무권한 행위, 사실상의 불능, 범죄를 내용으로 하는 행위, 선량한 풍속위반행위 등).

3) 적법하게 구성되지 아니한 합의제 행정기관의 행위

지방의회의 의결이나 합의제 행정청(공정거래위원회 등 행정위원회)이 적법한 소집절차를 결여하거나, 결격자가 참여하거나, 의사정족수와 의결정족수가 미달하는 경우 등은 원칙적으로 무효이다. 대법원도 "징계위원회의 위원 중 제척사유에 해당하는 위원이 징계의결에 참여하여 행한 징계의결은 무효"(대판 1994. 10. 7, 93누21214)라고 판시하였다.

다만, 행정행위의 성질과 구체적 사정의 여하에 따라 일단 의결되어 행정행위로 외부로 표시된 경우에는 상대방의 신뢰보호와 법적 안정성의 견지에서 유효로 볼 수 있는 경우도 있을 수 있다.

4) 타 기관의 필요적 협력을 결한 행위

행정청이 그의 권한을 행사함에 있어 법령이 국민의 권익보호 또는 행정의 타당성을 기하기 위하여 다른 기관의 의결·승인 등을 반드시 거치도록 하고 있는 경우에 이를 결한 행위는 원칙적으로 무효라고 하겠다. 그러나 ① 자문기관의 자문을 거치도록 한 경우에 이를 결한 행위는 자문이 이해관계인의 권익보호를 위하여 인정된 경우에만 무효원인이 된다. 그러나 단순히 행위의 신중과 내용의 타당성 도모만을 위하여 인정된 경우에는 효력에 아무런 영향을 미치지 아니한다고 할 것이다. 또한 ② 비록 필요적 협력을 결한 행위라도 일단 외부에 표시된 경우에는 상대방의 신뢰보호와 법적 안정성을 위하여 유효한 것으로 보아야 할 경우도 있다.

5) 행정기관의 권한 외의 행위

행정기관의 권한에는 사항적·지역적·대인적으로 한계가 있는 것이 보통인데 이러한 한계를 넘어서 행사된 행위는 원칙적으로 무효라고 하여야 할 것이다. 예컨대, 경찰서장이 행한 재산압류, ㅇㅇ도 소재 대지·건물에 대한 ㅇㅇ직할시장의 건축허가와 음식점 영업허가, 교원에 대한 도지사의 징계처분 등이다. 다만, 권한배분은 행정행위의 상대방에게는 명백하지 않은 경우가 있을 수 있으므로, 그 경우에는 신뢰보호와 법적 안정성의 견지에서 유효한 것으로 보아야 할 경우도 있을 것이다.

【판례】: ① 동장이 행한 유기장영업허가는 무효

유기장업법(지금의 공중위생법)에 의한 유기장(당구장)영업허가는 시장이 하게 되어 있으므로, 허가권이 없는 동장으로부터 받은 영업허가는 당연 무효이다(대판 1991. 10. 11, 91누3338).

② 지역적·대인적 한계를 넘는 행위는 무효

행정기관의 권한에는 … 지역적·대인적으로 한계가 있으므로, 이러한 권한의 범위를 넘어서는 행위는 원칙적으로 무효이다(대판 1996. 6. 28, 96누4374)

③ 권한 없는 자에 의한 도시계획결정은 무효

후행 도시계획의 결정을 하는 행정청이 선행 도시계획의 결정·변경 등에 관한 권한을 가지고 있지 아니한 경우에 선행 도시계획과 서로 양립할 수 없는 내용이 포함된 후행 도시계획결정을 하는 것은 아무런 권한 없이 선행 도시계획결정을 폐지하고, 양립할 수 없는 새로운 내용이 포함된 후행 도시계획결정을 하는 것으로서, 선행 도시계획결정의 폐지 부분은 권한 없는 자에 의하여 행해진 것으로서 무효이다(대판 2000. 9. 8, 99두11257).

6) 증표를 제시하지 아니하고 행한 행위

조세체납처분을 위한 재산압류행위 등과 같은 행정상 강제는 국민의 권익을 침해할 우려가 크므로 정당한 권한이 있는 공무원임을 표시하는 증표를 제시한 후에 행하도록 규정되어 있다. 따라서 이러한 증표 제시의무를 위반한 행위는 국민의 권익보호와 절차의 정당성 보호의 취지에서 무효라고 보아야 할 것이다.[106)]

(2) 행정기관의 의사에 결함이 있는 행위

1) 의사능력 없는 자의 행위

공무원이 심신상실의 상태에서 행한 행위 또는 저항할 수 없을 정도의 강제에 의한 행위는 무효이다.

2) 행위능력 없는 자의 행위

피성년후견인 또는 피한정후견인은 공무원이 될 수 없는 결격사유에 해당되므로(국가공무원법 제33조), 임명행위 자체도 무효이다. 따라서 이들의 행위도 무효이다. 그러나 사실상의 공무원 이론에 따라 유효한 행위로 취급될 경우도 있다.

---

106) 박윤흔, 행정법강의(상), 426면.

3) 착오로 인한 행위

행정청의 착오로 인한 행위는 민법에서와 같이 취소할 수 있다는 견해(의사설)도 있다. 그러나 통설 및 판례는 착오가 있었다는 자체만으로는 무효 또는 취소원인으로 인정하지 아니하고 결과적으로 그것이 법령의 규정에 위반하지 않는 한 표시된 대로 효력을 발생한다고 한다(표시설).

한편, 착오의 결과로 행해진 행정행위의 내용 그 자체가 실현 불가능하거나 위법하게 된 때에는 무효가 되거나 취소할 수 있음은 물론이다.

> **【판례】:** 개축허가신청에 대하여 행정청이 착오로 대수선 및 용도변경 허가를 하였다 하더라도 취소 등 적법한 조치없이 그 효력을 부인할 수 없음은 물론 더구나 이를 다른 처분(즉 개축허가)으로 볼 근거도 없다(대판 1985. 11. 26, 85누382).

4) 상대방의 사기·강박·증뢰 등에 의한 행위

통설은 허위의 서류를 제출하거나 강박 또는 증뢰 등의 행위로 인하여 인·허가 등을 받은 경우에는 그 결과로 행한 행정행위의 내용에 아무런 하자가 없더라도 상대방을 보호할 아무런 가치가 없으므로 취소할 수 있다고 한다. 대법원도 사위(詐僞)로 받은 한지의사면허처분은 위법으로 취소원인이 된다고 판시하였다(대판 1975. 12. 9, 75누123).

대부분의 실정법도 사위 기타 부정한 방법으로 허가받은 자는 취소의 대상이 됨을 명문으로 규정하고 있다(식품위생법·부동산중개업법·건축법·여객자동차운수사업법 등).

2. 내용에 관한 하자

(1) 내용이 불명확한 행위

행정행위의 내용이 사회통념상 인식할 수 없을 정도로 불명확하거나 확정되지 아니한 경우에는 당연히 무효라고 하여야 할 것이다. 예컨대, 철거대상건축물, 압류대상 재산, 임대대상 국유재산을 구체적으로 특정하지 아니한 계고·압류·임대처분 등은 무효라 할 것이다. 그러나 사후에 내용을 명백히 한 경우에는 하자의 치유의 이론에 따라 유효한 것으로 보아야 할 경우도 있다.

(2) 내용이 실현 불가능한 행위

1) 사실상 불가능

이 경우는 행위내용이 기술상·성질상 절대로 불가능한 경우뿐만 아니라 사회통념상 그 실현이 곤란한 경우까지 포함된다. 예컨대, 시간 내에 불법고층건물의 철거를 명하는 것 등이 이에 해당한다.

2) 법률상 불가능

이는 법 이론적으로 절대 불가능하거나, 법제도상 실현이 불가능한 경우를 말한다. 이것은 다시 인적 불능, 물적 불능, 법률관계에 관한 불능 등으로 나눌 수 있다. ① 인적 불능의 예로는 사자에 대한 약사면허, 여자에 대한 입영명령, 조합원이 아닌 자에 대한 토지개량조합의 조합비 부과 등이 있으며, ② 물적 불능의 예로는 존재하지 아니하는 목적물의 징발처분, 사유지를 대상으로 한 국유재산 매각처분, 체납처분 시 법률상 압류가 금지된 물건 또는 제3자 소유물건의 압류 등이 있으며, ③ 법률관계에 관한 불능의 경우로는 판매되지 아니한 물품에 대한 부가가치세 부과, 법률상 인정되지 아니하는 광물에 대한 광업허가 등이 있다.

> **【판례】**: ① 제3자의 물건에 대한 압류처분은 무효
>
> 조세체납자가 아닌 제3자의 소유물건을 압류하고 공매하더라도 이는 법률상 실현 불가능한 것이므로 당연 무효이다(대판 1993. 4. 27, 92누12117).
>
> ② 위헌인 법률에 근거한 행정처분은 당연무효가 아님
>
> 일반적으로 법률이 헌법에 위반된다는 사정이 헌법재판소의 위헌결정이 있기 전에는 객관적으로 명백한 것이라고 할 수는 없으므로 헌법재판소의 위헌결정 전에 행정처분의 근거되는 당해 법률이 헌법에 위반된다는 사유는 특별한 사정이 없는 한 그 행정처분의 취소소송의 전제가 될 수 있을 뿐 당연무효사유는 아니라고 봄이 상당하다(대판 2001. 2. 27, 2000다55737).

(3) 미풍양속 위반행위

선량한 풍속 기타 사회질서에 위반되는 사항을 내용으로 한 행위 예컨대, 도박영업이나 매춘영업의 허가 등에 대해서는 민법(제103조)의 규정이나 독일 행정절차법(제44조 제2항)의 규정은 절대적 무효사유로 하고 있다. 그러나 통설은 취소 원인으로 본다.[107]

---

107) 김남진, 행정법 I, 334면; 김도창, 일반행정법론(상, 438면; 박윤흔, 행정법강의(상), 429면;

3. 절차에 관한 하자

일반적으로 중요한 절차를 결한 경우에는 무효가 되고 비교적 중요치 않은 절차를 결한 경우에는 반드시 무효가 되지 않는다고 본다. 예컨대, 토지수용·체납처분·음식점영업허가취소처분 등과 같은 행정행위에 대하여 법률이 일련의 필요적 절차를 거칠 것을 요구하고 있는 경우에 이 절차 중 어느 하나를 결하거나 하자가 있으면 절차에 관한 하자가 된다. 통설은 그 효과로서는 대립하는 당사자 간의 이해조정이나 이해관계인의 권익보호를 위하여 인정된 절차인 경우에는 무효가 된다고 한다. 그러나 단순히 행정의 신중성과 내용의 타당성 도모만을 위하여 인정된 경우에는 취소원인이 될 뿐이라고 한다.

(1) 법률상 필요한 상대방의 신청 또는 동의 없이 행한 행위

상대방의 신청 없이 행한 행위는 원칙적으로 무효이다. 예컨대, 자동차운수사업면허, 광업·어업 허가, 귀화허가, 동의 없이 행한 공무원임명 등의 행위는 원칙적으로 무효이다.[108]

(2) 필요한 공고·열람 또는 통지를 결한 행위

법령이 행정행위를 함에 있어 이해관계인에게 권리를 주장하게 하고 이의를 제기할 기회를 부여하기 위해서 마련된 공고나 통지 등의 절차를 결여한 행정행위는 원칙적으로 무효로 보아야 할 것이다. 예컨대, 수용할 토지의 토지세목을 공고·통지하지 않은 토지수용행위, 독촉절차 없이 행한 조세체납처분, 철거예정임을 계고하지 않은 불법건축물 강제철거, 특허출원의 공고 없이 행한 발명특허처분, 열람절차 없이 행한 선거인명부확정 등과 같은 행위는 원칙적으로 무효이다.

다만, 그 절차에 단순한 하자가 있음에 불과한 경우에는 무효라 할 수 없고 경우에 따라 취소의 대상이 될 수 있을 뿐이다. 경미한 하자는 이해관계인의 권익을 침해하지 아니하는 한 사후 보완 등에 의한 하자의 치유를 인정하여야 할 것이다.

대법원은 공고 및 통지절차 없이 한 토지구획정리사업은 무효라고 판시(대판 1973. 1. 19, 71나1901)한 바 있다. 그러나 종합소득세 등을 납부하지 않는 자에 대하여 독촉절차 없이 압류처분을 한 경우 이는 취소사유에 불과하다고 판시(대판 1987. 3. 27, 87누383)한 경우 등을 비추어 볼 때, 그러한 것을 취소사유로 보는 경향에 있다.

석종현·송동수, 일반행정법(상), 320면.

108) 그러나 권력적 단독행위라는 행정행위의 속성상 무효가 아니라 취소할 수 있는 것으로 보는 견해도 있다.

【판례】: 원고가 위 종합소득세 및 그 방위세를 납부기한까지 납부하지 아니하자 피고가 그 징수를 위하여 이 사건 압류처분에 이른 것이므로, 비록 독촉절차없이 압류처분을 하였다 하더라도 이러한 사유만으로는 압류처분은 무효로 되게 하는 중대하고도 명백한 하자로는 되지 않는다고 판단된다(대판 1987. 9. 22, 87누383).

(3) 필요한 이해관계인의 참여 또는 협의를 결여한 행위

토지수용에 있어서 토지소유자와의 협의를 하지 아니하고 바로 수용의 재결을 한 경우, 조세체납처분시의 재산압류나 불법건축물 강제철거시 소유자의 참여 없이 행한 경우 등 이해관계인의 권익보호를 위하여 인정된 참여 또는 협의를 결여한 행정행위는 원칙적으로 무효이다.

【판례】: 행정심판대상인 행정처분 자체는 위법하거나 부당하지 아니한데도 처분 그 자체에 내재하지 아니한 처분외적사유인 국민정서와 변화된 정책의 합목적성이라는 별개사유를 들어 원처분을 취소한 것은 위법하다(서울高判 1996. 6. 19, 95구24052).

(4) 필요한 청문 또는 의견진술의 기회를 결여한 행위

수익적 행정행위의 취소와 철회 및 정지는 각 개별 법률에서 반드시 상대방에게 미리 통지하여 청문 또는 의견진술의 기회를 부여하도록 하고 있다. 따라서 이에 위반하여 행한 행정행위는 원칙적으로 무효이다. 그러나 판례는 건축법 또는 약사법상의 청문기회를 부여하지 아니하고 행한 건축허가취소 및 약종상허가취소처분은 취소사유에 해당할 뿐이며 당연무효는 아니라고 한다(대판1990. 1. 25, 89누5607; 대판 1986. 8. 19, 86누115).

【판례】: ① 행정청이 영업허가취소 등의 처분을 하려면 반드시 사전에 청문절차를 거쳐야 하고, 설사 식품위생법 제26조 제1항 소정의 사유가 분명히 존재하는 경우라 할지라고 해당 영업자가 청문을 포기한 경우가 아닌 한, 청문절차를 거치지 않고 한 영업소폐쇄명령은 위법하여 취소사유에 해당된다(대판 1983. 6. 14, 83누14).

② 도시계획수립에 있어 (구)도시계획법 제16조의 2 소정의 공청회를 열지 아니 하고 (구)공공용지의취득및손실보상에관한특례법 제8조 소정의 입주대책을 수립하지 아니하였다 하더라도 이는 절차상 위법으로 취소사유에 불과하다(대판 1990. 1. 23, 87누947).

4. 형식에 관한 하자

(1) 필요한 문서에 의하지 아니한 행위

예컨대, 재결서에 의하지 아니한 행정심판의 재결, 독촉장에 의하지 아니한 납세의 독촉 등과 같이 법령이 서면으로 하여야 할 것으로 규정하고 있는 경우에 구두로 한 행위는 무효이다. 행정절차법(제24조)도 행정처분은 신속을 요하거나 경미한 사안 이외에는 문서로써 하도록 명문화하고 있다.[109)]

(2) 처분청의 표시와 날인이 없는 행위

문서에 의하는 경우 특별한 예외사유(행정 효율과 협업 촉진에 관한 규정 제21조)가 없는 한 처분청의 표시와 관인의 날인이 있어야 하는바, 이를 결한 행위는 무효이다.

(3) 이유 기타 필요적 기재사항이 누락된 행위

법령에서 문서에 의하되, 처분이유·집행책임자 등 필요적 기재사항을 규정하고 있는 경우에 이를 누락한 행위는 원칙적으로 무효이다. 예컨대, 이유를 붙이지 아니한 행정심판재결서 또는 집행책임자의 표시가 없는 대집행영장 등은 원칙적으로 무효이다.

한편, 행정절차법 제23조에 의하면 행정처분에는 반드시 그 근거와 이유를 제시하도록 함으로써 이유부기를 하도록 규정하고 있다. 따라서 신청인의 내용을 모두 그대로 인정하는 처분이 아닌 처분에 있어 이유를 기재하지 아니한 경우에는 원칙적으로 무효이다.

그러나 대법원은 납세고지서에 과세연도·세목·세액·산출근거·납부기한·납부장소 중 어느 하나의 기재가 누락된 경우에는 위법하지만 당연무효는 아니며 취소의 대상이라고 한다(대판 1984. 5. 9, 84누116; 대판 1985. 12. 10, 84누243; 대판 1989. 11. 10, 88누7996).

---

109) 제24조(처분의 방식) ① 행정청이 처분을 할 때에는 다른 법령등에 특별한 규정이 있는 경우를 제외하고는 문서로 하여야 하며, 전자문서로 하는 경우에는 당사자등의 동의가 있어야 한다. 다만, 신속히 처리할 필요가 있거나 사안이 경미한 경우에는 말 또는 그 밖의 방법으로 할 수 있다. 이 경우 당사자가 요청하면 지체 없이 처분에 관한 문서를 주어야 한다.

【판례】: ① 국세징수법 제9조 제1항은 단순히 세무행정상의 편의를 위한 훈시규정이 아니라 조세행정에 있어 자의를 배제하고 신중하고 합리적인 처분을 행하게 함으로써 공정을 기함과 동시에 납세의무자에게 부과처분의 내용을 상세히 알려 불복여부의 결정과 불복신청에 편의를 제공하려는 데서 나온 강행규정이므로 세액의 산출근거가 기재되지 아니한 물품고지서에 의한 부과처분은 위법한 것으로 취소의 대상이 된다(대판 1984. 5. 9, 84누116).

② 허가의 취소처분에는 그 근거가 되는 법령이나 취소권유보의 부관 등을 명시하여야 하고 나아가 처분을 받은 자가 어떠한 위반사항에 대하여 당해 처분이 있었는지를 알 수 있을 정도의 사실의 적시를 요한다고 할 것이고 이와 같은 취소처분의 근거와 위반사항의 적시를 빠뜨린 하자는 피처분자가 처분 당시 그 취지를 알고 있었다거나 그 후 알게 되었다고 하여도 이로써 치유될 수는 없다고 할 것이다(대판 1987. 5. 26, 86누788).

Ⅲ. 무효의 효과

무효원인인 하자가 있는 행정행위는 행정청이나 법원의 무효라는 의사표시를 기다릴 필요 없이 행정행위 성립당시인 처음부터 당연히 아무런 효력을 발생하지 아니한다. 이처럼 무효인 행정행위는 처음부터 효력이 발생하지 않으므로 무효인 행정행위에 근거하여 후속하는 행정행위도 당연 무효가 된다.

무효인 행정행위는 행정행위의 공정력으로 인하여 권한 있는 기관(행정청·법원)에 의하여 취소될 때까지는 일단 효력을 가지며, 취소된 후에야 비로소 처음부터 소급하여 효력을 상실하는 취소와 구별된다. 또한 아무런 하자가 없이 유효하게 성립한 행정행위가 사후에 발생한 새로운 사정으로 말미암아 장래에 향하여 그 효력을 상실시키는 철회와도 구별된다. 그리고 무효인 행정행위의 하자는 치유될 수 없으나, 그것이 적법한 다른 행정행위로서의 요건을 갖춘 경우에는 행정행위의 전환이 인정될 수 있다.

【판례】: 선행행위가 당연무효이면 후행행위도 당연무효

적법한 건축물에 대한 철거명령은 그 하자가 중대하고 명백하여 당연무효라고 할 것이고, 그 후행행위인 건축물철거 대집행계고처분 역시 당연무효라고 할 것이다(대판 1999. 4. 27, 97누6780).

Ⅳ. 무효를 주장하는 방법

무효인 행정행위는 행정청이나 법원의 특별한 의사표시가 없어도 처음부터 아무런 효력을 발생하지 아니한다. 그러나 행정행위로서의 외형은 존재하므로 행정청이나 제3자가 유효하다고 주장할 우려가 있다. 따라서 상대방의 입장에서는 적극적으로 무효임을 공적으로 확인받음으로써 불안한 상태를 해소할 필요가 있다. 이에 대하여 주장할 수 있는 방법으로는 다음의 세 가지가 인정되고 있다.

1. 행정쟁송에 의한 경우

우선, 행정심판절차에서 무효확인심판을 제기할 수 있다. 이 경우 취소심판절차와는 달리 청구기간의 제한이 없고 언제든지 제기할 수 있다(행정심판법 제27조 제7항). 다음으로 직접 법원에 무효확인소송을 제기할 수 있다. 이 경우에도 제소기간의 제한은 없다.

2. 무효선언을 구하는 의미의 취소소송

무효의 주장은 취소소송의 형태를 취할 수 있는바, 이를 무효선언을 구하는 의미에서의 취소소송이라 한다. 일단 유효한 행정행위의 효력을 상실케 해달라는 본래의 취소소송과는 성격상 차이가 있지만 종래부터 판례에 의하여 인정된 소송형태이다[110]. 이 경우에는 본래의 취소소송의 경우와 같이 제소기간의 제한, 행정심판전치주의 등이 적용된다는 것이 판례의 태도이다(대판 1990. 8. 28, 90 누 1892).

【판례】: 행정처분의 당연무효를 선언하는 의미에서의 취소를 구하는 소송도 그것이 외견상 존재하는 행정처분에 권한있는 기관에 의한 취소를 구하고 있는 점에서 하나의 항고소송인 이상, 행정소송법상의 행정심판전치절차 등 행정소송법상 특유의 제소요건의 충족이 필요하며, 필요하지 않다고 한 종전의 판결(대판 1975. 4. 22, 73누215; 대판 1974. 5. 28, 74누96 등)은 이를 폐기한다(대판 전원합의부 1976. 2. 24, 73누128).

110) 행정처분이 무효인 경우 민사상의 구제방법으로 충분하다하여 행정처분의 무효확인을 구하는 의미에서 그 취소를 구할 소의 이익이 없다고 할 수 없다(대판 1966. 9. 6, 66 누 81).

3. 민·형사소송에서 선결문제로 무효임을 주장하는 방법

무효인 행정행위로 생긴 결과로서 민사소송이나 형사소송이 있게 되는 경우, 이들 소송(본안소송)을 통하여 간접적으로 행정행위의 무효(선결문제)가 판명되게 된다.

민사소송의 형태에서 행정처분의 무효가 주장되는 경우의 예로는 ① 무효인 과세처분에 의하여 조세를 납부한 자가 국가에 대하여 부당이득반환청구소송을 제기하는 경우, ② 무효인 토지수용에 의하여 소유권을 침해당한 자가 토지소유권확인 및 원상회복청구소송을 제기하는 경우, ③ 무효인 제3자에 대한 어업면허로 손해를 입은 기존면허어업권자가 국가배상청구소송을 제기하는 경우, ④ 무효인 징계처분으로 파면된 자가 국가를 상대로 공무원보수지급청구소송을 제기하는 경우 등이 있다. 한편, 형사소송의 형태로는 공무집행방해죄로 기소된 자가 그 공무집행행위의 무효를 전제로 하여 무죄임을 주장하는 경우가 이에 해당한다.

행정소송법은 처분의 효력유무 또는 존재여부가 민사소송의 선결문제로 된 경우 이를 당해 수소법원이 심리·판단할 수 있게 하고 있으나(제11조 제1항[111]), 형사소송의 선결문제로 된 경우에도 무효의 성질에 비추어 당연히 무효임을 주장할 수 있다고 하겠다.

【판례】: 원고가 당연무효인 처분에 대하여 불복의 절차를 밟지 아니하고 오랫동안 방치하였다 하더라도 그 권리를 포기하였다고는 볼 수 없을 것이며, 또한 당연무효의 행정처분에 대하여는 행정소송으로 이를 다투지 아니하더라도 그 무효임을 전제로 한 민사소송을 제기할 수 있는 것이다(대판 1964. 6. 2, 63다941).

111) 제11조(선결문제) ① 처분등의 효력 유무 또는 존재 여부가 민사소송의 선결문제로 되어 당해 민사소송의 수소법원이 이를 심리·판단하는 경우에는 제17조, 제25조, 제26조 및 제33조의 규정을 준용한다.

제10절 행정행위의 취소

Ⅰ. 의의

1. 개념

행정행위의 취소란 일응 유효하게 성립한 행정행위에 대하여 그 성립에 하자가 있지만 중대하고 명백한 하자가 아닌 단순한 하자가 있음을 이유로 권한 있는 기관(행정청·법원)이 처음부터 소급하여 그 효력을 소멸시키는 별개의 독립된 행정행위를 말한다. 행정행위의 취소는 행정청이 그 효력을 소멸시키는 직권취소와 이해관계인의 쟁송제기에 의해 심판기관(행정심판위원회·법원)이 행하는 쟁송취소가 있다.

2. 무효 및 철회와의 구별

무효와 철회도 궁극적으로 행정행위를 소멸케 한다는 점에서 취소로 호칭하기도 한다. 그러나 ① 무효는 처음부터 아무런 효력이 발생하지 않는데 비하여, 취소는 일단 유효하게 존속되고 있는 행정행위의 효력을 소멸시키는 행위인 점에서 구별된다. 또한 ② 취소는 행정행위의 성립당시에 하자가 있음을 이유로 처음부터 효력을 상실시키는 소급효가 있으나, 철회는 처음에는 아무런 하자 없이 성립한 행정행위에 대하여 그 효력을 더 이상 장래에 향하여 존속시킬 수 없는 새로운 사유가 발생하여 장래에 그 효력을 소멸시키는 점에서 구별된다.

Ⅱ. 종류

1. 행정청에 의한 취소와 법원에 의한 취소

행정행위의 취소는 행정청과 법원에 의해 취소되는 경우가 있다. 행정청은 스스로의 직권 또는 상대방의 쟁송제기에 의하여 취소할 수 있으며, 법원은 항상 쟁송에 의하여서만 취소할 수 있으므로 쟁송취소만 가능하다.

2. 수익적 행위의 취소와 부담적 행위의 취소

수익적 행정행위의 취소는 주로 직권취소이고, 부담적 행정행위의 취소는 주로 쟁송취소이다. 다만 복효적 행정행위에 있어서는 권익이 침해된 제3자 예컨대, 연탄공장의 인근주민, 기존노선버스사업자 등에 의한 쟁송취소도 있을 수 있다.

한편, 부담적 행정행위의 취소는 주로 상대방의 청구에 의하여 행해지므로 쟁송취소를 하겠지만, 행정청도 스스로의 잘못을 발견하고 법률에 의한 행정을 구현한다는 의미에서 직권취소를 하는 경우도 있다.

3. 형식적 의미의 취소와 실질적 의미의 취소

형식적 의미의 취소는 하자 있는 행정행위의 효력을 직접 소멸시키는 행정행위로서, 취소라 할 때는 보통 이 경우를 말한다. 이에 반해 실질적 의미의 취소는 하자 있는 행정행위와 내용적으로 양립될 수 없는 새로운 행정행위를 함으로써 실질적으로 기존의 하자 있는 행정행위의 효력을 소멸시키는 것을 말한다. 우리 실정법과 행정실무에서는 이를 '변경'이라고 표현하는 경우가 많다. 예컨대, 소득세를 300만원에서 200만원으로, 10층의 건축허가를 6층의 건축허가로, 자동차운전면허취소를 3개월 간의 면허정지로 각각 변경하는 것 등이 있다.

4. 쟁송취소와 직권취소

(1) 개념

쟁송취소는 행정행위에 의하여 권익이 침해된 자가 행정심판 또는 행정소송을 제기하여, 행정청 또는 법원이 이를 취소하는 것을 말한다. 이에 반하여 직권취소란 쟁송제기 없이 취소권을 가진 행정청이 직권으로 취소하는 것을 말한다. 쟁송취소와 직권취소는 성립상의 하자로 인하여 행정행위의 효력을 소급하여 소멸시키는 점에서는 공통점이 있지만, 양자는 여러 가지의 점에서 차이점이 있다.

(2) 차이점

1) 취소의 목적

쟁송취소의 목적은 침해당한 국민의 권익구제에 있으나, 직권취소의 목적은 행정의 적법·타당성 회복이라는 행정목적의 실현에 비중을 두고 있다.

2) 취소의 대상

쟁송취소의 대상은 주로 부담적 행위가 되지만, 직권취소의 대상은 주로 수익적 행위가 대상이 된다. 다만, 부담적 행위도 대상이 될 수 있다.

한편, 불가변력이 발생한 행정행위는 국민과 행정청을 동시에 구속하는 효력을 발생한다. 따라서 이에 대하여는 쟁송취소만 가능하다.

3) 취소권의 제한

쟁송취소는 주로 부담적 행위로 인하여 침해된 권익을 구제하는데 목적이 있으므로, 취소사유가 있으면 원칙적으로 취소하여야 한다. 다만, 위법하게 수용된 토지에 공항·항만·발전소 등이 이미 설치된 경우에는 위법한 행위이지만 공공복리를 고려하여 취소하지 않는 대신 적절한 보상 등을 하는 사정재결과 사정판결은 예외이다. 반면, 직권취소는 주로 수익적 행위로 인하여 상대방이 얻고 있는 이익에 대하여 하자가 있음을 이유로 이를 박탈하는 것이다. 따라서 취소로 인하여 상대방이 받을 불이익과 취소함으로써 얻게 되는 공익을 엄격히 비교하여 후자가 크다고 인정될 경우에만 취소할 수 있다는 소위 비례원칙에 의한 조리상의 제한을 받는다.

4) 취소의 행사기간

쟁송취소는 쟁송제기기간의 제한을 받으며 그 기간이 지나면 더 이상 다툴 수 없다(행정심판법 제27조·행정소송법 제20조). 그러나 직권취소에 있어서는 기간상의 제한은 없다. 다만, 상대방의 신뢰보호를 위하여 장기간 취소하지 않고 방치하면 취소권이 상실된다는 실권의 법리에 의한 제한이 있을 뿐이다.

5) 취소의 절차

쟁송취소는 당사자간의 절차의 공정성이 관건이므로 행정심판법·행정소송법이 정한 법정의 절차에 따라 행하여진다. 하지만, 직권취소는 원칙적으로 이러한 제한은 없으나 개별법에서 상대방에게 변명의 기회를 제공하기 위하여 반드시 의견제출과 청문의 절차를 거칠 것을 요구하고 있다. 행정절차법 제27조 이하에서도 이를 의무화하고 있다.

6) 취소의 효력

쟁송취소는 권리구제라는 제도의 취지상 원칙적으로 소급효를 가진다. 그러나 직권취소는 사기·강박 등 상대방에게 귀책사유가 없는 한 소급효가 인정되지 않는다. 직권취소는 대체로 부담적 행정행위에 대하여는 소급효가 적용되고, 수익적 행정행위에는 소급적으로 적용되지 않고 장래에 효력만 가진다고 보아야 할 것이다.

Ⅲ. 취소권자

1. 쟁송취소

행정심판의 경우, 보통 직근상급감독청에 소속된 행정심판위원회가 재결청이 되지만, 예외적으로 제3의 기관이 될 수도 있다. 예컨대, 국세심판원, 공무원소청심사위원회 등이 있다. 행정소송은 제1심으로서 서울지역의 경우는 행정법원이 따로 설치되어 있지만 그 이외의 지역에서는 지방법원의 행정부가 담당한다.

2. 직권취소

직권취소에 있어서 취소권자는 당해 행정행위를 한 처분청이 취소권을 가짐은 물론이다. 그러나 처분청의 감독청도 취소권이 있는가에 관하여는 견해의 대립이 있다. 즉 ① 보통 상급감독청이 행정심판의 취소권을 가지고 있다는 것은 일반적으로 감독청이 취소권이 있음을 전제로 하는 것이며, 감독권의 성질상으로도 당연히 취소권이 있다는 적극설[112]과, ② 감독청이라 할지라도 하급행정청의 권한을 직접 대집행할 수 없는 것이므로 명문의 규정, 예컨대, 각부 장관의 처분에 대한 대통령과 국무총리의 취소권에 관한 정부조직법 제10조 제2항·제15조 제2항 등이 없는 한 불가능하며, 다만 취소할 것을 명령하는 취소명령권이 있을 뿐이라는 소극설[113]이 있다.

생각건대, 취소권은 감독의 목적을 달성하기 위한 효과적인 수단이고, 감독권 속에는 취소정지권도 포함되어 있다고 볼 수 있으므로 적극설의 견해가 타당하다고 본다. 그러나 감독청의 취소권행사에 있어서는 먼저 처분청에 대해 처분의 취소를 명한 후에, 그에 응하지 않을 경우 감독청이 직접 취소하는 것이 바람직하다고 판단된다.[114]

Ⅳ. 취소권의 근거

하자 있는 행정행위의 취소에 대하여 당해 행정행위의 요건과 효과 등을 규율하는 규정

112) 김도창, 일반행정법론(상, 451면; 김동희, 행정법Ⅰ, 347면; 이상규(상), 450면.

113) 김남진, 행정법Ⅰ, 352면; 류지태·박종수(신), 225면; 박윤흔, 행정법강의(상), 441면; 석종현·송동수, 일반행정법(상), 336면.

114) 동지 : 김남진, 행정법Ⅰ, 352면.

이외에 별도로 취소권을 설정하는 명문의 규정이 필요한가에 대하여는 견해의 대립이 있다.

1. 쟁송취소

쟁송취소의 경우는 법률에 의한 행정의 원리에 의하면 위법한 행정행위는 취소되어 마땅하므로 명문의 규정으로 취소권이 별도로 설정되어야 하는 것은 아니다. 다만 행사절차만을 규정한 행정심판법과 행정소송법에 의하여 행사하기만 하면 된다.

2. 직권취소

직권취소는 주로 수익적 행정행위를 대상으로 하기 때문에 개인의 기득권을 보호한다는 차원에서 별도의 명문의 근거를 요한다는 견해(필요설)[115]가 있으나, 다수설은 직권취소는 특별한 법률의 근거를 요하지 않는다고 한다(불요설). 즉 행정행위의 취소는 행정의 법률적 합성을 회복시키기 위하여 흠이 있는 행정행위의 효력을 소멸시키는 행위이기 때문에 법률에 행정행위를 할 수 있는 근거만 있으면 당연히 취소할 수 있는 것이고 별도의 법적근거를 요하지 않는다고 한다. 판례도 행정행위를 한 처분행정청은 그 행위에 하자가 있는 경우에 별도의 법적 근거가 없더라도 스스로 이를 취소할 수 있다고 한다.

> **【판례】:** 취소권은 별도의 법적 근거가 필요 없다.
>
> 행정행위를 한 처분청은 그 행위에 하자가 있는 경우에는 별도의 법적 근거가 없더라도 스스로 이를 취소할 수 있다. 다만, 수익적 행정행위일 때에는 취소하여야 할 공익상의 필요와 취소로 인하여 당사자가 입을 기득권ㆍ신뢰보호ㆍ법적 안정의 침해 등의 불이익을 비교형량한 후 공익상의 필요가 당사자의 불이익을 정당화할 수 있을 만큼 강한 경우에 한하여 취소할 수 있다(대판 1986. 2. 25, 85누664).

Ⅴ. 취소사유

취소의 사유는 무효원인이 되는 중대하고 명백한 하자가 아닌 하자, 즉 단순한 위법 또는 부당이다. 예컨대, ① 상대방의 사기·강박·증뢰 등의 부정수단, ② 미풍양속의 위반, ③ 중요

115) 김철용, 행정행위의 취소, 고시계, 1977. 5, 21면.

한 절차 또는 형식이 아닌 단순한 절차 또는 형식에의 위반, ④ 조리(비례의 원칙·평등의 원칙·신뢰보호의 원칙·부당결부금지의 원칙 등)의 위반, ⑤ 재량권의 일탈·남용, ⑥ 행정행위의 요건의 판단에 있어서 사실관계의 오인 또는 법령해석의 잘못이라는 하자가 있고, 그것이 중대하기는 하지만 외관상 명백하지는 아니한 경우, ⑦ 부당, 즉 재량의 범위 내에서 권한을 행사하였기 때문에 위법은 아니지만, 재량권을 잘못 행사하여 공익에 위배되는 경우 등을 들 수 있다.

【판례】: ① 과세처분에 사실관계를 오인한 하자가 있는 경우에 그 하자가 중대하다고 하더라도 외형상 객관적으로 명백하지 않다면 취소할 수 있음에 불과하며 당연무효라고 볼 수 없다(대판 1987. 12. 8, 87누837).

② 징계권자가 징계처분을 함에 있어서 사실관계를 오인한 하자가 있는 경우에 그 하자가 중대하더라도 외형상 객관적으로 명백하지 않다면 그 징계처분은 취소할 수 있음에 불과하고 당연무효라고 볼 수 없는바, 징계원인사실관계의 오인이 잘못된 징계자료에 기인한 경우에 그 징계자료가 외형상 상태성을 결여하고 객관적으로 그 성립이나 내용의 진정을 인정할 수 없는 것임이 명백한 경우가 아닌 한 그 징계자료에 기인한 사실관계의 오인을 외형상 객관적으로 명백한 하자라고 보기는 어려울 것이다"(대판 1990. 11. 27, 90누5580).

③ 부산직할시장의 행정지시에 의하여 토지의 사용이 금지된 경우에도 토지초과이득세법(8③)에 의한 과세대상인 유휴토지에서 제외된다고 해석하여야 함에도 불구하고 토초세를 부과한 것은 법령해석을 잘못한 중대한 하자가 있다고 하더라도, 이러한 하자가 외관상 명백한 것이라고는 볼 수 없으므로 당연무효의 처분이라고 볼 수는 없다(대판 1993. 12. 24, 93다36875).

Ⅵ. 취소권의 제한

1. 쟁송취소

쟁송취소의 대상은 주로 부담적 행정행위가 되기 때문에 상대방의 신뢰 또는 기득권보호 등을 이유로 한 취소권의 제한이론이 작용할 여지가 없다고 할 것이다. 다만, 행정심판법 제44조 및 행정소송법 제28조가 당해 행정행위가 위법하더라도 취소하는 것이 '현저히 공공복리에 적합하지 아니하다고 인정하는 때'에는 취소하지 않는 대신에 손해배상 등의 적절한 구제를 명하도록 하는 사정재결 또는 사정판결을 인정하고 있는 것이 유일한 취소권의 제한사유가 된다 할 것이다.

2. 직권취소

(1) 비례원칙에 의한 제한

직권취소의 대상은 주로 수익적 행정행위가 되기 때문에 항상 상대방의 기득권이 침해되는 결과를 초래한다. 과거에는 엄격한 법치주의 또는 법률에 의한 행정의 원리에 충실하여 위법한 행정행위는 당연히 취소되어야 하므로 취소자유의 원칙이 적용되어 왔다. 그러나 1950년대 후반이후 독일의 학설 및 판례가 행정의 법률적합성을 확보함으로써 달성하고자 하는 공익 못지않게 상대방의 법적 안정성과 신뢰보호의 원리를 중시하게 되었다. 이에 따라 취소도 공익이 사익보다 훨씬 크다고 인정될 경우에만 허용함으로써 비례원칙에 의한 취소권의 제한이론이 널리 인정하게 되었다.

【판례】: ① 비례원칙에 위반되어 위법

옥외광고물등관리법상의 광고물설치허가요건인 광고물의 규격·표시방법에 위반한 광고물임에도 불구하고 일단 설치허가를 한 후에 허가의 위법을 이유로 취소한 사건에 있어, 허가·면허·인가·특허 등 수익적 행정처분을 취소·중지시키는 경우에는 취소 등의 사유가 있더라도 상대방의 기득권 침해를 정당화할 만한 중대한 공익 또는 제3자의 이익 보호의 필요가 있는 때에 한하며, 공익상의 필요보다 상대방이 받게 되는 불이익이 막대한 경우에는 재량권의 한계를 일탈한 것으로서 위법을 면치 못한다고 판시하였다(대판 1993. 5. 27, 93누2803).

② 비례원칙에 위반되지 아니하는 경우

허가 없이 영업소를 이전하여 영업하는 행위나 무단으로 건축물의 용도를 변경하여 영업하는 행위를 방지하여야 할 공익상의 필요가 양도인의 일반유흥업 영업허가를 적법한 것으로 믿고 이를 양수하여 영업자지위승계신고를 마친 양수인의 신뢰이익이나 취소처분으로 인하여 양수인이 입게 될 불이익보다 훨씬 큰 경우에 해당하여 행정청의 영업허가취소처분에 재량권 일탈의 위법이 없다(대판 1994. 10. 11, 93누22678).

(2) 실권의 법리

행정관청에 취소권이 인정된 경우에도 행정행위의 위법상태를 장기간 방치함으로써 상대방이 당해 행위의 존속을 신뢰하게 된 경우에는 신뢰보호의 원칙상 실권의 법리에 따라 취소할 수 없다고 할 것이다.

【판례】: 실권 또는 실효의 법리는 법의 일반원리인 신의성실의 원칙에 바탕을 둔 파생원칙인 것이므로 공법관계 가운데 관리관계는 물론이고 권력관계에도 적용되어야 함을 배제할 수는 없다 하겠으나 그것은 본래 권리행사의 기회가 있음에도 불구하고 권리자가 장기간에 걸쳐 그의 권리를 행사하지 아니하였기 때문에 의무자인 상대방은 이미 그의 권리를 행사하지 아니할 것으로 믿을 만한 정당한 사유가 있게 되거나 행사하지 아니할 것으로 추인케 할 경우에 새삼스럽게 그 권리를 행사하는 것이 신의성실의 원칙에 반하는 결과가 될 때 그 권리행사를 허용하지 않는 것을 의미한다(대판 1988. 4. 27, 87누915).

(3) 불가변력이 있는 행정행위

예컨대, 국가시험의 합격자 결정, 행정심판에 대한 재결 등과 같은 준법률행위적 행정행위인 확인행위는 불가변력이 발생한다. 따라서 상대방이 쟁송을 제기하지 아니하는 한 직권으로 취소할 수 없다.

(4) 포괄적 법률관계 설정행위

귀화허가·공무원임명행위 등과 같은 포괄적 법률관계 설정행위는 이로 인하여 수많은 법률관계가 새로이 형성·발전되므로 법적 안정성의 견지에서 자유로이 취소할 수 없다.

(5) 사인의 법률행위의 효력을 완성시켜 주는 행위

인가와 같이 사법상의 법률행위의 효력을 완성시켜 주는 행위는 이로 인하여 수많은 법률관계가 형성·발전되므로 역시 법적 안정성의 견지에서 취소가 제한된다.

(6) 복효적 행정행위

복효적 행정행위를 취소하게 되면 제3자에게도 불이익이 될 수 있으므로, 이를 취소할 경우에는 제3자의 이익도 함께 고려하여 결정하여야 할 것이다.

Ⅶ. 취소의 절차

1. 쟁송취소

쟁송취소의 절차는 행정심판법과 행정소송법에 규정된 절차에 따라야 한다. 행정법의 내용 중 행정구제법 편의 대부분은 이에 관한 내용에 해당된다.

2. 직권취소

직권취소에 관한 일반적인 절차적 규정은 없다. 그러나 각 개별법률에서 청문절차 등에 의하여 의견진술의 기회를 부여하도록 규정함으로써 상대방의 권익보호를 도모하고 있다. 행정절차법 제22조[116]는 부담적 행위를 할 경우에는 사전에 서면 또는 구술에 의한 의견제출의 기회부여를 규정하고 있으며, 다른 법령에서 청문을 실시하도록 규정하고 있거나 행정청이 필요하다고 인정하는 경우에는 청문 또는 공청회까지 실시하도록 하고 있다.

Ⅷ. 취소의 효과

1. 쟁송취소

부담적 행정행위가 쟁송취소의 대상이 되며, 공익과 사익간의 이익형량의 필요성이 인정되지 않는다. 따라서 원칙적으로 당해 행정행위가 있었던 때에 소급하여 효력이 발생된다. 그러므로 처음부터 아무런 행정행위가 없었던 것과 같은 상태로 되는 효과를 가진다.

---

116) 제22조(의견청취) ① 행정청이 처분을 할 때 다음 각 호의 어느 하나에 해당하는 경우에는 청문을 한다. 〈개정 2014.1.28〉
1. 다른 법령등에서 청문을 하도록 규정하고 있는 경우
2. 행정청이 필요하다고 인정하는 경우
3. 다음 각 목의 처분 시 제21조제1항제6호에 따른 의견제출기한 내에 당사자등의 신청이 있는 경우
가. 인허가 등의 취소
나. 신분ㆍ자격의 박탈
다. 법인이나 조합 등의 설립허가의 취소
② 행정청이 처분을 할 때 다음 각 호의 어느 하나에 해당하는 경우에는 공청회를 개최한다.
1. 다른 법령등에서 공청회를 개최하도록 규정하고 있는 경우
2. 해당 처분의 영향이 광범위하여 널리 의견을 수렴할 필요가 있다고 행정청이 인정하는 경우
③ 행정청이 당사자에게 의무를 부과하거나 권익을 제한하는 처분을 할 때 제1항 또는 제2항의 경우 외에는 당사자등에게 의견제출의 기회를 주어야 한다.

2. 직권취소

종래의 통설은 직권취소도 쟁송취소와 마찬가지로 취소의 효과의 소급효를 인정하였다. 그러나 최근의 다수설은 이른바 하자효과의 개별화이론에 의하여 구체적인 관계이익을 비교형량하여 소급여부를 결정하여야 한다고 한다. 따라서 취소의 효과는 명문의 규정이 없는 한 다음과 같이 경우를 나누어 구체적 타당성이 있도록 결정하여야 할 것이다.

즉 ① 취소의 원인이 당사자의 귀책사유로 인한 때에는 상대방의 신뢰를 보호할 필요가 없고 취소의 효과는 소급한다. 그리고 이미 완결된 법률관계 또는 법률사실을 제거하지 않으면 취소의 목적을 달성할 수 없는 경우에도 취소의 효과가 소급한다. ② 취소의 효과를 소급시킴으로써 당사자의 기득권이나 신뢰보호를 침해하는 경우에는 취소의 효력은 장래에 향해서만 효력을 발생한다. ③ 행정행위가 철회·취소·기타 사유로 효력이 없게 된 경우, 행정청은 이미 상대방에게 지급한 급부와 물건·문서(허가증 등) 등의 반환을 요구할 수 있는 입법례가 있다(독일 행정절차법 제48조 2항). 우리의 경우 명문규정은 없으나 반환을 요구할 수 있다고 본다. ④ 수익적 행정행위가 상대방의 귀책사유에 기인하지 않는 하자로 인하여 취소되는 경우에 그로 인한 상대방의 재산상의 손실을 보상하여야 하는 문제가 있는 바, 독일 행정절차법은 당사자가 그 수익적 행정행위의 존속을 신뢰하였고 그 신뢰가 공익과 비교형량하여 보호할 가치가 있는 경우에는 당사자의 신청이 있으면 당해 손실을 보상하도록 하였다(제48조 3항). 비록 행정행위가 위법·부당하더라도 상대방의 귀책사유에 의한 것이 아니고 공익을 이유로 취소하는 경우에는, 그로 인한 손실은 보상하여야 할 것이다. 따라서 우리의 경우도 이에 해당한 때에는 관계법률에서 보상규정을 두어야 할 것이다(헌법 제23조 3항 참조).[117]

【판례】: 행정처분이 취소되면 소급효과가 발생

행정처분이 취소되면 그 소급효에 의하여 처음부터 그 처분이 없었던 것과 같은 효과가 발생하게 되는바, 행정청이 의료법인의 이사에 대한 이사취임승인취소처분(제1처분)을 직권으로 취소(제2처분)한 경우에는 그로 인하여 이사가 소급하여 이사로서의 지위를 회복하게 되고, 그 결과 제1처분과 제2처분 사이에 법원에 의하여 선임결정된 임시이사들의 지위는 법원의 해임결정이 없더라도 당연히 소멸한다(대판 1997. 1. 21, 96누3401).

117) 박윤흔, 행정법강의(상), 447면 ; 1987년의 행정절차법안은 제31조 3항에서 「행정처분을 취소한 경우에 당해 행정청은 청구가 있으면 당사자 등이 받은 재산상의 손실에 대하여 원상회복, 손실보상 기타 필요한 조치를 하여야 한다」라고 규정했었다.

Ⅸ. 취소의 취소

1. 의의

행정행위를 취소하면 효력이 상실되기 때문에, 취소처분을 다시 취소하면 원래의 행정행위가 자동으로 되살아나는가의 문제가 있다. 예를 들면, 영업허가·건축허가 등이 취소되면 그 효력이 상실되어 허가 없는 상태로 되는데, 영업허가취소처분을 다시 취소하면 원행정행위인 영업허가의 효과가 다시 회복되는가이다.

2. 쟁송취소

행정심판 또는 행정소송으로 행정행위가 취소되면 확정력(불가변력)이 발생하기 때문에 그 취소처분의 하자를 이유로 다시 취소하지 못한다.

3. 직권취소

(1) 취소에 무효원인이 있을 때

취소처분에 중대하고 명백한 하자가 있을 경우에는 그 취소처분은 당연무효가 되고, 처음부터 취소하지 않았던 것과 같은 효과가 발생된다. 당사자는 무효선언으로서의 취소소송이나 무효확인소송을 제기할 수 있을 것이고, 행정청도 직권으로 무효선언으로서의 취소 또는 무효확인이 가능하다.

(2) 취소에 취소원인이 있을 때

1) 부정설[118)]

이는 종래의 통설로서, 취소처분은 그에 대하여 법령에서 명문으로 행정심판이나 행정소송의 제기를 허용하는 경우를 제외하고는 행정행위의 효력을 확정적으로 소멸시키는 것이다. 따라서 취소처분을 다시 취소한다 하더라도 원행정행위의 효력을 다시 소생시킬 수 없으며 단지 원행정행위와 같은 내용의 새로운 행정행위를 할 수밖에 없다는 견해이다.

118) 한태연·정희채, 행정법학(상), 216면.

2) 긍정설[119)]

이는 오늘날의 일반적 견해로서, 취소처분도 역시 성질상 행정행위의 일종이므로 그에 대한 하자가 있으면 행정행위의 하자에 관한 일반원칙에 따라 취소할 수 있으며, 취소에 의하여 원행정행위의 효력이 다시 부활되기 때문에 별도의 행정행위를 할 필요가 없다고 한다. 타당한 학설이라 생각된다. 판례는 부정설을 취하기도 하고 긍정설을 취하기도 하고 그 태도는 일정치 않다.

제11절　행정행위의 철회

Ⅰ. 개설

1. 의의

행정행위의 철회라 함은 성립 당시에는 아무런 하자 없이 유효하게 성립한 행정행위에 대하여, 사후에 발생한 새로운 사정으로 말미암아 더 이상 그 효력을 존속시킬 수 없게 된 경우에, 장래에 향하여 그 효력을 상실시키는 별개의 독립된 행정행위를 말한다. 철회의 개념은 실정법상으로는 취소로 표현하는 경우가 대부분이며, 폐지라고도 한다.

한편, 철회는 침해적 행정행위에 대해서는 원칙적으로 가능하지만 수익적 행정행위와 복효적 행정행위에 있어서는 상대방과 제3자의 이익에 대한 침해적 효과가 발생하기 때문에 신뢰보호의 원칙과 비례의 원칙에 의한 제한을 받는다.

2. 취소와의 구별

(1) 공통점

철회와 취소는 ① 유효하게 성립된 행정행위의 효력을 상실시키는 점, ② 별개의 독립된 행정행위라는 점, ③ 실정법상의 용어로서는 종종 취소라는 용어로 혼용되고 있다는 점에서 공통점을 가진다.

---

119) 김남진, 행정법Ⅰ, 358면; 김도창, 일반행정법론(상 500면; 박윤흔, 행정법강의(상), 447면; 이상규(상) 402면.

(2) 차이점

철회와 취소의 차이점으로는 ① 권한에 있어서, 취소는 처분청·감독청 및 법원이 할 수 있지만, 철회는 처분청만이 할 수 있고,[120] ② 원인에 있어서, 취소는 행정행위에 처음부터 하자가 존재하였던 것을 원인으로 하는데, 철회는 하자 없이 성립한 행정행위에 대하여 사후에 발생한 새로운 사정을 원인으로 하는 것이며, ③ 효과에 있어서, 취소는 처음부터 소급하여 효력을 상실하게 하는 소급효가 있으나, 철회는 장래에 향하여서만 효력이 상실된다.

그러나 최근 직권취소에 있어서도 감독청은 취소권이 없다는 견해가 있으며, 원인에 있어서 시원적인 것과 후발적인 것의 구분은 상대적이며 입법정책에 따라 법으로 규정하기 나름이라는 점, 취소의 효과도 개별화 이론에 따라 소급효 여부를 결정하여야 한다는 점 등을 들어 양자의 구별의 상대화를 주장하는 견해가 대두되고 있다.[121]

Ⅱ. 철회권자

행정행위의 철회는 처분청만이 할 수 있으며, 감독청은 법률에 특별한 규정이 있는 경우에 한하여 철회권을 가진다. 처분청만이 철회권을 갖는 이유는, ① 철회는 그 성질상 원래의 행정행위와 동일한 새로운 행정행위를 하는 것이라는 점, ② 감독권은 피감독청에 대하여 잘못을 시정하기 위하여 발해짐이 보통이며, ③ 감독청은 법률에 특별한 규정이 없는 한, 원칙적으로 피감독청의 권한에 대한 대집행의 권한이 없다는 점 등이다.

Ⅲ. 철회사유

1. 상대방의 유책행위에 대한 제재

(1) 의의

대부분의 법령에는 "이 법 또는 이 법에 의한 명령이나 이에 의거한 처분에 위반한 때에는 … 등의 정지 또는 취소를 할 수 있다"는 규정을 두고 있다. 상대방의 유책행위에 대한 제재란 예컨대, 유흥음식점영업자의 퇴폐영업, 각종 운수업자의 잦은 사고발생, 부동산중개업자의 법정중개수수료 초과수령행위, 의사의 진료거부행위, 자동차운전면허소지자의 도로교통법규위반행위 등에 대하여 상대방의 유책행위로 말미암아 더 이상 인·허가 등의 효력

---

120) 철회는 사후에 발생된 새로운 사정으로 인하여 원처분의 효력을 더 이상 존속시킬 수 없다고 판단되는 경우에 행하는 것이므로, 새로운 처분을 하는 것과 같기 때문에 처분청만이 할 수 있다.

121) 박윤흔, 행정법강의(상), 450면; 석종현·송동수, 일반행정법(상), 343면.

을 지속하는 것이 질서유지 또는 공공복리에 중대한 위해를 초래할 우려가 있음을 이유로 장래에 향하여 그 효력을 소멸시키는 것을 말한다.

(2) 기능

행정행위의 철회는 상대방을 강제하여 행정법상의 각종 의무(작위의무·부작위 위무 등)의 이행을 확보하는 수단으로서의 기능을 하므로 거의 모든 행정법규에서 도입하고 있다. 그러나 ① 국가가 국민의 생업을 잃게 한다는 윤리적 차원에서의 한계와 버스운수사업·가스사업 등의 허가취소와 같이 이용자인 일반국민의 일상생활에 당장 큰 지장을 초래하게 되는 집행상의 한계가 있다. 또한 ② 철회·정지의 기준이 법 또는 명령의 위반 등으로 너무나 포괄적·추상적으로만 규정되어 재량권이 너무 광범위하게 부여되어 있기 때문에 국민의 권익 침해의 우려가 많다는 점 등이 지적되고 있다.

> **【판례】:** 부담부행정행위에 있어서 처분의 상대방이 부담을 이행하지 아니한 경우에 처분행정청으로서는 이를 당해 처분을 취소(철회)할 수 있는 것이다(대판 1989. 10. 24, 86누2431).

2. 사정변경

사정변경이란 행정행위의 성립당시 그 기초가 된 사정이 그 후 사실관계나 근거법령이 변경되어 당사자가 예견할 수 없는 중대한 사정변경으로 인하여, 현재 변경된 사실관계와 법령 아래에서 전에 행한 행정행위를 행한다면 당연히 위법이 되는 경우를 말한다. 따라서 당초의 행정행위의 기초가 된 사실관계나 근거법령에 따른 행정행위에 대한 철회가능성이 문제된다. 예컨대, 주점영업허가를 한 후에 그 인근에 학교가 세워진 경우 또는 주택가에 호텔신축허가를 한 후에 주민들의 반대에 봉착한 경우이다. 이 경우 그 성립 당시에는 문제되지 않던 것이 그 후의 변경된 법적·사실적 관계에 의하여 철회하게 되는 경우이다. 이러한 사정변경에 의한 수익적 행정행위의 철회는 그 상대방의 귀책사유에 기인한 것이 아니므로 손실보상의 문제가 발생한다.

> **【판례】:** 처분청이 처분 후에 원래의 처분을 그대로 존속시킬 필요가 없게 된 사정변경이 생겼거나 중대한 공익상의 필요가 발생한 경우에는 별도의 법적 근거가 없어도 별개의 행정행위로 이를 철회·변경할 수 있다(대판 1997. 9. 12, 96누6219).

(1) 사실관계의 변경

귀화허가, 공무원임명행위 등과 같이 행정행위 중에는 사실관계의 변경에 의하여 그의 효력에 영향을 받지 않는 것이 있다. 반면, 생활보호결정 등과 같은 경우에는 사실관계의 변경에 의하여 당연히 철회되어야 할 것이 있다. 특히 인·허가 등을 받을 당시에는 법령상의 요건에 합당하였으나 그 후에 인·허가 등의 요건규정(자본금·시설규모·종업원의 수 등)에 미달하게 되었다고 해서 바로 철회할 수 있는 것은 아니다.

인·허가 등을 신규로 발급할 경우와 이미 인·허가를 받아 적법하게 영업하고 있는 경우를 동일시 할 수는 없다. 따라서 적어도 행정지도나 시설개선명령 등에 의하여 스스로 보정할 기회를 부여한 후에 이에 불응할 경우에 한하여 철회할 수 있으며, 나아가 다른 철회의 경우와 마찬가지로 신뢰보호의 원칙과 비례원칙에 의하여도 철회권의 행사가 제한된다고 하겠다.

(2) 근거법령의 변경

근거법령의 개폐에 따른 수익적 행정행위의 요건의 변경은 원칙적으로 소급하여 적용되지 않으므로 기존의 행정행위가 곧바로 철회되지 않는다. 다만, 법령이 행정행위를 발한 후 개정되었고, 그 결과 그 행정행위가 철회되지 않으면 공익을 해칠 우려가 되는 경우에는 철회할 수도 있다. 이 경우에는 그 법령에 경과조치를 두어 입법적으로 해결하는 것이 바람직하다.

3. 철회권의 유보

행정행위에 '일정한 사유가 발생하면 철회할 수 있다'는 내용의 부관이 유보된 경우, 그 유보된 일정한 철회사유가 발생하면 행정행위를 철회할 수 있다. 그러나 이 경우에도 그 내용의 타당성은 물론, 구체적 사정에 비추어 그 행사로 인하여 상대방의 권익에 대한 부당한 침해여부, 신뢰보호와 법적 안정성의 견지에서 공익과 사익간의 이익형량은 행해져야 한다.

> **【판례】:** 피고가 원고에 대해 주류판매업면허를 함에 있어서 조건부면허를 한 것은 행정행위의 부관 중 취소권(철회권)의 유보로서, 그 취소사유는 법령에 규정이 있는 경우가 아니라고 하더라도, 의무위반 또는 중대한 공익상의 필요가 발생한 경우 등에는 당해 행정행위를 한 행정청은 그 행정처분을 취소할 수 있다(대판 1984. 11. 13, 84누269).

4. 보다 우월한 공익상의 필요

도로·하천·공원 등의 점용허가, 어업·광업·산림개간 등의 허가를 한 후에, 댐·폐기물처리장·원자력발전소의 건설 등 보다 우월한 공익상의 필요가 있는 경우에는 철회가 인정되어야 할 것이다. 이러한 경우는 상대방의 유책행위가 없음에도 불구하고 철회하는 것이므로 일종의 권리수용으로 보아 손실보상을 하여야 한다.

> **【판례】:** 행정행위의 발령 후에 이를 취소(철회)할 별도의 법적 근거가 없다 하더라도 … 공익상의 필요가 발생한 경우에는 그 효력을 상실케 하는 별개의 행정행위로 이를 취소(철회)할 수 있는 것이다(대판 1995. 2. 28, 94누7713 ; 1995. 5. 26, 94누8266).

Ⅳ. 철회권의 근거

행정행위의 철회사유가 존재하는 경우 법률의 근거를 요하는가 하는 문제에 대하여 부담적 행정행위의 철회는 상대방에게 이익을 부여하는 것이므로 법적 근거를 요하지 않음이 원칙이나, 수익적 행정행위의 철회에 대하여는 근거 불요설(소극설)과 근거 필요설(적극설)이 대립되어 있다.

1. 철회자유설(근거 불요설)

철회자유설은 철회권의 유보, 상대방의 귀책사유, 사정변경 등을 이유로 한 철회는 상대방의 신뢰보호의 가치가 없으며, 더 큰 공익을 위한 경우는 신뢰보호에는 문제가 있지만 손실보상으로 보전된다는 점 등을 이유로, 철회사유에 해당하면 법률상 철회권을 인정하는 명문의 규정이 없더라도 철회할 수 있다는 견해이다. 종래의 통설[122]·판례의 견해이다.

122) 김도창, 일반행정법론(상, 504면; 김동희, 행정법Ⅰ, 355면; 박윤흔, 행정법강의(상), 454면.

【판례】: ① 유류판매업면허를 함에 있어서 조건부면허를 한 것은 행정행위의 부관 중 철회권의 유보에 해당하며, 철회는 법령에 규정이 없더라도 의무위반이 있는 경우, 사전변경이 있는 경우, 철회권이 유보된 경우, 또는 중대한 공익상의 필요가 발생한 경우 등에는 당해 행정행위를 한 행정청이 그 행정처분을 철회할 수 있다(대판 1984. 11. 13, 84누269).

② 처분 당시에 그 행정처분에 별다른 하자가 없었고 또 그 처분 후에 이를 취소할 별도의 법적 근거가 없다 하더라도 원래의 처분을 그대로 존속시킬 필요가 없게 된 사정변경이 생겼거나 또는 중대한 공익상의 필요가 발생한 경우에는 별개의 행정행위로 이를 철회하거나 변경할 수 있다고 보아야 할 것이다(대판 1992. 1. 17, 91누3130).

2. 철회부자유설(근거 필요설)

이 견해는 행정행위의 철회에도 법률유보원칙이 적용되어야 한다는 견해이다. 이 학설의 논거는 ① 법치주의의 원리와 헌법상의 기본권보장의 뜻에 비추어 볼 때 법령의 근거없이 단순히 공익상의 필요만을 이유로 행정행위를 할 수 없는 것과 같이 새로운 행정행위인 행정행위의 철회 역시 법령의 근거를 요한다는 점, ② 수익적 행정행위의 철회는 결과적으로 국민의 기본권의 행사를 침해하는 면을 가지기 때문에 적어도 공익상의 필요를 이유로 하는 수익처분의 철회는 국민의 권리·자유의 사회적 구속성, 기타 헌법상의 국민의 기본권보장의 한계규정에 합치되는 내용의 법률의 수권을 필요로 한다는 점 등이다.

3. 결어

이상의 견해 대립은 행정목적의 정확과 신속한 달성을 위한 행정청의 자유로운 공익판단을 중시할 것인가, 아니면 민주적 통제를 위한 법치주의의 원리를 중시할 것인가에 관한 것이라 할 수 있다. 행정행위의 철회는 행정행위에 의하여 형성된 법률관계를 일방적으로 소멸시키는 것이므로 수익적 행정행위의 철회는 원칙적으로 별도의 법적 근거를 필요로 한다. 다만 다양한 행정행위의 개별적·구체적 검토를 통하여 공익적합성과 조화를 이루어 나가는 범위 내에서 그 예외를 인정할 필요가 있다고 본다.

Ⅴ. 철회권의 제한

1. 비례원칙에 의한 제한

취소권의 제한에서와 같이 수익적 행정행위를 철회권의 행사에 있어서도 철회하여 달성하고자 하는 공익상의 필요와 철회로 인하여 상대방이 받는 불이익을 비교하여 전자가 후자보다 월등한 경우에만 철회할 수 있다. 다만, 부담적 행정행위에 관하여는 철회를 통하여 불이익을 제거하는 것이므로 이러한 제한은 적용되지 아니한다.

2. 기타의 경우

(1) 포괄적 법률관계 설정행위

귀화 또는 공무원으로 임명될 경우 이를 기초로 하여 수많은 법률관계가 형성된다. 따라서 귀화허가 또는 공무원임명행위 등과 같이 포괄적 법률관계를 설정하는 행위에 대한 철회권의 행사는 제한된다고 할 것이다.

(2) 불가변력이 있는 행위

행정심판의 재결이나 확인행위 등은 불가변력이 발생한다. 따라서 불가변력이 있는 행정행위에는 철회가 제한된다.

(3) 복효적 행정행위

복효적 행정행위의 철회는 공익과 상대방뿐만 아니라 제3자에게도 불이익을 받게 되므로, 이러한 경우에는 제3자가 받는 불이익까지 함께 고려하여야 하는 제한을 받게 된다.

(4) 실권의 법리

철회의 원인이 있더라도 장기간 이를 방치하면 상대방의 신뢰보호에 의한 실권의 법리가 적용되어 더 이상 철회할 수 없다고 할 것이다.

【판례】: ① 비례원칙에 의한 철회권의 제한

개인택시 운송사업자가 질병 때문에 부득이 2번째의 대리운전을 한 것을 이유로 첫 번째의 운행정지처분에 이어 운송사업면허취소처분을 한 것은 공익상의 필요보다 그 가족의 유일한 생계수단의 박탈로 원고가 입게 될 불이익이 너무 커서 재량권의 한계를 일탈한 것이다(대판 1990. 11. 23, 90누5416).

② 신뢰보호의 원칙에 의한 철회권의 제한

운전면허 취소사유에 해당하는 음주운전을 적발한 경찰관의 소속 경찰서장이 사무착오로 위반자에게 운전면허정지처분을 한 상태에서 다시 위반자의 주소지 관할 지방경찰청장이 위반자에게 운전면허취소처분을 한 것은 선행처분에 대한 당사자의 신뢰 및 법적 안정성을 크게 저해하는 것이 되어 허용될 수 없다(대판, 2000. 2. 25, 99두10520).

③ 3년 간 철회권을 행사하지 아니함은 실권의 법리에 해당

운전면허정지기간 중에 운전을 하여 면허취소(철회에 해당) 사유에 해당하더라도 3년이나 지난 후에 면허를 취소한 것은 원고가 별다른 행정조치가 없을 것이라고 믿는 신뢰의 이익과 법적 안정성을 빼앗는 것이 되어 가혹하다 할 것이고, 취소하여야 할 공익상의 목적만으로는 원고가 입게 될 불이익에 견줄 바 못된다(대판 1987. 9. 8, 87누373).

④ 1년 10개월 간 철회권을 행사하지 않았더라도 철회할 수 있다

택시운송사업자가 중대한 교통사고로 많은 사상자를 발생케 하면 자동차운수사업법(31①(5))에 의거 운송사업면허가 취소될 가능성을 예상할 수 있었을 터이니, 1년 10개월 동안 별다른 행정조치가 없었다고 신뢰의 이익을 주장할 수는 없으며 또한 재량권의 범위를 일탈한 것으로 보기는 어렵다(대판 1989. 6. 27, 83누6283).

Ⅵ. 철회의 절차

철회의 절차에 관한 통칙적 규정은 없으며, 각 개별법에서 상대방에게 의견진술의 기회를 부여하고 있을 뿐이다(하천법 제81조 등). 행정절차법 제22조는 취소에서와 마찬가지로 서면 또는 구술에 의한 의견제출의 기회부여를 의무화하고 있다. 또한 다른 법령에서 청문을 실시하도록 규정하고 있거나 행정청이 필요하다고 인정하는 경우에는 청문 또는 공청회까지 실시하도록 하고 있다.

Ⅶ. 철회의 효과

1. 장래의 효력소멸

행정행위를 철회하게 되면 철회된 때로부터 장래에 향하여 행정행위의 효력이 소멸되는 것이 원칙이다. 그러나 부수적 효과로서 원상회복 또는 개수명령 등이 있을 수 있다.

한편, 철회에 대해서도 소급효를 인정하려는 견해도 있으나,[123] 철회는 위법성에 기인하는 것이 아니고 공공의 이익 등과 관련되어 발생하는 것이므로 그 소급효를 인정하는 것은 타당하지 않다고 본다.

2. 손실보상의 문제

상대방의 귀책사유에 의하는 경우를 제외하고는 수익적 행정행위의 철회로 인한 손실은 보상함이 원칙이다. '공익사업을 위한 토지 등의 취득 및 보상에 관한 법률'에서는 토지수용의 대상인 공공사업(예, 댐·폐기물처리장·공업단지 건설 등)의 시행을 위하여 당해 토지수용지구 안에서 이미 행하여진 각종 인·허가, 특허, 등록, 신고 등의 행정행위를 철회하게 되는 경우에는 손실보상을 하도록 규정하고 있다. 예컨대, 각종 영업의 폐지시 2년 또는 3년 분에 해당하는 영업순이익을 보상하는 경우 등이다.

Ⅷ. 철회의 취소

① 철회행위의 하자가 중대하고 명백한 것이면 당연히 무효이고, 따라서 철회가 없는 상태이므로 당초 행정행위의 효력이 당연히 지속된다. 이 경우 무효선언으로서의 철회의 취소를 구하거나 철회의 무효확인을 구할 수도 있다.

② 철회행위의 하자가 단순히 취소할 수 있는 하자에 불과한 경우에는 철회를 취소하더라도 이미 소멸된 행정행위의 효과를 부활시킬 수 없다는 견해가 있다.[124] 그러나 철회행위도 일종의 행정행위이므로 취소의 취소와 같이 행정행위의 하자에 관한 일반이론에 따라 취소할 수 있으며, 이 경우 당초의 행정행위의 효과는 소급하여 부활된다고 하겠다.[125]

---

123) 김동희, 행정법Ⅰ, 359면.

124) 윤세창(상), 206면.

125) 김도창, 일반행정법론(상, 332면; 김동희, 행정법Ⅰ, 360면; 박윤흔, 행정법강의(상), 459면; 이상규(상), 463면.

제12절 행정행위의 실효

Ⅰ. 의의

행정행위의 실효란 아무런 하자(흠) 없이 성립·발효한 행정행위가 그 목적의 달성 등 사후에 발생한 일정한 사유로 말미암아 그 효력이 소멸되는 것을 말한다. 즉 실효는 ① 일단 적법하게 발생된 효력이 실효사유에 의하여 소멸되고, ② 하자와는 전혀 관계가 없으며, ③ 실효사유가 발생한 때로부터 장래에 향하여 효력이 소멸된다.

Ⅱ. 행정행위의 무효·부존재·취소·철회와의 구별

1. 무효와의 구별

행정행위의 무효는 그 성립당시 중대하고 명백한 하자로 인하여 행정행위가 처음부터 아무런 효과를 발생하지 않는 것인데, 실효는 아무런 하자 없이 성립하여 효력이 발생하였으나, 사후에 새로이 발생한 사유로 인하여 그 때부터 장래에 향하여 효력이 소멸되는 것이다.

2. 부존재와의 구별

행정행위의 부존재는 처음부터 행정행위라 할 수 있는 외관조차 갖추지 못하여 외관상 명백히 행정행위로 볼 수 없는 행위를 말하며, 실효는 완전하게 성립·발효하였다가 행정행위의 원래 기능을 유지하고 난 후에 발생한 사유로 인하여 효력이 상실되는 것이다.

3. 취소와의 구별

행정행위의 취소는 그 성립상의 경미한 하자로 인하여 처음부터 소급하여 효력을 소멸케 하는 행정행위이지만, 실효는 성립상의 하자가 아닌 사후에 발생한 사유로 인하여 별도의 행정행위 없이 장래에 향하여 효력이 상실되는 것이다.

4. 철회와의 구별

행정행위의 철회와 실효는 성립 후에 발생한 새로운 사유를 원인으로 하여 장래에 향하여 효력이 소멸된다는 점에서는 공통점이 있다. 그러나 실효는 철회와 달리 별도의 행위 없이 당연히 효력이 상실된다는 점에서 구별된다.

Ⅲ. 실효사유

행정행위의 실효사유로는 ① 행정행위의 목적물의 소멸, ② 상대방의 사망, ③ 행정행위의 목적달성, ④ 행정행위의 부관인 해제조건의 성취 또는 종기의 도래 등을 들 수 있다.

(1) 행정행위의 대상의 소멸

행정행위는 그 대상이 되는 사람의 사망, 목적물의 소멸로 인하여 당연히 실효된다. 예컨대, 대상이 소멸된 경우로는 징발대상·철거대상 건축물이 화재로 소실되어 버린 경우 등이 있으며, 사람의 사망의 경우로는 운전면허·의사면허·총포소지허가 등 대인적 행정행위의 경우 등이 있다.

판례는 신청에 의한 허가영업을 자진 폐업한 경우에도 허가는 실효된다고 보고 있으며, 대물적 행정행위에 있어서 물적 시설을 철거하는 것은 대상의 소멸로서 실효의 사유가 된다고 보고 있다.

【판례】: ① 청량음료제조업허가는 신청에 의한 처분이고, 이와 같이 신청에 의한 허가처분을 받은 원고가 그 영업을 폐업한 경우에는 그 영업허가는 당연 실효되고, 이런 경우 허가 행정청의 허가취소처분은 허가의 실효됨을 확인하는 것에 불과하므로 원고는 그 허가취소처분의 취소를 구할 소의 이익이 없다고 할 것이다(대판 1981. 7. 14, 80누593).

② 「(구)유기장업법(1981. 4. 13 법률 제3441호로 개정되기 전의 것)상 유기장의 영업허가는 대물적 허가로서 영업장소의 소재지와 유기시설 등이 영업허가의 요소를 이루는 것이므로, 영업장소에 설치되어 있던 유기시설이 모두 철거되어 허가를 받은 영업상의 기능을 더 이상 수행할 수 없게 된 경우에는 이미 당초의 영업허가는 허가의 대상이 멸실된 경우와 마찬가지로 그 효력이 당연히 소멸되는 것이고, 또 유기장의 영업허가는 신청에 의하여 행하여지는 처분으로서 허가를 받은 자가 영업을 폐업할 경우에는 그 효력이 당연히 소멸되는 것이니, 이와 같은 경우 허가행정청의 허가취소처분은 허가가 실효되었음을 확인하는 것에 지나지 않는다(대판 1990. 7. 13, 90누2284).

(2) 해제조건의 성취 또는 종기의 도래

행정행위의 부관으로 정한 해제조건부 행위에 있어서 조건이 성취되거나, 종기부 행정행위에 있어서 종기의 도래는 행정행위의 효력이 실효된다. 예컨대, 언제까지 영업시설을 갖추어 영업개시를 하지 않으면 영업허가의 효력이 상실된다는 조건이 성취되거나, 3년간 영업허가를 한 경우 그 종기가 도래한 때 등이다.

(3) 목적의 달성

작위하명의 경우에 작위의무를 이행하는 것과 같이 행정행위는 목적이 달성됨으로써 효력이 소멸한다. 예컨대, 1개월간의 영업정지·자격정지·면허정지처분의 기간이 모두 경과된 경우, 납세고지서대로 조세를 납부한 경우 등이다.

Ⅳ. 실효의 효과

행정행위의 실효사유가 발생하면 별도의 행정행위에 의하지 아니하고 당연히 그 때로부터 장래에 향하여 효력이 소멸된다.

【판례】: 허가받은 영업을 폐업한 경우 실효

유기장의 영업허가는 신청에 의한 처분이 분명한바, 신청에 의한 허가처분은 허가를 받은 자가 영업을 폐업할 경우에는 당연히 소멸되는 것이므로, 이와 같은 경우 행정청의 허가취소처분은 실효되었음을 확인하는 것에 지나지 아니한다. 따라서 원고로서는 이 사건 취소처분의 취소를 구할 소익이 없다(대판 1990. 7. 13, 90누2284).

제3장

기타의 행정작용

제3장
기타의 행정작용

제1절 행정법상의 확약

Ⅰ. 개설

1. 의의

확약이란 행정청이 국민에 대한 관계에 있어 자기구속을 할 의도로써 장래에 향하여 일정한 작위 또는 부작위를 약속하는 의사표시를 확언이라 하며, 그 중 행정행위를 대상으로 하는 자기 구속적 의사표시를 특히 확약이라고 한다. 확언은 독일의 학설·판례에 의해 발전된 이론이다.

확약의 예로는 ① 인가와 허가의 신청에 대한 내인가·내허가,[126] ② 일정한 기간 내에는 불법건축물을 철거하지 않겠다는 약속, ③ 재개발구역 내 전세입주자들에게 아파트 입주권을 주겠다는 약속, ④ 각종 지역개발사업의 약속 등이 있다. 그러나 확약의 허용성·한계·요건·효과와 확약의 취소 및 확약에 대한 권리구제가능성 등에 관하여는 실정법상의 규제가 미비하다. 따라서 아직은 학설에 의존하고 있는 실정이다.

2. 유사행정작용과의 구별

확약은 본 행정행위를 행할 것을 약속하는 의사표시이다. 따라서 ① 바로 본 행정행위를 행하면서 단지 그 효력의 발생 또는 소멸을 장래의 발생이 불확실한 사실에 의존케 하는 조건부행정행위와 구별되고, ② 확약은 일정한 구속력을 가지는 데 반하여, 상대방에게 단순히 어떤 사실관계나 법률관계에 관한 정보를 제공하는 사실행위에 불과한 교시는 아무런 법적 구속력이 없다. 예컨대, 법령해석질의에 대한 응답 등이다. ③ 확약은 행정기관의 일방적인 조치인 점에서, 쌍방적 행위인 공법상의 계약과 구별되고, ④ 확약은 국민에 대한

---

126) 내인가·내허가 중에는 예비결정 또는 부분허가에 속하는 것이 많다고 하는 견해도 있다. 김남진(기), 293면.

의사표시인 점에서 행정조직내의 내부행위와 구별되고, ⑤ 확약은 일정한 법적 효과를 발생시키는 점에서 행정지도와 같은 사실행위와 구별되고, ⑥ 확약은 장래의 행위를 약속하는 데 그치는 점에서, 제한된 사항에 관한 것이기는 하지만 종국적 규율을 내용으로 하는 사전결정 또는 예비결정이나 일부결정과 구별되고, ⑦ 확약은 장래의 행위를 약속하는데 그치는 점에서, 종국적인 행정행위가 행하여지기 전에 행하여지는 가(잠정적인)행정행위와도 구별된다.

【판례】: ① 내인가의 법적성질이 행정행위의 일종으로 볼 수 있든 아니든 행정청의 상대방에 대한 의사표시임이 분명한 이상 피고가 위 내인가를 취소함으로써 본 인가에 대하여 따로이 인가여부의 처분을 한다는 사정이 보이지 않는 이 사건에 있어서는, 위 내인가취소를 원고의 인가신청을 거부하는 처분으로 보아야 한다(대판 1991. 6. 28, 90누4402).

② 폐기물처리업 허가를 받기 전에 먼저 사업계획서를 제출하여 이에 대한 적정통보를 받아야 하므로 결국 그 부적정통보는 허가신청 자체를 제한하는 등 개인의 권리 내지 법률상 이익을 개별적이고 구체적으로 규제하고 있어 행정처분에 해당한다(대판 1998. 4. 28, 97누21086).

Ⅱ. 법적 성질

확약이 행정행위의 성질을 갖는지에 관하여 견해가 갈린다. 즉 ① 행정행위의 개념적 징표를 개별적 사건에 대한 법적규율로 보고, 확약은 그러한 성질이 없다는 점에서 행정행위성을 부정하는 견해(부정설), ② 확약은 그 자체로서 행정기관에 대하여 장래의 이행 또는 불이행을 의무지우는 효과를 발생한다는 점에서 행정행위성을 긍정하는 견해(긍정설), ③ 확약은 행정청 자신만을 구속하고 국민은 구속하지 아니한다는 점에서, 행정행위와 동일할 수는 없고 그와 유사한 성질을 가진다는 견해(행정행위유사설)가 있다.

확약은 행정행위와 유사성을 많이 띠고 있지만, 행정행위는 상대방을 규율하는 것인데 대하여 확약은 행정청 자신을 기속하는 것이므로 양자는 성질을 달리한다고 할 것이다. 따라서 확약의 독자적인 행위성을 인정함이 타당하다 본다. 판례는 확약에 공정력이나 불가쟁력과 같은 행정행위에 특유한 효력이 인정되지 않는다고 하면서 행정행위로서의 성격을 부정한바 있다.

> **【판례】:** 어업권면허에 선행하는 우선순위결정은 행정청이 우선권자로 결정된 자의 신청이 있으면 어업권면허처분을 하겠다는 것을 약속하는 행위로서 강학상 확약에 불과하고 행정처분은 아니므로, 우선순위결정에 공정력이나 불가쟁력과 같은 효력은 인정되지 아니하며, 따라서 우선순위결정이 잘못되었다는 이유로 종전의 어업권면허처분이 취소되면 행정청은 종전의 우선순위결정을 무시하고 다시 우선순위를 결정한 다음 새로운 우선순위결정에 기하여 새로운 어업권면허를 할 수 있다(대판 1995. 1. 20, 94누6529).

Ⅲ. 확약의 허용성 및 한계

1. 허용성

확약을 허용하는 법령상 명문의 규정이 없는 경우에도 확약이 허용될 것인지에 관하여는 견해의 대립이 있다.

(1) 부정설

명문의 규정이 없는 경우 확약은 허용될 수 없다는 견해이다. 일본의 판례 및 과거 독일 판례의 견해이다.

(2) 긍정설

확약을 허용하는 명문의 규정이 없는 경우에도 허용된다는 견해이며, 허용되는 근거에 대하여는 다시 견해의 대립이 있다.

1) 신뢰보호설

신뢰보호의 원칙상 확약이 인정되며 또 그 법적 효과도 여기서 도출된다는 견해이다. 대법원의 판례도 확약의 근거를 신뢰보호원칙에서 찾는다(대판 1985. 11. 23, 84누593).

【판례】: 일반적으로 조세법률관계에 있어서 과세관청의 행위에 대하여 신의성실의 원칙이 적용되기 위한 요건으로서는 첫째로, 과세관청이 납세자에게 신뢰의 대상이 되는 공적인 견해 표명을 하여야 하고 둘째로, 과세관청의 견해 표명이 정당하다고 신뢰한데 대하여 납세자에게 귀책사유가 없어야 하며 세째로, 납세자가 그 견해표명을 신뢰하고 이에 따라 무엇인가 행위를 하여야 하고 네째로, 과세관청이 위 견해표명에 반하는 처분을 함으로써 납세자의 이익이 침해되는 결과가 초래되어야 한다(대판 1985. 11. 23, 84누593).

2) 본처분권 포함설

법령이 행정기관에 대하여 본처분을 할 수 있는 권한을 부여한 경우에는 그 예비적 권한 행사인 확약의 권한도 당연히 포함되어 있으므로 별도의 법령상 근거를 요하지 않는다는 견해이다.[127]

(3) 결어

생각건대, 확약의 허용성은 확약의 권한이 본처분권의 일부가 포함되어 있다는 본처분권 포함설이 타당하다고 본다. 즉 확약은 당해 행정청에 대하여 자기구속의 법적 효과를 미치는 외에 상대방에게 예지이익 및 대처이익을 준다. 따라서 법이 본처분의 권한을 부여한 경우에는 확약의 권한도 아울러 부여하고 있는 것으로 보는 것이 타당하다.[128]

2. 한계

(1) 기속행위에 대한 확약

재량행위에 관하여 확약이 가능하다는 데에는 이견이 없으나, 기속행위의 경우에는 본처분을 행하는 것이 기속되므로 본처분을 확약하는 것은 의미가 없다고 하여 부정하는 견해가 있다. 그러나 기속행위와 재량행위의 한계가 명확하지 않으며 기속행위의 경우에도 확약에 따른 예지이익 및 대처이익이 주어질 수도 있다고 할 것이므로 긍정하는 것이 타당하다고 하겠다.[129]

---

127) 김남진, 행정법Ⅰ, 371면; 박윤흔, 행정법강의(상), 395면; 석종현·송동수, 일반행정법(상), 352면; 이상규(상), 394면.

128) 석종현, 일반행정법(상), 221면; 박윤흔, 행정법강의(상), 395면; 이상규, 신일반행정법론(상, 394면.

129) 김남진, 행정법Ⅰ, 372면; 김동희, 행정법Ⅰ, 215면; 박윤흔, 행정법강의(상), 396면; 석종현·송동수, 일반행정법(상), 354면; 이상규(상), 394면.

(2) 요건사실 완성 후의 확약

행정행위를 위한 요건사실이 완성된 후에도 그 행정행위에 대하여 확약을 할 수 있는가에 관하여 견해가 대립된다. 즉 ① 이 경우에는 확약을 할 것이 아니라 본처분을 하여야 한다는 견해,[130] ② 재량행위인 경우에는 재량권 행사의 방향을 스스로 미리 구속하는 의미의 확약이 가능하고, 기속행위인 경우에도 처분의 시기에 관하여는 재량권이 있다는 이유로 이를 긍정하는 견해[131]이다. 그러나 요건사실이 완성되면 행정청은 당해 행위를 하여야 하는 것은 물론이지만, 상대방에게 예지이익·준비이익 또는 기대이익을 주기 위하여 확약을 할 수 있다고 본다.[132]

Ⅳ. 확약의 요건

확약이 일반적인 효력을 가지기 위해서는 행정행위의 경우와 마찬가지로 주체·내용·절차·형식의 성립요건을 갖추어야 한다. 즉 ① 확약의 내용이 되는 본 행정처분행위를 할 수 있는 정당한 권한을 가지는 행정주체가 그 권한의 범위 안에서 행하고, ② 확약의 내용은 법령에 합치하고 실현 가능하여야 하며, ③ 확약의 내용인 본행정행위에 관하여 상대방에 대한 청문이나 다른 행정청의 동의 또는 승인을 요하는 것일 때에는 그들 절차를 거친 다음에 확약을 행하여야 하며, ④ 확약의 형식면에서는 법령이나 일반원칙이 정하는 서면이나 구술에 의하는 등의 요건을 갖추어야 한다.

Ⅴ. 확약의 효력

1. 본처분 이행의무

행정청은 확약의 내용인 본처분을 해야할 의무를 지게 된다. 따라서 만일 확약의 내용에 반하는 처분을 하거나 약속한 본 처분을 거부 또는 부작위에 대하여 신뢰보호 원칙의 위반을 근거로 위법을 주장 할 수 있다.

행정청이 본처분의 신청을 받고도 이를 행하지 않을 경우에 상대방은 본처분에 대한 의무이행심판을 제기할 수 있다. 또한 본처분의 거부처분이나 부작위에 대하여는 취소소송이나 부작위위법확인소송을 제기할 수 있다.

---

130) 박윤흔, 행정법강의(상), 394면.

131) 김동희, 행정법Ⅰ, 234면.

132) 김남진, 행정법Ⅰ, 373면; 석종현, 일반행정법(상), 222면; 이상규, 신일반행정법론(상, 394면.

【판례】: 확약의 내용에 반하는 처분은 신뢰보호의 원칙에 반함

국세청장이 원고와 동종의 훈련교육용역의 제공이 부가가치세 면세사업인 사업경영상담업에 해당한다는 견해를 명시적으로 표명하였다가, 원고가 폐업한 후에 위 용역의 제공이 면세사업인 경영상담업에 해당되지 않는다고 하면서 부가가치세 부과처분을 한 것은 신뢰보호의 원칙에 위배된다(대판 1994. 3. 22, 93누22517).

2. 확약과 사정변경

행정청은 불가항력 등의 사유로 확약을 이행할 수 없을 정도로 사실상태 또는 법률상태가 변경된 경우에는 그 확약에 기속되지 아니하고 사정변경에 의한 실효가 인정될 수 있다. 따라서 확약의 구속력은 일반적인 행정행위의 구속력보다 약하다.

독일행정절차법 제38조 제3조는 확약의 전제가 되었던 사실 및 법적 여건이 변경된 경우 행정청이 이러한 사실을 알았더라면 확약을 하지 않았으리라고 인정될 경우에는 더 이상 확약에 구속되지 아니한다고 규정하고 있다. 우리 판례도 같은 견해를 취하고 있다.

【판례】: 사정변경에 따른 확약의 실효 인정

행정청이 상대방에게 장차 어떤 처분을 하겠다고 확약하였더라도 그 후 사실적·법률적 상태가 변경되었다면 확약은 행정청의 별다른 의사표시를 기다리지 않고 실효된다(대판 1996. 8. 20, 95누10877).

3. 확약의 하자

(1) 확약의 무효

확약이 행하여지면 확약을 행한 행정청은 확약을 이행하여야 하는 자기구속력을 받게 된다. 그러나 확약의 주체·내용·절차·형식에 중대하고 명백한 하자가 있는 경우에는 그 확약은 무효가 된다.

(2) 확약의 취소

확약에 단순한 하자가 있는 경우에는 행정행위의 취소에 관한 일반이론에 따라 취소할 수 있다. 또한 확약에 철회사유가 발생하면 철회할 수 있음은 물론이다.

【판례】: 행정청이 상대방에게 장차 어떤 처분을 하겠다고 확약 또는 공적인 의사표명을 하였다고 하더라도 ① 그 자체에서 상대방으로 하여금 언제까지 처분의 발령을 신청하도록 유효기간을 두었는데도 그 기간 내에 상대방이 없었다거나 ② 확약 또는 공적인 의사표명이 있은 후에 사실적·법률적 상태가 변경되었다면, 그와 같은 확약 또는 공적인 의사표명은 행정청의 별다른 의사표시를 기다리지 않고 실효된다(대판 1996. 8. 20, 95누10877).

Ⅵ. 확약과 권리구제

1. 행정쟁송

확약은 행정처분을 대상으로 하는 것이므로, 행정청이 확약을 이행하지 않을 경우 의무이행심판과 부작위위법확인소송을 통해서 제기하여 본처분의 이행을 청구할 수 있다.

2. 손해전보

행정청의 확약의 불이행 또는 확약 자체의 위법한 취소로 인하여 상대방에게 손해가 발생한 경우에는 국가배상법 제2조의 요건에 충족되는 한도에서 손해배상을 청구할 수 있다. 또한 행정청이 사정변경 또는 보다 큰 공익상의 요구 등 상대방의 책임이 아닌 다른 사유로 확약을 적법하게 철회한 경우에는 상대방이 입은 재산상의 손실에 대하여 손실보상을 하여야 한다.

제2절 행정계획

Ⅰ. 개설

1. 의의

행정계획은 오늘날 다양한 분야에 걸쳐 그 목적·내용·기능 등이 다양하게 존재하는 행위형식으로서, 그 내용도 천차만별이어서 통일적 정의를 내리는 것은 쉽지 않다. 그러나 일반적으로 행정계획이란 행정주체가 장래 도달하고자 하는 목표를 설정하고 이를 위하여 필요한 수단들을 조정하고 통합하는 작용(계획행정) 또는 이러한 작용의 결과 마련된 활동기준(행정계획)이라 할 수 있다.133)

행정계획의 개념적 징표로는 행정계획의 ① 목표설정의 기능, ② 행정수단의 종합화의 기능, ③ 행정과 국민과의 매개적 기능을 드는 것이 일반적이다.

2. 기능134)

(1) 목표설정적 기능

행정계획은 행정 각 분야에 있어 행정목적의 방향을 정하는 수단으로 활용되기 때문에 장래의 행정목표를 설정하는 것은 행정계획의 기본적인 기능에 해당한다. 따라서 행정계획의 본질적 기능으로서, 목표 자체의 정당성과 합리성뿐만 아니라 설정과정에서의 절차적 참여도 요구된다.

(2) 수단의 종합

오늘날 행정은 행정수요의 다양화로 인하여 그에 따라 점차 기술화·전문화되면서 행정조직과 행정수단도 개별화·세분화되는 경향에 있다. 따라서 세분화된 기관 전체로서는 동일한

---

133) 우리 대법원도 "행정계획이란 행정에 관한 전문적·기술적 판단을 기초로 하여 도시의 건설·정비·개량 등과 같은 특정한 행정목표를 달성하기 위하여 서로 관련되는 행정수단을 종합·조정함으로써 장래의 일정한 시점에 있어서 일정한 질서를 형성하기 위한 활동기준으로 설정된 것이다"라고 하고 있다(대판 1996.11.22, 96누8567).

134) 행정계획의 기능을 정치적 계획과 마찬가지로 1) 정보기능, 2) 조정기능, 3) 통합기능, 4) 촉진기능, 5) 통제기능, 지도기능으로 분류하는 견해도 있다. 홍정선, 행정계획의 개념과 기능, 고시연구 1992.5, 55면.

행정목적의 실현을 추구하면서도 이러한 행정목적에 부합되지 않을 세분화된 기관의 조치들이 행하여질 가능성이 존재한다. 행정계획은 이러한 가능성을 배제하고 행정능률을 확보하기 위한 수단으로서 기능을 하게 된다.

(3) 행정과 국민의 매개

행정계획은 미래의 일정한 시점에서 실현하게 될 행정목적의 목표정립을 통하여 구체화하게 된다. 따라서 행정계획은 국민에 대하여 행정의 목표와 그의 실현을 위한 수단을 미리 알림으로써 국민에게 일정한 예측가능성을 부여하는 동시에 국민의 장래 활동에 대하여 지침적인 작용과 유도적인 효과를 발휘하게 된다. 이러한 기능에 관하여는 행정계획이 지닌 구속력 또는 행정지도와 자금지원이 중요한 역할을 하게 된다.

Ⅱ. 종류

1. 종합계획과 부문별 계획

계획대상의 종합성·개별성에 따른 구분으로서, 종합계획(전체계획)은 종합적·전반적 사업이나 사무를 대상으로 하는 계획, 즉 국토종합계획·장기경제계획·장기사회계획 등과 같은 일종의 전략적 계획을 말한다. 이에 반해 부문별계획은 특정의 개별적인 사무·사업에 관한 계획, 즉 도시계획·교육계획·환경계획·공해방지계획 등과 같은 전술적 계획을 말한다.

2. 장기·중기·연도별 계획

계획의 기간에 따른 구분으로서, 종래 '정부의 기획 및 심사분석에 관한 규정'(대통령령)은 장기계획은 6년 이상, 중기계획은 2년 이상 5년 이하의 기간에 걸치는 계획이라고 정의하였다. 그러나 이법은 폐지되었다. 오늘날에 있어서 일반적 기준은 장기계획은 20년, 중기계획은 10, 단기계획은 5년을 계획기간으로 하며, 연도별 계획은 당해 연도 1년을 계획기간으로 한다.

3. 지역계획과 비지역계획

지역적·공간적 의미를 가지는지 계획을 지역계획이라 하며, 국토계획·도시계획은 이러한 예이다. 그렇지 않은 계획을 비지역적계획이라 하며, 경제계획·사회계획은 이러한 예이다.

4. 상위계획과 하위계획

이것은 다른 계획의 기준이 되는지의 여부에 따른 구분이다. 국토건설종합계획은 다른 법령에 의한 모든 건설에 관한 계획에 기준이 되는 상위계획의 예이며, 도시계획은 도시기본계획이 정하는 지침에 따라 책정되므로 도시기본계획의 하위계획의 예이다.

5. 구속적 계획과 비구속적 계획

법적 구속성의 유무에 따른 구분으로서, 구속적 계획은 대외적 효력을 가지는 것으로서 구체적 집행을 전제로 하는 계획이며, 도시관리계획·수도권정비계획·환지계획 등이 있다. 비구속적 계획은 대내적 효력만 가지는 것으로서 행정에 대한 지침적 기능을 가지는 계획으로서 국토종합계획·광역도시계획·도시기본계획·교육진흥계획 등이 있다.

Ⅲ. 행정계획의 법적 성질

행정계획은 그 종류나 성질이 다양하므로 그 법적 성질을 일률적으로 말할 수 없다. 그러나 구속적 계획 중 특히 국민에 대하여 직접 효력을 발생하는 행정계획의 법적 성질에 관하여는 주로 행정쟁송의 대상이 되는가의 문제와 관련하여 견해가 대립되어 있는바, 주요한 학설을 들어보면 다음과 같다.

1. 입법행위설

입법행위설은 행정계획은 국민의 권리와 자유에 관련되는 일반적·추상적 규율을 행하는 입법행위이기 때문에 일반적 구속력을 가질 수 있다고 한다. 예컨대, 도시계획결정은 일반적·추상적인 도시계획의 결정으로서, 특정 개인에게 어떤 직접적이며 구체적인 권리·의무관계가 발생한다고 볼 수는 없다(서울 고판 1980. 1. 29, 79누416)는 견해이다. 이 견해는 행정계획은 법규명령의 형식을 취하지 않으며, 법규명령의 제정절차와는 다르게 제정되고 있다는 점에서 비판을 받는다.

2. 행정행위설

이 견해는 행정계획, 특히 도시계획·국토이용계획 등은 그것이 공고 또는 고시되면 법률규정과 결합하여 각종의 권리제한의 효과를 발생시키게 되며, 이는 법률관계의 고유한 효과를 의미하므로, 그 효과는 구체적인 것으로 행정행위의 성질을 가진다고 본다.

【판례】: (구)도시계획법 제12조 소정의 도시계획결정이 고시되면 도시계획구역안의 토지나 건물소유자의 토지형질변경, 건축물의 신축개축 또는 증축 등 권리행사가 일정한 제한을 받게 되는 바, 이런 점에서 볼 때 고시된 도시계획결정은 특정개인의 권리 내지 법률상 이익을 개별적이고 구체적으로 규제하는 효과를 가져오게 하는 행정청의 처분이라 할 것이고, 이는 행정소송의 대상이 되는 것이라 할 것이다(대판 1982. 3. 9, 80누105. 동지판례: 1986. 8. 19, 86누256).

3. 복수성질설

이 견해는 행정계획에는 여러 종류의 계획이 있다는 사실에 유의할 필요가 있다고 하면서 도시계획 가운데에는 법규명령적인 것도 있고, 행정행위적인 것도 있고 단순한 사실행위적인 것도 있을 수 있다고 한다. 여기서의 행정행위란 구체적·개별적 성질을 가지는 통상의 행정행위가 아니라 일반처분 또는 물적 행정행위를 의미한다고 한다.[135)]

4. 독자성설

포르스트호프가 주장한 견해로서 행정계획은 입법행위도 행정행위도 아닌 독자적인 법적 성질을 가지는 이물(異物, Aliud)이지만, 구속력을 가진 점에서 행정행위에 준하여 행정소송의 대상이 된다고 한다.[136)]

5. 결어

행정계획의 법적 성질은 반드시 명백한 것은 아니다. 하지만 구속적 계획은 초개별적·일반 처분적 성질인 경우에도 직접 구체적인 권익침해를 야기한다는 점에 착안하여, 또한 계획에 대한 사법심사라는 소송제도의 목적을 효과적인 권익구제라는 측면에서 긍정적으로 보아 계획의 처분성을 인정하는 견해가 유력하다.[137)]

행정작용에 의한 권익이 침해되면 또한 구제의 길이 있어야 한다는 것은 법치국가원리의 당연한 요청이라 할 것이다. 따라서 계획의 자체가 현재 개인의 권익에 직접 구체적으로 침해하지 않는다 하더라도 장래에 당해 토지 등의 사용관계나 거래관계 등을 침해하게 될 것

135) 김남진, 행정법 I, 381면.

136) E. Forsthoff, Lehrbuch des Verwaltungsrecht, 10. Aufl., 1973, S. 199ff.

137) 강구철, 강의행정법 I, 536면; 이상규, 신일반행정법론(상, 492면; 서원우, 현대행정법(상), 553면.

이 분명한 경우라면 계획자체의 처분성을 인정할 수 있을 것이다. 그러나 구속적 행정계획의 처분성을 인정하게 되더라도 ① 행정기관은 행정계획을 책정함에 있어서 광범위한 형성의 자유(이른바 계획재량)를 가지게 됨으로 원고의 승소는 어렵고, ② 당해 계획의 특정한 부분에 대한 취소가 불합리하거나 어렵고, ③ 계획의 확정은 보통 완성된 사실을 의미하므로 권익구제의 실효성을 거두기가 어렵다는 점 등을 간과할 수 없다.[138)]

Ⅳ. 수립절차

1. 수립절차

(1) 의의

행정계획은 그 정당성과 합리성을 보장하기 위해 각종 전문지식을 활용하여야 하며, 관련 행정청 및 이해관계인의 이해조정 등 여러 가지 요소를 감안하여야 할 것이다. 행정계획의 수립절차에 관한 일반적 규정은 없으며 각 개별법에서 단편적으로 규정하고 있다. 각 해당 개별법에서는 ① 국민생활에 큰 영향을 미치거나 다수 당사자의 이해가 상충되거나, ② 일반국민에게 불편과 부담을 주거나, ③ 기타 널리 국민의 의견수렴이 필요하거나, ④ 행정행위에 있어서 정당성의 확보가 필요한 행정계획은 원칙적으로 행정예고절차를 거쳐 수립·시행·변경하도록 규정하고 있다. 이러한 것을 종합하면 대체로 다음과 같은 절차를 거치게 되어 있다.

(2) 전문기구의 조사·심의

행정계획의 전문성·신중성을 담보하기 위하여 사전에 특별한 심의위원회의 조사·심의를 거치는 것이 보통이다. 예컨대, 국정의 기본계획에 대한 국무회의의 심의, 국토정책위원회, 수도권정비위원회, 중앙도시계획위원회 등이 있다.

(3) 관계행정청 간의 조정

전국적 규모의 행정계획은 관계기관의 협의·조정을 거쳐 정함이 보통이다. 예컨대 국토이용계획을 국토교통부장관이 관계도지사·시장·군수·구청장·지방산림청장의 의견을 들은 후 관계행정기관의 장과 협의한 후에, 국토이용계획심의회의 심의를 거쳐 결정하는 것 등이 그것이다. 행정절차법도 이를 의무화하고 있다(제22조).

---

138) 김남진, 행정법Ⅰ, 381면; 석종현, 일반행정법(상), 456면; 강구철, 강의행정법Ⅰ, 537면.

(4) 이해관계인의 참여

구속적 행정계획은 이를 법규명령으로 보든지 행정행위로 보든지 간에 관계인의 권리·의무에 지대한 영향을 미친다. 따라서 구속적 행정계획을 수립할 시에는 이해관계인, 주민 등에게 서류를 공람시키고 의견을 듣는 등 참여의 기회를 넓히고 있는 것이 일반적 경향이다.

(5) 공고

구속적 행정계획은 불특정 다수의 일반 국민에게 영향을 미치므로 통상 이를 관보 등에 고시 또는 공고함으로써 그 효력이 발생되도록 하고 있다. '국토의 계획 및 이용에 관한 법률"(제31조)은 도시 · 군관리계획 결정의 효력은 지형도면을 고시한 날부터 발생한다고 규정하고 있다.

【판례】: ① 구 도시계획법 제7조가 도시계획결정 등 처분의 고시를 도시계획구역·도시계획결정 등의 효력발생요건으로 규정하였다고 볼 것이어서 건설부장관이 기안·결재 등의 과정을 거쳐 정당하게 도시계획결정 등의 처분을 하였다고 하더라도 이를 관보에 게재하여 고시하지 아니한 이상 대외적으로 아무런 효력을 발생하지 아니한다(대판 1985. 12. 10, 85누186).

② 도시계획의 수립에 있어서 도시계획법 제16조의2 소정의 공청회를 열지 아니하고 공공용지의취득및손실보상에관한특례법 제8조 소정의 이주대책을 수립하지 아니하였더라도 이는 절차상의 위법으로서 취소사유에 불과하고 그 하자가 도시계획결정 또는 도시계획사업시행인가를 무효라고 할 수 있을 정도로 중대하고 명백하다고는 할 수 없으므로 이러한 위법을 선행처분인 도시계획결정이나 사업시행인가 단계에서 다투지 아니하였다면 그 쟁소기간이 이미 도과한 후인 수용재결단계에 있어서는 도시계획수립 행위의 위와 같은 위법을 들어 재결처분의 취소를 구할 수는 없다고 할 것이다(대판 1990. 1. 23, 87누947).

③ 도시계획법 제16조의2 제2항과 같은법시행령 제14조의2 제6항 내지 제8항의 규정을 종합하여 보면 도시계획의 입안에 있어 해당 도시계획안의 내용을 공고 및 공람하게 한 것은 다수 이해관계자의 이익을 합리적으로 조정하여 국민의 권리자유에 대한 부당한 침해를 방지하고 행정의 민주화와 신뢰를 확보하기 위하여 국민의 의사를 그 과정에 반영시키는데 있는 것이므로 이러한 공고 및 공람 절차에 하자가 있는 도시계획결정은 위법하다(대판 2000. 3. 23, 98두2768).

(6) 변경·폐지

확정된 행정계획을 변경하고자 할 때에는 처음부터 새로운 행정계획 확정절차를 거쳐야 한다. 폐지할 때에도 공고하여야 한다.

(7) 실효

행정계획이 확정되어 공고된 후에 당해 계획이 일정기간 내에 실시되지 아니한 때에는 그 기간이 만료된 다음날에 행정계획의 효력은 상실된다. 예컨대, 도시관리계획 결정의 고시일 부터 2년이 되는 날까지 지형도면의 고시가 없는 경우는 그 다음날부터 도시관리계획 결정의 효력은 상실된다.

한편, 도시 · 군계획시설결정이 고시된 도시 · 군계획시설에 대하여 그 고시일 부터 20년이 지날 때까지 당해 사업이 시행되지 아니할 경우에도 그 다음날에 도시계획시설결정의 효력이 상실 된다(국토의 계획 및 이용에 관한 법률 제48조 제1항[139]).

2. 수립절차의 하자

도시계획법이 규정하고 있는 시장·군수의 계획입안절차, 기초조사절차 또는 주민의 의견청취절차에 하자가 있는 경우에는 비록 도시계획의 내용이 재량권의 범위 내이고 변경될 가능성이 없다고 하더라도 이는 위법하며 따라서 취소의 대상이 된다(대판 1990. 1. 23, 87누947).

> **【판례】:** 도시계획의 수립에 있어서 도시계획법 제16조의2 소정의 공청회를 열지 아니하고 공공용지의취득및손실보상에관한특례법 제8조 소정의 이주대책을 수립하지 아니하였더라도 이는 절차상의 위법으로서 취소사유에 불과하고 그 하자가 도시계획결정 또는 도시계획사업 시행인가를 무효라고 할 수 있을 정도로 중대하고 명백하다고는 할 수 없으므로 이러한 위법을 선행처분인 도시계획결정이나 사업시행인가 단계에서 다투지 아니하였다면 그 쟁소기간이 이미 도과한 후인 수용재결단계에 있어서는 도시계획수립 행위의 위와 같은 위법을 들어 재결처분의 취소를 구할 수는 없다고 할 것이다(대판 1990. 1. 23, 87누947).

---

139) 제48조(도시 · 군계획시설결정의 실효 등)① 도시 · 군계획시설결정이 고시된 도시 · 군계획시설에 대하여 그 고시일부터 20년이 지날 때까지 그 시설의 설치에 관한 도시 · 군계획시설사업이 시행되지 아니하는 경우 그 도시 · 군계획시설결정은 그 고시일부터 20년이 되는 날의 다음날에 그 효력을 잃는다.

V. 행정계획의 법적 효력

1. 일반적 효력

행정계획은 일정한 행정목적의 달성을 도모하기 위한 목표설정행위이며, 개별적·구체적 집행행위가 아니다. 따라서 일정한 법적 구속력을 갖지 않는 것이 많다. 다만, 행정계획도 행정행위를 행함에 있어서 재량권행사의 준칙이 됨으로써 간접적으로 법적 의의를 가질 수도 있다.

한편, 행정계획의 효과적인 실행을 보장하기 위하여 일정한 법적 구속력을 가진 계획도 있는바, 누구에 대하여 구속력을 갖는가에 따라 다음과 같이 구분 할 수 있다.

(1) 행정기관에 대한 법적 효과

행정계획이 관계행정기관에 대해서 효과를 발생하는 경우는 구속적 행정계획은 물론 지침적 계획에 있어서도 실질적 구속력이 인정된다. 예컨대, 국무총리가 국무회의의 심의를 거쳐 대통령의 승인을 얻어 비상대비기본계획을 확정하면 각 주무부장관은 이에 따라 집행계획을 작성할 의무를 지는 것과 같다(비상대비자원관리법 제7조, 제8조 참조).

(2) 국민에 대한 법적 효과

행정계획이 수립되어 효력을 발생하면 국민에 대하여 일정한 법적 효과를 발생하는 예도 많다. 예컨대, 국토이용계획이 결정·고시되어 효력을 발생하면 당해 국토이용계획으로 정하여진 용도지역 안에서는 일정한 행위가 제한된다(국토의 계획 및 이용에 관한 법률 제38조).

(3) 다른 계획에 대한 구속력

행정계획이 여러 종류가 있는 경우에 이들 행정계획 사이에 서로 구속력을 가지는 경우가 있다. 예컨대, 상위계획은 하위계획을 구속하는 힘이 있으며, 새로운 계획이 이전의 계획보다 우선 적용되는 것과 같다.

2. 행정계획의 집중효

(1) 의의

행정계획의 집중효 또는 대체효란 하나의 행정계획이 확정되면 다른 법령에 의해 받게 되어 있는 승인 또는 허가 등을 대체시키는 효과를 말한다.

예컨대, 택지개발촉진법 제11조 제1항은 "시행자가 실시계획을 작성하거나 승인을 받았을 때에는 다음 각 호의 결정 · 인가 · 허가 · 협의 · 동의 · 면허 · 승인 · 처분 · 해제 · 명령 또는 지정(이하 "인 · 허가등"이라 한다)을 받은 것으로 보며, 지정권자가 실시계획을 작성하거나 승인한 것을 고시하였을 때에는 관계 법률에 따른 인 · 허가등의 고시 또는 공고가 있은 것으로 본다."고 규정하고 있다. 따라서 이 규정에 의하여 각 개별 법률에 의한 토지형질변경허가·도로하천점용허가 등 수십 개의 인·허가를 관계행정청으로부터 일일이 받지 않아도 되는 것이다.

(2) 집중효의 효과

행정계획이 확정되면 다른 법령에 규정된 인·허가를 받은 것으로 의제된다는 의미에 대해서는 학설이 대립한다. 즉 ① 대체행정청의 관할권만 계획 확정기관에 이전되어 계획 확정기관은 대체행정청이 준수해야 하는 절차적 요건과 실체적 요건을 모두 준수해야 한다는 견해(관할집중설)와 ② 계획 확정기관은 계획 확정에 관한 절차적 규정만 준수하면 되고 불필요하게 의제되는 인·허가 등의 절차규정을 따를 필요는 없는 반면, 실체법상의 요건규정에는 전면적으로 구속된다는 견해(절차집중설)이다.[140]

생각건대 집중효제도의 기능 내지 취지에 비추어 볼 때 절차집중설이 타당하다고 본다. 대법원도 절차집중설의 입장을 취하고 있다(대판 1992. 11. 10, 92누1162).

> **【판례】**: 건설부장관이 구 주택건설촉진법(1991.3.8. 법률 제4339호로 개정되기전의 것) 제33조에 따라 관계기관의 장과의 협의를 거쳐 사업계획승인을 한 이상 같은 조 제4항의 허가 · 인가 · 결정 · 승인 등이 있는 것으로 볼 것이고, 그 절차와 별도로 도시계획법 제12조 등 소정의 중앙도시계획위원회의 의결이나 주민의 의견청취 등 절차를 거칠 필요는 없다(대판 1992. 11. 10, 92누1162).

140) 장태주(개), 395면 이하; 홍정선(특), 162면 이하.

Ⅵ. 계획재량과 형량명령

1. 계획재량

(1) 계획재량의 의의

계획재량은 행정청이 행정계획을 수립함에 있어서 계획목적의 선정·확정·집행·수정 등 계획의 전반에 걸쳐 계획목적을 달성하기 위한 수단과 방법의 선택에 있어서 계획행정청에 인정되는 재량 또는 형성의 자유를 말한다.

대법원은 "도시계획법 등 관계법령에는 추상적인 행정목표와 절차만 규정되어 있을 뿐 행정계획의 내용에 대해서는 별다른 규정을 두고 있지 아니하므로 행정주체는 구체적인 행정계획을 입안·결정함에 있어서 비교적 광범위한 형성의 자유를 가진다"라고 하여 계획재량의 개념을 수용하고 있다(대판 2000. 3. 23, 98두2768).

(2) 행정재량과 계획재량의 구분

계획재량은 규범구조에 기초한 효과재량 및 판단여지와는 무관하지만, 일반 행정재량과는 구분되는 재량의 특수형태로 이해된다. 따라서 행정재량과 계획재량은 다음과 같이 구분된다.

① 행정재량은 구체적 사실과 결부시켜 판단하고 결정하는 것이나 계획재량은 계획규범이 규정한 계획목적의 범위 내에서 광범위한 형성의 자유를 가지고 행정정책으로 행정목표를 정한다. 따라서 그 재량이 광범위하게 인정된다. ② 행정재량은 행정법규에서 정한 요건규정과 효과규정의 한계 내에서 재량권이 인정되지만, 계획재량은 계획규범이 요건·효과규정에 관하여 공백규정을 두는 것이 일반적이므로 그에 따른 한계는 인정되지 않는다. ③ 재량권행사의 위법여부에 관하여 행정재량은 재량권의 내적·외적 한계를 기준으로 판단하지만, 계획재량권은 목적·수단을 기준으로 하면서 재량권행사의 절차적 과정을 중심으로 절차하자의 구성을 통하여 판단하게 된다. ④ 행정재량은 요건·효과규정의 구체적 사실에 대한 적용에서 문제되는데, 계획재량은 법규에서 백지위임한 요건·효과규정에 대하여 그 요건·효과에 대한 것은 계획지침의 형태와 행정목표의 정립으로 나타난다.

2. 형량명령

(1) 의의

계획행정청에 계획재량이 인정되어 있는 경우 그 계획규범을 적용할시 법에서 정한 요건에 해당하는 사실이 어떤 것인가, 즉 포섭의 방법으로는 목적을 달성할 수 없으며, 관련 諸 이익의 정당한 형량 여부가 그 계획규범적용의 적법여부의 기준이 된다고 한다.[141] 흔히 형량명령 이라고 말해지는 것이 그 내용이다. 도시계획 등과 관련하여 그러한 취지를 성문화한 입법례도 있다.

(2) 형량하자

계획재량에 있어서 형량명령을 적용하는 경우, ① 이익형량을 전혀 하지 아니하거나(형량의 탈락·해태), ② 반드시 고려되어야 할 특정 이익이 이익형량에서 누락되거나(형량의 흠결·不全), ③ 이익형량을 하기는 하였으나 그것이 비례의 원칙에 어긋나는 경우(오형량)에는 이익형량에 하자가 있게 된다. 따라서 재량권 일탈·남용으로 인한 위법으로 간주되어 그 행정계획은 취소쟁송에 의하여 취소될 수 있다.

【판례】: 이익형량에 하자가 있는 계획재량은 위법한 처분

① 행정주체가 택지개발 예정지구 지정 처분과 같은 행정계획을 입안 · 결정하는 데에는 비록 광범위한 계획재량을 갖고 있지만 행정계획에 관련된 자들의 이익을 공익과 사익 사이에서는 물론, 공익 상호간과 사익 상호간에도 정당하게 비교 · 교량하여야 하고 그 비교 · 교량은 비례의 원칙에 적합하도록 하여야 하는 것이므로, 만약 이익형량을 전혀 하지 아니하였거나 이익형량의 고려대상에 포함시켜야 할 중요한 사항을 누락한 경우 또는 이익형량을 하기는 하였으나 그것이 비례의 원칙에 어긋나게 된 경우에는 그 행정계획은 재량권을 일탈 · 남용한 위법한 처분이다(대판 1997. 9. 26, 96누10096).

② (구)도시계획법 등 관계법령에는 추상적인 행정목표와 절차만 규정되어 있을 뿐 행정계획의 내용에 대하여는 별다른 규정을 두고 있지 아니하므로 행정주체는 구체적인 행정계획을 입안결정함에 있어서 비교적 광범위한 형성의 자유를 가진다고 할 것이지만 행정주체가 가지는 이와같은 형성의 자유는 무제한적인 것이 아니라 그 행정계획에 관련되는 자들의 이익을 공익과 사익 사이에서는 물론이고 공익상호간과 사익상호간에도 정당하게 비교 교량하여야 한다는 제한이 있는 것이고, 따라서 행정주체가 행정계획을 입안결정함에 있어서 이익형량을 전혀 행하지 아니하거나 이익형량의 고려대상에 마땅히 포함시켜야 할 사항을 누락한 경우 또는 이익형량을 하였으나 정당성·객관성이 결여된 경우에는 그 행정계획결정은 재량권을 일탈·남용한 것으로서 위법한 것으로 보아야 할 것이다(대판 1996. 11. 29, 96누8567).

141) 김남진, 행정법의 기본문제(제4판), 243면.

Ⅶ. 행정계획과 신뢰보호(계획보장청구권)

1. 의의

행정계획은 그 성질상 다른 행정작용보다도 미래지향적이므로 계획이 확정된 후에도 사정변경 등에 기한 탄력적인 변경가능성이 요구된다. 반면에, 이의 존속을 신뢰하여 많은 경제적 투자를 한 상대방의 신뢰보호가 강하게 요청된다. 예컨대, 상업지구에 토지를 매입하여 상가를 짓고 있는데 주거지역으로 변경되면 막대한 손실이 초래되는 경우 등이다. 따라서 계획변경가능성과 신뢰보호라는 상충되는 요청 사이의 적절한 조화가 필요하며, 이에 제기된 이론이 계획보장청구권이론이다.142)

일반적 견해에 의하면 계획보장청구권이란 단일한 내용의 청구권이 아니라, 계획의 존속 또는 준수를 청구하고, 그렇지 못할 경우에는 경과조치·손해전보를 청구할 수 있는 청구권 등을 포괄하는 개념이라 한다. 즉 계획보장의 개념은 계획존속청구권, 적합원조의 청구권, 손해배상 및 손실보상청구권, 계획하자제거청구권 등의 청구권을 종합한 것이라 할 수 있다.

2. 이론적 근거 및 법적 성격

(1) 이론적 근거

계획보장청구권의 이론적 근거로서 제시되는 독일 및 일본의 견해로는 ① 법치국가원리에 의한 법적 안정성을 구한다는 법적 안정성설, ② 행정계획의 존속을 신뢰한 자의 신뢰를 보호하여야 한다는 신뢰보호설, ③ 헌법상 보호받아야 하는 재산권의 일종이라는 재산권설, ④ 계획을 전제로 하는 계약불가능의 법리에 따르는 계약법리설 등이 있다. 이러한 견해 중에서 법적안정설과 거기에 바탕을 둔 신뢰보호설이 가장 유력하게 주장되고 있는바, 그것은 법치국가원칙의 내용의 하나라고 하겠다.143)

(2) 법적 성격

계획보장청구권의 법적성격에 관하여는 ① 행정청의 채무불이행으로 인한 손해배상청구권설, ② 행정청의 고의 또는 과실에 의한 불법행위로 인한 손해배상청구권설, ③ 행정계획의 변경·폐지 자체는 적법한 것으로 보되, 이로 인한 침해는 특별한 희생에 해당되므로 수용

---

142) 따라서 계획보장의 법리는 계획의 변경·폐지 또는 불이행과 관련하여 계획주체와 계획의 수범자 간의 위험의 분배에 관한 것이라고 한다. Maurer, S.415.

143) 박윤흔, 행정법강의(상), 286면.

유사침해로 인한 손실보상청구권이라는 견해 등이 있다.

3. 내용

(1) 계획존속청구권

계획존속청구권이란 행정계획의 변경 또는 폐지에 대항하여 그 존속을 주장하는 권리이다. 이러한 권리는 원칙적으로 행정계획의 성질상 존재하지 아니한다고 할 것이다. 그러나 계획이 법률 또는 행정행위의 형식으로 발하여진 때에는 예외적으로 인정될 소지도 있다 할 것이다. 즉 ① 계획이 법률의 형식으로 정립된 경우에는 법률의 진정소급효의 경우에는 계획변경은 허용되지 아니하나, 부진정소급효의 경우에는 이해관계인의 계획존속에 대한 신뢰보호가 계획변경에 있어서의 공익보다 큰 경우에는 계획존속청구권이 인정된다고 할 것이고, ② 계획이 행정행위의 형식으로 책정된 경우에는 그 변경 또는 폐지는 행정행위의 철회에 관한 일반원리에 따라 판단할 수 있을 것이며, ③ 지침적 계획의 경우에는 그것이 명령·강제라는 전형적인 지배구조에 의하지 아니하고, 협동으로부터 사실상 강제에 이르기까지 다양한 수단에 의하여 국민에 대하여 영향을 미친다 할 것이다.

(2) 계획이행청구권

행정계획의 내용대로 성실한 집행을 청구하는 계획이행청구권과, 행정계획에 반하는 행정행위 기타의 행정작용의 금지를 청구하는 계획준수청구권은 일반적으로 부정된다고 본다. 그러나 법령에서 계획에 관하여 성실한 집행의무를 규정하고 있고, 그 법령의 취지가 상대방의 이익도 함께 보호하고 있는 경우에는 이들의 청구권은 인정되어야 할 것이다.[144)]

(3) 계획변경청구권

기존의 행정계획에 대하여 사정변경 등의 사유로 주민 등에게 계획변경청구권이 인정될 것인가 문제된다. 판례는 이를 부정하고 있다.

---

144) 김동희, 행정법Ⅰ, 195면.

> **【판례】: 지역주민의 도시계획사업실시계획의 변경인가 청구권 부정**
> 도시계획법(25①)에 의하면 도시계획사업실시계획의 인가 및 동 변경인가는 건설부장관이 사업시행자인 시장·군수의 신청에 의하여 행하도록 되어 있을 뿐, 주민이 직접 이를 신청할 수 있다는 규정도 없을 뿐만 아니라, 도시계획과 같은 장기성·종합성이 요구되는 행정계획은 일단 확정된 후 사정의 변동이 있다고 하여 지역주민에게 일일이 계획의 변경을 청구할 권리를 인정해 줄 수 없다(대판 1994. 1. 28, 93누22090).

(4) 경과조치청구권

행정계획이 변경 또는 폐지될 경우, 이로 인하여 재산상의 손해를 보게 될 자가 ① 자기에 대한 적용배제 또는 적용유예기간의 설정을 할 수 있는지, ② 추가로 필요한 시설을 위한 보조금지급청구권 등의 경과조치를 청구할 수 있는지가 문제된다. 생각건대, 경과조치청구권은 상대방의 신뢰보호상 계획존속과 계획이행청구권이 부정되는 데 대한 보완적 의미이기 때문에 인정하는 것이 바람직하다고 본다.

(5) 손해배상과 손실보상청구권

행정계획의 변경 또는 폐지로 인하여 입는 손해나 손실의 보전에 관한 일반적 규정은 없다. 따라서 행정상 손해배상 또는 손실보상의 법리에 따라 해결해야 할 것이다. 그러나 담당 공무원의 고의·과실을 입증하기가 쉽지 아니하므로 행정상 손해배상책임은 인정되기 어렵다고 본다. 따라서 적법한 계획의 변경·폐지로 인한 특별한 희생에 대하여는 행정상 손실보상의 법리에 따라 해결하여야 할 것이다.

Ⅷ. 구제수단

1. 사전적 구제수단

행정계획은 계획수립단계에서 이해관계인을 참여시켜 공익과 사익의 조화를 기하는 행정 절차적·사전적 구제수단을 확립하는 것이 매우 중요한 비중을 차지한다. 행정절차법은 많은 국민의 이해가 상충되는 행정계획의 수립·시행에 관하여 행정예고제를 규정하고 있으며, 이해관계인은 그 예고된 계획에 대하여 의견제출 및 공청회 등을 통하여 절차적 참여가 보장되고 있다. 이밖에도 '국토의 계획 및 이용에 관한 법률' 등에서 공청회의 개최를 통한 의견수렴이나, 계획안을 공람시켜 의견제출의 기회를 부여하는 등의 방법으로 이해관계인의 절차적 참여를 보장하여 행정계획의 정당성을 확보하고 있다.

2. 사후적 구제수단

(1) 행정쟁송

행정계획 중 구속적 행정계획은 처분적 행정행위가 되기 때문에 행정심판이나 행정소송을 제기하여 그 취소·변경을 구할 수 있다고 할 것이다. 그러나 행정계획에는 광범위한 계획재량이 인정되므로 ① 원고의 승소가 어렵고, ② 계획의 특정 부분만의 취소는 전체계획을 무용화시킬 가능성이 있고, ③ 계획의 확정은 완성된 사실을 의미하는 것으로서 권익구제의 실효성을 거두기는 어려운 한계가 있다. 따라서 주로 계획수립·확정절차의 위법성 여부에 심사의 중점이 놓여 질 수밖에 없다고 할 것이다.

(2) 손실보상

행정계획으로 인한 손실보상은 2가지의 문제가 제기된다. 즉 ① 개발제한구역(그린벨트) 설정과 같이 행정계획 자체로 인한 재산권의 제한에 대하여 이를 특별희생으로 보아 손실보상을 할 것인가의 문제와, ② 행정계획이 변경·폐지된 경우에 그 존속을 신뢰하여 자본 등을 투자한 개인에 대하여 손실보상을 할 것인가의 문제이다.

한편, 손실보상의 요건에서 말하는 '특별한 희생'이 인정된다 하더라도 헌법 제23조 제3항에 의거하여 법률에 손실보상에 관한 규정이 있으면 문제가 없으나, 만일 손실보상에 관한 규정이 없어도 가능한지에 관하여는 견해의 대립이 있다. 즉 ① 공용침해로 인한 손실에 대한 보상규정이 없는 법률은 헌법 제23조상의 결부조항에 위배되므로 그 법률은 위헌·무효이므로 손해배상청구권이 인정된다는 견해와, ② 개별 법률에 규정이 없어도 헌법규정에 직접 근거하여 손실보상청구권이 인정된다는 견해 등이 대립되고 있다.

【판례】: 개발제한구역 지정에 관한 도시계획법 제21조는 합헌

도시계획법 제21조의 규정에 의하여 개발제한구역 안에 있는 토지의 소유자는 재산상의 권리 행사에 많은 제한을 받게 되고 그 한도 내에서 일반 토지소유자에 비하여 불이익을 받게 됨은 명백하지만, '도시의 무질서한 확산을 방지하고 도시주변의 자연환경을 보전하여 도시민의 건전한 생활환경을 확보하기 위하여 또는 국방부장관의 요청이 있어 보안상 도시의 개발을 제한할 필요가 있다고 인정되는 때'(도시계획법 제21조 제1항)에 한하여 가하여지는 그와 같은 제한으로 인한 토지소유자의 불이익은 공공의 복리를 위하여 감수하지 아니하면 안 될 정도의 것이라고 인정되므로, 그에 대하여 손실보상의 규정을 두지 아니하였다 하여 도시계획법 제21조의 규정을 헌법 제23조 제3항, 제11조 제1항 및 제37조 제2항에 위배되는 것으로 볼 수 없다(대판 1996. 6. 28, 94다54511).

【헌재결】: 개발제한구역 지정으로 사회적 제약의 범위를 넘는 가혹한 부담이 발생하는 예외적인 경우에도 보상규정을 두지 않는 것은 위헌

도시계획법 제21조에 의한 재산권의 제한은 개발제한구역으로 지정된 토지를 원칙적으로 지정 당시의 지목과 토지현황에 의한 이용방법에 따라 사용할 수 있는 한, 재산권에 내재하는 사회적 제약을 비례의 원칙에 합치하게 합헌적으로 구체화한 것이라고 할 것이나, 종래의 지목과 토지현황에 의한 이용방법에 따른 토지의 사용도 할 수 없거나 실질적으로 사용·수익을 전혀 할 수 없는 예외적인 경우에도 아무런 보상없이 이를 감수하도록 하고 있는 한, 비례의 원칙에 위반되어 당해 토지소유자의 재산권을 과도하게 침해하는 것으로서 헌법에 위반된다. 도시계획법 제21조에 규정된 개발제한구역제도 그 자체는 원칙적으로 합헌적인 규정인데, 다만 개발제한구역의 지정으로 말미암아 일부 토지소유자에게 사회적 제약의 범위를 넘는 가혹한 부담이 발생하는 예외적인 경우에 대하여 보상규정을 두지 않은 것에 위헌성이 있는 것이다(헌재 1998. 12. 24, 97헌바78).

제3절 공법상 계약 및 합동행위

Ⅰ. 공법상 계약

1. 개설

(1) 의의

공법상 계약이란 행정주체 상호간 또는 행정주체와 사인간에 공법적 효과의 발생을 목적으로 하는 반대방향의 의사표시의 합치에 의하여 성립되는 공법행위를 말한다. 공법상 계약의 특색은 행정주체와 객체가 대등한 지위에서 자유로운 계약에 의하여 법률관계를 형성하는 비권력작용이다.

공법상 계약은 공법과 사법의 이원적 구분과 절차법상의 행정재판제도를 가진 대륙적 행정국가 특히 독일에서 형성되었다. 이와 같은 공법상 계약은 프랑스의 행정계약과 차이가 있으며, 사법적 바탕위에서 형성된 영·미의 정부계약과도 차이가 있다.

(2) 다른 행위형식과의 구별

1) 사법상 계약과의 구별

공법상의 계약은 공법상의 권리·의무의 발생·변경·소멸의 공법적 효과의 발생을 목적으로 한다. 따라서 사법의 영역에 복수당사자의 의사의 합치에 의하여 이루어지는 사법상의 계약과 구별된다.

공법상 계약은 공법 영역에서의 법률관계를 의미한다.[145] 따라서 국가와 사인간에 국유재산 매매·임대계약, 도로공사도급계약, 물품구매계약 등과 같은 순수한 사경제적 행위로서 행하는 계약은 사법적 효과를 발생하는 사법상 계약에 해당한다.

---

145) Battis, S.161; Maurer, S.346.

【판례】: 전화가입계약은 전화가입희망자의 가입청약과 이에 대한 전화관서의 승락에 의하여 성립하는 영조물 이용의 계약관계로서 비록 그것이 공중통신역무의 제공이라는 이용관계의 특수성 때문에 그 이용조건 및 방법, 이용의 제한, 이용관계의 종료원인 등에 관하여 여러 가지 법적 규제가 있기는 하나 그 성질은 사법상의 계약관계에 불과하다고 할 것이므로, 피고(서울용산전화국장)가 전기통신법시행령 제59조에 의하여 전화가입계약을 해지하였다 하여도 이는 사법상의 계약의 해지와 성질상 다른 바가 없다 할 것이고 이를 항고소송의 대상이 되는 행정처분으로 볼 수 없다(대판 1982. 12. 28, 82누441).

2) 행정행위와의 구별

공법상 계약은 행정목적의 실현수단이며 또한 공법적 효과를 발생시키는 점에서는 행정행위와 같다. 그러나 공법상 계약은 복수당사자간의 의사합치로써 이루어진다는 점에서 행정주체가 우월한 의사력을 가지고 행하는 권력적 단독행위인 행정행위와 구별된다. 다만, 공무원임명·귀화허가·공기업특허 등이 공법상 계약인지 행정행위인지에 관하여는 견해의 대립이 있다. 예컨대, 공기업의 특허나 공물사용특허는 프랑스에서는 공법상 계약으로 이해하는 데 대하여, 독일에서는 행정행위로 파악하고 있다.

3) 공법상 합동행위와의 구별

양자는 복수당사자 사이의 의사표시의 합치로서 성립한다는 점에서는 같다. 그러나 공법상 합동행위는 당사자 간의 동일방향의 의사표시에 의하여 성립한다는 점에서, 당사자 간의 반대방향의 의사의 합치에 의하여 성립하는 공법상 계약과 구별된다. 예컨대, 조합설립행위는 조합원으로서 같은 방향의 동등한 권리·의무가 성립하는 공법상 합동행위이다. 이에 반해 공법상 계약은 토지수용의 협의와 같이 토지소유권취득과 보상금지급의무, 소유권이전의무와 보상금지급청구권의 발생과 같이 당사자 간에 서로 반대방향의 법률효과가 발생하는 경우를 말한다.

(3) 행정계약

최근 공법상 계약뿐만 아니라 사법상 계약까지 포함하여 행정주체가 계약당사자가 되는 것을 모두 행정계약으로 파악하려는 주장이 있다. 이에 의하면 행정계약이란 행정주체가 당사자의 일방이 되어 행정활동의 수단으로 사용되는 법형식으로서의 계약을 뜻한다. 이 견해는 공법과 사법의 구별기준이 명확하지 않으며, 사법상 계약과 명확히 구별되는 공법상 계약의 영역을 확정하기 어려우며, 공법상 당사자소송과 민사소송을 구별할 실익이 없다는 점을 그 논거로 한다.[146]

그러나 ① 우리 실정법제도는 공법·사법이라는 2원적 구조를 취하고 있고, ② 공법상 당사자 소송은 행정소송의 일종으로서 그 재판관할·소의 변경 기타의 절차에 있어서 엄연히 민사소송과는 구별되며, ③ 공법상 계약과 사법상 계약은 공법·사법의 구분에 따르는 해석법리에 차이가 있다. 따라서 공법계약과 사법계약을 포괄한 행정계약의 관념을 취하는 데에는 많은 무리가 있다고 하겠다.[147] 다만, 현실적으로 행정상 사법계약의 활용폭이 넓어짐에 따라 그의 특수성을 중심으로 한 법리의 연구가 요구된다.

(4) 각국의 공법상 계약

1) 프랑스

프랑스에서는 국참사원의 판례를 중심으로 행정계약의 관념이 광범위하게 인정되어 왔다. 행정계약의 관념은 당사자 및 목적에 중점을 두어 널리 공공역무에 관한 계약을 중심으로 인정되어 아주 광범하게 인정되었다. 따라서 공법상의 보상계약, 수용계약뿐만 아니라 독일에서는 행정행위로 보는 공기업특허·물품계약까지도 행정계약에 포함되고 있다고 한다.[148]

2) 독일

독일은 프랑스에서의 행정계약의 경우와는 달리 그 범위가 아주 좁게 파악되었고, 그 기능도 매우 제한되어 있었다. 즉 독일 행정법에 의하면 공권력작용은 행정행위에 의하고, 국고작용은 사법상 계약에 의한다는 입장에서 공법계약은 행정행위와 사법상 계약의 중간적인 것으로 예외적으로만 인정 되었다. 그러나 1976년에 제정·공포된 행정절차법에서 공법상 계약에 관하여 명문규정(제54조 내지 제62조)을 두어 그 문제를 입법적으로 해결하였다.[149]

---

146) 김도창, 일반행정법론(상, 511면; 김동희, 행정법Ⅰ, 228면; 서원우, 현대행정법(상), 526면.

147) 김남진, 공법계약과 사법계약의 구분, 고시계, 1984. 8. 50면; 이상규, 신일반행정법론(상, 469면.

148) 김남진, 행정법Ⅰ, 394면; 이상규, 신일반행정법론(상, 470면.

149) 독일 행정절차법 제54조는「공법분야에 있어서의 권리관계는 법규에 저촉되지 아니하는 범위안에서 계약에 의하여 발생·변경 또는 소멸될 수 있다. 특히 행정청은 행정행위를 하는 것에 갈음하여 행정행위를 할 상대방과 공법상의 계약을 체결할 수 있다」고 규정하였다.

3) 영·미

영·미에서는 공법과 사법의 구별이 부정되었기 때문에, 행정계약 또는 공법상의 계약에 해당하는 관념은 인정되지 아니하였다. 그러나 19세기 후반부터 급격한 행정기능의 확대화로 인하여 행정목적 달성을 위한 수단으로 정부가 특수한 형태의 계약을 체결하는 경우가 많아졌다. 이러한 계약에 제약을 가하는 의미에서 정부계약에 표준조항을 도입함으로써 정부계약(governmental contract)이라는 특수성이 나타나게 되었다.

2. 공법상 계약의 성립가능성과 자유성

(1) 성립가능성

공법상 계약의 성립가능성에 대하여 긍정설·부정설의 대립이 있으나 오늘날 부정설을 취하는 경우는 없다. 오늘날 공법상 계약의 유용성에 대한 인식이 점차 증대되고 있데, 이는 현대 복리국가에서 급부행정을 중심으로 한 비권력적 행정작용을 통하여 행정목적을 수행할 필요성이 증대되고 있기 때문인 것이다.

공법상 계약의 장점은 ① 개별적·구체적 사항에 바로 응하여 탄력적으로 행정목적을 달성할 수 있는 점, ② 명확하지 않는 사실관계나 법률관계를 용이하게 해결할 수 있게 되는 점, ③ 법의 흠결을 메꾸어 주는 점, ④ 법률지식이 없는 자에게도 교섭을 통하여 계약의 내용을 이해시킬 수 있는 점 등이 있다.[150)]

(2) 자유성

공법상 계약의 성립가능성을 인정하는 경우에도 그 체결에 법률의 근거가 있어야 하는가에 대하여 견해가 대립되어 있다.

1) 부정설

공법상의 계약을 인정하더라도 법률에 의한 행정의 원리가 공법상 계약에도 적용되어야 하므로 법규가 명문으로 허용하고 있는 경우에 한하여 성립할 수 있다는 견해이다. 이 견해는 행정권은 법률이 명시적으로 인정한 경우에는 명시적으로 인정된 내용의 법률관계를 형성하는데 그치며, 계약에 있어서의 동의는 법률의 수권에 대신할 수 없다는 점 등을 근거로 들고 있다.[151)]

---

150) 이명구, 공법상의 법적 문제, 고시연구, 1986. 6. 62면; 김남진, 행정법 I, 392면; 석종현, 일반행정법(상), 414면.

2) 긍정설

공법상 계약은 권력작용인 행정행위와 그 유형을 달리하는 비권력관계에서의 행위이므로 법규에 반하지 않는 한 사법상 계약과 마찬가지로 법규의 명시적인 규정이 없이도 가능하다는 견해이다.

3) 절충설(개별적 결정설)

공법상 계약의 법적근거에 관하여 공법상 계약의 종류별로 각각의 현실적 기능 등을 고려하여 구체적으로 결정하고자 하는 견해이다.[152]

4) 결어

현대 복리국가에서는 비권력적 행정작용을 통한 행정목적의 수행이 점차 증대되고 있으며, 또한 공법상 계약은 법치행정의 원리가 엄격히 지배하는 행정처분의 범주에서 해방되는 영역을 인정하려는 데서 논의된 것을 감안한다면 긍정설이 타당하다고 본다. 따라서 공법상 계약은 법규에 반하지 않는 한 법규의 명시적 근거 없이도 가능하다고 하겠다.

3. 공법상 계약의 종류

(1) 행정주체 상호간의 공법계약

국가와 공공단체 또는 공공단체 상호간의 사무위탁계약이나, 지방자치단체 상호간의 도로·하천의 경비부담에 관한 협의 또는 도로관리에 관한 협의 등이 이에 해당한다. 이와 같은 공법계약은 공법상의 협정이라고도 한다.

(2) 행정주체와 사인간의 공법계약

행정주체와 사인 사이에 특정한 행정법관계의 설정을 위하여 계약의 방법을 사용하고 있는 바, ① 행정사무의 위탁(별정우체국법에 의한 별정우체국의 지정), ② 공법상 보조금지급에 관한 계약, ③ 보상에 관한 계약, ④ 비용부담에 관한 계약, ⑤ 지역개발에 관한 계약, ⑥ 환경보존 협정(지방자치단체와 사기업 상호간), ⑦ 보상계약,[153] ⑧ 특별권력관계의 설

---

151) 강구철, 강의행정법Ⅰ, 509면; 삼촌민정, 행정법강의 총론(상), 1969. 252~253면.

152) 서원우, 현대행정법(상), 534면.

153) 보상계약이란 지방지차단체와 운송업자 등 특허기업자 사이에 체결되는 쌍무계약으로서, 그 내용은 전자가 후자의 독점적 공급권을 보장하고 공물사용권을 부여하며, 후자는 전자에 대하여 일

정(전문직공무원등 임용계약)에 관한 계약 등이 있다. 이러한 사례 외에도 공무원의 임명, 귀화허가, 지원에 의한 군입대, 국공립학교에의 입학 등을 공법상 계약으로 보는 견해도 있다. 그러나 이러한 경우는 대등한 의사의 합치가 아니라 권력행정에 속한다 할 것이므로, 상대방의 협력을 요하는 행정행위로 보아야 할 것이다.

(3) 사인 상호간의 공법상 계약

법률에 명문의 규정이 있는 경우에는 사인 상호간의 공법상 계약을 인정할 수 있다. 현행법상 사인 상호간의 공법상 계약을 인정하는 법규로는 특허기업자 등 사인인 사업시행자와 토지소유자간의 토지보상법상의 협의가 이에 해당한다. 이를 순수한 사법상의 매매계약으로 보는 견해도 있다. 그러나 협의에 대한 확인이 있으면 토지수용위원회의 재결과 같은 효력을 가지므로 기업자는 권리를 취득하게 되고, 토지소유자는 보상금청구권과 환매권이라는 공권을 취득하게 되므로 공법상 계약으로 보아야 할 것이다.

4. 공법상 계약의 특수성

공법상 계약은 국가와 사인 간의 계약으로 법규에 따르거나 또는 자유의 방식에 의하지만, ① 문서형식으로 하여야 하고, ② 절차가 중요시되며, ③ 당사자의 자유로운 의사에 의한 동의가 있어야 하고, ④ 계약기간이 명시되어 있어야 한다.[154] 따라서 이러한 요건에 명백한 하자가 있을 때는 성립되지 않는 특수성이 있다.

(1) 실체법적 특수성

1) 합법성의 원칙

공법상 계약은 행정목적의 달성을 위한 행정주체의 행위 형식으로 행하여지므로 법률우위의 원칙이 적용된다. 따라서 공법상의 계약은 법률에 위배되지 않는 범위 내에서 체결될 수 있다. 여기서의 법은 공법상 계약을 금지하는 모든 명시적·묵시적 법을 말한다. 다만 공법상 계약의 성립에 관하여 통칙적인 규정은 없으나, 특별한 규정을 제외하고는 민법상 법원칙이 준용되는 것으로 보아야 할 것이다.

정한 보상금을 납부하고 특별감독에 복종하며 필요에 따라 매수에 응할 의무를 지는 것 등이다.

154) Wittern, S.136ff.

2) 계약의 절차 및 형식

공법상 계약을 체결할 경우 행정청의 확인, 이해관계인의 동의를 절차적 요건으로 하는 경우가 많으며, 원칙적으로 문서에 의해야 할 것이다(독일 행정절차법 제57조 참조). 체결방법으로는 일반경쟁·제한경쟁·지명경쟁 및 수의계약의 방법이 있다(국가재정법 제76조·지방재정법 제61조).

3) 계약의 해제 및 변경 등

공법상 계약에 민법상의 계약해제규정(민법 제543조 이하)이 일반적으로 그대로 적용된다고 할 수 있지만, 예외적으로 공익상 특별한 제한이 가해지는 경우도 있다. 예컨대, 행정주체 측에서는 공법상 계약을 해제할 수 있으나, 상대방은 그로 인한 손실에 대한 손실보상청구권을 가지며(보조금 관리에 관한 법률 제21조 등),[155] 사인 측에서는 그 계약해제의 효과가 공익에 영향이 없는 경우를 제외하고는 해제할 수 없다는 것이 원칙이다.

그러나 행정주체 측에도 해제가 제한되는 경우가 있다. 즉 일상생활상 필수의 재화와 역무의 제공에 관한 급부계약은 법정의 해제사유가 있는 경우를 제외하고는 공익을 이유로 해제할 수 없다. 왜냐하면 국민의 일상생활에 필수적인 재화와 역무의 계속적·안정적 제공은 국민의 생존권보장을 위한 국가책무를 실현하기 위한 작용이기 때문이다.[156]

4) 계약의 하자

법령에 특별한 규정이 없는 한 공법상 계약의 하자의 효과에 대하여는 민법상 규정 및 원칙이 적용되어야 한다. 따라서 무효·취소 등 행정행위의 하자에 관한 이론 대신에 민법상 법률행위의 하자에 관한 규정(허위표시·착오·사기·강박 등)이 적용된다.

(2) 절차법적 특수성

공법상 계약에 관한 쟁송은 공법상 권리관계에 관한 소송이므로 공법상의 당사자소송으로 행정소송법의 적용을 받게 된다. 따라서 사법상계약과 다른 절차법적 특수성을 갖는다.

공법상 계약에 있어서 일방이 계약상의 채무를 불이행 한다면 공법상 당사자소송을 제기하여 법원에 강제집행을 청구할 수밖에 없다. 따라서 행정강제 즉 강제징수·강제철거 등의 방법으로 행정관청이 직접 이를 실현하는 자력집행력은 인정되지 아니하므로 행정행위와

---

155) 김남진, 행정법Ⅰ, 403면; 김동희, 행정법Ⅰ, 228면.

156) 박윤흔, 행정법강의(상), 542면; 석종현, 일반행정법(상), 420면.

구별된다. 다만, 지정된 용도외의 사용 등을 이유로 보조금교부결정을 취소한 경우에 국세징수의 예에 따른 보조금의 강제환수제도와 같이 예외적으로 자력집행력이 인정되는 경우도 있다(보조금 관리에 관한 법률 제33조).

> **【판례】:** 공법상 계약해지의 무효확인은 공법상 당사자소송
>
> 공중보건의사 채용계약해지의 의사표시에 대하여는 대등한 당사자간의 소송형식인 공법상의 당사자소송으로 그 의사표시의 무효확인을 청구할 수 있는 것이지, 이를 항고소송의 대상이 되는 행정처분이라는 전제에서 그 취소를 구하는 항고소송을 제기할 수는 없다고 할 것이다(대판 1996. 5. 31, 95누10617).

Ⅱ. 공법상 합동행위

공법상 합동행위란 공법적 효과의 발생을 목적으로 하는 복수당사자 간의 동일방향의 의사표시의 합치에 의하여 성립되는 공법행위를 말한다. 예컨대, ① 지방자치단체 간에 지방자치단체조합을 설립하는 행위, ② 공공조합 간에 공공조합연합회를 설립하는 행위 등이 있다.

공법상 합동행위는 당사자 간에 의사표시의 방향이 동일하고 그 법적 효과도 동일한 의미를 가진다는 점에서 공법상 계약과 구별된다.

제4절 행정상의 사실행위

Ⅰ. 개설

1. 의의

행정상의 사실행위란 일정한 사실상 결과의 발생만을 목적으로 하는 행정주체의 행위를 말한다. 행정상의 사실행위는 사실상의 효과발생만을 목적으로 하는 행위인 점에서 특정한 법적 효과의 발생을 목적으로 하는 행정행위, 기타의 법적행위와 구별된다. 예컨대, 폐기물 수거, 도서관·도로 등 공공시설의 설치, 법령질의에 대한 응답, 방범순찰활동, 도로·교량의 보수 등이 있다.

종래 행정상의 사실행위에 대하여, 계속적 성질을 가지는 권력적 사실행위(예, 불법건축물 철거, 강제격리, 강제수거 등)만 취소소송의 대상이 된다고 하는 정도였다. 그러나 오늘날 현대 복지국가 하에서 급부행정의 비중이 커짐에 따라 사실행위의 근거·한계·구제수단 등과 관련하여 행정법학의 관심의 대상이 되고 있다.

2. 행정상의 사실행위의 종류

(1) 권력적 사실행위와 비권력적 사실행위

당해 사실행위가 공권력의 행사인 실력행사인지의 여부에 따른 구분이다. 권력적 사실행위는 일정한 법령 또는 행정행위를 집행하기 위한 공권력의 행사로서 행하는 사실행위를 말한다. 예컨대, 행정대집행의 실행, 전염병환자의 강제격리, 위법한 관세물품의 영치행위 등이 있다. 비권력적 사실행위는 공권력행사와 무관한 사실행위이며, 공법상의 금전출납, 폐기물 수거, 행정지도 등이 이에 해당한다.

(2) 정신적 사실행위와 물리적 사실행위

사실행위가 단순한 물리적 행위를 수반하여 행하여지는 것인지의 여부에 의한 구분이다. 정신적 사실행위는 일정한 의식의 표시가 내포된 지식표시행위를 말하며, 행정지도·법적 효과가 없는 고지·통지·보고, 표창 등이 이에 해당한다. 물리적 사실행위는 순전히 사실상의 결과발생만을 의도한 물리적 행위를 말하며, 하천의 준설, 상하수도시설의 설치, 대집행의 실행 등이 이에 해당한다.

(3) 집행적 사실행위와 독립적 사실행위

행정상의 사실행위가 행정행위 등 법적행위를 집행하기 위해 행해지는 것인가 또는 독자적으로 행해지는 것인가에 따른 구분이다. 집행적 사실행위는 일정한 행정행위 또는 법령의 집행수단으로서 행해지는 사실행위를 말하며, 집행을 위한 무허가건물 철거행위, 전염병 환자의 강제격리 등이 이에 해당한다. 독립적 사실행위는 그 자체로서 독립적인 의미를 가지는 사실행위를 말하며, 금전출납행위·도로보수공사·학교수업·행정지도 등이 이에 해당된다.

(4) 공법적 사실행위와 사법적 사실행위

당해 사실행위가 공법과 사법의 어느 쪽의 규율을 받게 되는가에 따라 구제절차도 행정소송과 민사소송으로 구분된다. 예컨대, 시영버스나 지하철 운송행위는 사법적 사실행위이므로 사법이 적용되고 민사소송으로 구제받는다.

Ⅱ. 행정상의 사실행위의 법적 근거와 한계

1. 법적 근거

행정상의 사실행위는 법적 효과를 발생하지 아니하므로 법적 근거는 필요 없다고 하겠으나, ① 다른 모든 행정작용에서와 마찬가지로 최소한 조직법상의 근거는 필요하며, ② 사실행위에 있어 작용법상의 근거는 행정행위와 마찬가지로 법률유보의 범위에 대한 학설(침해유보설·전부유보설·사회유보설·중요사항유보설 등) 중 어느 견해를 취하는가에 따라 그 범위가 달라질 것이다. 그러나 적어도 침해유보설의 입장에서 국민의 신체·재산 등에 실력을 가하는 권력적 사실행위는 법률의 근거가 필요하다고 할 것이다.[157)]

2. 한계

행정상의 사실행위도 행정작용의 일종이므로 그것이 권력적 또는 비권력적 사실행위이든지 간에 법치주의의 범위 내에서만 행사되어야 한다. 따라서 법령에 그 근거·절차·요건 등에 관한 규정이 있으면 이에 저촉되어서는 아니 된다. 또한 행정목적 달성을 위하여 필요한 최소한의 범위 내에서만 행사되어야 하는 비례의 원칙을 위반해서는 아니 되며, 그 외에 평등의 원칙·신뢰보호의 원칙 등 행정법의 일반법원칙에도 위배되어서는 아니 된다.

---

157) 김남진(기), 266면; 박윤흔, 행정법강의(상), 565면; 석종현·송동수, 일반행정법(상), 407면.

Ⅲ. 행정상의 사실행위에 대한 구제

1. 행정쟁송

행정상의 사실행위가 행정쟁송의 대상인 처분의 개념에 포함될 것인가에 관하여 견해의 대립이 있으나, 일반적으로 권력적 사실행위에 대해서는 처분에 해당한다고 본다. 그러나 비권력적 사실행위에 대해서는 국가배상청구권이나 공법상 결과제거청구권을 통해서도 권리구제가 가능하기 때문에 처분에 해당하는 것으로 볼 실익이 없게 된다.

(1) 권력적 사실행위

① 권력적 사실행위의 처분성을 긍정하는 견해[158]는 행정심판법 제2조와 행정소송법 제2조상의 '공권력의 행사'에는 행정행위뿐만 아니라 권력적 사실행위도 계속적 성질을 가지는 한 포함된다고 한다. 이러한 예로는 전염병 환자의 강제 격리, 검사를 위한 식품·의약품의 강제수거 등이 있다. 다만 단시간 내에 종료되어 버리는 사실행위, 예컨대, 경찰관의 임의동행, 위험한 행위의 제재조치 등은 사실상 취소를 구할 이익이 없어 행정쟁송의 대상이 되기 어려울 것이라고 한다.

② 권력적 사실행위의 처분성을 부정하는 견해[159]는 아무런 법적 효과를 가지지 아니하는 순수한 사실행위는 취소의 대상이 될 수 없으므로 행정쟁송의 대상이 될 수 없다고 한다.

그러나 부정설에 의하더라도 사실행위가 수인하명이라는 행정처분과 결합된 '합성행위'의 경우에 수인하명 부분에 대하여는 성질상 취소 청구가 가능하므로 전체적으로 보아 취소 청구가 가능하다고 함으로써 결과적으로 긍정설과 큰 차이가 없다. 예컨대, 사람의 수용, 물건의 영치는 수인을 명하는 수인하명과 권력적 사실행위인 수용·영치 행위가 합성하여 하나의 행위를 이루고 있다고 본다.

(2) 정신적 사실행위

행정청의 주의·권고·행정지도 등의 정신적 사실행위는 직접 법적 효과를 발생하는 것이 아니므로 행정쟁송으로 취소를 구할 수 없다. 다만, 의사에 대한 경고와 같이 명예·신용에 사실상 중대한 영향을 미치는 행위에 대하여는 취소를 구할 수 있다는 견해도 있다.[160]

---

158) 김도창, 일반행정법론(상, 699면; 김철용, 행정법Ⅰ, 332면; 박윤흔, 행정법강의(상), 565면; 이상규(상), 507면.

159) 석종현·송동수, 일반행정법(상), 411면.

160) 박윤흔, 행정법강의(상), 567면.

(3) 공공시설의 설치

쓰레기소각장·육교설치 등의 공공시설의 설치행위에 관하여는 학설의 대립이 있다. 즉 ① 다수설[161]은 행정행위성을 부정하므로, 공법상의 당사자소송으로 공사중지의 이행소송을 제기하여야 하며, 취소소송의 대상은 아니라고 한다. 반면, ② 소수설은 이들 행위를 분석하면 기공결정이라는 행정행위와 시공이라는 사실행위가 결합하여 하나의 행위를 이루고 있는 것이므로 전체적으로 보아 취소를 구할 수 있다고 한다.

2. 손해배상

임의동행·강제수거·불법건축물철거·노점상단속 등과 같이 공무원의 고의·과실에 의한 위법한 직무집행행위인 사실행위 또는 도로·교량의 보수행위 등과 같이 영조물 설치·관리에 하자가 있는 사실행위로 인하여 손해가 발생한 경우에는 국가배상법 제2조 또는 제5조에 의하여 구제받을 수 있을 것이다.

3. 손실보상

예컨대, 소방관의 소화작업에 장애가 되는 물건의 파괴행위 등 적법한 사실행위로 인한 특별한 희생에 대하여 법률에 손실보상의 근거규정이 있으면 보상함이 당연하다. 그러나 손실보상의 근거규정이 없는 경우에는 ① 직접 헌법(제23조 제3항)의 규정에 의하여 손실보상을 청구할 수 있다는 견해, ② 보상근거규정을 두지 아니한 법률은 위헌·무효이므로, 위법행위로 인한 손해배상을 청구할 수 있다는 견해 등이 있다.

161) 박윤흔, 행정법강의(상), 567면.

제5절 행정지도

Ⅰ. 개설

1. 의의

행정지도에 대한 정의는 학자에 따라 약간의 차이가 있으나, 대체로 행정지도란 "행정주체가 소관사무의 범위 안에서 일정한 행정목적을 달성하기 위해 지도·권고·조언·장려 등의 방법으로 상대방의 자발적인 작위·부작위를 유도하는 희망의 표시인 비권력적 사실행위"라고 정의되고 있다. 예컨대, 조업단축·위생상태·우량종묘·특용작물식재·과당경쟁지양·상품포장방법개선 등에 관한 행정청의 권고행위 등이 있다.

2. 다른 행정작용과의 구별

(1) 사실행위성

행정지도는 아무런 법적 효과를 발생치 아니하는 사실행위이다. 이런 점에서 행정행위·공법상 계약·합동행위 등의 법적 효과가 인정되는 법적 행위와 구별된다.

(2) 비권력행위성

행정지도는 강제력이 없는 비권력적 사실행위이므로 법적 구속력 또는 강제력을 발생하지 아니한다. 따라서 권력적 행위로서 강제력을 가지는 사실행위인 행정강제와 구별된다.

(3) 상대방의 협력성

행정지도는 상대방의 자발적 협력을 유도하는 것이므로 비권력적 사실행위이다. 따라서 상대방의 협력 없이 행정청 스스로의 힘으로 완결하는 도로·철도공사 등의 단독적 사실행위와 구별된다.

(4) 행정객체에 대한 행위

행정지도는 개인이나 법인 기타 단체 등의 행정객체에 대하여 유도하는 행정주체의 행위이다. 따라서 상급기관이 하급기관에 대하여 지위·감독권의 발동으로 행하는 지도와 구별된다.

Ⅱ. 행정지도의 기능과 문제점

1. 행정지도의 기능

(1) 법령의 보완적 기능

오늘날 복리국가에서는 국민생활의 전 분야에 무한정의 행정서비스가 요구되고 있으나, 기업의 생산·유통 활동, 서비스 산업 등의 활동을 빠짐없이 법률로 완벽하게 규율하는 것은 거의 불가능에 가깝다. 그러나 법령이 미비한 분야라고 하여 국민경제상 방치할 수는 없으므로 법적 근거 없는 비권력적인 행정지도로 이를 보완할 필요가 있게 된다.

즉 행정지도는 법령의 근거 없이도 행하여질 수 있으므로 근거법령이 흠결된 분야에서 새로운 행정수요에 능동적으로 대처하여 법령의 보완적 기능을 가진다. 또한 근거법령이 있는 분야에서도 법령에 의한 규율과 현실에서 행정의 필요성에서 생긴 괴리의 극복 및 다양성의 확보 등 법령의 보완적 기능을 갖는다.[162)]

(2) 권력성의 완화기능

법령에 근거한 하명·금지 등의 조치는 권력성을 가지므로 그것이 발동되면 행정청 및 상대방의 양자에 대하여 결정적인 의미를 갖는다. 이에 반해 행정지도는 행정청의 권력성을 완화시켜 행정청과 국민과의 마찰에 대하여 타협을 통하여 완화시켜주는 기능을 한다. 또한 권력적 조치에 앞서 행하는 주의·권고 등 행정지도는 정보의 제공, 고지, 협의과정에서의 합리적 해결방법의 발견, 권익의 침해예방 등과 같은 행정절차적 기능을 수행하는 것이라 할 수 있다. 예컨대, 음식점의 불결한 위생상태의 시정 권고, 불법광고판의 자진철거 권고 등이다.

(3) 이해관계의 조정기능

행정지도는 상품생산량·가격 등 경제규제행정 분야에서 경쟁업체 상호간의 자율적 이해조정이 어려울 경우, 행정청이 개입하여 이를 조정하고 통합하는 기능을 수행하게 된다.

(4) 정보·기술의 제공기능

행정지도는 기업의 경쟁력 강화를 위하여 행정주체가 보유하고 있는 최신·첨단의 지식·정보·기술을 제공하기 위한 적절한 수단으로 활용될 수 있다. 예컨대, 농촌진흥청의 우량품종

---

162) 박윤흔, 행정법강의(상). 550면.

의 보급·권장 등이다.

2. 행정지도의 문제점

(1) 법치주의의 회피

행정지도는 법령의 보완기능을 하는 장점은 있으나, 반면에 행정권이 입법권을 갈음하거나 법률에 의한 수권의 범위를 넘어서 실질적으로 규범을 정립하고 규범내용을 변경하는 폐해를 수반한다. 또한 법령을 이탈하여 자의적인 행정권을 행사하여 국민의 권익을 침해할 우려도 있다.

(2) 상대방과의 타협

해당분야에 관하여 법적 규정이 있음에도 불구하고 상대방의 저항과 마찰이 두려워 적당히 타협하여 문제를 해결하는 것은 공익과 법치주의의 후퇴를 초래한다. 예컨대, 당연히 건축허가가 되는 대지임에도 인근 주민의 동의를 받아오도록 지도하거나, 당연한 철거대상 불법건축물임에도 집단민원과 저항이 두려워 아파트 입주권을 부여하는 등의 타협을 하는 것이다.

(3) 사실상의 강제성

행정지도는 국민의 임의적 협력을 바탕으로 하는 비권력적 사실행위이다. 하지만, 행정주체는 상대방이 이에 불응할 경우 다른 여러 제재수단을 행사하거나 이익의 부여를 거부할 수 있는 지위에 있다. 따라서 행정주체에 의한 권고는 사실상 강제성을 띨 수밖에 없다.

(4) 기준의 불명확성

행정지도는 준거가 되는 법규범이 없으므로 기준이 불명확하고 안정성이 적으며, 책임의 소재가 불명확한 경우가 많이 있으므로 행정기관이 자의적으로 불필요한 간섭이나 개입을 행하여 상대방의 권익을 침해하게 될 위험성이 많다. 예컨대, 甲공무원이 축산업자들에게 甲회사가 만든 정화조를 설치하라고 권장하여 이를 설치하였는데, 불과 몇 달 후에 甲은 퇴직하고, 乙공무원이 이는 기준 미달이므로 다른 정화조로 교체하라고 권장하는 것 등이다.

(5) 행정구제수단의 불완전성

행정지도는 비권력적 사실행위이기 때문에 행정소송의 대상이 되기 어렵다. 또한 임의적 협력을 전제로 하는 것이기 때문에 손해배상이나 손실보상을 통한 행정구제의 기회를 잃게 되는 경우가 있다.

Ⅲ. 행정지도의 종류

1. 법령의 근거에 의한 분류

(1) 법령의 직접적 근거에 의한 행정지도

행정지도는 반드시 법령의 근거를 필요로 하는 것은 아니지만, 실정법 중에는 행정지도에 관하여 직접규정하고 있는 경우가 적지 아니하다. 예컨대, 어업지도(수산진흥법 제3조), 생활지도(생활보호법 제2조), 토지이용의 권고(국토의 계획 및 이용에 관한 법률 제128조) 등을 들 수 있다.

(2) 법령의 간접적 근거에 의한 행정지도

법령에 행정지도에 관하여 직접규정하고 있지는 않지만 당해 사항에 관하여 일정한 행정행위를 할 수 있는 근거가 있는 경우가 있다. 이러한 경우 행정행위를 할 수 있는 권한을 배경으로 하여 1차적으로 행정지도가 행해지는 예도 많이 있다. 예컨대, 건축물의 철거·개축 사용제한 등 처분을 발할 수 있는 법적 근거가 있는 경우에, 그 처분에 갈음하여 행정지도를 하는 경우 등이 이에 해당한다.

(3) 법령에 근거하지 않은 행정지도

당해 행정지도에 관한 법령은 없으나, 조직법에 의하여 부여된 일반적 권한 내에서 행정주체가 행하는 행정지도가 이에 해당한다.

2. 기능에 의한 분류

(1) 조성적 행정지도

조성적 행정지도란 경제·사회·문화 등의 분야에서 국민에 대한 서비스의 형식으로 지식·기술정보 등을 제공하는 행정지도를 말한다. 예컨대, 장학지도·중소기업의 기술지도 등이 있다.

(2) 조정적 행정지도

조정적 행정지도란 개인 또는 단체 사이의 이해대립 또는 과열경쟁 등으로 인하여 경쟁기업 간의 과당경쟁 등 이해대립을 조정하기 위한 행정지도를 말한다. 예컨대, 노사간 분쟁의 알선·조정, 동업자조합 또는 협회의 설립권고 및 이들을 통한 수출물량의 조정 등이 있다.

(3) 규제적 행정지도

규제적 행정지도란 일정한 행정목적의 달성이나 공익에 장애가 될 일정한 행위를 예방·억제하기 위한 행정지도를 말한다. 예컨대, 물가억제를 위한 권고·공해방지를 위한 규제·자연보호를 위한 오물투기제한, 불법광고물 또는 붕괴위험 축대의 철거·개수 권고 등이 있다.

Ⅳ. 행정지도의 법적 근거와 한계

1. 법적 근거

(1) 조직법적 근거

행정지도는 침해적·권력적 행정작용이 아니므로 반드시 법적근거를 요하는 것은 아니다. 그러나 모든 행정작용에는 당해 행정청의 일반적인 존립과 활동의 근거가 되는 조직법상의 근거는 있어야 하며, 행정지도도 예외는 아니다.

(2) 작용법적 근거

법률유보에 관하여 전부유보설은 행정지도는 작용법적 근거가 있어야 한다고 주장하며, 침해유보설도 규제적 행정지도는 국민의 자유와 권리를 사실상 제한하는 것이므로 법률의 근거를 요한다는 견해 등이 있다. 그러나 통설은 행정지도는 비권력적 사실행위이며 상대방이 이에 응할지의 여부는 자유이므로 작용법적 근거는 필요 없다고 본다.[163)]

그럼에도 불구하고 법치주의의 회피 등 최근 행정지도의 내포된 문제점을 개선하기 위하여 법령의 근거를 마련하는 경우가 점차 증가하고 있다. 예컨대, 행정절차법(제48조~제51조)은 일반적인 행정지도의 근거를 규정하고 있다. 동시에 행정지도는 그 목적달성에 필요한 최소한도에 그쳐야 하며, 지도를 받는 자의 의사에 반하여 부당하게 강요하여서는 아니되며, 상대방의 문서교부 청구권과 의견제출권 등에 관하여 규정하고 있다.

---

163) 김도창, 일반행정법론(상, 527면; 김동희, 행정법Ⅰ, 204면; 박윤흔, 행정법강의(상), 557면; 석종현·송동수, 일반행정법(상), 421면.

2. 법적 한계

(1) 법규상의 한계

행정지도에도 법률우위의 원칙이 적용된다. 따라서 ① 법령이 행정지도의 목적·방법·절차 등을 규정하고 있을 경우 이에 따라야 하며, ② 소관 행정청의 조직법상의 권한을 넘어 다른 행정청의 권한에 속하는 사항에 관하여 행정지도를 하여서는 아니 된다.

(2) 조리상의 한계

행정지도는 비권력적 사실행위 이지만, 행정주체의 작용의 일종인 이상 비례의 원칙·평등의 원칙·신뢰보호의 원칙 등 행정법의 일반법원칙에 의한 구속을 받는다. 즉 ① 행정목적달성에 필요한 최소한도에 그쳐야 하며, 상대방의 의사에 반하여 이에 따를 것을 강요하여서는 아니 되며, ② 행정지도의 결과에 따라 특정 상대방에게 특별히 이익 또는 불이익을 주어서는 아니 된다.[164] 또한 ③ 잘못된 행정지도를 신뢰하여 이에 응한 상대방에게 불이익을 주어서는 아니 된다. 예컨대, 상대방이 세무공무원에 의한 잘못된 행정지도를 따른 경우에 가산세와 같은 제재적 불이익을 과하는 것은 신뢰보호의 원칙에 위배되어 허용되지 않는다 할 것이다.[165]

Ⅴ. 행정지도의 방식 및 절차

1. 행정지도의 방식

(1) 행정지도실명제

행정절차법은 행정지도를 행하는 자는 그 상대방에게 당해 행정지도의 취지·내용 및 신분을 밝히도록 규정하고 있다(행정절차법 제49조 제1항[166]). 이러한 규정은 행정지도에 있어서의 책임소재를 분명히 할 수 있으며 내용의 불명확성을 방지할 수 있게 된다.

---

164) 행정절차법 제48조(행정지도의 원칙)① 행정지도는 그 목적 달성에 필요한 최소한도에 그쳐야 하며, 행정지도의 상대방의 의사에 반하여 부당하게 강요하여서는 아니 된다. ② 행정기관은 행정지도의 상대방이 행정지도에 따르지 아니하였다는 것을 이유로 불이익한 조치를 하여서는 아니 된다.

165) 박윤흔, 행정법강의(상), 558면.

166) 제49조(행정지도의 방식) ① 행정지도를 하는 자는 그 상대방에게 그 행정지도의 취지 및 내용과 신분을 밝혀야 한다.

(2) 서면교부청구권

행정지도가 구술로 행해지는 경우에 상대방이 그 취지·내용·신분을 기재한 서면의 교부를 요구하는 때에는 당해 공무원을 특별한 지장이 없는 한 이를 교부하여야 한다(동법 제49조 제2항[167]).

(3) 다수인에 대한 행정지도의 공통사항의 공표

행정기관이 같은 행정목적을 달성하기 위하여 다수인의 상대방에게 행정지도를 하고자 하는 때에는 특별한 사정이 없는 한 행정지도에 공통적인 내용이 되는 사항을 공표하여야 한다(제51조[168]).

2. 행정지도의 절차

(1) 의견제출

행정지도의 상대방은 행정지도의 방식·내용 등에 관하여 행정기관에 의견을 제출을 할 수 있다(제50조[169]).

(2) 기타 절차

다른 법률에 행정지도의 절차에 관한 특별한 규정이 있는 경우에는 그 절차를 따라야 한다(제3조 제1항[170]).

---

167) 제49조(행정지도의 방식) ② 행정지도가 말로 이루어지는 경우에 상대방이 제1항의 사항을 적은 서면의 교부를 요구하면 그 행정지도를 하는 자는 직무 수행에 특별한 지장이 없으면 이를 교부하여야 한다.

168) 제51조(다수인을 대상으로 하는 행정지도) 행정기관이 같은 행정목적을 실현하기 위하여 많은 상대방에게 행정지도를 하려는 경우에는 특별한 사정이 없으면 행정지도에 공통적인 내용이 되는 사항을 공표하여야 한다.

169) 제50조(의견제출) 행정지도의 상대방은 해당 행정지도의 방식·내용 등에 관하여 행정기관에 의견제출을 할 수 있다.

170) 제3조(적용 범위) ① 처분, 신고, 행정상 입법예고, 행정예고 및 행정지도의 절차(이하 "행정절차"라 한다)에 관하여 다른 법률에 특별한 규정이 있는 경우를 제외하고는 이 법에서 정하는 바에 따른다.

Ⅵ. 행정지도에 대한 구제

1. 행정쟁송

행정지도가 법적 한계를 일탈하여 국민의 권익을 침해할 경우에 그 행정지도를 대상으로 행정소송을 통하여 구제할 수 있는지가 문제된다. 그러나 행정지도는 그 자체로서는 국민의 권리 또는 의무에 영향을 미치지 아니한다. 따라서 행정지도는 아무런 법적 효과도 발생하지 아니하는 비권력적 사실행위이기 때문에 행정소송의 대상이 되지 아니한다고 한다.

【판례】: ① 특별한 사정이 없는 한 행정권 내부에서의 행위라든가 알선·권유·사실상의 통지 등과 같이 상대방 또는 기타 관계자들의 법률상의 지위에 직접적으로 변동을 일으키지 아니하는 행위는 항고소송의 대상이 될 수 없다(대판 1967. 6. 27, 67누44).

② 세무당국이 다른 회사에 대하여 원고와의 주류거래를 중지하여 줄 것을 요청한 행위는 권고적 성격의 행위로서 그 회사나 원고의 법률상 지위에 직접적인 변동을 가져오는 처분이라고는 볼 수 없으므로 항고소송의 대상이 될 수 없다(대판 1980. 10. 27, 80누395).

③ 항고소송의 대상이 되는 행정처분이라 함은 행정청의 공법상 행위로서 특정사항에 대하여 법규에 의한 권리의 설정 또는 의무의 부담을 명하며 기타 법률상 효과를 발생케 하는 등 국민의 구체적 권리의무에 직접적 변동을 초래하는 행위를 말하고 행정권 내부에서의 행위나 알선, 권유, 사실상의 통지 등과 같이 상대방 또는 기타 관계자들의 법률상 지위에 직접적인 법률적 변동을 일으키지 아니하는 행위는 항고소송의 대상이 될 수 없다(대판 1993. 10. 26, 93누6331).

2. 행정상 손해배상

행정지도에 의하여 상대방이 손해를 입은 경우에 국가 등에 대하여 손해배상을 청구할 수 있는지에 관하여는 ① 행정지도가 국가배상법의 직무행위에 해당하는지 여부, ② 행정지도의 위법성 여부, ③ 행정지도와 손해 사이의 상당인과관계의 존재 여부 등을 파악하여야 한다(국가배상법 제2조). 국가배상법 제2조의 직무범위에 비권력적 공행정작용도 포함된다고 보는 것이 통설·판례(대판 1969. 4. 22. 68다2225)의 입장이므로 위법한 행정지도에 따른 손해배상청구권은 당연히 인정되어야 할 것이다.

> **【판례】**: 행정지도에 대한 국가배상책임 인정
>
> ① 행정청이 법령의 근거도 없이 책의 판매금지를 종용하였다면 이는 불법행위를 구성할 뿐만 아니라 그 시판불능으로 입은 손해와는 상당인과관계가 있다(서울민사지법 1989. 9. 26, 88가합4039).
>
> ② 공탁도 행정지도의 일환으로 직무수행으로서 행하였다고 할 것이므로, 비권력적 작용인 공탁으로 인한 피고(구청)의 손해배상책임은 성립할 수 없다는 상고이유의 주장은 이유가 없다(대판 1998. 7. 10, 96다38971).

3. 행정상 손실보상

행정지도는 전혀 강제성을 띠지 않으며 상대방이 자유로운 의사에 의하여 행정지도에 따른 이상 그로 인한 재산상의 특별한 희생을 입은 경우 손실보상은 인정되지 않는다.[171] 예컨대, 농촌진흥법의 통일벼 재배장려로 손실을 입은 기업주 또는 농민이 보상을 청구할 수 있는가? 손실보상은 적법한 공권력 행사로 인하여 생긴 재산상의 손실을 보상요건으로 하고 있으며, 비권력적인 행정지도로 인한 손실에 대해서는 손실보상청구를 할 수 없다. 다만 적법한 행정지도에 따랐으나 전혀 예측할 수 없었던 손실을 입은 경우에는 행정지도에 대한 국민의 신뢰를 보호하기 위해 이에 대한 적정한 보상을 하는 것이 바람직하다. 이러한 임의적 보상은 공권력행사로 인한 손실보상이라기 보다는 손해배상 내지는 위험책임에 속하는 것이라 할 수 있다.[172]

---

171) 박균성, 행정법론(상), 454면.

172) 박윤흔, 행정법강의(상), 562면.

제3편

행정법상 의무이행확보수단

제1장

행정강제

제1장
행정강제

제1절 개설

Ⅰ. 행정강제의 의의

행정강제란 행정주체가 행정목적의 실현을 위하여 사람의 신체 또는 재산에 실력을 가하여 행정상 필요한 상태를 실현하는 권력적 사실행위를 말한다. 예컨대, 전염병 예방주사의 강제접종, 불법건축물의 강제철거, 체납조세의 강제징수 등이 있다. 행정강제는 그 내용과 방법에 따라 행정상 강제집행, 행정상 즉시강제, 행정조사의 3종류로 나누어진다. 또한 행정강제는 다음의 개념들과 구별된다.

① 행정강제는 권력적 실력행사라는 점에서 사실행위에 해당하며, 따라서 법적 행위인 행정행위와 구별된다.

② 행정강제는 행정목적의 실현을 궁극적인 목적으로 하는 점에서 행정벌과 같으나, 행정강제는 장래의 의무를 이행시키거나 이행이 있는 것과 같은 상태로 만들기 위한 강제수단인데 반하여, 행정벌은 과거의 위법행위에 대한 제재로서의 행정형벌 또는 행정질서벌의 부과라는 점에서 차이가 있다.

③ 행정강제는 우월한 의사의 주체로서 개인의 신체와 재산에 실력을 가하는 권력적 작용이라는 점에서 비권력적 작용인 행정지도·공법상계약 등과 구별된다.

④ 행정강제는 신속·확실을 기하고 행정청의 재량에 맡기는 것이 합리적이라는 이유로 사법상 의무의 강제집행과는 달리 행정청이 자력으로써 강제함을 특징으로 한다.

Ⅱ. 행정강제의 종류

1. 행정상 강제집행

행정상 강제집행이란 법령 또는 그에 기한 행정처분에 의하여 과하여진 행정법상의 의무의 불이행에 대하여 행정청이 의무자에게 심리적 압박을 가하거나 또는 그 신체·재산에 실력을 가하여 장래에 향하여 그것을 이행하거나 이행한 것과 동일한 상태를 실현하는 작용이다. 예컨대, 불법건축물의 강제철거행위, 조세체납자에 대한 체납처분 등이다.

2. 행정상 즉시강제

행정상 즉시강제란 의무의 불이행을 전제로 하지 않고 목전에 급박한 행정상의 장해를 제거해야 할 필요가 있는 경우에 미리 의무를 명할 시간적 여유가 없을 때(광견의 난동 등) 또는 성질상 의무를 명해 가지고는 목적을 달성하기 어려울 때(전염병환자의 입원 등), 행정청이 직접 국민의 신체 또는 재산에 실력을 가하여 행정상 필요한 상태를 실현하는 작용이다.

3. 행정조사

행정조사란 행정기관이 일정한 행정목적을 달성하기 위하여 필요한 자료·정보 등을 수집하는 행정활동을 말한다. 과거에는 행정조사를 독립된 행정작용으로 보지 아니하고 가택출입·질문 등 행정상 즉시강제의 일부분으로만 다루어 왔다. 그러나 최근에는 보조수단성·급박성 여부 등을 기준으로 양자를 구별하고 있다.

제2절 행정상 강제집행

Ⅰ. 개설

1. 의의

행정상 강제집행이란 법령 또는 그에 기한 행정처분에 의하여 과하여진 행정법상의 의무의 불이행에 대하여 행정기관이 의무자의 신체 또는 재산에 실력을 가함으로써 장래에 향하여 그 의무를 이행시키거나 또는 이행이 있었던 것과 동일한 상태를 실현하는 행정작용을 말한다. 현행법상 인정되고 있는 강제집행의 수단으로는 대집행·직접강제·집행벌·강제징수 등이 있다.

2. 특색

(1) 행정상 즉시강제와 구별

행정상 강제집행은 미리 부과된 행정법상의 의무의 존재와 그 불이행을 전제로 한다. 따라서 이를 전제로 하지 않고 즉시에 실력을 행사하는 행정상의 즉시강제와 구별된다.

(2) 행정벌과 구별

행정상 강제집행과 행정벌은 행정법상의 의무불이행에 대하여 그 이행을 확보하기 위한 수단인 점에서 공통성을 갖는다. 그러나 행정상 강제집행은 장래에 향하여 의무이행을 강제하는 것을 직접목적으로 하는 반면, 행정벌은 과거의 의무불이행에 대하여 제재를 과함을 직접목적으로 하며, 행정법상의 의무이행의 확보는 간접적인 효과에 지나지 않는 점에 차이가 있다. 양자는 그 직접의 목적을 달리하기 때문에 같은 의무의 불이행에 대하여 한편으로 강제집행을 하면서 동시에 행정벌을 과할 수도 있다.

(3) 민사상 강제집행과 구별

행정상 강제집행과 민사상 강제집행은 국가적 강제력을 배경으로 하여 권리주체의 청구권을 만족시키는 법제도인 점에서 공통성을 가지며, 또한 양자는 강제수단에 있어서도 어느 정도 유사성을 가진다. 대법원은 "행정상 강제집행은 행정상의 의무불이행에 대하여 행정권이 실력을 가하여 그 의무를 이행시키거나, 또는 이행된 것과 같은 상태를 실현하는 작용을 말하는 것으로서, 사법상 의무 또는 소송법상 의무의 강제가 법원의 힘을 빌려야 하는 것과 다르다"(대판 1968. 3. 19, 63누172)고 판시한 바 있다.

Ⅱ. 행정상 강제집행의 근거

1. 이론적 근거

과거의 대륙법계 국가에서는 행정상 강제집행권을 부여하는 실정법상의 특별한 근거가 없는 경우에도 당연히 강제집행을 할 수 있다고 보는 것이 일반적이었다.[1] 그러나 오늘날의 통설은 행정상 강제집행을 위해서는 의무를 명하는 법규와는 별도로 그 의무의 이행을 강제하는데 필요한 법적 근거가 있어야 한다고 한다. 즉 행정행위의 집행력은 행정행위의

1) 김남진, 행정법Ⅰ, 496면; 김도창, 일반행정법론(상, 507면; 박균성, 행정법론(상), 475면; 박윤흔, 행정법강의(상), 574면; 이상규(상), 532면.

당연한 속성이 아니라 법률에 의하여 부여되는 법률적 효력이며, 또한 의무를 명하는 행위와 의무의 내용을 강제적으로 실현하는 행위는 성질 및 내용에 있어서 별개의 행정작용이므로, 각각 별도로 행정상의 강제집행 자체를 인정하는 법률의 근거가 있어야 한다.[2)]

2. 실정법적 근거

우리나라의 행정상 강제집행에 관한 현행법상의 근거법으로는 ① 대집행에 관한 일반법으로서의 행정대집행법과 행정상 강제징수에 관한 일반법인 국세징수법이 있으며, ② 그 외에 개별법으로는 출입국관리법(제62조), 토지보상법(제89조), 군사기지 및 군사시설 보호법(제11조), 방어해면법(제7조) 등이 있다.

Ⅲ. 행정상 강제집행의 수단

행정상의 강제집행의 수단으로는 대집행·이행강제금(집행벌)·직접강제·행정상 강제징수 등이 있으나, 우리나라에서는 대집행과 행정상 강제징수만이 일반적 수단으로 되어 있고, 이행강제금이나 직접강제는 개별법에 특별한 근거가 있는 경우에만 인정된다. 따라서 토지나 가옥의 명도와 같은 비대체적 작위의무·수인의무 및 부작위의무에 대한 행정상 강제집행은 원칙적으로 허용될 수 없는 문제점이 있다.

1. 대집행

(1) 의의

대집행이란 법령 또는 그에 의거한 행정처분에 의하여 명하여진 의무로서 타인이 갈음하여 행할 수 있는 의무, 즉 대체적 작위의무에 대한 강제수단으로서, 의무자가 대체적 작위의무를 이행하지 않은 경우에 당해 행정청이 그 의무를 스스로 행하거나 또는 제3자로 하여금 이를 행하게 함으로써 의무의 이행이 있었던 것과 동일한 상태를 실현시킨 후 그 비용을 의무자로부터 징수함을 말한다(행정대집행법 제2조).

---

2) 김남진, 행정법 I, 495면 ; 김도창, 일반일반행정법론(상, 554면 ; 박윤흔, 행정법강의(상), 575면 ; 서원우, 현대행정법(상), 571면 ; 석종현, 일반행정법(상), 490면 ; 윤세창, 행정법I, 286면.

(2) 주체

대집행의 주체는 당초에 대체적 작위의무를 명한 당해 행정청이다(행정대집행법 제2조). 행정청은 직접 또는 위임에 의하여 대집행을 행하거나 타인에게 대집행을 위탁할 수 있다. 대법원은 "군수가 군사무위임조례의 규정에 따라 무허가 건축물에 대한 철거대집행사무를 하부 행정기관인 읍·면에 위임하였다면, 읍·면장에게는 관할구역 내의 무허가 건축물에 대하여 그 철거대집행을 위한 계고처분을 할 권한이 있다"(대판 1997. 2. 14, 96누15428)라고 판시하고 있다.

(3) 대집행의 대상

1) 법령 또는 법령에 의거한 행정처분에 의하여 명하여진 의무

대집행의 대상이 되는 의무는 법령에 의하여 직접 명령되었거나 또는 법령에 의거한 행정처분에 의하여 명하여진 대체적 작위의무이다(행정대집행법 제2조).

2) 대체적 작위의무

대집행의 대상인 의무는 대체적 작위의무에 한한다. 따라서 부작위의무·수인의무·비대체적 작위의무는 대집행의 대상이 되지 않는다. 이와 관련하여 다음과 같은 경우에는 오늘날 특히 문제가 되고 있다.

① 부작위 의무를 위반한 경우, 즉 하천·도로·공원부지 등을 불법 점거하여 그 위에 공작물을 설치한 경우에 곧바로 그 공작물을 철거할 수 있는가가 문제된다. 이 경우에는 하천법 제73조, 도로법 제74조, 도시공원 및 녹지 등에 관한 법률 제25조에 의하여 먼저 당해 불법공작물의 철거를 명하여 부작위의무를 작위의무로 전환한 후에 그 작위의무의 불이행을 이유로 대집행을 할 수 있다 할 것이다.[3]

② 고도의 전문기술성을 필요로 하는 의무의 이행에 있어서 의무자 스스로 이행하지 아니하면 목적을 달성할 수 없는 경우에는 대집행의 대상이 될 수 없다.

③ 어떤 의무가 그 의무를 타인이 갈음하여 행하는 것이 의무자 스스로 행하는 경우에 비하여 다액의 비용이 든다 할지라도 당해 의무가 대집행의 대상이 되지 못한다고는 할 수 없다.[4]

---

3) 박윤흔, 행정법강의(상), 581면.

4) 석종현, 일반행정법(상), 493면 ; 박윤흔, 행정법강의(상), 582면 ; 이상규, 신일반행정법론(상), 535면.

【판례】: 법치주의의 원리에 비추어 볼 때 위와 같은 부작위의무로부터 그 의무를 위반함으로써 생긴 결과를 시정하기 위한 작위의무를 당연히 끌어낼 수는 없으며, 또 위 금지규정(특히 허가를 유보한 상대적 금지규정)으로부터 작위의무, 즉 위반결과의 시정을 명하는 권한이 당연히 추론되는 것도 아니다(대판 1996. 6. 28, 96누4374).

3) 토지·물건의 인도의무

토지보상법 제44조는 "특별자치도지사, 시장 · 군수 또는 구청장은 사업시행자의 청구에 의하여 토지나 물건의 인도 또는 이전을 대행하여야 한다."고 규정하고 있는바, 이와 관련하여 토지·물건 등의 인도의무가 대집행의 대상이 되는지가 문제된다. 본래 대집행은 대체적 작위의무에 대하여만 가능하므로 토지·물건의 인도의무는 그런 의미에서 대집행의 대상인 완전한 의미의 대체적 작위의무가 아니다. 따라서 토지보상법 제44조는 인도의 대상인 토지·건물가재도구 등 물건의 존치로 점유하고 있는 경우에 존치물건의 반출로써 점유를 풀어 인도대상인 토지·건물의 현실적 지배를 사업시행자에게 취득시키는 것만을 인정한 것으로 해석하여야 할 것이다.[5)]

【판례】: ① 도시공원시설인 매점의 관리청이 그 공동점유자 중의 1인에 대하여 소정의 기간 내에 위 매점으로부터 퇴거하고 이에 부수하여 그 판매 시설물 및 상품을 반출하지 아니할 때에는 이를 대집행하겠다는 내용의 계고처분은 그 주된 목적이 매점의 원형을 보존하기 위하여 점유자가 설치한 불법 시설물을 철거하고자 하는 것이 아니라, 매점에 대한 점유자의 점유를 배제하고 그 점유이전을 받는 데 있다고 할 것인데, 이러한 의무는 그것을 강제적으로 실현함에 있어 직접적인 실력행사가 필요한 것이지 대체적 작위의무에 해당하는 것은 아니어서 직접강제의 방법에 의하는 것은 별론으로 하고 행정대집행법에 의한 대집행의 대상이 되는 것은 아니다(대판 1998. 10. 23, 97누157).

② 피수용자 등이 기업자에 대하여 부담하는 수용대상 토지의 인도의무에 관한 구 토지수용법 제63조, 제64조, 제77조 규정에서의 '인도'에는 명도도 포함되는 것으로 보아야 하고, 이러한 명도의무는 그것을 강제적으로 실현하면서 직접적인 실력행사가 필요한 것이지 대체적 작위의무라고 볼 수 없으므로 특별한 사정이 없는 한 행정대집행법에 의한 대집행의 대상이 될 수 있는 것이 아니다(대판 2005. 8. 19, 2004다2809).

5) 박윤흔, 행정법강의(상), 582면.

(4) 요건

대집행을 하기 위한 요건으로는 ① 의무의 불이행이라는 사실 이외에, ② 다른 수단으로는 그 이행을 확보하기 곤란할 뿐만 아니라, ③ 그 불이행을 방치함이 심히 공익을 해할 것으로 인정되어야 한다(행정대집행법 제2조).

1) 대체적 작위의무의 불이행

법령 또는 이에 근거한 행정처분에 의하여 부과된 대체적 작위의무를 불이행한 경우에 한한다.

2) 다른 수단으로는 의무이행의 확보가 곤란할 것

대체적 작위의무의 이행을 확보할 수 있는 다른 수단(행정지도·시정명령 등)이 있는 경우에는 대집행이 금지된다. 그러나 성격상 대상 의무의 종류를 달리하는 집행벌·직접강제 등은 여기서 말하는 다른 수단으로 볼 수는 없다.

3) 그 불이행을 방치함이 심히 공익을 해할 것

이는 비례원칙을 말하는 것으로서 사소한 공익을 위하여서는 함부로 대집행을 할 수 없다는 의미이다. 즉 대집행이 아닌 다른 수단으로서 의무자의 권익을 더 적게 침해하고서도 집행이 가능한 때에는 취소침해의 원칙에 따라 대집행은 인정되지 않는다.

【판례】: 공익을 해하는 경우

① 무허가로 불법 건축되어 철거할 의무가 있는 건축물을 도시미관, 주거환경, 교통소통에 지장이 없다는 등의 사유만을 들어 그대로 방치한다면 불법건축물을 단속하는 당국의 기능을 무력화하여 건축행정의 원활한 수행을 위태롭게 하고 건축허가 및 준공검사시에 소방시설, 주차시설, 기타 건축법 소정의 제한규정을 회피하는 것을 사전 예방한다는 더 큰 공익을 해칠 우려가 있다(대판 1989. 3. 28, 87누930).

② 무허가 증축부분이 상당히 큰데다가 도로쪽 전면으로 돌출되어 있어 쉽게 발견되고 도시계획선을 침범하고 있는바, 이를 그대로 방치한다면 불법건축물을 단속하는 당국의 권능은 무력화되어 건축행정의 원활한 수행을 위태롭게 하고, 건축법 소정의 제한규정이나 도시계획구역 안에서의 토지의 경제적이고 효율적인 이용을 회피하는 것을 사전에 예방하지 못하게 되어, 더 큰 공익을 해하는 것이 된다(대판 1992. 8. 14, 92누3885).

【판례】: 공익을 해하지 않는 경우

① 건물이 노후되어 붕괴될 위험에 처해 있었는데도 대지에 관한 소유권 다툼으로 말미암아 수선허가를 받을 수 없어 부득이 허가 없이 수선을 하였는데, 그로 인하여 건물면적에 실질적인 변동을 초래하지 않았고 도시미관이나 위생을 해친 바도 없으므로, 이를 그대로 방치하더라도 심히 공익을 해하는 것으로 볼 수는 없다(대판 1988. 2. 9, 87누213).

② 건축허가면적보다 0.02㎡ 정도 초과하여 이웃의 대지를 침범한 경우에, 이 정도의 위반만으로는 주위의 미관을 해칠 우려가 없을 뿐 아니라 이를 대집행으로 철거할 경우 많은 비용이 드는 반면, 공익에는 별 도움이 되지 아니하고, 도로교통·방화·보안·위생·도시미관·공해예방 등의 공익을 크게 해친다고 볼 수도 없기 때문에, 철거를 위한 계고처분은 그 요건을 갖추지 못한 것으로서 위법하며 취소를 면할 수 없다(대판 1991. 3. 12, 90누10070).

(5) 절차

대집행은 계고→대집행영장에 의한 통지→대집행의 실행→대집행비용징수의 4단계로 이루어진다(제3조~제6조). 이러한 4단계의 행위는 각각 독립된 것이 아니고 서로 결합하여 대집행이라는 하나의 효과를 완성하게 되는 것이기 때문에 선행행위의 하자는 후행행위에 승계된다.

1) 계고

계고란 행정청이 상당한 이행기간을 정하여 그 기한까지 이행되지 아니하는 경우에는 대집행을 한다는 뜻을 문서로 통지하는 준법률행위적 행정행위라는 것이 통설·판례의 입장이다. 계고처분은 대집행영장을 발급하고 대집행을 하는데 전제가 되는 행정처분[6]이므로, 위법한 계고에 대하여는 취소소송을 제기할 수 있다. '상당한 이행기간'이 어느 정도인지는 사회통념에 따라 결정되어야 할 문제이지만 적어도 상대방의 이행이 객관적으로 가능한 기간이어야 한다. 그리고 계고를 하기 전에 대집행의 요건인 대체적 작위의무가 먼저 명하여져 있을 것이 요구된다. 예컨대, 불법건축물 등의 대집행을 하기 전에 철거명령을 내리는 것이다.[7]

판례는 계고서라는 명칭의 1장의 문서에 일정기간 내에 자진 철거를 명함과 동시에 불이행시 대집행할 뜻을 계고한 경우에도 양자는 각각 독립된 행정처분으로서 적법하다고 판시

---

6) 대판 1962. 10. 18, 62누117.

7) 박윤흔, 행정법강의(상), 585면; 이상규(상), 536면.

하였으나,[8] 이는 계고의 절차적 측면에서 문제가 있다고 하겠다. 그러나 예외적으로 비상시 또는 위험이 절박한 경우에 있어서 당해 행위의 급속한 실시를 요하여 계고절차를 취할 여유가 없을 때에는 계고 없이 대집행을 할 수 있다(제3조 제3항). 계고처분에는 대집행할 행위의 내용과 범위가 구체적으로 특정되어야 하며, 특정되지 아니한 계고처분은 '내용의 불명확'으로 불명확한 정도에 따라 무효 또는 취소의 대상이 된다.

한편, 대집행할 행위의 비용과 범위는 대집행계고서에 의하여서만 특정되어야 하는 것은 아니며, 그 처분 전후에 송달된 다른 문서나 기타 사정을 종합하여 이를 특정할 수 있으면 족하다(대판 1990. 1. 25, 89누4543; 대판 1992. 3. 10, 91누4140).

【판례】: ① 행정청이 건축법 제42조 제1항과 행정대집행법 제2조 및 제3조 제1항에 따라 건축법위반 건축물의 철거를 명하고 그 의무불이행시 행할 대집행의 계고를 함에 있어서는, 의무자가 이행하여야 할 행위와 그 의무불이행시 대집행할 행위의 내용 및 범위가 구체적으로 특정되어야 할 것이지만, 반드시 철거명령서나 대집행계고서에 의하여서만 특정되어야 하는 것은 아니고, 그 처분 전후에 송달된 문서나 기타 사정을 종합하여 이를 특정할 수 있으면 족하다(대판 1990. 1. 25, 89누4543).

② 불법건축물을 철거하지 아니하면 대집행 하겠다는 대집행계고처분을 불과 이틀 전에 송달 받았다고 하더라도 그 전부터 공사중단 및 자진철거 명령을 받아온 점과 그 후 철거기한을 연기하여 준 사정에 비추어 행정대집행법 제3조 소정의 상당한 이행기한을 부여한 것이다(대판 1992. 3. 10, 91누4140).

2) 대집행영장에 의한 통지

의무자가 계고를 받고도 지정기한까지 그 의무를 이행하지 아니하는 경우에는 당해 행정청은 ① 대집행영장으로써 대집행을 할 시기, ② 대집행을 시키기 위하여 파견하는 집행책임자의 성명, ③ 대집행에 요하는 비용의 계산에 의한 견적액을 의무자에게 통지하여야 한다(제3조 제2항). 이러한 대집행영장의 성질을 준법률행위적 행정행위인 통지행위라고 한다. 대집행영장에 의한 통지도 법률에 다른 규정이 있거나(건축법 제53조의 3) 비상시 또는 위험이 절박하여 통지를 할 만한 여유가 없을 때에는 통지를 생략할 수 있다(제3조 제3항).

---

8) 계고서라는 명칭의 1장의 문서로서 일정기간 내에 위법건축물의 자진철거를 명함과 동시에 그 소정기한 내에 자진철거를 하지 아니할 때에는 대집행할 뜻을 미리 계고한 경우라도 건축법에 의한 철거명령과 행정대집행법에 의한 계고처분은 독립하여 있는 것으로서 각 그 요건이 충족되었다고 볼 것이다(대판 1992. 6. 12, 91누13564).

3) 대집행의 실행

대집행의 실행이란 의무가 이행된 것과 같은 상태를 실현하기 위하여 물리적으로 행하는 실력행사를 말한다. 따라서 대집행의 실행은 권력적 사실행위의 성질을 가진다. 대집행의 실행은 행정청 또는 제3자에 의하여 실행되며, 대집행을 하기 위하여 현장에 파견되는 집행책임자는 그가 집행책임자라는 것을 표시한 증표를 휴대하여 이해관계인에게 제시하여야 한다(제4조). 대집행의 실행에 대하여 의무자는 수인할 의무가 있으며, 따라서 이에 항거하는 경우는 공무집행방해죄(형법 제136조)의 구성요건에 해당된다.

4) 비용징수

대집행에 소요된 모든 비용은 당해 행정청이 의무자로부터 징수한다. 비용의 징수는 그 금액과 납부기일을 정하여 의무자에게 문서로써 그 납부를 명하여야 한다(제5조). 만일 납부기한까지 스스로 대집행비용을 납부하지 않을 때에는 국세징수법의 예에 의하여 강제징수 한다(제6조 제1항).

대집행에 요한 비용에 대하여는 행정청은 사무비의 소속에 따라 국세에 다음가는 순위의 선취득권을 가지며, 징수된 비용은 사무비의 소속에 따라 국고 또는 지방자치단체의 수입으로 한다.[9]

> **【판례】**: 대한주택공사가 구 대한주택공사법 및 구 대한주택공사법 시행령에 의하여 대집행권한을 위탁받아 공무인 대집행을 실시하기 위하여 지출한 비용은 행정대집행법 절차에 따라 국세징수법의 예에 의하여 징수할 수 있다(대판 2011. 9. 8, 2010다48240).

(6) 대집행에 대한 구제

대집행에 대하여 불복이 있는 자는 행정심판의 제기를 통하여 위법 또는 부당한 대집행의 정지를 구할 수 있다. 당해 행정청에 대해서는 이의신청의 제기가 가능하고, 직접상급행정청에 대해서는 행정심판을 제기할 수 있다(제7조 제1항). 행정심판의 제기는 법원에 대한 출소의 권리를 방해하지 아니한다(제8조). 본 조항을 행정심판전치주의에 대한 예외를 인정

9) 제6조(비용징수) ① 대집행에 요한 비용은 국세징수법의 예에 의하여 징수할 수 있다. ② 대집행에 요한 비용에 대하여서는 행정청은 사무비의 소속에 따라 국세에 다음가는 순위의 선취득권을 가진다. ③ 대집행에 요한 비용을 징수하였을 때에는 그 징수금은 사무비의 소속에 따라 국고 또는 지방자치단체의 수입으로 한다.

한 규정이라고 해석하는 견해도 있으나,[10] 다수의 견해[11]와 판례는 단지 법원에 대한 출소를 강조한 규정이며 행정심판전치주의에 대한 예외를 인정한 규정은 아니라고 본다.[12]

그런데 대집행은 4단계의 절차로 되어 있기 때문에 대집행에 대한 행정쟁송이 인정되는 경우에 있어서도 구체적으로 대집행절차의 어느 단계의 행위를 대상으로 하여 행정쟁송의 제기가 가능한지, 전 단계의 하자의 효과가 다음 단계로 승계되는지 등에 관하여 의문이 제기되고 있다.

1) 행정쟁송의 제기

대집행에 대하여는 행정심판을 제기할 수 있다(제7조).[13] 이에 대한 재결결과에 다시 불복이 있는 자는 법원에 행정소송을 제기할 수 있음은 물론이다(제8조).[14]

2) 행정쟁송의 대상

통설 및 판례[15]는 4단계의 행위 중 계고와 대집행영장에 의한 통지행위는 모두 준법률행위적 행정행위로서 행정쟁송의 대상이 된다고 본다. 그러나 ① 이들 행정행위는 대집행의 실행이 완료된 후에는 '회복할 법률상 이익'이 없는 한 적어도 행정쟁송으로 취소를 구할 수는 없으며, 따라서 위법한 대집행으로 인한 손해배상을 청구할 수밖에 없다고 하겠다.[16] ② 마지막 단계인 비용납부고지행위는 전형적인 행정행위이므로 그 금액의 과다 등을 이유로 행정쟁송을 제기할 수 있음은 물론이다. ③ 권력적 사실행위인 대집행의 실행행위에 대하여도 취소소송의 대상이 될 것인가에 관하여 다툼이 있으나, 행정소송법은 취소소송의 대상인 '처분'의 개념을 "행정청이 행하는 구체적 사실에 관한 법집행으로서의 공권력의 행사

---

10) 김도창, 일반행정법론(상, 562면.

11) 김동희, 행정법Ⅰ, 402면 ; 박윤흔, 행정법강의(상), 586면 ; 변재옥, 행정법강의Ⅰ, 464면.

12) 행정대집행법 제8조는 대집행에 대한 행정심판의 제기가 법원에 민사나 행정소송을 제기할 권리를 방해하지 아니한다는 것을 규정한 취지일 뿐 행정심판을 제기하지 아니하고 취소소송을 제기할 수 있음을 규정한 것은 아니다(대판 1993. 6. 8, 93누6164).

13) 제7조(행정심판) 대집행에 대하여는 행정심판을 제기할 수 있다.

14) 제8조(출소권리의 보장) 전조의 규정은 법원에 대한 출소의 권리를 방해하지 아니한다.

15) 대집행의 계고행위는 본법 소정의 처분에 포함되므로 계고처분 자체에 위법 있는 경우에도 항고소송의 대상이 된다(대판 1966. 10. 31, 66누25).

16) 행정소송법 제12조(원고적격) 취소소송은 처분등의 취소를 구할 법률상 이익이 있는 자가 제기할 수 있다. 처분등의 효과가 기간의 경과, 처분등의 집행 그 밖의 사유로 인하여 소멸된 뒤에도 그 처분등의 취소로 인하여 회복되는 법률상 이익이 있는 자의 경우에는 또한 같다.

또는 그 거부와 그 밖에 이에 준하는 행정작용"으로 확대하였으며, 여기서 말하는 공권력의 행사작용에는 권력적 사실행위도 계속적 성질을 가지는 한 포함된다고 함이 통설의 견해이다.

한편, 대집행의 실행행위는 성질상 단기간에 끝나는 경우가 대부분이므로 '회복할 법률상 이익'이 없어 취소를 구할 수 없게 되는 경우가 많을 것이다. 따라서 이 경우에는 위법한 대집행으로 인한 손해배상청구소송을 제기하거나, 대집행비용청구에 대한 취소소송을 제기하는 수밖에 없을 것이다.

3) 하자의 승계

대집행에 있어서 4단계의 행위는 서로 결합하여 하나의 법률효과를 완성시키는 것이므로 각 단계의 행위가 적법하게 성립하여야 그 다음 단계의 행위가 성립되는 전제조건이 되므로 선행행위의 하자는 그 후행행위의 적법성에까지 영향을 미치게 된다. 따라서 계고처분의 하자를 주장할 기회를 놓쳤다고 하더라도 대집행영장에 의한 통지의 단계에서 이를 주장하여 대집행영장에 의한 통지의 위법 및 취소를 구할 수 있다.

> **【판례】:** 선행처분인 계고처분이 하자가 있는 위법한 처분이라면, 비록 대집행의 실행이 완료되어 그 계고처분의 취소를 구할 법률상의 이익이 없게 되고 또한 그 후행처분인 비용납부명령 자체에는 아무런 하자가 없더라도, 비용납부명령의 취소를 구하는 소송에서 선행처분인 계고처분이 위법한 것이기 때문에 이를 전제로 행하여진 비용납부명령도 위법한 것이라고 주장할 수 있다(대판 1993. 11. 9, 93누14271).

(7) 대집행에 있어서의 재량 문제

행정대집행법상의 대집행 요건이 모두 구비된 경우에도 반드시 대집행을 하여야 하는 것은 아니며 행정청은 대집행할 것인가의 여부를 재량으로 결정할 수 있다고 할 것이다.[17)][18)]

---

17) 김남진, 행정법Ⅰ, 500면; 김동희, 행정법Ⅰ, 435면; 그러나 이를 기속행위로 보는 견해도 있다.

18) 제2조(대집행과 그 비용징수) 법률(법률의 위임에 의한 명령, 지방자치단체의 조례를 포함한다. 이하 같다)에 의하여 직접명령되었거나 또는 법률에 의거한 행정청의 명령에 의한 행위로서 타인이 대신하여 행할 수 있는 행위를 의무자가 이행하지 아니하는 경우 다른 수단으로써 그 이행을 확보하기 곤란하고 또한 그 불이행을 방치함이 심히 공익을 해할 것으로 인정될 때에는 당해 행정청은 스스로 의무자가 하여야 할 행위를 하거나 또는 제삼자로 하여금 이를 하게 하여 그 비용을 의무자로부터 징수할 수 있다.

그러나 대체적 작위의무의 불이행을 그대로 방치하는 것이 생명·신체에 중대한 위험을 야기하는 예외적인 경우 예컨대, 붕괴의 위험이 있는 축대 등에는 '재량권의 0으로의 수축이론'에 따라 반드시 대집행을 하여야 할 기속을 받는다고 할 것이다.

2. 집행벌(이행강제금)

(1) 의의

집행벌이란 부작위의무 또는 비대체적작위의무를 이행하지 않는 경우에 그 의무를 강제로 이행시키기 위하여 부과하는 금전부담이다. 부작위의무의 예로는 버스·선박의 결항금지의무, 택시의 대리운전 금지의무 등이 있으며, 비대체적 작위의무의 예로는 농지의 매도의무, 의사의 진료의무, 증인의 출석의무 등이 있다. 즉 집행벌은 일정한 기간 내에 의무를 이행하지 않으면 일정한 제재금을 과한다는 뜻을 미리 계고하여 그에 따른 심리적 압박을 주어 장래에 그 의무를 이행하게 하려는 간접적인 강제집행수단의 일종이다. 집행벌은 이행강제금이라 부르기도 한다.

【헌재결】: 전통적으로 행정대집행은 대체적 작위의무에 대한 강제집행수단으로, 이행강제금은 부작위의무나 비대체적 작위의무에 대한 강제집행수단으로 이해되어 왔으나, 이는 이행강제금제도의 본질에서 오는 제약은 아니며, 이행강제금은 대체적 작위의무의 위반에 대하여도 부과될 수 있다(헌재 2004. 2. 26, 2001헌바80등, 2002헌바26(병합)).

【판례】: 구 건축법(2005. 11. 8. 법률 제7696호로 개정되기 전의 것)상의 이행강제금은 구 건축법의 위반행위에 대하여 시정명령을 받은 후 시정기간 내에 당해 시정명령을 이행하지 아니한 건축주 등에 대하여 부과되는 간접강제의 일종으로서 그 이행강제금 납부의무는 상속인 기타의 사람에게 승계될 수 없는 일신전속적인 성질의 것이므로 이미 사망한 사람에게 이행강제금을 부과하는 내용의 처분이나 결정은 당연무효이고, 이행강제금을 부과받은 사람의 이의에 의하여 비송사건절차법에 의한 재판절차가 개시된 후에 그 이의한 사람이 사망한 때에는 사건 자체가 목적을 잃고 절차가 종료한다(대판 2006. 12. 8, 2006마470).

(2) 행정벌과의 구별

집행벌과 행정벌은 부작위의무 또는 비대체적 작위의무의 불이행에 대하여도 과할 수 있으며, 행정법상의 의무이행의 확보 수단으로도 사용된다는 점에서는 공통점이 있다. 그러나 ① 행정벌은 과거의 의무위반에 대한 제재로서의 벌칙이지만, 집행벌은 의무자에게 심리적 압박을 가하여 장래에 향하여 그 의무를 이행시키고자 하는 간접적인 강제집행의 일종이라는 점에서 차이가 있다. ② 또한 행정벌은 과거의 의무위반에 대한 제재이므로 위반행위에 대하여 이중처벌금지의 원칙이 적용되어 반복적으로 부과할 수 없으나, 집행벌은 금전납부의 의무자를 심리적으로 압박하여 장래에 향하여 행정상 의무이행을 확보하려는 것이므로 그 의무의 이행이 있기까지는 반복적으로 부과할 수 있다는 점에서 차이가 있다.

(3) 근거

집행벌은 과거 일제시대의 행정집행령에서는 일반적인 규정이 있었으나 현재로서는 건축법·농지법 등에서 예외적으로만 인정되고 있다.

① '부동산 실권리자명의 등기에 관한 법률'에서 소유권 이전등기를 신청하지 아니한 등기권리자에 대한 과징금 부과,[19] ② 농지법에서 농업경영에 이용하지 아니하는 농지 등에 대하여 부과한 농지처분의무를 이행치 않는 경우에 이행강제금의 부과,[20] ③ 건축법 제80조에서 건축법 위반행위에 대하여 공사중지 및 철거명령을 한 후, 일정기간 내에 이를 이행치 아니할 때에는 다시 이행기간을 정하고 그 때까지 이행치 아니한 경우 1년에 2회까지 일정한 이행강제금을 부과하도록 규정하고 있다. 이러한 규정은 그 의무의 이행이 있기까지 의무자에게 심리적 압박을 가함으로써 건폐율 및 용적률 초과 건축물의 시정의무, 농지의 처분의무 등을 스스로 이행케 하려는 집행벌의 성격을 가진다고 하겠다.

---

19) 제6조(이행강제금) ① 제5조제1항제1호에 따른 과징금을 부과받은 자는 지체 없이 해당 부동산에 관한 물권을 자신의 명의로 등기하여야 한다. 다만, 제4조제2항 단서에 해당하는 경우에는 그러하지 아니하며, 자신의 명의로 등기할 수 없는 정당한 사유가 있는 경우에는 그 사유가 소멸된 후 지체 없이 자신의 명의로 등기하여야 한다. ② 제1항을 위반한 자에 대하여는 과징금 부과일(제1항 단서 후단의 경우에는 등기할 수 없는 사유가 소멸한 때를 말한다)부터 1년이 지난 때에 부동산평가액의 100분의 10에 해당하는 금액을, 다시 1년이 지난 때에 부동산평가액의 100분의 20에 해당하는 금액을 각각 이행강제금으로 부과한다.

20) 제62조(이행강제금) ① 시장(구를 두지 아니한 시의 시장을 말한다. 이하 이 조에서 같다)·군수 또는 구청장은 제11조제1항(제12조제2항에 따른 경우를 포함한다)에 따라 처분명령을 받은 후 제11조제2항에 따라 매수를 청구하여 협의 중인 경우 등 대통령령으로 정하는 정당한 사유 없이 지정기간까지 그 처분명령을 이행하지 아니한 자에게 해당 농지의 토지가액의 100분의 20에 해당하는 이행강제금을 부과한다.

3. 직접강제

(1) 의의

직접강제란 행정법상의 의무위반 또는 불이행이 있는 경우에, 직접적으로 의무자의 신체 또는 재산에 실력을 가하여 의무의 이행이 있었던 것과 동일한 상태를 실현하는 작용을 말한다. 예컨대, 불법입국체류 외국인의 강제출국조치, 군사시설보호구역의 무단침입자 또는 불법시설물의 강제퇴거·철거조치 등이다. 직접강제는 의무자의 신체 또는 재산에 직접 실력을 행사하는 행위이므로 가장 강력한 강제집행의 수단이다. 또한 작위의무(대체적·비대체적 작위의무)·부작위의무 및 수인의무 등 모든 의무의 불이행에 대하여도 사용될 수 있다.

(2) 성질

직접강제는 ① 의무의 부과 및 의무의 불이행을 전제로 한다는 점에서 이를 전제로 하지 아니하는 행정상 즉시강제와도 구별되며, ② 의무자의 신체·재산에 직접 실력을 가하며 모든 의무의 불이행에 적용될 수 있다는 점에서 대체적 작위의무만을 대상으로 하는 대집행과 구별되고, ③ 부작위의무와 비대체적 작위의무의 불이행에 대한 금전적·간접적 강제수단인 집행벌과도 구별된다. 또한 ④ 재산 그 자체에 실력을 가하여 필요한 상태를 실현한다는 점에서 금전납부의무에 대한 행정상 강제징수의 수단인 재산의 압류·공매 등과 구별된다.

(3) 근거

직접강제는 신체·재산에 직접 실력을 가하는 가장 강력한 강제집행수단이기 때문에 남용으로 인한 신체의 자유 등 기본권 침해의 우려가 있다. 따라서 출입국관리법(제46조), 군사기지 및 군사시설보호법(제11조·제12조), 방어해면법(제7조) 등 소수의 개별법에서만 극히 예외적으로 인정하고 있다.

(4) 한계

직접강제는 행정상 강제집행수단 중에서도 가장 강력한 수단이라 할 수 있으므로, 국민의 기본권을 침해할 가능성이 높다. 따라서 직접강제에는 비례의 원칙 및 적법절차의 원칙에 따라 보다 엄격한 절차법적·실체법적 통제가 가해져야 하며, 최후수단으로서 활용되어야 한다(보충성의 원칙).

(5) 직접강제제도의 확대

현행법상 직접강제에 관한 일반적 규정은 두지 않고 예외적으로 개별법에 단편적인 규정만 있으므로, 절차적 미비로 인하여 오히려 현실적으로 위법 내지 탈법적 행정강제가 행해질 위험이 있다. 따라서 직접강제의 제도적 정비와 함께 직접강제의 상대방 개인의 보호뿐만 아니라 직접강제에 의하여 확보되는 일반 공중의 이익이나 사회질서 등을 중시하여야 함을 이유로 직접강제수단의 선별적 도입확대가 주장되고 있다.[21)]

이에 따라서 무허가 음식점·전자오락실·숙박업·목욕탕·술집 등이 번창하게 되자 이들에 대하여는 영업장소의 폐쇄조치와 함께 ① 간판 등의 제거, ② 내부시설물의 봉인, ③ 무허가업소임을 알리는 게시물의 부착 등의 직접강제수단을 도입하였다. 이러한 직접강제제도는 주로 식품·의약품의 제조업, 총포·소방용기구·전기용품·계량기 등의 제조업, 폐기물관리업 등 국민의 보건·환경·안전에 심대한 영향을 미치는 영업분야로 점차 확대되고 있다.[22)]

4. 행정상 강제징수

(1) 의의

행정상 강제징수란 국민이 국가 등 행정주체에 대한 행정법상의 금전급부의무를 이행하지 않는 경우에 행정청이 의무자의 재산에 실력을 가하여 의무의 이행이 있었던 것과 같은 상태를 실현하는 작용을 말한다.

(2) 근거

행정상 강제징수에 관한 일반법으로는 국세징수법이 있으며, 그 외에 토지보상법(제90조)·보조금의 관리에 관한 법률(제33조의3) 등 개별법이 그 법에 의한 금전급부의무의 강제집행에 관하여 국세징수법을 준용하도록 하고 있다. 따라서 국세징수법은 행정상 강제징수제도의 중추적인 역할을 하고 있다.

(3) 절차

국세징수법에 의한 강제징수절차는 독촉 및 체납처분으로 나누어지며, 체납처분은 다시 재산압류, 압류재산의 매각, 청산의 3단계로 나누어진다.

---

21) 박윤흔, 행정법강의(상), 589면.

22) 박윤흔, 행정법강의(상), 590면.

1) 독촉

국세를 그 납부기한까지 완납하지 아니하였을 때에는 세무서장은 납부기한이 지난 후 10일 내에 독촉장을 발급하여야 한다. 다만, 제14조에 따라 국세를 징수하거나 체납액이 대통령령으로 정하는 금액 미만이면 독촉장을 발급하지 아니한다(제23조 제1항). 또한 세무서장은 제2차 납세의무자가 체납액을 그 납부기한까지 완납하지 아니하였을 때에는 10일 내에 납부최고서를 발급하여야 한다. 다만, 제2차 납세의무자가 납부할 체납액이 대통령령으로 정하는 금액 미만이면 납부최고서를 발급하지 아니한다(제23조 제2항). 독촉이란 상당한 이행기간을 정하여 납세의무자에게 의무의 이행을 최고하고, 그 의무가 이행되지 않을 경우에는 체납처분을 예고하는 것이다. 이러한 독촉은 통지행위인 준법률행위적 행정행위에 해당한다.

또한 국세를 납부기한까지 완납하지 아니하였을 때에는 그 납부기한이 지난 날부터 체납된 국세의 100분의 3에 상당하는 가산금을 징수한다(제21조 제1항). 독촉장 또는 납부최고서가 송달되면 체납처분의 전제조건이 충족되며, 또한 조세채권의 시효중단의 효과가 발생한다(국세기본법 제28조).

2) 체납처분

체납처분은 재산압류→압류재산 매각→청산의 3단계로 행하여진다. 체납처분은 행정처분에 근거하여 행정공무원이 직접 집행하는 점에서 민사상의 강제집행에 비해 간이·신속하게 처리된다.

(가) 재산압류

체납자가 독촉을 받고도 기한까지 이행하지 아니한 때에는 재산의 압류를 한다. 압류란 의무자의 재산에 대해서 사실상 및 법률상으로 처분을 금지하여 체납액의 징수를 확보하는 강제행위이다. 따라서 압류는 권력적 사실행위의 성질을 가진다.

(a) 압류요건

압류는 원칙적으로 체납자가 독촉장 또는 납부최고서를 받고도 지정기한까지 국세와 가산금을 완납하지 아니한 때이다(제24조 제1항 제1호). 그러나 예외적으로 납세자가 납기 전에 납부 고지를 받고 지정된 기한까지 완납하지 아니한 경우(제24조 제1항 제2호)와 납기 전 징수의 사유가 있고 국세의 확정 후에는 당해 국세를 징수할 수 없을 것으로 인정되는 때에는 국세로 확정되리라고 추정되는 금액의 한도 내에서 납세자의 재산을 압류할 수 있다(제24조 제2항).

(b) 압류대상재산

압류대상재산은 체납자의 소유로서 금전적 가치와 양도성이 있는 모든 재산이 된다. 그러나 체납자의 최저생활과 생업의 유지에 불가결한 의복·가구·식품 등은 압류가 금지되고[23], 농업·어업등 필요한 기구 등의 재산은 조건부 압류금지 재산이고,[24] 봉급·퇴직금 등은 2분의 1까지만 압류할 수 있다.[25]

(c) 압류방법

압류의 방법은 동산 및 유가증권의 압류(제38조), 채권의 압류(제41조), 부동산 등의 압

---

23) 제31조(압류금지 재산) 다음 각 호의 재산은 압류할 수 없다. 〈개정 2016.3.2〉
1. 체납자와 그 동거가족의 생활에 없어서는 아니 될 의복, 침구, 가구와 주방기구
2. 체납자와 그 동거가족에게 필요한 3개월간의 식료와 연료
3. 인감도장이나 그 밖에 직업에 필요한 인장
4. 제사 · 예배에 필요한 물건, 비석 및 묘지
5. 체납자 또는 그 동거가족의 상사 · 장례에 필요한 물건
6. 족보나 그 밖에 체납자의 가정에 필요한 장부 · 서류
7. 직무상 필요한 제복 · 법의
8. 훈장이나 그 밖의 명예의 증표
9. 체납자와 그 동거가족의 학업에 필요한 서적과 기구
10. 발명 또는 저작에 관한 것으로서 공표되지 아니한 것
11. 법령에 따라 급여하는 사망급여금과 상이급여금
12. 의료 · 조산의 업 또는 동물진료업에 필요한 기구 · 약품과 그 밖의 재료
13. 「주택임대차보호법」 제8조 및 같은 법 시행령의 규정에 따라 우선변제를 받을 수 있는 금액
14. 체납자의 생계 유지에 필요한 소액금융재산으로서 대통령령으로 정하는 것

24) 제32조(조건부 압류금지 재산) 다음 각 호의 재산은 그 체납자가 체납액에 충당할 만한 다른 재산을 제공할 때에는 압류할 수 없다.
1. 농업에 필요한 기계 · 기구, 가축류의 사료, 종자와 비료
2. 어업에 필요한 어망 · 어구와 어선
3. 직업 또는 사업에 필요한 기계 · 기구와 비품

25) 제33조(급여채권의 압류 제한) ① 급료 · 연금 · 임금 · 봉급 · 상여금 · 세비 · 퇴직연금, 그 밖에 이와 비슷한 성질을 가진 급여채권에 대하여는 그 총액의 2분의 1에 해당하는 금액은 압류하지 못한다. 다만, 그 금액이 표준적인 가구의 「국민기초생활 보장법」에 따른 최저생계비를 고려하여 대통령령으로 정하는 금액에 미치지 못하는 경우 또는 표준적인 가구의 생계비를 고려하여 대통령령으로 정하는 금액을 초과하는 경우에는 각각 대통령령으로 정하는 금액을 압류하지 못한다. 〈개정 2014.1.1.〉 ② 퇴직금이나 그 밖에 이와 비슷한 성질을 가진 급여채권에 대하여는 그 총액의 2분의 1에 해당하는 금액은 압류하지 못한다.

류(제45조), 무체재산권 등의 압류(제51조) 등 그 대상에 따라 각각 압류방법이 정하여져 있다. 압류의 경우에 세무공무원은 질문·검사 또는 수색을 하거나 재산을 압류할 때에는 그 신분을 표시하는 증표를 휴대하고 이를 관계자에게 제시하여야 하며(제25조),[26] 재산을 압류할 때에는 압류조서를 작성하여야 한다(제29조).

(d) 압류의 효력

압류에 의해서 압류재산의 사실상·법률상의 처분을 금지시키는 것이 가장 기본적 효력이다. 질권이 설정된 재산이 압류되면 질권자에게는 질물인도의무가 발생하며(제34조), 압류의 효력은 압류재산의 천연과실 또는 법정과실에도 미친다(제36조). 압류의 효력은 재판상의 가압류·가처분 또는 체납자의 사망이나 법인합병 등에 영향을 받지 않는다(제35조·제37조).

(e) 압류의 해제

납부 기타 일정한 사유가 있는 경우에는 반드시 압류를 해제하여야 하며(제53조 제1항), 압류 후 재산가격의 변동 기타의 사유로 그 가격이 징수할 체납액의 전액을 현저히 초과한 경우 등의 일정한 사유가 있는 경우에는 임의적으로 압류를 해제할 수 있다(제53조 제2항).

> **【판례】:** 압류처분 후 고지된 세액이 납부된 경우에는 그 압류는 해제되어야 하나 그 납부의 사실이 있다 하여 곧 그 압류처분이 당연무효로 되는 것은 아니다(대판 1982. 7. 13, 81누360).

(f) 교부청구와 참가압류

① 교부청구는 이미 다른 국세의 체납으로 체납처분을 받은 때 등 다른 강제환가절차가 개시된 경우에 미리 재산을 압류함이 없이 그 집행기관에 대하여 체납세액의 교부를 청구하여 그 강제환가절차로부터 배당을 받는 제도를 말한다(제56조). 교부청구는 민사소송법상(제552조 내지 제554조)의 배당요구와 같은 성질에 해당한다.

② 참가압류는 압류하고자 하는 재산이 이미 다른 기관의 체납처분에 의하여 압류되어 있는 재산인 경우에 교부청구에 갈음하여 그 압류에 참가하는 제도를 말한다(제57조).

---

26) 제25조(신분증의 제시) 세무공무원이 체납처분을 하기 위하여 질문·검사 또는 수색을 하거나 재산을 압류할 때에는 그 신분을 표시하는 증표를 지니고 이를 관계자에게 보여 주어야 한다.

(나) 압류재산의 매각

압류재산은 통화를 제외하고는 공매하여야 한다. 공매는 입찰 또는 경매의 방법에 의하나 예외적으로 수의계약에 의할 수 있다(제61조·제62조). 공매절차의 개시 전까지 조세가 완납된 때에는 공매를 중지한다(제71조).

공매의 성질은 체납자에 대하여 국가가 행하는 공법상의 대리행위이다. 다만, 공매결정에 따라 낙찰자·경락자가 체납자의 재산을 취득하는 법률관계는 사법상의 매매계약관계이다. 수의계약 또한 사인의 재산취득이기 때문에 사법상 매매계약이라 할 수 있다.

(다) 청산

청산이라 함은 체납처분에 의하여 수령한 금전을 체납세금 기타의 공과금, 담보채권 및 체납자에게 배분하는 행정작용을 말한다.

세무서장은 ① 압류한 금전, ② 채권·유가증권·무체재산권 등의 압류로 인하여 체납자 또는 제3채무자로부터 받은 금전, ③ 압류재산의 매각대금, ④ 교부청구에 의하여 받은 금전을 국세·가산금과 체납처분비 기타의 채권에 배분한다(제80조·제81조).

3) 체납처분의 유예

세무서장은 체납자가 ① 국세청장이 성실납세자로 인정하는 기준에 해당하는 때, ② 재산의 압류나 압류재산의 매각을 유예함으로써 사업을 정상적으로 운영할 수 있게 되어 체납액의 징수가 가능하다고 인정되는 때에는 재산의 압류나 압류재산의 매각을 1년 이내의 기간에 한하여 유예할 수 있다(제85조의 2).

4) 체납처분의 중지 및 결손처분

체납처분의 목적물인 총재산의 추산가액이 체납처분비에 충당하고 잔여가 생길 여지가 없는 때에는 체납처분을 중지하여야 한다(제85조). 이 경우 세무서장은 결손처분을 할 수 있고(제86조 제1항 제2호), 이로써 납세의무는 소멸된다(국세기본법 제26조).

(4) 행정상 강제징수에 대한 불복

1) 납부 전의 불복방법

독촉 또는 체납처분이 위법·부당하다고 인정할 때에는 행정심판 또는 행정소송으로 취소·변경이나 무효확인을 청구할 수 있다. 다만, 행정심판을 제기할 경우 국세기본법에 의하여 국세청장에 대한 심사청구 또는 기획재정부장관 소속하에 별도로 설치된 국세심판원에 대한 심판청구 중에서 선택하여 제기할 수 있으며, 당사자가 원할 경우에 한하여 임의적 절차로서 심사청구 또는 심판청구에 앞서 세무서장에 대한 이의신청도 할 수 있다(국세기본법 제55조).

2) 납부 후의 불복방법

납부 후 무효인 조세부과처분 또는 과오납부세액, 위법한 부과처분이 직권 또는 쟁송에 의하여 취소된 경우에 이미 납부한 조세는 모두 국가의 부당이득이 되므로 그 반환을 청구할 수 있다. 이에 대한 소송은 과세처분이라는 공법상 법률관계를 원인으로 하여 발생한 것이므로 성질상 공법상 당사자소송에 의하여야 할 것이다. 그러나 소송실무에서는 이를 일반 민사소송으로 취급하고 있다.

> **【판례】**: 국세기본법 제51조 제1항, 제52조 및 같은법시행령 제30조에 따른 세무서장의 국세환급금(국세환급가산금 포함)에 대한 결정은 이미 납세의무자의 환급청구권이 확정된 국세환급금에 대하여 내부적인 사무처리절차로서 과세관청의 환급절차를 규정한 것에 지나지 않고 그 규정에 의한 국세환급금의 결정에 의하여 비로소 환급청구권이 확정되는 것이 아니므로, 국세환급금결정이나 그 결정을 구하는 신청에 대한 환급거부결정 등은 항고소송의 대상이 되는 처분이라고 볼 수 없다(대판 1994. 12. 2, 92누14250).

제3절 행정상 즉시강제

Ⅰ. 개설

1. 의의

행정상 즉시강제란 목전에 급박한 행정상의 장해를 제거할 필요가 있는 경우에 미리 의무를 명할 시간적 여유가 없을 때 또는 성질상 의무를 명하여 가지고는 그 목적을 달성하기 곤란한 때에 즉시 국민의 신체 또는 재산에 실력을 가하여 행정상의 필요한 상태를 실현하는 작용을 말한다. 예컨대, 전염병환자의 강제입원, 소방장애물의 제거, 출입국관리법상의 강제퇴거조치, 도로교통법상의 주차위반차량의 견인·보관조치 등이다. 과거에는 행정상 즉시강제를 사실행위로 보아 왔다. 그러나 행정상 즉시강제는 그로써 실현하려는 의무의 내용을 구체적으로 확정함과 동시에 수인의무를 과하는 행정행위와 그 의무의 내용을 실현시키는 사실행위와의 합성행위라고 보는 견해가 있다.[27)]

2. 타 개념과의 구별

(1) 행정상 강제집행과의 구별

행정상 즉시강제는 실력으로 행정상 필요한 상태를 실현시키는 사실행위인 점에서 행정상 강제집행과 같으나, 이들 양자는 그 발동원인 및 성질을 달리한다. 즉 ① 행정상 강제집행은 선행하는 의무의 불이행을 전제로 하는데 대하여, 행정상 즉시강제는 선행하는 의무 자체가 존재하지 아니하며, 따라서 그 불이행을 전제로 하지 않는다. 또한 ② 행정상 강제집행은 그 전제인 의무를 명하는 행위와는 별도로 선행의 의무의 내용을 실현시키는 후행의 사실행위인데 대하여, 행정상 즉시강제는 구체적 의무를 과하는 행정행위(법률행위)와 그 의무의 내용을 실력으로 실현시키는 사실행위가 결합된 것이라는 점에서 서로 다르다.[28)]

---

27) 이상규, 신일반행정법론(상, 546면 ; 김남진, 직접강제·직접집행·즉시강제, 월간고시, 1987. 4, 30면 이하.

28) 이상규, 신일반행정법론(상, 547면.

(2) 행정조사와의 구별

① 행정상 즉시강제는 국민의 신체 또는 재산에 실력을 가하여 행정상의 필요한 상태를 실현시키는 것을 목적으로 하지만, 행정조사는 그 자체가 목적이 아니라 행정작용을 위한 자료를 얻기 위하여 하는 준비적·보조적 수단으로서의 성질을 가진다. 또한 ② 행정상 즉시강제는 직접적인 실력행사를 통하여 스스로 일정한 상태를 실현시키는 권력적인 집행작용이지만, 행정조사는 영장에 의하는 경우 외에는 일반적으로 직접적인 실력행사가 아니라 행정벌 등의 방법에 의하여 행정조사를 수인시키는 권력적인 조사작용이다.

Ⅱ. 행정상 즉시강제의 근거

1. 이론적 근거

종래의 독일에서는 행정상 즉시강제의 이론적 근거를 특히 경찰행정의 영역을 중심으로 국가의 일반긴급권에 두었고, 영·미에서는 행정상 즉시강제에 해당하는 약식집행의 근거를 보통법상의 불법방해 및 자력제거의 법리에서 구하였다.

그러나 오늘날 행정상 즉시강제는 법치주의의 요청인 예측가능성과 법적 안정성을 부정하는 침해행정의 전형이기 때문에 엄격한 실정법상의 근거가 필요하다고 본다.

2. 실정법적 근거

오늘날 실질적 법치주의 하에서의 행정상 즉시강제는 국민의 예측가능성과 법적 안정성을 해치는 전형적인 침해행정이다. 따라서 다른 어떤 권력행정 분야보다도 더욱 엄격한 발동요건상의 법적 근거가 필요하다는 데에 이견이 없다.

현행법상 행정상 즉시강제에 관한 실정법적 근거로는 일반법적 성격을 가지는 경찰관직무집행법이 있다. 또한 단행 법률로는 '감염병의 예방 및 관리에 관한 법률'·'검역법'·'식품위생법'·'마약류 관리에 관한 법률'·'정신건강증진 및 정신질환자 복지서비스 지원에 관한 법률' 등이 있다.

Ⅲ. 행정상 즉시강제의 종류

1. 대인적 강제

대인적 강제란 사람의 신체에 실력을 가하여 행정상 필요한 상태를 실현시키는 강제작용이다.

(1) 경찰관직무집행법상의 대인적 강제

1) 보호조치

정신착란을 일으키거나 술에 취하여 자신 또는 다른 사람의 생명·신체·재산에 위해를 끼칠 우려가 있는 사람, 자살을 시도하는 사람, 미아, 병자, 부상자 등으로서 적당한 보호자가 없으며 응급구호가 필요하다고 인정되는 사람 등 구호를 요하는 자는 보건의료기관이나 공공구호기관에 긴급구호를 요청하거나 경찰관서에 보호하는 등 적절한 조치를 할 수 있다(제4조).

2) 위험발생의 방지조치

경찰관은 사람의 생명 또는 신체에 위해를 끼치거나 재산에 중대한 손해를 끼칠 우려가 있는 천재, 사변, 인공구조물의 파손이나 붕괴, 교통사고, 위험물의 폭발, 위험한 동물 등의 출현, 극도의 혼잡, 그 밖의 위험한 사태가 있을 때에는 그 방지의 조치를 할 수 있다(제5조).

3) 범죄의 예방 및 제지조치

경찰관은 범죄행위가 목전에 행하여지려고 하고 있다고 인정될 때에는 이를 예방하기 위하여 관계인에게 필요한 경고를 하고, 그 행위로 인하여 사람의 생명·신체에 위해를 끼치거나 재산에 중대한 손해를 끼칠 우려가 있는 긴급한 경우에는 그 행위를 제지할 수 있다(제6조).

4) 장구와 무기의 사용

경찰관은 ① 현행범이나 사형·무기 또는 장기 3년 이상의 징역이나 금고에 해당하는 죄를 범한 범인의 체포 또는 도주 방지, ② 자신이나 다른 사람의 생명·신체의 방어 및 보호, ③ 공무집행에 대한 항거 제지의 직무를 수행하기 위하여 필요하다고 인정되는 상당한 이유가 있을 때에는 그 사태를 합리적으로 판단하여 필요한 한도에서 경찰장구를 사용할 수 있다(제10조의2)

또한 경찰관은 범인의 체포, 범인의 도주 방지, 자신이나 다른 사람의 생명·신체의 방어 및 보호, 공무집행에 대한 항거의 제지를 위하여 필요하다고 인정되는 상당한 이유가 있을 때에는 그 사태를 합리적으로 판단하여 필요한 한도에서 무기를 사용할 수 있다(제10조의4).

(2) 개별법상의 대인적 강제

개별법상의 대인적 강제수단으로는 '감염병의 예방 및 관리에 관한 법률'의 감염병에 관한 강제처분(제42조)·강제건강진단(제46조)·교통차단(제49조), '마약류 관리에 관한 법률'상의 치료보호(제40조), '출입국관리법'상의 강제퇴거(제46조)·보호(제51조)·무기사용(제77조) 등이 있다.

2. 대물적 강제

대물적 강제는 타인의 물건에 실력을 가하여 행정상 필요한 상태를 실현시키는 강제작용이다.

(1) 경찰관직무집행법상의 대물적 강제

경찰관은 제4조 제1항[29]의 조치를 하는 경우에 구호대상자가 휴대하고 있는 무기·흉기 등 위험을 일으킬 수 있는 것으로 인정되는 물건을 경찰관서에 임시로 영치하여 놓을 수 있다(제4조 제3항[30]). 또한 경찰관은 사람의 생명 또는 신체에 위해를 끼치거나 재산에 중대한 손해를 끼칠 우려가 있는 천재, 사변, 인공구조물의 파손이나 붕괴, 교통사고, 위험물의 폭발, 위험한 동물 등의 출현, 극도의 혼잡, 그 밖의 위험한 사태가 있을 때에는 그에 대한 조치를 할 수 있다(제5조).

(2) 개별법상의 대물적 강제

대물적 즉시강제에 관한 개별법상의 수단으로는 소방기본법 제25조의 강제처분, 약사법

---

29) 제4조(보호조치 등) ① 경찰관은 수상한 행동이나 그 밖의 주위 사정을 합리적으로 판단해 볼 때 다음 각 호의 어느 하나에 해당하는 것이 명백하고 응급구호가 필요하다고 믿을 만한 상당한 이유가 있는 사람(이하 "구호대상자"라 한다)을 발견하였을 때에는 보건의료기관이나 공공구호기관에 긴급구호를 요청하거나 경찰관서에 보호하는 등 적절한 조치를 할 수 있다.

1. 정신착란을 일으키거나 술에 취하여 자신 또는 다른 사람의 생명·신체·재산에 위해를 끼칠 우려가 있는 사람
2. 자살을 시도하는 사람
3. 미아, 병자, 부상자 등으로서 적당한 보호자가 없으며 응급구호가 필요하다고 인정되는 사람. 다만, 본인이 구호를 거절하는 경우는 제외한다.

30) 제4조(보호조치 등) ③ 경찰관은 제1항의 조치를 하는 경우에 구호대상자가 휴대하고 있는 무기·흉기 등 위험을 일으킬 수 있는 것으로 인정되는 물건을 경찰관서에 임시로 영치하여 놓을 수 있다.

제71조 제1항의 물건의 폐기, 방조제관리법 제10조의 장해물제거 등이 있다.

3. 대가택 강제

대가택 강제란 소유자나 점유자의 의사에 반하여 타인의 가택 또는 영업소 등에 출입하거나 임검·검사하는 것을 말한다. 경찰관 직무집행법[31]상의 위험방지를 위한 가택출입이 그 예이다. 최근에는 부동산중개업소·유흥업소 등 거의 모든 영업소에 행정법규의 준수 여부를 감독키 위하여 출입하여 검사하는 작용을 행정조사로 보는 견해[32]가 유력해지고 있다.

Ⅳ. 행정상 즉시강제의 한계

1. 실체법적 한계

행정상 즉시강제는 구체적인 의무를 명하는 행위와 그 의무내용을 실현시키는 행위가 결합되어 즉각적으로 이루어지는 것이므로 개인의 신체 또는 재산에 중대한 침해를 가하게 된다. 따라서 법률적합성의 원칙에 따라 엄격한 법적 근거가 있어야 함은 물론, 법규의 범위 안에서도 다시 일정한 조리상의 한계 내에서 발동되어야 한다. 즉 ① 행정상 장해가 눈앞에 급박하였을 것(급박성), ② 소극적으로 사회공공의 질서를 유지하기 위하여 필요한 범위 내에 그칠 것(소극성), ③ 다른 위해방지조치를 행할 시간적 여유가 없거나 다른 조치로는 행정목적을 달성할 수 없을 것(보충성), ④ 이상의 요건이 충족되는 경우에도 침해의 정도는 공익상의 필요의 정도와 상당한 비례가 유지되어야 한다(비례원칙).

2. 절차법적 한계(영장주의와의 관계)

헌법 제12조 제3항은 "체포·구금·압수 또는 수색을 할 때에는 적법한 절차에 따라 검사의 신청에 의하여 법관이 발부한 영장을 제시하여야 한다"라고 규정하고, 제16조는 "주거에 대한 압수나 수색을 할 때에는 검사의 신청에 의하여 법관이 발부한 영장을 제시하여야 한다"고 규정하고 있다.

이와 같은 헌법의 규정과 관련하여, 행정상 즉시강제를 위하여 마약중독자의 강제수용

---

31) 제7조(위험 방지를 위한 출입) ① 경찰관은 제5조제1항·제2항 및 제6조에 따른 위험한 사태가 발생하여 사람의 생명·신체 또는 재산에 대한 위해가 임박한 때에 그 위해를 방지하거나 피해자를 구조하기 위하여 부득이하다고 인정하면 합리적으로 판단하여 필요한 한도에서 다른 사람의 토지·건물·배 또는 차에 출입할 수 있다.

32) 김동희, 행정법Ⅰ, 462면; 석종현·송동수, 일반행정법(상), 500면.

등과 같이 사람의 신체를 구속하거나, 영업소·가택출입 등과 같이 주거를 침입할 경우에도 법관이 발부한 영장이 있어야 하는가에 관하여 견해가 대립되어 있다.

(1) 영장불요설

헌법상 영장주의 규정은 행정상 즉시강제에는 적용되지 않는다는 견해[33]로서 그 논거는 다음과 같다. 즉 ① 영장제도는 연혁적으로 국가의 형사사법권의 발동을 억제하기 위한 제도이므로 행정목적수행을 위한 행정상 즉시강제에는 적용될 수 없으며, ② 행정상 즉시강제는 눈앞에 급박한 장해의 예방·제거를 위한 것이므로 성질상 영장발부의 절차를 밟을 수 있는 시간적 여유가 없으며, ③ 일반 행정목적을 위한 행정상 즉시강제가 검사의 영장신청과 법관의 영장발부 및 상대방에의 영장제시 등의 절차를 밟아 행하여진다면, 행정작용이 사법부의 허가를 받아 행하여지는 것으로 권력분립의 취지에도 반한다고 한다.

(2) 영장필요설

행정상 즉시강제에도 영장이 필요하다는 견해[34]로서 그 논거는 다음과 같다. 즉 ① 영장주의를 배제한다면 헌법규정의 뜻을 부당하게 축소 해석하여 헌법의 기본권보장을 침해하게 되며, ② 형사사법작용과 행정상 즉시강제는 그 발동의 목적은 다르지만, 국민의 신체·재산에 대한 실력행사인 점에서는 같으며, ③ 영장불요설은 형사사법권의 발동은 영장을 필요로 하고 행정상 즉시강제에는 영장이 필요 없다고 하지만, 실제에 있어서는 양자가 결부되어 행사되는 경우가 많이 있다. 따라서 이러한 경우 형사사법권의 발동인데도 불구하고 행정상 즉시강제의 이름으로 영장제도를 배제하여 인권을 침해할 수도 있다는 것이다.

(3) 절충설

영장주의는 기본적으로 양자에 모두 적용됨을 원칙으로 하되, 예외적으로 영장이 필요하지 않는 경우가 있다는 견해이다. 즉 헌법상의 영장제도는 형사사법권뿐만 아니라 행정상 즉시강제에도 동일하게 적용되어야 하나, 즉시강제의 특수성으로 말미암아 행정목적의 달성을 위하여 불가피하다고 인정할 만한 합리적인 이유가 있는 특수한 경우에 한하여 영장주의가 적용되지 않는다고 한다. 통설적 견해이다.[35]

---

33) 문홍주, 한국헌법, 234면; 박일경, 제5공화국 헌법, 190면; 박윤흔, 행정법강의(상), 600면.

34) 김기범, 한국헌법, 165면; 이상규(上), 552면.

35) 김도창, 일반행정법론(상, 588면 ; 이상규, 신일반행정법론(상, 553면 ; 김남진, 행정법Ⅰ, 517

(4) 결어

행정상 즉시강제에 의한 국민의 신체·재산에 대한 침해는 형사사법권의 발동에 의한 침해에 비견할 만한 경우가 많이 있다는 점을 고려한다면 절충설이 타당한 것으로 본다. 그러나 영장주의의 적용이 배제되는 특수한 경우를 어떻게 한정할 것인가의 문제는 여전히 남게 된다. 따라서 ① 하나의 작용이 행정상 즉시강제와 형사사법권 행사의 두 가지 목적을 동시에 추구하고 있는 경우에는 영장이 필요하며, ② 행정상 즉시강제의 정도·목적 등을 구체적·개별적으로 판단하여, 신체·주거·개인의 존엄성 등 헌법상의 기본권을 본질적으로 침해하는 정도의 것은 영장이 필요하다고 할 것이다.[36]

Ⅴ. 행정상 즉시강제에 대한 구제

행정상 즉시강제는 국민의 신체·재산에 실력을 가하여 행정상 필요한 상태를 실현하는 작용이므로, 남용할 경우 국민의 기본권이 침해될 우려가 매우 크다. 따라서 행정상 즉시강제의 발동에 대하여 국민의 권리를 보장하기 위한 구제수단이 마련되어야 한다.

1. 적법한 즉시강제에 대한 구제

행정상 즉시강제가 적법하게 행하여지면 상대방은 이를 수인하여야 하지만, 즉시강제의 원인에 대한 책임이 있는 자 이외의 제3자에게 즉시강제가 행해질 경우에는 그 제3자는 특별한 희생을 당한 것이 된다. 이와 같이 수인의 한도를 넘는 특별한 손실을 입혔을 때에는 행정주체가 피해자에게 적정한 보상을 하여야 한다(헌법 제23조 3항, 경찰관직무집행법 제11조의2, 소방기본법 제27조, 방조제관리법 제11조, 자연재해대책법 제68조 등).

2. 위법한 즉시강제에 대한 구제

(1) 행정쟁송

행정상쟁송은 위법 또는 부당한 즉시강제로 인하여 권리이익을 침해당한 경우에 행정심판이나 행정소송을 제기하여 취소 또는 변경을 구하는 구제방법이다. 따라서 정신질환자의 강제입원, 전염병환자의 강제격리, 무기·흉기 기타 유해물건의 수거·영치 등과 같이 권력적

면 ; 김동희, 행정법Ⅰ, 421면.

36) 김도창, 일반행정법론(상, 538면; 박윤흔, 행정법강의(상), 601면; 석종현·송동수, 일반행정법(상), 502면.

사실행위인 즉시강제가 계속적 성질의 것인 한 행정심판이나 행정소송을 제기하여 취소를 구할 수 있다. 이에 반해 극히 단시간에 종료되어 버리는 경우에는 회복할 법률상의 이익이 없어 행정쟁송으로 구제받기는 어려울 것이다. 그러나 즉시강제 이후라도 그 취소로써 회복되는 법률상 이익이 있는 경우에는 즉시강제의 취소를 구하는 행정쟁송의 제기가 가능하다(행정소송법 제12조 단서).

(2) 행정상 손해배상

위법한 행정상 즉시강제로 인하여 신체 또는 재산상의 손해를 받은 자는 국가 또는 지방자치단체에 대하여 행정상 손해배상을 청구할 수 있다(국가배상법 제2조). 또한 불법 수거물의 반환청구 등과 같은 결과제거를 청구할 수 있다(결과제거청구권).

(3) 정당방위

권한 없는 공무원이 강제를 하거나, 법률이 정하고 있는 신분을 표시한 증표를 제시하지 못한 경우 또는 재량권을 남용한 경우 등의 위법한 즉시강제에 대하여는 형법상의 정당방위의 법리에 따라 그에 저항할 수 있다. 이 경우의 저항행위는 공무집행방해죄를 구성하지 않는다.

【판례】: ① 공무집행방해죄는 공무원의 직무집행이 적법한 경우에 한하여 성립하는 것으로서 적법한 공무집행이라고 함은 그 행위가 공무원의 추상적 권한에 속할 뿐아니라 구체적 직무집행에 관한 법률상 요건과 방식을 갖춘 것을 말하는 것이므로, 이러한 적법성이 결여된 직무행위를 하는 공무원에게 항거하였다고 하여도 그 항거행위가 폭력을 수반한 경우에 폭행죄 등의 죄책을 묻는 것은 별론으로 하고 공무집행방해죄로 다스릴 수는 없다(대판 1992. 2. 11, 91도2797).

② 경찰관이 신분증을 제시하지 않고 불심검문을 하였으나, 검문하는 사람이 경찰관이고 검문하는 이유가 범죄행위에 관한 것임을 피고인이 알고 있었던 경우, 그 불심검문은 위법한 공무집행이 아니다(대판 2014. 12. 11, 2014도7976).

제4절 행정조사

Ⅰ. 개설

1. 의의

행정조사란 행정기관이 일정한 행정목적을 달성하기 위하여 사인으로부터 행정상 필요한 자료·정보 등을 수집하는 행정활동을 말한다. 과거에는 조사목적을 위한 질문·검사·가택에의 출입 등 자료수집활동은 행정상 즉시강제에 포함시켜 다루어 왔다. 그러나 오늘날은 이러한 자료수집활동을 행정상 즉시강제와 분리하여 행정조사라는 개념 아래 독자적인 이론구성을 하고 있는 것이 일반적 경향이다.

일반적으로 행정조사는 ① 직접 법률관계의 변동을 생기게 하는 것이 아니라 장래의 행정작용을 위한 준비행위로서의 성질을 가지며, ② 아무런 법적 효과를 발생시키지 아니하므로 행정행위가 아닌 사실행위이고, ③ 권력적 사실행위라는 점에서 상대방의 임의적 협력에 의하여 행하는 임의조사와 구별된다.

2. 행정상 즉시강제와의 구별

행정조사는 사전에 구체적 의무를 부과하여 그 불이행을 기다리지 아니하고 직접적으로 수행되는 강제적 작용이다. 이러한 점에서 종래에는 행정조사를 행정상 즉시강제에 포함시켜 왔다. 그러나 행정조사는 다음과 같은 점에서 행정상 즉시강제와 구별된다.

(1) 구체적 결과의 실현 여부

행정상 즉시강제는 직접 개인의 신체·재산에 실력을 행사하여 구체적인 행정목적을 실현하는 작용인데 반하여, 행정조사는 구체적 결과실현이 목적이 아니라 다른 행정목적 달성을 위한 자료와 정보를 수집하는 준비적·보조적 수단에 불과하다. 예컨대, 경찰관이 음주 난동자 제지를 위하여 영업장에 출입하는 경우와 구청직원의 부동산 중개업소의 과다수수료 징수 여부를 확인하기 위하여 출입하는 경우는 차이가 있다.

(2) 급박성 여부

행정상 즉시강제는 목전의 급박한 장해를 제거하기 위한 행위임에 반하여, 행정조사는 행정상 즉시강제와 같은 목전의 급박성을 전제로 하지 아니한다.

Ⅱ. 행정조사의 근거

행정조사는 그 조사과정에서 국민의 신체·재산·사생활의 비밀에 중대한 영향을 미치며 또한 이를 권력적 조사활동으로 보는 한 수인의무가 발생하고 이에 불응하면 행정벌이 가해진다는 의미에서 반드시 법률의 근거가 있어야 한다. 현행법상 행정조사에 관한 일반적인 근거법은 없고 각 개별법에서 행적목적 달성에 필요한 자료조사의 근거를 두고 있을 뿐이다(토지보상법, 건축법, 식품위생법, 약사법, 소득세법, 총포·도검·화약류단속법·공인중개사법 등)

Ⅲ. 행정조사의 종류

1. 성질에 의한 분류

(1) 권력적 행정조사

행정기관이 일방적으로 사람의 신체, 개인의 물건 또는 개인의 주거나 영업소 등에 대하여 명령·강제를 수단으로 하는 행정조사를 권력적 행정조사라 한다. 예컨대, 불심검문·물건의 수거·가택수색 등이 있다.

(2) 비권력적 행정조사

비권력적 행정조사란 행정기관이 정보·자료 등을 수집하기 위하여 행하는 비권력적 사실행위를 말한다. 예컨대, 여론조사·임의적인 공청회 등이 있다.

2. 대상에 의한 구분

(1) 대인적 조사

대인적 조사란 사람의 신체에 실력을 가하여 행정상 필요한 정보나 자료를 수집하는 권력적 조사작용을 말한다. 예컨대, 불심검문, 질문, 신체수색 등이 있다.

(2) 대물적 조사

대물적 조사란 개인의 물건에 장부나 물건의 조사·검사, 토지에의 출입·조사 등을 말한다. 예컨대, 세무·약사·노동관계 공무원이 사업장 등에서 관계 장부·서류·물건 등을 조사하거나,

'국토의 계획 및 이용에 관한 법률'상 국토이용계획을 위한 측량·지장물 제거 등을 위하여 타인의 토지에 출입하여 조사하는 것 등을 말한다.

(3) 대가택 조사

대가택 조사란 개인의 주거나 영업소 등에 출입하여 법령이 정하는 시설·안전 기준 등이 유지되는지를 조사하는 것을 말한다. 예컨대, 주유소·환경위생업소·소방점검대상업소 등에 출입·조사하는 것을 말한다.

3. 강제수단에 의한 구분

(1) 직접조사

직접조사란 사람의 신체 또는 재산에 직접적으로 실력을 가하여 행정상 필요한 정보·자료 등을 수집하는 행정조사를 말한다. 예컨대, 영업장부나 영업소 등을 실력으로 조사수색하는 경우 등이다.

(2) 간접조사

간접조사란 사람의 신체 또는 재산에 실력을 가함이 없이 행정상 필요한 정보·자료 등을 수집하는 행정조사를 말한다. 예컨대, 일정한 사항에 대하여 보고 또는 자료를 제출하게 하거나 검사를 행하는 것 등이다.

Ⅳ. 한계

1. 실체법적 한계

(1) 법규상의 한계

행정조사는 법률의 근거가 있어야 할 수 있다. 또한 법률에 근거가 있는 경우에도 법률이 정하는 요건·절차에 적합하게 행해져야 한다.

(2) 조리상의 한계

1) 목적적합성의 원칙

행정조사는 당해 법률이 정하는 목적 이외의 목적을 위하여 행사되어서는 아니 된다. 예컨대, 범죄수사의 목적이나 정치적 목적으로 행정조사를 하거나, 특정 영업자에 대한 보복의 목적으로 행정조사를 하는 것은 위법한 것이 된다.

2) 보충성의 원칙

행정조사는 수집하고자 하는 자료를 각종 행정통계 등 다른 자료에 의하여 취득할 수 없는 경우에 한하여 보충적으로만 행사하여야 한다.

3) 비례성의 원칙

행정조사는 조사의 목적달성에 필요한 최소한에 그쳐야 한다. 따라서 행정조사의 수단으로써 여러 가지가 있는 경우에는 상대방에게 침해가 가장 적은 수단을 사용하여야 한다.

4) 평등의 원칙

행정조사는 평등의 원칙에 위배되어 서는 아니 된다. 따라서 세무조사에 있어서 정치적 목적에 따라 특정 피조사자를 선정하거나 조사의 강도를 강화하는 경우에는 평등원칙에 반하는 것이 된다.

2. 절차법적 한계

(1) 영장주의와의 관계

행정조사에 영장주의가 적용되는 것인지에 관하여, 행정상 즉시강제의 경우와 같이 적극설·소극설 및 절충설의 견해의 대립이 있으나 절충설이 통설이다. 따라서 신체나 재산에 직접적 강제를 수반하는 행정조사의 경우나, 행정조사의 결과가 형사책임의 추궁과 관련성을 갖는 한 영장주의는 원칙적으로 적용된다. 다만 긴급한 시행을 요하는 불가피한 경우에는 예외가 인정된다 할 것이다.

> **【판례】:** 세관공무원이 밀수품을 싣고 왔다는 정보에 의하여 정박중인 선박에 대하여 수색을 하려면 선박의 소유자 또는 점유자의 승낙을 얻거나 법관의 압수수색영장을 발부받거나 또는 관세법상 수색압수영장규정상의 긴급을 요하는 경우에 한하여 수색압수를 하고 사후에 영장의 교부를 받아서 행하여야 한다(대판 1976. 11. 9, 76도2703).

(2) 증표의 제시

일반적으로 행정조사에 관한 법률은 행정조사의 요건으로 당해 공무원에게 그 권한을 표시하는 증표를 휴대하고 관계자에게 제시할 의무를 규정하고 있다. 그러나 명문의 규정이 없는 경우에도 증표제시의무는 있다 할 것이다. 왜냐하면 증표의 제시에 의하여 당해 공무원은 행정조사를 할 수 있는 근거와 범위를 명시함과 동시에 그 공무원이 정당히 행정조사를 행할 수 있는 자임을 입증하게 된다. 따라서 증표의 제시가 없는 경우 행정조사는 무효가 되며, 상대방은 이에 응할 의무가 없고 실력으로 항거하여도 공무집행방해죄가 성립되지 아니한다.

(3) 사전절차 등

행정조사는 상대방의 신체와 사생활의 자유에 대한 침해를 초래하므로 반드시 사전에 조사의 일시·장소·대상 등에 관하여 통지할 필요가 있다. 또한 행정조사는 합리적 시간대에 이루어져야 하는바, 원칙적으로 일출시부터 일몰시까지 또한 영업시간 내에 실시되어야 한다.

3. 실력행사의 가능성

행정조사를 위한 출입·검사·질문 등에 대하여 상대방은 수인의무가 있다. 하지만, 만일 상대방이 이를 거부할 경우에도 강제로 실현시킬 수 있는가가 문제될 수 있으나, 법률의 대부분은 행정조사를 거부할 경우 행정벌, 기타의 불이익처분 등 강제수단을 마련하고 있다. 이러한 점에서 본다면 행정청이 상대방의 항거를 배제하고 직접 이를 실현할 수는 없다고 하겠다.

또한 행정조사를 위한 질문 등에 대한 진술거부에 대하여 행정벌을 과하는 것은 헌법(제12조)상의 형사상 불리한 진술의 강요금지에 위배되는 것이 아닌가 하는 의문이 들 수 있다. 그러나 헌법의 규정은 형사책임문제에만 적용될 뿐이며 순수한 행정조사의 절차에는 적용되지 아니하기 때문에 위헌은 아니라고 하겠다. 다만, 행정조사와 형사책임추급의 두 가지 목적으로 행사되는 경우에는 진술거부에 대하여 행정벌을 과할 수 없다고 할 것이다.

> **【판례】**: 경찰관이 피고인에게 임의동행을 요구하다가 거절당하자 무리하게도 잡아끄는 등 강제로 인치하려고만 하였을 뿐 현행범으로 체포할 요건도 갖추지 않았거니와 현행범으로 체포하려고 한 것도 아닌 것이니 적법한 공무집행행위가 있었다고 볼 수 없다(대판 1972. 10. 31, 72도2005).

Ⅴ. 행정조사에 대한 구제

1. 적법한 행정조사에 대한 구제

적법한 행정조사로 재산상의 손실을 받은 자는 그것이 수인한도를 초과한 '특별한 희생'에 해당하는 때에는 손실보상을 청구할 수 있다(헌법 제23조 3항). 예컨대, 토지수용을 위한 출입조사로 입은 손해의 경우 등이다. 그러나 특별한 희생으로 볼 수 없는 경우에는 보상을 요하지 아니한다. 예컨대, 유해식품 여부를 조사하기 위한 검사에 필요한 최소량의 식품의 수거 등은 손실이 경미하므로 특별한 희생으로 볼 수 없다.

2. 위법한 행정조사에 대한 구제

(1) 행정쟁송

위법한 행정조사로 인하여 권리·이익이 침해된 경우에는 행정쟁송을 통하여 구제받을 수 있다. 다만 행정조사는 즉시강제의 경우와 같이 단기간의 침해로 행위가 종료되는 경우가 많으며, 그 경우에는 원상회복이나 손해배상을 청구하는 외에는 행정쟁송으로 행정조사의 취소를 청구할 법률상 이익이 없게 된다. 따라서 행정조사가 비교적 장기간에 걸치는 계속적 성질의 것인 경우에 한하여 행정쟁송을 통하여 취소 또는 변경을 구할 실익이 있다. 또한 행정조사가 이미 종료된 경우라도 그 취소로써 회복될 수 있는 법률상 이익이 있는 경우에는 행정조사의 취소를 구하는 행정쟁송의 제기가 가능하다(행정심판법 제9조 제1항, 행정소송법 제12조).

(2) 행정상 손해배상

위법한 행정조사로 인하여 발생한 재산상의 손해 또는 사생활 비밀침해·기업비밀침해·영업방해·신용상실 등 일체의 손해에 대하여 국가배상을 청구할 수 있다(국가배상법 제2조).

특히 행정조사가 단시간에 종료되어 취소를 구할 실익이 없게 될 경우에는 손해배상이 중요한 구제수단이 될 수밖에 없을 것이다.

(3) 기타의 구제수단

중대하고 명백한 하자로 인하여 무효인 행정조사에 대하여는 정당방위로 저항할 수 있으며, 이 경우 공무집행방해죄는 성립되지 아니한다. 정당방위 이외에도 긴급피난, 청원, 직권취소·정지, 공무원의 형사·징계책임 등의 수단이 있다.

【판례】: ① 과세처분의 근거가 된 확인서, 명세서, 자술서, 각서 등이 과세관청 내지 그 상급관청이나 수사기관의 일방적이고 억압적인 강요로 작성자의 자유로운 의사에 반하여 별다른 합리적이고 타당한 근거도 없이 작성된 것이라면 이러한 자료들은 그 작성경위에 비추어 내용이 진정한 과세자료라고 볼 수 없으므로, 이러한 과세자료에 터잡은 과세처분의 하자는 중대한 하자임은 물론 위와 같은 과세자료의 성립과정에 직접 관여하여 그 경위를 잘 아는 과세관청에 대한 관계에 있어서 객관적으로 명백한 하자라고 할 것이다(대판 1992. 3. 31, 91다32053).

② 납세자에 대한 부가가치세부과처분은 종전의 부가가치세 경정조사와 같은 세목 및 같은 과세기간에 대하여 중복하여 실시된 위법한 세무조사에 기초하여 이루어진 것이어서 위법하다(대판 2006. 6. 2, 2004두12070).

③ 구 국세기본법 제81조의5가 정한 세무조사대상 선정사유가 없음에도 세무조사대상으로 선정하여 과세자료를 수집하고 그에 기하여 과세처분을 하는 것은 적법절차의 원칙을 어기고 구 국세기본법 제81조의5와 제81조의3 제1항을 위반한 것으로서 특별한 사정이 없는 한 과세처분은 위법하다(대판 2014. 6. 26, 2012두911).

제2장

행정벌

제2장
행정벌

Ⅰ. 행정벌의 의의

행정벌이란 일반적으로 행정법상의 의무위반에 대하여 일반통치권에 근거하여 일반사인에게 제재로서 과하는 처벌을 말한다. 이를 형사범과 구별하여 행정범이라 한다. 행정법규는 통상적으로 행정목적을 달성하기 위하여 국민에게 각종 행정상 의무를 부과하고, 그 실효성을 확보하기 위하여 의무위반에 대한 제재로서 행정벌을 규정하고 있다. 행정벌은 행정법상 과거의 의무위반에 대한 제재를 직접적인 목적으로 하지만 간접적으로 의무자에게 심리적 압박을 가함으로써 행정법상의 의무이행을 확보하는 기능을 가진다.

Ⅱ. 행정벌의 성질

1. 징계벌과의 구별

징계벌은 특별권력관계에서 그 내부질서를 유지하기 위하여 특별권력에 의거하여 질서유지를 위하여 과하는 것이다. 이에 반해, 행정벌은 행정법규의 실효성을 확보하기 위하여 일반통치권에 기초를 두고 일반사인에 대해 통치권의 발동으로써 과하는 제재이다. 따라서 양자는 그 목적·대상·권력의 기초가 다르기 때문에 병과 하더라도 일사부재리의 원칙에 저촉되지 않는다.

2. 집행벌과의 구별

집행벌은 행정법상의 의무불이행에 대하여 장래에 향하여 그 이행을 강제하기 위하여 과하는 금전적 부담으로서 행정강제의 일종이다. 이에 반해, 행정벌은 과거의 의무위반에 대한 제재로써 과하는 처벌이라는 점에서 구분된다. 그러나 양자는 모두 제재라는 심리적 압박을 가함으로써 간접적으로 의무이행을 확보하는 수단이라는 점에서는 공통점이 있다.

3. 형사벌과의 구별

행정벌에는 형법상의 형벌을 그 제재로서 과하는 행정형벌과 형법상의 형벌이 아닌 제재로 과하여지는 행정질서벌이 있다. 행정형벌과 형사벌은 모두 형법상의 형벌을 그 제재로서 과한다는 점에서는 공통적이나, 양자를 구별할 것인지에 관하여 부정설과 긍정설의 견해가 대립되고 있다.

(1) 구별 부정설

트로프스(Trops) 등 일부 형법학자의 견해로서, 행정범이나 형사범 모두 제재로서 형벌이 과하여지는 범죄라는 점에서 양자는 차이가 없다고 본다. 즉 행정범과 형사범의 질적 차이를 부정하고, 양자 간에는 오직 중대사범과 경미사범이라는 양적 차이밖에 없다고 한다.

(2) 구별 긍정설

행정벌과 형사벌의 구별을 인정하는 것이 일반적 견해이다. 그러나 그 구별기준에 관하여는 대체로 피해이익의 성질을 기준으로 다음과 같이 구분한다.

1) 피침해이익의 성질에 따른 구분

골드슈미트(J. Goldschmidt)는 형사범은 법규침해를 형식적 요소로 하고 법익침해를 실질적 요소로 하는데 대하여, 행정범은 행정의사에 반하는 일정한 위반행위라는 형식적 요소만을 가진다고 한다. 즉 그는 행정범의 실질적 요소로서 공공복리의 침해를 들면서, 그것을 공공복리의 실현을 목적으로 하는 행정에 대한 협조를 태만히 한 것일 뿐, 형사범에 있어서의 법익침해와는 다른 것으로 본다. 그러나 이 견해는 공공복리는 국가 및 국민의 이익이며, 그것은 바로 법이 보호하는 법익이라고 할 것이며 행정범의 피침해이익도 법익이라는 점을 간과하고 있다.

2) 피침해규범의 성질에 따른 구분

이 견해는 M. E. Mayer의 문화규범설을 기초로 하여 형사범은 법규범이 존재하기 이전에 처음부터 반윤리·반사회성을 가지는 자연범 이지만, 행정범은 그 자체로서는 반윤리·반사회성은 없으나 실정법이 금지규범을 창설함으로써 비로소 가벌성이 도출되는 행위, 즉 법정범이라는 견해이다. 종래의 통설[37]적 견해이다.

---

37) 김도창, 일반행정법론(상, 571면; 김동희, 행정법Ⅰ, 473면; 이상규(상), 511면; 박균성, 행정법

Ⅲ. 행정벌의 근거

행정벌도 처벌이라는 점에서는 형사벌과 차이가 없으므로 헌법 제12조 제1항의 죄형법정주의의 원칙이 적용되므로 반드시 법률의 근거가 있어야 한다. 법률은 벌칙의 정립권을 법규명령에 위임할 수 있으나 일반적 위임은 허용되지 않으며 구체적으로 범위를 정하여 위임하여야 한다(헌법 제75조). 지방자치단체의 자치입법에는 일정한 한도에서 과태료의 정립권이 위임되어 있다(지방자치법 제27조 1항[38]). 따라서 행정벌의 근거법으로는 법률·명령·조례가 있다.

우리나라에서는 행정범의 처벌에 관한 특별한 총칙적 규정은 없고 각 단행법에서 그 특수성을 고려하여 형사범의 처벌과 구별되는 개별적 특칙을 두고 있을 뿐이다. 외국의 입법예로는 스위스 형법초안(1918), 독일 형법초안(1930), 오스트리아 행정처벌법(1925) 등이 있다.

Ⅳ. 행정벌의 종류

1. 처벌대상에 따른 구분

행정벌은 행정분야에 따라 경찰벌·재정벌·군정벌·경제통제벌·공기업벌 등으로 나누어진다.

2. 처벌내용에 따른 구분

(1) 행정형벌

행정형벌은 형법(제41조)에 열거되어 있는 형벌, 즉 사형·징역·금고·자격상실·자격정지·벌금·구류·과료·몰수가 과하여지는 행정벌이다. 행정형벌에 관한 특별한 규정이 있는 경우를 제외하고는 원칙적으로 형법총칙의 규정이 적용된다(형법 제8조). 또한 행정형벌은 원칙적으로 법원에서의 형사소송절차에 의하지만 예외적으로 통고처분절차·즉결심판절차 등에 의하는 경우도 있다.

(2) 행정질서벌

행정질서벌은 형법에 열거되어 있지 않은 과태료가 과하여 지는 행정벌을 말한다. 일반

론(상), 503면.

38) 제27조(조례위반에 대한 과태료) ① 지방자치단체는 조례를 위반한 행위에 대하여 조례로써 1천만원 이하의 과태료를 정할 수 있다.

적으로 행정형벌은 행정법상의 의무를 위반함으로써 직접적으로 행정목적을 침해하는 경우에 과하여지는 것이다. 이에 반해 행정질서벌은 거기에까지 이르지는 않고 단지 행정목적 달성에 장해가 되는 데 그치는 정도의 비행에 대하여 과하는 것이다. 예컨대, 행정관청에 대한 신고·보고의무·서류비치의무·허가증 게시의무 등의 의무를 태만히 하는 것에 대해 간접적으로 과하여지는 것이다.

한편, 행정질서벌인 과태료는 형법에 규정된 형벌이 아니므로 특별한 규정이 없는 한 질서위반행위규제법이 정하는 바에 따른다.

> **【판례】**: 행정질서벌과 행정형벌은 다 같이 행정법령에 위반하는 데 대한 제재라는 점에서는 같다 하더라도, 행정형벌은 그 행정법규 위반이 직접적으로 행정목적과 사회공익을 침해하는 경우에 과하여지는 것인데 대하여, 행정질서벌인 과태료는 간접적으로 행정상의 질서에 장해를 줄 위험성이 있는 정도의 단순한 의무태만에 대한 제재로서 과하여지는 것이다(대판 1969. 7. 29, 69마400).

Ⅴ. 행정형벌의 특수성

1. 실체법적 특수성(형법총칙의 적용 여부)

(1) 개설

행정범과 형사범은 그 성질상 상대적인 차이는 있지만, 행정벌에 관하여는 총칙적 규정이 없다. 그러나 행정형벌은 그 처벌의 수단은 형사벌과 공통되기 때문에 행정범에 대하여 형법총칙이 적용되는 범위가 문제된다. 형법(제8조)은 "본법총칙은 타법령에 정한 죄에 적용한다. 단 그 법령에 특별한 규정이 있을 때에는 예외로 한다."고 규정하고 있다. 따라서 행정범에 대하여도 특별한 규정이 없으면 원칙적으로 형법총칙이 적용된다. 그러나 관계행정법령에 '특별한 규정'에 관하여는 견해가 갈린다. 즉 ① '특별한 규정'은 성문법규만을 의미하는 견해 즉 죄형법정주의의 원칙상 명문의 규정이 있는 경우에 한하여 형법총칙의 적용이 배제될 수 있다고 보는 견해, ② '특별한 규정'은 반드시 명문규정에 한정하지 않고 법령의 취지나 행위의 성질을 참작하여 조리상 인정되는 특수성까지 포함하는 의미로 이해하는 견해, ③ 단순히 법령의 취지·목적 등에 기하여 형벌의 범위를 확대하거나 형벌을 가중하는 것은 죄형법정주의에 반하는 것으로 허용되지 않으나, 규정자체의 해석 즉 어구의 가능한 의미 내에서의 목적론적 해석에 의해 형벌의 범위를 축소하거나 경감하는 것은 죄형법정주의에 반드시 반하는 것은 아니다. 따라서 행정법의 특수성을 고려한 규정의 해석상 형법총칙의 적용이 배제되는 경우도 있는바, 이 경우에도 '특별한 규정'에 포함되는 것으로 보는 견해이다. 통설과 판례는 ③의 견해를 취한다.

> **【판례】:** 특별형벌법규에 의하여 처벌되는 범죄에는 고의를 요하지 아니한다는 취지가 그 법규에 명문으로써 규정되었다거나, 그 명문이 없다 하여도 법규의 규정 중 위와 같은 취지를 명백히 확인할 수 있는 경우가 아니고서는 특별형벌법규위반에 의한 범죄구성요건에 있어서도 일반형법의 원칙에 따라 고의를 필요로 한다고 할 것이다」(대판 1965. 6. 29, 65오1).

(2) 구체적 고찰

1) 고의

형법은 원칙적으로 범의(고의)의 존재를 처벌의 요건으로 하고 있으며(제13조), 과실에 의한 행위는 법률에 특별한 규정이 있는 경우에 한하여 처벌된다(제14조). 형법에 있어서는 이와 같이 그 기본원리인 책임주의의 당연한 귀결로서 고의를 책임요소로서 요구하는 것이며, 이 원리는 원칙적으로 행정형벌에도 이 원칙은 당연히 적용되는 것이지만, 고의의 성립과 과실범의 처벌에 관하여는 견해가 대립되어 있다.

> **【판례】:** 특별형벌법규에 의하여 처벌되는 범죄에는 고의를 요하지 아니한다는 취지가 그 법규의 명문으로서 규정되었다거나 그 명문이 없다 하여도 법규의 규정중 위와 같은 취지를 명백히 확인할 수 있는 경우가 아니고서는 특별형벌법규위반에 의한 범죄구성에 있어서도 일반형법의 원칙에 따라 고의를 필요로 한다」(대판 1965. 6. 29, 65도1).

(가) 고의의 성립

고의의 성립에 관하여는 사실인식과 위법성의 인식이 문제된다.

(a) 사실인식

형사법의 경우는 사실의 인식은 사실의 단순한 외형적 표상에 대한 인식만이 아니라 사실의 의미·내용에 대한 인식도 필요하다고 본다. 반면에, 행정벌은 사실의 외형적 표상에 대한 인식만으로 족하다는 것이 종래의 통설적 견해이었다. 그러나 오늘날은 행정형벌도 형벌의 성질을 가진다는 것과 행정형벌의 정책적·기술적 성격과 빈번한 법령개정으로 인하여 사인 쪽에서 보면 외형적 표상의 인식과 그 의미·내용의 인식이 일치하지 아니하는 경우가 많으므로 형사범의 경우와 같이 고의의 성립에 사실의 의미·내용의 인식도 필요하다는 견해가 유력하다.[39)]

(b) 위법성인식

행정형벌에 있어서 고의의 성립에 사실인식 외에 위법성의 인식이 필요한가의 문제가 형법 제16조의 법률의 착오와의 관계에서 문제된다. 형법(제16조)은 "자기의 행위가 법령에 의하여 죄가 되지 아니하는 것으로 오인한 행위는 그 오인에 정당한 이유가 있을 때에 한하여 벌하지 아니한다"고 하여, 위법성의 인식이 없는 행위(법률의 착오)는 원칙적으로 고의의 성립에 아무 지장을 주지 아니하지만, 예외적으로 정당한 이유가 있는 때에는 벌하지 아니하도록 규정하고 있기 때문이다.

이러한 형법 제16조의 해석에 있어서 형사범의 성립에 위법성의 인식여부에 관하여 ① 위법성인식불요설과 ② 위법성인식필요설이 대립된다. 통설은 위법성의 현실적 인식은 필요 없지만 적어도 위법성 인식의 가능성은 필요하다는 위법성인식가능성설을 취하고 있다.

한편, 행정범도 실정법규에 의하여 비로소 가벌성이 창조된다는 특수성으로 말미암아 위법성의 인식이 반드시 필요하다는 견해도 있다. 그러나 행정범과 형사범의 구별은 상대적·유동적이며 행정법규도 오랫동안 시행됨으로써 위법성의 인식가능성은 생길 수 있다. 따라서 행정범과 형사범을 구분하여 논할 이유가 없으므로, 행정범도 형사범과 같이 위법성의 인식가능성만 있으면 고의가 성립된다고 하여야 할 것이다.

> **【판례】**: 골프장이 소재하고 있는 관광휴양지역 내에서는 산림법에 의한 산림훼손허가를 받지 아니하고 관광진흥법에 의한 허가만 받으면 된다는 담당 공무원의 잘못된 말을 믿었기 때문에 산림법에 의한 산림훼손 허가를 받지 아니한 경우에는, 허가를 받지 아니하더라도 죄가 되지 아니하는 것으로 착오를 일으킨 데 대하여 정당한 이유가 있는 것이므로 처벌할 수 없다(대판 1992. 5. 22, 91도2525).

39) 김도창, 일반행정법론(상, 577면 참조.

(나) 과실범의 처벌

형법 제14조[40]에 규정된 대로 행정법에서 과실범을 처벌한다는 명문규정을 둔 경우에 과실범이 처벌되지만, 실제로 이를 규정하고 있는 법률도 있다. 그런데 과실범을 처벌한다는 명문의 규정이 없는 경우에도 행정목적의 달성이라는 견지에서 행정범의 성립에는 반드시 범의를 요건으로 하지 않고 과실있는 것으로 족하다는 견해가 있다. 그러나 단지 행정목적의 달성이라는 견지에서 명문의 규정이 없는 경우에도 과실행위만 있으면 처벌할 수 있다는 주장은 죄형법정주의에 반하는 것으로서 허용되지 않는다 할 것이다. 따라서 행정범의 과실행위는 명문의 규정이 있거나 당해 법규의 해석상 과실행위를 처벌할 뜻이 인정될 경우 외에는 처벌할 수 없다고 할 것이다.[41] 판례도 같은 입장에 있다.

【판례】: 과실범의 처벌에 관한 판례

① 소방법 및 건축법상의 방화구조에 관한 법령을 위반한 호텔에서 화재가 발생하였으나, 실제 경영에 전혀 관여치 아니한 호텔 회장에게는 직접적인 주의의무도 없을 뿐만 아니라 … 행정범은 규정이 있거나 해석상 과실범도 벌하고자 하는 취지임이 명확한 경우를 제외하고는 형법의 원칙에 따라 고의가 있어야 벌할 수 있다고 할 것인데, 소방법 및 건축법의 해당 법조에 과실범을 처벌한다는 명문규정을 두고 있지 않을 뿐만 아니라 해석상으로도 고의를 요하지 않는 것으로는 볼 수 없기 때문에, 회장에게는 그 책임을 물을 수 없다(대판 1986. 7. 22, 85도108).

② 대기환경보전법의 입법목적이나 관계규정의 취지 등을 고려하면, 자동차 운행상의 과실로 동 법상의 법정 매연배출허용기준을 초과한다는 점을 인식하지 못한 경우에도 처벌하는 취지라고 해석함이 상당하다(대판 1993. 9. 10, 92도1136).

2) 타인의 행위에 대한 책임

형사범에서는 형벌개별화의 원칙에 의하여 범죄의 행위자만이 처벌되지만 행정범의 경우에는 행위자 이외의 자를 벌하는 경우도 있다. 즉 ① 종업원의 행위에 대하여 행위자 본인과 함께 사업주도 처벌하는 양벌규정이 있는 경우, ② 미성년자·금치산자의 위반행위에 대하여 그 법정대리인을 처벌하는 경우 등이 있다.

40) 제14조(과실) 정상의 주의를 태만함으로 인하여 죄의 성립요소인 사실을 인식하지 못한 행위는 법률에 특별한 규정이 있는 경우에 한하여 처벌한다.

41) 이상규, 신일반행정법론(상, 516면; 서원우, 현대행정법(상), 611면; 석종현, 일반행정법(상), 539면.

그런데 이와 같이 사업주나 법정대리인이 지는 책임의 성질에 관하여는 종업원 등에 갈음하여 지는 대위책임이라는 견해가 있다. 그러나 이들은 자기 자신의 생활범위 내 또는 지휘·감독하에 있는 자가 법령에 위반하지 아니하도록 할 주의·감독의무를 태만히 한 데 대한 자기 자신의 과실책임이라는 견해가 일반적이다.

그리고 관계법규에 사업주 등의 처벌규정이 없는 경우에도 사업주를 처벌할 수 있는가의 문제가 제기되나, 명문규정이 없는 경우에도 사업주 등을 처벌하는 것은 죄형법정주의에 반하는 것으로서 허용되지 않는다 할 것이다.

3) 법인의 책임

형사범에 있어서 자연인 외에 법인도 범죄능력이 인정되는가에 관하여 통설·판례는 이를 부정해 왔다. 그러나 행정범에 있어서는 행정목적실현을 위하여 법인 자체에 행정법상의 의무를 과하여 행정법규에는 법인의 대표자 또는 법인의 대리인·사용인 기타의 종업원이 법인의 업무에 대한 행정범을 범한 경우에는 행위자뿐만 아니라 법인에 대해서도 처벌할 수 있는 명문의 규정을 두어 법인의 범죄능력을 인정하는 경우가 많이 있다(소방법 제118조, 문화재보호법 제102조). 이와 같이 행정범에 있어서 법인을 처벌하는 특별한 규정이 있는 경우에는 법인도 범죄능력을 갖는다는 것이 통설적 견해이다.[42]

한편, 법인을 처벌하기 위해서는 처벌에 관한 명문의 규정이 있는 경우에만 가능한지에 관하여 견해의 대립이 있다. 즉 ① 책임자에 관한 특별한 규정을 두지 아니하였을 때에도 행정법상 의무자가 법인인 때에는 원칙적으로 의무자인 법인 자신이 책임을 진다는 견해, ② 종업원이 그 업무상 위반행위를 한 경우와 법인의 대표자가 기관의 지위에서 위반행위를 한 경우로 나누어, 전자의 경우에는 명문의 규정이 있는 경우에만 처벌될 수 있으며, 후자의 경우에는 명문의 규정이 없어도 관계 행정법규의 규정 자체의 해석상 법인의 처벌도 인정되는 것으로 볼 수 있는 경우에는 가능하다는 견해이다. 통설과 판례는 명문의 규정이 있는 경우에만 가능하다고 본다.[43] 그리고 법인을 처벌하는 경우 그 처벌수단은 법인의 성질상 벌금·과료·몰수 등의 금전벌이며, 또한 법인에 대한 처벌은 법인의 처벌에만 그치는 경우도 있으나 보통 행위자도 동시에 처벌하는 양벌주의에 입각하고 있다.

---

42) 김도창, 일반행정법론(상, 581면; 박윤흔, 행정법강의(상), 632면; 변재옥, 행정법강의Ⅰ, 450면; 강구철, 강의행정법Ⅰ, 613면.

43) 김남진, 행정법Ⅰ, 525면.

4) 책임능력

형사범의 경우에는 형법총칙에 의거하여 심신장애자는 형을 감경하거나 벌하지 아니하며(제10조[44]), 농아자는 형을 감경하고(제11조[45]), 14세 미만자는 벌하지 아니한다(제9조[46]). 그러나 행정범의 경우에는 이들도 책임능력자와 동일하게 처벌한다는 명문규정을 두는 경우가 있으며 이러한 경우에 이들이 처벌됨은 물론이다(담배사업 제31조).

5) 공범

행정범에 있어서는 형법상의 공동정범(제30조[47])·교사범(제31조[48])·종범(제32조[49]) 규정의 적용을 배제하는 명문규정을 둔 경우(선박법 제39조)도 있고, 종범에 대한 감경규정의 적용을 배제하는 경우(담배사업법 제31조) 등이 있다.

한편, 명문에 특별규정이 없는 경우에도 형법총칙의 공범에 관한 규정이 그대로 적용될 것인지에 대하여는 적극설과 소극설의 대립이 있다. ① 적극설은 의무 없는 자라 할지라도 행정의무위반행위를 교사·방조하는 행위는 사회적 비난을 받아야 마땅하며, 단속목적을 위해서도 처벌하는 것이 합리적이라는 견지에서 처벌되어야 한다고 본다. 그러나 ② 소극설은 행정범은 행정상의 의무위반인 까닭에 책임을 지우기 위해서는 법규상의 의무자라야 하며, 의무자 아닌 제3자가 이를 교사·방조하여도 공범으로서의 책임을 지지 않는다고 본다.

6) 경합범·작량감경

형법은 경합범에 관하여 2개 이상의 죄의 벌금은 각 죄의 벌금액의 다액을 합산한 액수 이하로 처벌하도록 하고 있으나(제38조 제1항 제2호[50]), 행정범에 대하여는 이 규정의 적

---

44) 제10조(심신장애인) ① 심신장애로 인하여 사물을 변별할 능력이 없거나 의사를 결정할 능력이 없는 자의 행위는 벌하지 아니한다. ② 심신장애로 인하여 전항의 능력이 미약한 자의 행위는 형을 감경한다.

45) 제11조(농아자) 농아자의 행위는 형을 감경한다.

46) 제9조(형사미성년자) 14세되지 아니한 자의 행위는 벌하지 아니한다.

47) 제30조(공동정범) 2인 이상이 공동하여 죄를 범한 때에는 각자를 그 죄의 정범으로 처벌한다.

48) 제31조(교사범) ① 타인을 교사하여 죄를 범하게 한 자는 죄를 실행한 자와 동일한 형으로 처벌한다. ② 교사를 받은 자가 범죄의 실행을 승낙하고 실행의 착수에 이르지 아니한 때에는 교사자와 피교사자를 음모 또는 예비에 준하여 처벌한다. ③ 교사를 받은 자가 범죄의 실행을 승낙하지 아니한 때에도 교사자에 대하여는 전항과 같다.

49) 제32조(종범) ① 타인의 범죄를 방조한 자는 종범으로 처벌한다. ② 종범의 형은 정범의 형보다 감경한다.

용을 배제한 경우도 있다(담배사업법 제31조).

또한 형사범은 범죄의 정상에 참작할 만한 사유가 있는 때에는 작량하여 그 형을 감경할 수 있으나(형법 제53조[51]), 행정범의 경우에는 이 규정의 적용을 배제한 예도 있다(담배사업법 제31조).

2. 절차법적 특수성

(1) 통고처분

1) 의의

통고처분은 현행법상 조세범·관세범·출입국관리사범·도로교통법위반사범 등에 대하여 인정되고 있다. 이는 정식재판에 갈음하여 절차의 간이·신속을 주안으로 하여 행정청이 일정한 벌금 또는 과료에 상당하는 금액의 납부를 명하는 준사법적 행정행위이다. 예컨대, ① 조세범의 경우 지방국세청장 또는 세무서장은 조세범칙행위의 확증을 얻었을 때에는 그 이유를 명시하여 벌금 또는 과료에 상당하는 금액 등의 납부를 통고하거나(조세범처벌절차법 제15조), ② 출입국사범의 경우 지방출입국·외국인관서의 장은 출입국사범에 대한 조사의 결과 범죄의 확증을 얻은 때에는 그 이유를 명시한 서면으로 벌금에 상당하는 금액을 지정한 곳에 납부할 것을 통고하는 것(출입국관리법 제102조) 등이 그 예이다.

이 경우 상대방이 통고된 내용대로 이행하면 처벌절차가 종료되고 일사부재리의 원칙이 적용되어 형사소추를 할 수 없도록 하고 있다. 그러나 이행하지 않으면 통고처분은 그 효력이 상실되고 세무서장 등의 고발에 의하여 통상의 형사소송절차에 따라 행정형벌이 과하여지도록 하고 있다.

2) 통고처분에 대한 불복방법

통고처분도 일종의 행정행위이므로 성질상 행정쟁송의 대상이 될 수 있다. 따라서 통고처분에 불복하여 행정쟁송을 제기할 수 있는지가 문제된다. 그러나 통고처분을 받고 법정기간 내에(보통은 15일 이나 법에 따라 차이가 있음) 이행하지 않으며 통고처분은 당연히

---

50) 제38조(경합범과 처벌례) ① 경합범을 동시에 판결할 때에는 다음의 구별에 의하여 처벌한다.
2. 각 죄에 정한 형이 사형 또는 무기징역이나 무기금고 이외의 동종의 형인 때에는 가장 중한 죄에 정한 장기 또는 다액에 그 2분의 1까지 가중하되 각 죄에 정한 형의 장기 또는 다액을 합산한 형기 또는 액수를 초과할 수 없다. 단 과료와 과료, 몰수와 몰수는 병과할 수 있다.

51) 제53조(작량감경) 범죄의 정상에 참작할 만한 사유가 있는 때에는 작량하여 그 형을 감경할 수 있다.

효력을 상실하고 관계기관장의 고발에 의하여 형사소송절차로 이행하게 된다. 그러므로 통고처분에 불복하는 경우에는 통고처분자체는 당연히 그 효력이 소멸되므로 통고처분은 행정소송의 대상이 되지 않는다.

【판례】: 통고처분에 대한 행정소송 부정

도로교통법 제118조에서 규정하는 경찰서장의 통고처분은 행정소송의 대상이되는 행정처분이 아니므로 그 처분의 취소를 구하는 소송은 부적법하고, 도로교통법상의 통고처분을 받은 자가 그 처분에 대하여 이의가 있는 경우에는 통고처분에 따른 범칙금의 납부를 이행하지 아니함으로써 경찰서장의 즉결심판청구에 의하여 법원의 심판을 받을 수 있게 될 뿐이다(대판 1995.6.29, 95누4674).

3) 통고처분의 합헌성

통고처분제도에 관하여 위헌의 소지가 있는가가 문제되는바, 헌법재판소는 통고처분을 합헌으로 선언하였다.

【헌재결】: 통고처분은 상대방의 임의의 승복을 그 발효요건으로 하기 때문에 그 자체만으로는 통고이행을 강제하거나 상대방에게 아무런 권리의무를 형성하지 않으므로 행정심판이나 행정소송의 대상으로서의 처분성을 부여할 수 없고, 통고처분에 대하여 이의가 있으면 통고내용을 이행하지 않음으로써 고발되어 형사재판절차에서 통고처분의 위법 · 부당함을 얼마든지 다툴 수 있기 때문에 관세법 제38조 제3항 제2호가 법관에 의한 재판받을 권리를 침해한다든가 적법절차의 원칙에 저촉된다고 볼 수 없다(헌재결 1998. 5. 28, 96헌바4).

(2) 즉결심판절차

즉결심판절차는 20만원 이하의 벌금구류 또는 과료의 행정벌(또는 형사벌)은 경찰서장의 청구에 의하여 지방법원 또는 지원의 순회판사가 부과하는 것이다. 이에 불복하는 피고인은 정식재판을 청구할 수 있다(법원조직법 제34조·제35조[52]; 즉결심판에관한절차법 제2조[53]·제3조[54]).

---

52) 제35조(즉결심판에 대한 정식재판의 청구) 제34조의 즉결심판에 대하여 피고인은 고지를 받은 날부터 7일 이내에 정식재판을 청구할 수 있다.

Ⅵ. 행정질서벌

1. 의의

행정질서벌이란 직접 행정목적을 침해한 정도에 이르지 아니하고 단지 행정목적 달성에 장해가 되는 데 그치는 정도의 비행에 대하여 과하는 금전벌이다. 행정질서벌은 형법에 형벌의 명칭이 있는 형벌을 과하는 행정벌이 아니기 때문에 행정질서벌에는 형법총칙이 적용되지 아니한다.

> **【판례】:** ① 무역거래법 제30조 제2항에 의한 신고의무 위반행위에 대한 과태료는 행정질서벌의 하나로서, 의무에 위반한 이상 고의 또는 과실유무를 불문하고 과태료의 책임을 면할 수 없다(대판 1982. 7. 22, 82마210).
>
> ② 행정질서벌은 형사벌과는 그 목적·성격을 달리하므로 행정질서벌을 받고 난 후에 형사처벌을 받는다고 하여 일사부재리의 원칙에 반하는 것은 아니다(대판 1989. 6. 13, 88도1983; 대판 2000. 10. 27, 2000도3874).

2. 질서위반행위규제법

(1) 법 적용의 시간적 범위

① 질서위반행위의 성립과 과태료 처분은 행위시의 법률에 따른다(제3조 제1항). 질서위반행위는 법률(지방자치단체의 조례를 포함)상의 의무를 위반하여 과태료를 부과하는 행위를 말한다(제2조 제1호).

② 질서위반행위 후 법률이 변경되어 그 행위가 질서위반행위에 해당하지 아니하게 되거나 과태료가 변경되기 전의 법률보다 가볍게 된 때에는 법률에 특별한 규정이 없는 한 변경된 법률을 적용한다(제3조 제2항).

③ 행정청의 과태료 처분이나 법원의 과태료 재판이 확정된 후 법률이 변경되어 그 행위

---

53) 제2조(즉결심판의 대상) 지방법원, 지원 또는 시·군법원의 판사(이하 "판사"라 한다)는 즉결심판절차에 의하여 피고인에게 20만원 이하의 벌금, 구류 또는 과료에 처할 수 있다.

54) 제3조(즉결심판청구) ① 즉결심판은 관할경찰서장 또는 관할해양경찰서장(이하 경찰서장"이라 한다)이 관할법원에 이를 청구한다. ② 즉결심판을 청구함에는 즉결심판청구서를 제출하여야 하며, 즉결심판청구서에는 피고인의 성명 기타 피고인을 특정할 수 있는 사항, 죄명, 범죄사실과 적용법조를 기재하여야 한다. ③ 즉결심판을 청구할 때에는 사전에 피고인에게 즉결심판의 절차를 이해하는 데 필요한 사항을 서면 또는 구두로 알려주어야 한다.

가 질서위반행위에 해당하지 아니하게 된 때에는 변경된 법률에 특별한 규정이 없는 한 과태료의 징수 또는 집행을 면제한다(제3조 제3항).

(2) 질서위반행위의 성립

① 법률에 따르지 아니하고는 어떤 행위도 질서위반행위로 과태료를 부과하지 아니한다(제6조).

② 고의 또는 과실이 없는 질서위반행위는 과태료를 부과하지 아니한다(제7조).

③ 자신의 행위가 위법하지 아니한 것으로 오인하고 행한 질서위반행위는 그 오인에 정당한 이유가 있는 때에 한하여 과태료를 부과하지 아니한다(제8조).

④ 14세가 되지 아니한 자의 질서위반행위는 과태료를 부과하지 아니한다(제9조). 또한 심신장애로 인하여 행위의 옳고 그름을 판단할 능력이 없거나 그 판단에 따른 행위를 할 능력이 없는 자의 질서위반행위는 과태료를 부과하지 아니한다(제10조 제1항). 그리고 심신장애로 인하여 제1항에 따른 능력이 미약한 자의 질서위반행위는 과태료를 감경한다(제10조 제2항).

⑤ 법인의 대표자, 법인 또는 개인의 대리인 · 사용인 및 그 밖의 종업원이 업무에 관하여 법인 또는 그 개인에게 부과된 법률상의 의무를 위반한 때에는 법인 또는 그 개인에게 과태료를 부과한다(제11조 제1항). ② 제7조(고의·과실), 제8조(위법성의 착오), 제9조(책임연령), 제10조(심신장애)의 규정은 '도로교통법' 제56조제1항에 따른 고용주등을 같은 법 제160조 제3항에 따라 과태료를 부과하는 경우에는 적용하지 아니한다(제11조 제2항).

⑥ 2인 이상이 질서위반행위에 가담한 때에는 각자가 질서위반행위를 한 것으로 본다. 또한 신분에 의하여 성립하는 질서위반행위에 신분이 없는 자가 가담한 때에는 신분이 없는 자에 대하여도 질서위반행위가 성립하며, 신분에 의하여 과태료를 감경 또는 가중하거나 과태료를 부과하지 아니하는 때에는 그 신분의 효과는 신분이 없는 자에게는 미치지 아니한다(제12조 제1항·제2항·제3항).

⑦ 하나의 행위가 2 이상의 질서위반행위에 해당하는 경우에는 각 질서위반행위에 대하여 정한 과태료 중 가장 중한 과태료를 부과하며, 제1항의 경우를 제외하고 2 이상의 질서위반행위가 경합하는 경우에는 각 질서위반행위에 대하여 정한 과태료를 각각 부과한다. 다만, 다른 법령(지방자치단체의 조례를 포함한다. 이하 같다)에 특별한 규정이 있는 경우에는 그 법령으로 정하는 바에 따른다(제13조).

(3) 과태료의 부과절차

① 행정청이 질서위반행위에 대하여 과태료를 부과하고자 하는 때에는 미리 당사자(제11조제2항에 따른 고용주등을 포함한다. 이하 같다)에게 대통령령으로 정하는 사항을 통지하고, 10일 이상의 기간을 정하여 의견을 제출할 기회를 주어야 한다. 이 경우 지정된 기일까지 의견 제출이 없는 경우에는 의견이 없는 것으로 본다. 또한 당사자는 의견 제출 기한 이내에 대통령령으로 정하는 방법에 따라 행정청에 의견을 진술하거나 필요한 자료를 제출할 수 있으며, 행정청은 제2항에 따라 당사자가 제출한 의견에 상당한 이유가 있는 경우에는 과태료를 부과하지 아니하거나 통지한 내용을 변경할 수 있다(제16조).

② 행정청은 제16조의 의견 제출 절차를 마친 후에 서면(당사자가 동의하는 경우에는 전자문서를 포함한다.)으로 과태료를 부과하여야 한다. 그리고 제1항에 따른 서면에는 질서위반행위, 과태료 금액, 그 밖에 대통령령으로 정하는 사항을 명시하여야 한다(제17조).

③ 행정청의 과태료 부과에 불복하는 당사자는 제17조제1항에 따른 과태료 부과 통지를 받은 날부터 60일 이내에 해당 행정청에 서면으로 이의제기를 할 수 있다. 제1항에 따른 이의제기가 있는 경우에는 행정청의 과태료 부과처분은 그 효력을 상실한다(제20조).

④ 제20조제1항에 따른 이의제기를 받은 행정청은 이의제기를 받은 날부터 14일 이내에 이에 대한 의견 및 증빙서류를 첨부하여 관할 법원에 통보하여야 하며, 행정청은 사실상 또는 법률상 같은 원인으로 말미암아 다수인에게 과태료를 부과할 필요가 있는 경우에는 다수인 가운데 1인에 대한 관할권이 있는 법원에 제1항에 따른 이의제기 사실을 통보할 수 있다(제21조 제1항·제2항).

⑤ 행정청은 질서위반행위가 발생하였다는 합리적 의심이 있어 그에 대한 조사가 필요하다고 인정할 때에는 법정조사권을 가지며, 행정청은 과태료의 부과·징수를 위하여 필요한 때에는 관계 행정기관, 지방자치단체, 그 밖에 대통령령으로 정하는 공공기관의 장에게 그 필요성을 소명하여 자료 또는 정보의 제공을 요청할 수 있다.(제22조, 제23조).

(4) 재판 및 집행

① 과태료 사건은 다른 법령에 특별한 규정이 있는 경우를 제외하고는 당사자의 주소지의 지방법원 또는 그 지원의 관할로 하며(제25조), 법원의 관할은 행정청이 제21조제1항 및 제2항에 따라 이의제기 사실을 통보한 때를 표준으로 정한다(제26조). 그리고 법원은 이의제기 사실 통보가 있는 경우 경우 이를 즉시 검사에게 통지하여야 한다(제30조).

② 법원은 심문권(제31조[55]), 행정청에 대한 출석요구권(제32조[56]), 직권에 의한 사실

탐지와 증거조사권(제33조[57]) 등을 가진다.

③ 과태료 재판은 이유를 붙인 결정으로써 한다(제36조 제1항). 결정은 당사자와 검사에게 고지함으로써 효력이 생긴다(제37조 제1항). 당사자와 검사는 과태료 재판에 대하여 즉시항고를 할 수 있으며, 항고는 집행정지의 효력이 있다(제38조). 법원은 상당하다고 인정하는 때에는 약식재판을 할 수 있다(제41조).

④ 과태료 재판은 검사의 명령으로써 집행한다. 이 경우 그 명령은 집행력 있는 집행권원과 동일한 효력이 있다(제42조 제1항).

Ⅶ. 행정벌에 대한 구제

행정벌에 대한 구제에 관하여는 일반법이 없고 각 개별법에서 제각기 달리 정하고 있어 일반법의 마련이 시급한 상태이다.

1. 행정형벌에 대한 구제

행정형벌은 일반 형사범과 같이 형사소송법상의 항소·상고의 방법에 의하여 구제받게 된다. 특히 '즉결심판에 관한 절차법'에 의한 법원의 즉결심판(20만원 이하의 벌금, 구류 또는 과료의 경우)에 대하여는 7일 이내에 정식재판을 청구할 수 있고, 정식재판의 결과에 대하여 항소·상고할 수 있음은 물론이다.

특별한 과벌절차인 세무서장 등의 통고처분에 대하여는 행정심판·행정소송의 제기를 부정함이 통설·판례의 입장이다.

2. 행정질서벌에 대한 구제

① 행정질서벌인 과태료가 법원의 재판에 의해 부과되는 경우 과태료부과 행위는 사법행위의 성질을 가지며 질서위반행위규제법 및 비송사건절차법에 정해진 절차에 따라 부과되

55) 제31조(심문 등) ① 법원은 심문기일을 열어 당사자의 진술을 들어야 한다. ② 법원은 검사의 의견을 구하여야 하고, 검사는 심문에 참여하여 의견을 진술하거나 서면으로 의견을 제출하여야 한다. ③ 법원은 당사자 및 검사에게 제1항에 따른 심문기일을 통지하여야 한다.

56) 제32조(행정청에 대한 출석 요구 등) ① 법원은 행정청의 참여가 필요하다고 인정하는 때에는 행정청으로 하여금 심문기일에 출석하여 의견을 진술하게 할 수 있다. ② 행정청은 법원의 허가를 받아 소속 공무원으로 하여금 심문기일에 출석하여 의견을 진술하게 할 수 있다.

57) 제33조(직권에 의한 사실탐지와 증거조사) ① 법원은 직권으로 사실의 탐지와 필요하다고 인정하는 증거의 조사를 하여야 한다. ② 제1항의 증거조사에 관하여는 「민사소송법」에 따른다.

고 다투어진다.

② 행정질서벌인 과태료가 행정청에 의해 부과되는 경우에 과태료 부과행위는 행정행위에 해당한다. 그러나 질서위반행위규제법은 이 경우에 이의가 제기된 경우에는 행정청의 과태료부과처분은 그 효력을 상실하고(제20조 제2항), 이의제기를 받은 부과행정청은 관할법원에 통보하여 관할법원이 질서위반행위규제법에 따라 과태료를 결정하도록 규정하고 있다(제21조 제1항, 제25조 이하).

행정청의 과태료 부과에 대한 이의는 과태료 부과통지를 받은 날부터 60일 이내에 제기하여야 한다(제20조 제1항).

제3장

새로운 의무이행확보수단

제3장
새로운 의무이행확보수단

Ⅰ. 개 설

전통적인 행정상의 의무이행확보수단으로는 행정강제(대집행·직접강제·이행강제금·강제징수금)와 행정벌 등이 사용되어 왔다. 그러나 이러한 행정강제와 행정벌만으로는 행정의 실효성을 확보하기에는 불충분하다. 따라서 새로운 수단들이 등장하였다. 예컨대, ① 경제적 제재수단인 과징금·가산세 등, ② 공급거부, ③ 관허사업의 제한, ④ 공표, ⑤ 행정행위의 철회·정지 등이다. 이와 같은 수단들은 대부분 의무자에게 심리적 부담을 주거나 권유함으로써 행정법규의 위반을 사전에 예방하거나 의무자가 행정법규의 위반상태를 스스로 시정하도록 하는 기능을 갖는다. 이러한 점에 비추어 이들 수단을 간접적 강제수단이라 부른다.

Ⅱ. 과징금·가산금·가산세

1. 과징금

(1) 의의

과징금이란 행정법규의 위반이나 행정법상의 의무위반으로 경제상의 이익을 얻게 되는 경우에 당해 위반으로 인한 경제적 이익을 박탈하기 위하여 그 이익액에 대하여 부과·징수하는 금전적 제재를 말한다. 행정법규 또는 행정법상의 의무위반에 대하여 부과하는 금전적 제제라는 점에서 과태료와 같은 성질을 가지지만 행정벌은 아니라는 점에서 구별된다.

(2) 종류

1) '독점규제 및 공정거래에 관한 법률'상의 과징금

동법 제3조의 2 제1항은 다음과 같은 시장지배적 사업자에 대하여 남용행위를 금지하고 있다. 즉 ① 상품의 가격이나 용역의 대가를 부당하게 결정·유지 또는 변경하는 행위, ② 상품의 판매 또는 용역의 제공을 부당하게 조절하는 행위, ③ 다른 사업자의 사업활동을 부당하게 방해하는 행위, ④ 새로운 경쟁사업자의 참가를 부당하게 방해하는 행위, ⑤ 부당하게 경쟁사업자를 배제하기 위하여 거래하거나 소비자의 이익을 현저히 저해할 우려가 있는 행위이다.

공정거래위원회는 시장지배적 사업자가 이러한 남용행위 금지규정에 위반하는 행위가 있을 때에는 당해 시장지배적 사업자에 대하여 가격의 인하, 당해 행위의 중지, 시정명령을 받은 사실의 공표 기타 시정을 위한 필요한 조치를 명할 수 있다(제5조).

공정거래위원회는 시장지배적사업자가 남용행위를 한 경우에는 당해 사업자에 대하여 대통령령이 정하는 매출액(대통령령이 정하는 사업자의 경우에는 영업수익)에 100분의 3을 곱한 금액을 초과하지 아니하는 범위안에서 과징금을 부과할 수 있다. 다만, 매출액이 없거나 매출액의 산정이 곤란한 경우로서 대통령령이 정하는 경우에는 10억원을 초과하지 아니하는 범위안에서 과징금을 부과할 수 있다(제6조).

2) '대기환경보전법'상의 과징금

시ㆍ도지사는 조업 중인 배출시설에서 나오는 오염물질의 정도가 배출허용기준을 초과한다고 인정하면 대통령령으로 정하는 바에 따라 기간을 정하여 사업자에게 그 오염물질의 정도가 배출허용기준 이하로 내려가도록 필요한 조치를 취할 것을 명할 수 있다(제33조). 만일, 개선명령을 받은 자가 개선명령을 이행하지 아니하거나 기간 내에 이행은 하였으나 검사결과 배출허용기준을 계속 초과하면 해당 배출시설의 전부 또는 일부에 대하여 조업정지를 명할 수 있다(제34조 제1항). 그러나 시ㆍ도지사는 ① 의료법에 따른 의료기관의 배출시설, ② 사회복지시설 및 공동주택의 냉난방시설, ③ 발전소의 발전 설비, ④ 집단에너지사업법에 따른 집단에너지시설, ⑤ 초ㆍ중등교육법 및 고등교육법에 따른 학교의 배출시설, ⑥ 제조업의 배출시설, ⑦ 그 밖에 대통령령으로 정하는 배출시설의 어느 하나에 해당하는 배출시설을 설치ㆍ운영하는 사업자에 대하여 조업정지를 명하여야 하는 경우로서 그 조업정지가 주민의 생활, 대외적인 신용ㆍ고용ㆍ물가 등 국민경제, 그 밖에 공익에 현저한 지장을 줄 우려가 있다고 인정되는 경우 등 그 밖에 대통령령으로 정하는 경우에는 조업정지처분을 갈음하여 2억원 이하의 과징금을 부과할 수 있다(제37조 제1항).

3) '여객자동차 운수사업법'상의 과징금

국토교통부장관 또는 시ㆍ도지사는 여객자동차 운수사업자가 사업정지 처분을 하여야 하는 경우에 그 사업정지 처분이 그 여객자동차 운수사업을 이용하는 사람들에게 심한 불편을 주거나 공익을 해칠 우려가 있는 때에는 그 사업정지 처분을 갈음하여 5천만원 이하의 과징금을 부과ㆍ징수할 수 있다(제88조 제1항).

(3) 법적 근거

과징금은 강제적 금전부담이므로 당연히 법률상의 근거가 있어야 한다. 이에 관한 법으로는 위의 '여객자동차운수사업법', '대기환경보전법' 외에도 '수질 및 수생태계 보전에 관한 법률(제43조)', '석유 및 석유대체연료 사업법(제14조)' 등이 있다.

(4) 구제수단

과징금의 부과행위도 행정행위이므로 행정심판·행정소송을 제기하여 취소를 구할 수 있음은 물론이다. 또한 위법한 과징금부과처분으로 인해 손해를 입은 자는 국가를 상대로 손해배상청구를 할 수 있다.

> **【헌재결】**: 위반행위에 대하여 제재를 가하는 행정상의 제재금으로서의 기본적 성격에 부당이득환수적 요소도 부가되어 있는 것이라 할 것이고, 이를 두고 헌법 제13조 제1항에서 금지하는 국가형벌권 행사로서의 '처벌'에 해당한다고는 할 수 없으므로, 공정거래법에서 형사처벌과 아울러 과징금의 병과를 예정하고 있더라도 이중처벌금지원칙에 위반된다고 볼 수 없다(헌재 2003. 7. 24, 2001헌가25).

2. 가산금

가산금은 행정상의 급부의무의 불이행에 대한 제재로서 금전부담이며, 급부의무의 궁극적 이행을 확보하기 위한 간접적 강제수단이다. 가산금의 법적 성질은 명령적 행정행위이다. 현행법상 가산금의 예로는 국세징수법이 정하는 것으로 체납세액에 일정액을 가하는 가산금(제21조[58]) 등이 있다.

3. 가산세

가산세는 세법상의 의무의 성실한 이행을 확보하기 위하여 그 세법에 의하여 산출된 세액에 가산하여 징수하는 금액을 말한다(국세기본법 제2조 제4호). 예컨대, 급부불성실행위

58) 제21조(가산금) ① 국세를 납부기한까지 완납하지 아니하였을 때에는 그 납부기한이 지난 날부터 체납된 국세의 100분의 3에 상당하는 가산금을 징수한다. ② 체납된 국세를 납부하지 아니하였을 때에는 납부기한이 지난 날부터 매 1개월이 지날 때마다 체납된 국세의 1천분의 12에 상당하는 가산금을 제1항에 따른 가산금에 가산하여 징수한다. 다만, 체납된 국세의 납세고지서별·세목별 세액이 100만원 미만인 경우는 제외한다.

또는 신고불성실행위 등에 대하여 과하는 가산세 등이 있다(법인세법 제76조, 소득세법 제115조).

> **【판례】**: 세법상의 가산세는 과세권의 행사 및 조세채권의 실현을 용이하게 하기 위하여 납세자가 정당한 이유 없이 법에 규정된 신고 · 납세의무 등을 위반한 경우에 법이 정하는 바에 의하여 부과하는 행정상의 제재로서, 납세의무자에게 그 의무의 해태를 탓할 수 없는 정당한 사유가 있는 경우가 아닌 한 세법상 의무의 불이행에 대하여 부과되어야 한다(대판 1998. 7. 24, 96누18076).

Ⅲ. 공급거부

1. 의의

공급거부란 행정법상의 의무를 위반한 자에 대하여 일정한 행정상의 역무나 재화의 공급을 거부하는 사실행위를 말한다. 오늘날 현대 복지국가에서는 전기·수도·도시가스 등은 국민의 일상생활에 필수적인 것임을 감안할 때 이들의 공급거부는 매우 실효성 있는 의무이행 확보수단이 되고 있다.

2. 법적 근거

공급거부는 침해적 행위이므로 그에는 법률상의 근거가 있어야 함은 물론이다. (구)건축법 제69조 제1항과 제2항은 '… 공급의 중지를 요청할 수 있으며…'라고 규정하고 있었다.

3. 한계

행정법상의 의무위반 또는 의무불이행이 있다고 하여 공급거부가 항상 적법하게 인정되는 것은 아니다. 따라서 공급거부가 비례의 원칙 등을 위반하는 경우에는 위법하다. 본래 수도·전기 등의 공역무는 그 공공성·윤리성으로 말미암아 정당한 사유 없이 공급을 거절할 수 없도록 하고 있다(수도법[59], 전기사업법[60] 등).

59) 제39조(급수 의무) ① 일반수도사업자는 수돗물의 공급을 원하는 자에게 대통령령으로 정하는 정당한 이유 없이 그 공급을 거절하여서는 아니 된다.

60) 제14조(전기공급의 의무) 발전사업자 및 전기판매사업자는 대통령령으로 정하는 정당한 사유 없

여기서 정당한 사유란 당해 급부행정상의 의무위반만을 의미하는 것임에도 불구하고, 이와는 아무런 관련이 없는 다른 법률(건축법 등)에 의하여 부과된 의무의 이행을 확보하는 수단으로 활용하는 것은 이행이 확보되어야 할 의무와 거부되는 역무 간의 사물적 관련이 없는 것이므로 부당결부금지의 원칙에 위배된다고 하겠다.

4. 구제

일반적으로 급부의 성질이 공법적인 경우(관리작용)에는 행정쟁송, 사법적인 경우(사경제적 작용)에는 민사소송에 의하여 구제받을 수 있다고 하겠다. 예컨대, 전화·전기의 공급거부를 사법행위로 보는 견해도 있으나 실효성 확보수단으로서의 전화·전기의 공급거부는 사용료납부불이행으로 인한 공급거부와 달리 공권력 행사(처분)로 보아야 한다.

그러나 시장·군수·구청장의 공급거부요청이 처분인가에 관하여는 문제가 된다. 이에 관하여 대법원은 공급거부요청권고에 불과하므로 처분이 아니라고 판시하였다.

> **【판례】:** 건축법 제69조 제2항, 제3항의 규정에 비추어 보면, 행정청이 위법 건축물에 대한 시정명령을 하고 나서 위반자가 이를 이행하지 아니하여 전기 · 전화의 공급자에게 그 위법 건축물에 대한 전기·전화공급을 하지 말아 줄 것을 요청한 행위는 권고적 성격의 행위에 불과한 것으로서 전기 · 전화공급자나 특정인의 법률상 지위에 직접적인 변동을 가져오는 것은 아니므로 이를 항고소송의 대상이 되는 행정처분이라고 볼 수 없다(대판 1996. 3. 22, 96누433).

Ⅳ. 명단의 공표

1. 의의

명단의 공표란 일정한 행정법상의 의무위반 또는 의무위반이행이 있는 경우에 행정청이 위반자의 성명·위반사실 등을 일반인에게 공개함으로써 그 위반자의 명예·신용의 침해를 위협하여 행정법상의 의무이행을 간접적으로 강제하는 수단이다. 공표는 그 자체로서는 직접 아무런 법적 효과를 발생하지 않는 비권력적 사실행위이지만, 사안에 따라서는 강력한 의무이행 확보수단이 된다. 예컨대, 고액조세체납자의 명단사업명의 공시 또는 환경오염물질

이 전기의 공급을 거부하여서는 아니 된다.

배출업소의 명단공개 등이다.

2. 법적 근거

행정법상의 의무위반자의 명단·위반사실을 공개하는 것은 그 상대방의 인격권·프라이버시권 등의 기본권을 침해할 우려가 많은 행위이기 때문에 원칙적으로 법률에 근거가 있어야 할 것이다. 독점규제 및 공정거래에 관한 법률, 공직자윤리법, 소비자보호법, 식품위생법, 하도급거래 공정화에 관한 법률, 건축법 등에서 규정하고 있다.

3. 구제

공표는 그 자체로서는 아무런 법적 효과도 발생하지 아니하는 단순한 사실행위로서의 통지에 불과하다. 따라서 공표에 의하여 권익을 침해받은 자는 행정법상의 손해배상이나 형사상의 구제를 받을 수 있을 뿐이다. 즉 위법한 공표를 행한 공무원에 대해서는 형법상의 명예훼손죄(제307조)·피의사실공표죄(제126조) 또는 공무상 비밀누설죄(제127조)에 해당하는 경우, 공무원을 고소하여 형사상 처벌을 받게 하거나 '언론중재 및 피해구제 등에 관한 법률'에 의거한 정정보도를 요구함으로써 구제받을 수 있다. 또한 공표로 인하여 훼손된 명예 또는 신용을 회복하기 위하여 공법상 결과제거청구권에 기하여 공표된 내용의 정정, 철회 등 시정조치를 구할 수 있을 것이다.[61]

Ⅴ. 관허사업의 제한

관허사업의 제한이란 행정법상의 의무위반행위가 있는 경우 이를 이유로 각종 인·허가행위를 할 수 없도록 법률로 강제하는 것을 말한다. 현행법상의 예로서는 ① 위법건축물을 이용하여 신청하는 다른 법령에 의한 영업의 인·허가·신고(자동차수리업·식품위생영업·이미용업 등)를 거부하도록 한 것(건축법 제79조 제2항), ② 3회 이상 국세 또는 지방세를 체납한 사업자에 대하여 세무서장 등이 당해 사업의 주무 관청에 사업 인·허가 등의 취소나 정지를 요청하면 정당한 사유가 없는 한 이에 응하도록 한 것(국세징수법 제7조), ③ 병역의무위반자에 대하여는 각종 영업의 인·허가·신고 등을 할 수 없도록 한 것(병역법 제76조 제2항) 등을 들 수 있다.

한편, 이러한 규정에 의하면 매우 실효성 있는 강제수단이기는 하지만 체납된 조세와 불

61) 홍준형(총), 566면.

허가 또는 취소·정지되는 사업과 직접적인 실질적 관련성이 없다는 점에서 법적 안정성이나 비례원칙상 문제가 있다. 비록 관허사업의 제한은 체납자의 더 이상의 체납을 방지하기 위한 조치로 이해될 수 있으나, 이른바 행정권한의 부당결부금지원칙의 견지에서 볼 때 문제가 있다고 본다.[62]

62) 강구철, 강의행정법Ⅰ, 623면; 김남진, 행정법Ⅰ, 538면.

찾아보기

ㄱ

ㅅ

ㅇ

ㅈ

본서에서 인용·참조한 주요 참고문헌

강구철 강의행정법Ⅰ, 학연사, 1992.

김남진 행정법Ⅰ, 법문사, 2000.

행정법Ⅱ, 법문사, 2000.

행정법의 기본문제(제4판), 법문사, 1994.

김도창 일반일반행정법론(상), 청운사, 1993.

김동희 행정법Ⅰ, 박영사, 2008.

김성수 행정법Ⅰ, 법문사, 1998.

김철용 행정법Ⅰ, 박영사, 2009.

류지태·박종수 행정법신론, 박영사, 2009.

박균성 행정법론(상), 박영사, 2008.

행정구제법, 박영사, 1999.

행정법강의, 박영사, 2004.

박윤흔 행정법강의(상), 박영사, 1999.

변재옥 행정법강의Ⅰ, 박영사, 1989.

서원우 현대행정법(상), 박영사, 1983.

석종현 일반행정법(상), 삼영사, 1996.

석종현·송동수 일반행정법(상), 삼영사, 2013.

유상현·설계경 행정법총론, 법률출판사, 2012.

윤세창 행정법(상), 박영사, 1983.

이명구 신고행정법원론, 대명출판사, 1989.

행정법연습, 대명출판사, 1989.

이상규 신일반행정법론(상, 법문사, 1996.

한태연 헌법학, 법문사, 1997.

홍정선 행정법원론(상), 박영사, 2000.

행정법특강, 박영사, 2009.

홍준형 행정법총론, 한울아카데미, 1993.

Bhler, Die subjektiven Öffentlichen Rechte und ihr Schutz in der deutschen Verwaltungsrechtsprechung, 1914.

Bachof, Die Verwaltungsrechtliche klage auf Vornahme einer Amtshandlung, 1951.

Erischen/Martens(Hg.), Allgemeines Verwaltungsrecht(1986).

Fehn, Die isolierter Auflagernanfechtung, DOV 1998.

Forsthoff, Lehrbuch des Verwaltungsrechts, 10. Aufl, 1973.

Garner's Administrative Law 6th ed, 1985

Hans-Uwe Erichsen, Der Schutz der Allgemeinheit und der individuellen Rechte durch die polizei-und ordnungsrechtlichen Handlungsvollmachten der Exekutive, VVDSt RL, Heft35, Berlin : De Grugta, 1977.

K.C.Davis, Administrative Law Text, 3rd ed, 1972.

Maurer, Allgemeines Verwaltungsrecht, 11, Aufl, 1997.

Mayer, Deutsches Verwaltungsrecht, Bd. 2. 1924.

Mayer/Kopp, Allgemeines Verwaltungsrecht, 5. Aufl., 1985.

O. Mayer, Deutsches Verwaltungsrecht, Bd. Ⅰ, Berlini(Dunker & Humblot 1924)
Ossenbühl, Zur Außenwirkung von Verwaltungsvorschriften in Verwaltungsgericht zwischen Freiheit, Teilhabe und Bindung, 1998.

Stadi, Rechtsschutz gegen Nebenbestimmung eines begün stigerden Verwaltungsaktes, DVBI 1991.

저자약력

설 계 경

한국외국어대학교 졸업(법학석사, 법학박사)

영산대학교 법과대학 부학장

영산대학교 공직인재아카데미 위원장

영산대학교 경찰행정학과 교수

한국안전연구학회 회장

주요논저

행정법학(상) 공저, 법률출판사

행정법학(하) 공저, 법률출판사

행정법강의, 법률출판사

행정법요론, 법률출판사

경찰법학의 이해 공저, 법률출판사

경찰작용의 하자와 국가배상제도에 관한연구

국가배상법 제6조의 배상책임자

경찰조사와 구제문제

환경행정소송의 원고적격에 관한 소고

해양경찰의 법적지위에 관한 고찰

경찰행정법 I

초판 1쇄 인쇄 2017년 12월 10일
초판 1쇄 발행 2017년 12월 28일

지은이 설계경
펴낸이 김용성
펴낸곳 법률출판사
주소 서울시 동대문구 이문로 58 (휘경동) 오스카빌딩 4층
전화 02) 962-9154
팩스 20) 962-9156
등록번호 제1-1982호
ISBN 978-89-5821-317-8 03360
홈페이지 www.lnbpress.com
이메일 lawnbook@hanmail.net

Copyright © 2017
본서의 무단전재·복제를 금합니다.

정가 28,000원

※ 본 교재는 2017년도 영산대학교 교내연구비 지원에 의하여 출판되었음.